U0931196

21世纪人力资源管理精品教材

组织行为学

——人的行为与组织管理

ORGANIZATIONAL BEHAVIOR

Human Behavior and Organization Management

翁清雄　主　编

谢义忠　周均旭　副主编

清华大学出版社

北　京

内容简介

本书融合了组织行为学的经典理论和最新研究进展，阐述了组织行为学的基本概念、基本方法和基本理论，以培养和提高学习者对个体行为、群体行为、组织行为规律的认知、预测和控制能力，并能应用所学知识分析组织中的各种心理与行为，以提高组织整体绩效。

本书可作为高等院校经济类和管理类各专业本科生、研究生以及 MBA、MPA、EMBA 的教学参考书，同时可作为工商管理、行政管理的职业经理人和对组织行为学感兴趣且有一定阅读能力的读者的学习读物。

图书在版编目(CIP)数据

组织行为学：人的行为与组织管理/翁清雄主编. --北京：清华大学出版社，2014
(21 世纪人力资源管理精品教材)
ISBN 978-7-302-38176-1

Ⅰ. ①组… Ⅱ. ①翁… Ⅲ. ①组织行为学－高等学校－教材 Ⅳ. ①C936

中国版本图书馆 CIP 数据核字(2014)第 227811 号

责任编辑：左玉冰
封面设计：汉风唐韵
责任校对：王荣静
责任印制：何 芊

出版发行：清华大学出版社
网　　址：http://www.tup.com.cn，http://www.wqbook.com
地　　址：北京清华大学学研大厦 A 座　　**邮　　编**：100084
社 总 机：010-62770175　　**邮　　购**：010-62786544
投稿与读者服务：010-62776969，c-service@tup.tsinghua.edu.cn
质 量 反 馈：010-62772015，zhiliang@tup.tsinghua.edu.cn
印 装 者：三河市少明印务有限公司
经　　销：全国新华书店
开　　本：185mm×260mm　　**印　　张**：22.75　　**字　　数**：543 千字
版　　次：2014 年 11 月第 1 版　　**印　　次**：2014 年 11 月第1 次印刷
印　　数：1～4000
定　　价：38.00 元

产品编号：055526-01

教材编写委员会

主　　编： 翁清雄

副 主 编： 谢义忠　周均旭

编写委员会：（排名不分先后）

陈银龄　古家军　王聪颖　王　茜
翁清雄　谢义忠　周均旭

参 编 人 员：（排名不分先后）

卞泽娟　陈　鋆　胡海军　卢海陵　马精微
彭传虎　王　聪　王　琼　王　莹　王婷婷
温万银　吴　松　杨　惠　杨书春
臧颜伍　张　越　刘敬博

序 言

组织行为学
Organizational Behavior

组织行为学是一门广泛吸收多学科知识的交叉学科，是心理学、社会学、人类学、生理学等原理在管理中的应用，是管理理论的重要组成部分，是管理实践的重要理论指南，且具有很强的实践性和应用性。作为研究组织中人的行为和心理规律的一门学科，它不仅受到众多学者的关注，而且得到了从事管理工作的社会各界人士的重视。在竞争日益激烈的市场变化中，任何一个管理者如果不能充分地了解个体和群体的心理和行为、利用团队和组织的力量、发挥组织的效能，都难以取得成功。

自进入21世纪以来，组织行为学成为各大院校工商管理、经济管理和人力资源管理等专业的核心课程。通过此课程的学习，可以使读者掌握组织行为学的基本知识、基本原理，学会利用组织行为学的理论来分析和解决企业的实际问题，充分调动和发挥组织成员的主动性、积极性、创造性，使个人目标与组织目标有机地统一起来，促进组织和个人的不断发展与完善。

但是，随着组织的发展变化以及管理模式的不断更新，学术界和实业界都在持续不断地发现新情况、解决新问题，因此，组织行为学也需要不断完善和发展。编者正是基于这样的思考，试图在以往各类教材的基础上，利用和吸收国内外有关组织行为学研究的最新成果，并结合我国的具体情况，编写一本在结构和内容上都有所调整、优化和创新的新教材。

本书在编写中遵循和突出了以下原则、特点：

一是前沿性。本书尽量收集国内外在组织行为学研究中理论与技术方面的最新进展，以便读者能够掌握最前沿的研究成果。但是限于篇幅，有些新进展无法详尽介绍，感兴趣的读者可以参阅相关研究文献。另外，本书编者近些年的一些研究成果也以不同形式融入书中，作为国内理论发展的一部分内容。

二是系统性。本书以个体行为、群体行为、团队行为、领导行为和组织行为为基本结构框架，从不同层次、不同角度系统阐述了心理与行为、文化与行为、组织与行为等方面的内在联系及相应规律，强调了个体、群体、团队、领导、组织每一层面对个体工作行为影响的重要性。

三是应用性。根据工商学科的“应用性”特点，注重对基础理论与管理应用的融合，使教材内容贴近管理实践。尤其是案例部分，我们尽可能吸纳了比较经典和新颖的管理案例，这有利于帮助读者联系实际进行理论学习，深化对理论问题的理解。

四是实用性。为了增强学以致用，在编写过程中，本书还设置了与内容息息相关并且较为新颖的课前引例、讨论案例，以及课后思考题等项目，以使课堂教学形式多样化，更好地增强师生互动性，为教师的教学和学生的学习提供方便。

本书可作为MBA、管理类硕士、本科学生的组织行为学课程教材，也适合从事管理工作的人员学习和参考。

全书由翁清雄、谢义忠、周均旭主持编写；第二章部分内容，第四、五、七、八、九、十三、十四章由翁清雄负责编写；第二章部分内容，第三、六、十二章由谢义忠负责编写；第一、十、十五章由周均旭负责编写；第十一章由古家军负责编写；第十六章由王聪颖负责编写。中国科学技术大学、南京理工大学等高校师生具体参与了各章节的编写，参编情况如下：第一章（王聪），第二章（臧颜伍、卢海陵），第三章（陈鋆），第四章（胡海军、王婷婷），第五章（王茜），第六章（卢海陵），第七章（刘敬博），第八章（陈银龄、吴松），第九章（彭传虎、温万银），第十章（王莹），第十二章（陈鋆），第十三章（杨书春、卞泽娟），第十四章（张越、王琼），第十五章（马精微）。王茜和陈银龄参与了全书的统稿和修改。

在本书的编写过程中，借鉴和参考了国内外学者的大量研究成果，以及相关的案例和资料，在此向各位作者致以最诚挚的谢意！同时，清华大学出版社对本书的修订和出版给予了热情的指导和帮助，在此表示衷心的感谢！

由于知识和理论水平的限制，书中难免挂一漏万，存在一些不足之处，恳请各位读者、专家批评指正，使本书不断得以充实与完善。

目录

组织行为学
Organizational Behavior

第一章

组织行为学概论

引例

建造"大家庭"

香港新鸿基证券有限公司1969年由冯景禧所创办,该公司在日成交数亿港元的香港证券市场上占有30%的份额,公司年盈利额达数千万元,冯景禧的个人财产达数亿美元。他成了称雄一方的"证券大王"。

新鸿基之所以能创造出世界证券业少有的佳绩,主要得益于冯景禧"大家庭"式的经营管理哲学。新鸿基执行董事谭宝信介绍说:"在冯景禧的掌握下,公司形成了一股难以形容的奇妙力量。这样的气氛能激发员工的创造性。在这里工作,成就肯定比别的机构大。"实际情况正如谭宝信所说,冯景禧"大家庭"式的经济哲学,不但使本国员工感到和谐,而且也使外籍员工感到"大家庭"的温暖。这样,一种奇妙的力量就自然形成。这种力量之大是难以形容的。

为了实施"大家庭"式的经营哲学,在管理方式上,他十分重视人的作用,强调发挥人的创造性。他曾声明:服务行业的资产就要靠管理,而管理是靠人去实行的。新鸿基集团不以拥有巨额资产为荣,而以拥有一大批有知识、有能力、有胆量、善于运用大好时机、敢于接受挑战的人才队伍为骄傲。冯景禧的管理哲学和用人艺术,既有西方人的科学求实精神,又有东方人和谐情趣的气氛;既有美国现代化管理原则,又有日本人的以感情为核心的人际关系,融东西方优点于一炉。

在管理原则上,他十分强调团结的力量,注重全公司上上下下的团结一致。他在经营业务的大政方针决定之前,总是广开言路,尤其是重视反面意见,然后加以集中,再向全体员工解释宣传,使大家齐心协力。他在实施公司的决策时俨然像一位"铁血将军",而在体谅下属时又俨然是一个宽厚的长者。如果有哪个职工向他辞职,他首先会询问是否有亏待过他的地方。如有,就诚恳道歉、改正,并全力挽留。因为他知道,失去一个人容易,但培养一个人难。在管理作风上,他注重以身作则,平易近人。为了使员工心情愉快,他还刻意创造一种"大家庭"式的生活气氛,如组织业余球赛,在周末组织员工用公司的游艇观赏海景,亲自参加员工们的"国语"学习等。

资料来源:http://wenku.baidu.com/view/9dc8706527d3240c8447efbb.html. 建造大家庭——组织文化与激励.2010.09.14.

思考

1. 试结合案例内容谈谈冯景禧是如何提高新鸿基证券有限公司凝聚力的。

2. 你从该案例中得到了什么启示?

人们的生活与组织息息相关。每天,社会上的个人因各种组织聚集在一起,并为了完成组织的目标共同努力。人们在工作和生活中会与各种组织发生联系,如学校、医院、企业、政府等。组织要保持竞争力,就要维持员工之间积极有效的工作关系。工作人员和工作地点总在变化,雇员也拥有不同的背景,要了解组织及其所处的环境是非常重要的。对于成功的管理者来说,技术技能是必要的,但不充分。在当今竞争和需求日趋激烈的工作环境中,管理者不可能单纯以他们的技术技能获得成功,他们必须具备良好的人际关系技能。组织行为学就是解决这一系列问题的课程。

第一节　组织与组织行为

一、组织及其分类

(一) 组织的概念

所谓组织,是人们为达到共同的目标,通过有序地协作结合而成的一个动态的、系统的人群集合体。从静态意义上讲,组织是一个集合体,它包括如下几层含义:组织要有一个共同的目标,要有不同层次的分工合作,形成某种形式的结构关系,要协调人们为达到共同目标而进行的活动。从动态意义上讲,组织活动是一个过程,是将人、财、物、信息等在一定时间、空间内进行合理、科学的分配的过程。另外,从现代管理科学的角度来讲,组织是一个开放的社会技术系统。它处于一个更大的外在的环境系统之中,是按照一定的目的,以一定的形式组合起来的。

从定义可以看出组织具有以下基本特点:

(1) 开放性。组织作为一个社会实体,除在组织内部相互作用外,还不断地同外界发生物质、信息、资源的交换,以保证组织的正常运转。

(2) 系统性。组织是由个人或群体集合而成。群体是指一些拥有共同目的并经常相互作用的人。部门、工作团体和社会小团体都属于这样的群体。组织内人们互相协作,将所投入的人力、物力、财力有效地转变为产品,实现生产目的,这就形成了许多子系统,各个子系统之间相辅相成,结构严密。

(3) 目的性。组织是为适应目标的需要而存在的。只有当一群人有一个共同的目标,而单个人又不可能完成这个目标时,组织才能产生和继续存在。每个组织又都有自己特定的使命和目标,如企业为社会提供所需的产品和服务,学校培养人才,医院治病救人,军队保家卫国等。一个组织如果不履行自己的使命,适应目标的需要,也就失去了存在的理由。

(4) 结构性。在组织内部,各部分要通过分工和协调来实现目标。组织的存在是由于单个人不能完成所有的功能和活动,而这些功能和活动对于实现组织的使命和目标又是必需的。或者有些工作虽然单个人也能够完成,但通过群体成员的分工和协调可以大大提高效率时,组织就出现了。分工和专业化可以看作组织的基本特征。一旦工作被分隔开,组织成员出现分工和专业化之后,组织便要有一些方法来协调组织成员的活动,以确保所有的人为共同的组织目标而工作。

学习组织行为学,必须把组织作为一个系统来看待,组织系统内部之间各要素相互作用。莱维特提出了一个基本的框架,其重点是组织系统四个主要的内部要素,它们是任务、人员、技术和结构。图 1-1 描述了这四个要素。组织的任务是它的使命、目标或存在的目的。人员是组织的人力资源。技术用来将输入转换为输出,它内涵极广,包括工具知识以及技能。结构包括宏观和微观两个层次,在宏观层次上,指部门、分支机构乃至整个组织结构的设计;在微观层次上,指工作设计。

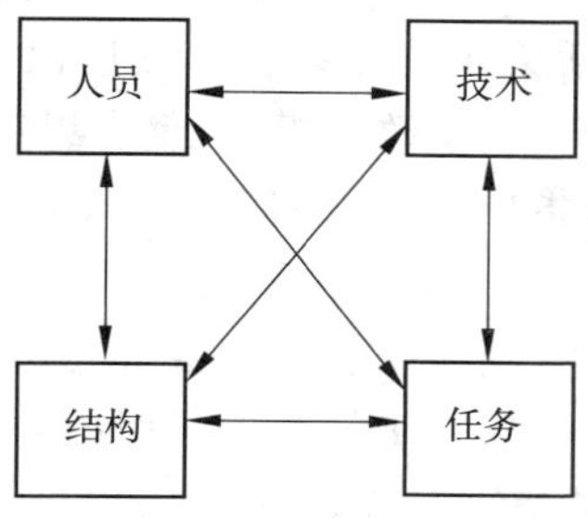

图 1-1　组织的系统观

组织作为一个系统,同时又与外部环境要素相互作用。组织外部环境是组织从事各种活动所直接或间接涉及的各种社会关系的总和。组织环境可分为两大类:一类为一般环境,包括自然环境和社会文化环境、社会经济和技术的发展水平、社会制度、人口等。它们对所有的社会组织都发生作用,但又不是全部因素都对某一组织发生直接作用。另一类为特殊环境或具体环境,包括的因素有供应商、顾客、竞争者、政府和社会团体等。它具体地与某一组织发生作用,直接影响组织的结构特点和活动方式。不同组织的具体环境各不相同。

任何组织要实现自身生存与发展的目的,都需要从外部环境取得必要的能量、资源、信息,如人力、财力、物力和有关信息等,并对这些输入进行加工、处理,然后将生产出的产品与劳务输出给外部环境。将输入转换为高质量的输出,对组织的成功至关重要。

(二)组织的分类

由于组织是高度复杂的实物,按不同的方式,组织有多种分类,如表 1-1 所示。

表 1-1　组织的分类

代表人物	分类标准	组织类型
塔尔科特·帕森斯	组织功能	经济生产组织 政治组织 整合组织 模式维护性组织
布劳和斯格特	组织与受益者的关系	互惠组织 服务组织 营利组织 公益组织

续表

代表人物	分类标准	组织类型
亨利·明茨伯格	组织结构的适应性	简单结构组织 机械化的科层制组织 专业化的科层制组织 有多个分支的组织 临时性组织
梅奥	组织的规范性	正式组织 非正式组织

塔尔科特·帕森斯是以组织的功能和目标为基础进行分类的。这是一种使用最广泛的分类标准。在这一分类中,帕森斯关注的是组织与更广泛的社会之间的联系。根据其社会功能,帕森斯将组织分成经济生产组织、政治组织、整合组织、模式维护性组织四类。

美国社会学家布劳和斯格特指出,组织的理论范式有指定的格调解释什么是组织的基本功能,并且把适应环境作为组织生存的最重要的条件。按照谁是组织的受益者来分,可以把组织分为互惠组织、服务组织、营利组织、公益组织四类。

加拿大管理学家亨利·明茨伯格采用的是多层面的方法对组织进行分类。他主要依据的是组织结构适应组织的权宜应变的方式,将组织分为简单结构组织、机械化的科层制组织、专业化的科层制组织、有多个分支的组织以及临时性组织五类。

美国著名人际关系学家梅奥发现组织中存在非正式组织。他认为,按照组织结构的规范程度,可以将组织分为正式组织和非正式组织两类。正式组织是组织系统职能的正式排列,是构成组织系统工作之间的相互作用模式。非正式组织具有以下几个特点:自发性、内聚性,以及低稳定性。非正式组织对正式组织具有补充和限制的作用。

二、组织行为学及其研究意义

(一) 组织行为学的概念

组织行为学是近年来迅速发展的一门学科,关于组织行为学的定义也处于发展变化中,因而其定义众说纷纭。美国学者斯蒂芬·P. 罗宾斯的定义是:组织行为学是一个研究领域,它探讨个体、群体以及结构对组织内部行为的影响,以便应用这些知识来改善组织的有效性。

也有学者认为:组织行为学是采用系统分析的方法,研究一定组织中人的心理和行为的规律,从而提高管理人员解释、预测和监控人的行为的能力,以实现组织既定目标的学科。

本书认为,组织行为学是对一定组织中个体和群体的心理活动规律和行为规律进行系统研究的一门学科。它专门研究处于组织中的个体、群体以及整个组织之间的相互作用,包括这些活动主体与外部环境相互作用所形成的与组织生存和发展目标相关的一切行为。具体应从以下几个方面来理解组织行为学的含义:

(1) 组织行为学的研究对象是人的心理规律和行为规律。人的行为是在一定的环境因素刺激下,受到心理因素的支配而发生和进行的。研究人的行为不能脱离人的心理。心理活动是行为的内在依据,行为是心理活动的外在表现。因此,组织行为学研究的是人的心理和行为活动的交互作用。

(2) 组织行为学的研究范围是一定组织体系中的人。这里所说的一定组织体系,包括企业、学校、医院、军队等组织,其中以企业组织为主。组织行为学重点研究的是此范围内的人的心理与行为的规律性。

(3) 组织行为学的研究目的是达到既定的组织目标。在掌握一定组织中人的心理与行为规律的基础上,提高预测、引导、控制人的行为的能力,采取相应措施,变消极行为为积极行为,以达到提高组织的绩效和员工的生活、工作质量的目的。

(二) 组织行为学的体系

由于组织活动的复杂性,人们对组织行为的分析和研究有不同的角度和层次:在第一个层次上,研究为追求组织目标而工作的个人;在第二个层次上,把重点放在组织成员在群体中的相互影响上;在第三个层次上,把组织视为一个整体来分析其行为。具体如图 1-2 所示。

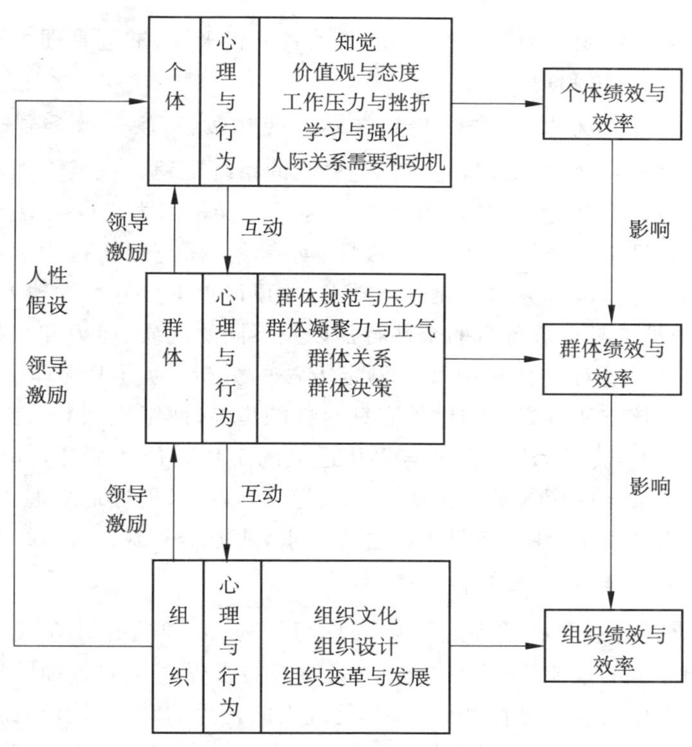

图 1-2　组织行为学的体系

1. 个体心理与行为

个体心理与行为是组织行为学研究的基础。个体心理主要包括心理过程、心理状况和个性心理三方面因素,它们都与行为有着密切的关系。因此,我们将分别研究人的社会知觉与行为、社会学习与行为,特别是研究人的个性与行为的关系,即依次展开个性心理特征、个性倾向性等内容与行为的关系的论述。

2. 群体心理与行为

群体心理与行为是组织行为学研究的重要内容。众所周知,在社会活动中,离群索居的个体是无法存在的，为了活动和生存，人们必须结成一定的社会关系，必须组成一定的群体或组织，从而产生群体心理与行为。群体心理不是由组成该群体的全部个体的单个心理简单叠加而成，而是由这些心理交互作用产生的新的心理。群体心理会对个体行为产生巨大的影响，并且也会影响群体行为。为此，我们将主要围绕着群体的一般理论、群体人际关系、群体沟通、群体冲突等问题进行论述。

3. 组织心理与行为

组织心理与行为是组织行为学研究的重点。它可以分成三大分支：一是领导行为，包括决策行为、激励行为、领导过程和行为等；二是组织行为，包括组织设计、组织运行、组织变革、组织文化等；三是组织中的工作行为，包括工作设计、工作压力、员工的选择、培训和工作绩效评价等。

三、研究组织行为学的意义

学习、研究和应用组织行为学，对于调动劳动者的积极性、推进管理水平的现代化、推动组织变革都有重要的理论和现实意义。

1. 有助于加强以人为本的管理，增强劳动者的积极性、主动性和创造性

无论是社会管理还是组织管理，它们都是复杂的系统工程。仅就管理对象来说，主要有事、物、人才、信息等，而其中人是管理的中心。这不仅仅是因为人既是管理的客体，又是管理的主体，更在于人具有无限的主动性、积极性、创造性。研究组织行为学，其重要目的在于了解人、尊重人、关心人，以人为本。在此基础上，才可谈得上更好地发挥人的作用。

组织中的每个员工都有着各自的个性特征以及不同的气质、能力和兴趣等，而组织行为学的个体行为研究，通过对个性理论及其测定方法的分析，为组织管理中员工个体行为管理，如个人绩效的考核方法等方面提供了有针对性的指导，使组织领导者能够全面地了解每个人的性格特点和能力专长，从而安排与之相适应的工作岗位和职务，真正做到人尽其才、才尽其用，从而取得最佳的用人效益。研究组织行为学，可以更好地掌握人的心理活动规律和行为规律，了解人的需求，注意满足人的合理需求，才能不断激发人的行为动机。

2. 有助于不断提高管理水平和质量

组织行为学研究的管理和领导过程中心理与行为、激励的各种方式，可以提高领导水平、领导艺术和领导者的素质；组织行为学研究的人们心理变化的各种因素，可以预测人的行为，使思想政治工作具有预见性和针对性，促进人的行为的转变；同时，组织行为学可以深入了解群体的心理活动和行为活动规律，注意确立和不断更新群体奋斗目标，注意满足群体的心理需求，以激活群体的创造力和内驱力。

在社会生活多样化，特别是社会组织形式多样化的条件下，研究个体和群体不同的种类及其特征、行为方式等问题，具有特别重要的社会意义和理论价值。不同的群体之间，它们的人员组成有差异，以至在活动目的、活动内容、活动方式、活动特点等多方面都有不同的特征，并且在社会影响方面也会出现很大的差别，有些具有正功能，有些则具消极性。因此认真研究不同群体的发育、发展和有关管理、引导等问题，已成为组织行为学研究的新课题。

3. 有助于改善组织行为，提高组织效率

组织行为研究是改善组织行为的“重头戏”。就现实意义而言，主要有以下重要课题：第

一，决策的科学性和民主化问题。现代社会的科学决策是关系到组织生存和发展的关键环节，它既需要有科学的决策理论指导，又需要有科学的决策程序和决策方法，还要有决策者的良好素质。第二，有效的领导行为研究。这种领导行为应该是领导者、被领导者和领导情势的函数值，其核心问题是如何取得被领导者的拥戴和认可，不断激发员工的主动性、积极性和创造性。第三，组织创新和组织变革。面对社会大转型和经济全球化的双重影响，我们的大量组织需要随着社会环境的不断变化而不断地更新与改革。迫切需要研究组织改革的一系列问题，包括改革动力、目标、体制、机制、过程、内容、方法，还应研究改革面临的各种阻力及其克服方法。

组织变革的目的是为了提高组织效能。而不同功能的组织，其有效性的评价参数是有区别的。传统组织不同于现代组织，科层制组织也不同于学习型组织等。因此，建立不同组织的效能评价体系，是规范组织行为的重要保障。

第二节　组织行为学的发展演变

一、组织行为学发展阶段的划分方式

关于组织行为学的发展阶段，不同的学者有不同的划分方式。

一些学者认为，从“管理心理学”、“组织心理学”到后来的“组织行为学”反映了组织行为学的发展过程。20 世纪初，泰勒和加尔布雷思通过动作和时间研究来提高工作效率。加尔布雷思的妻子，美国管理心理学家莉莲·加尔布雷思却认为不能单纯从工作的专业化、方法的标准化、操作的程序化来提高效率，还应该注意研究工人的心理，并于 1914 年指出，要把早期心理学的概念应用到科学管理的实践中去。但是这本著作当时并没有引起人们的足够重视，“管理心理学”这一概念在当时也未得到广泛的承认。

直到 1958 年莱维特正式开始使用“管理心理学”这个名词代替原来沿用的“工业心理学”的名称，才使之成为一门独立学科。之后又出现了“组织心理学”这个名词，这是 20 世纪 60 年代初莱维特写的一篇文章标题中首先采用的，这篇文章的目的也是强调社会心理学，尤其是群体心理学在企业界日趋显著的作用。20 世纪 50 年代末期，在优秀院校中产生的研究项目，开始取名为“组织行为学”。从此以后，“组织行为学”这一名称就沿用至今。

学者们认为组织行为学的产生最早源自对人的工作行为的关注和研究，主要的代表人物有罗伯特·欧文、雨果·芒斯特伯格、玛丽·福莱特、巴纳德等。这些学者开始强调人的作用，主张实行人性化管理；将心理学应用于工业以提高劳动生产率；开始从个人和群体行为的角度考察组织；并在古典管理观点与组织行为观点之间架设了桥梁，构成组织行为学的起源。组织行为学的形成和确立以人际关系学派的产生为重要标志，霍桑试验起了重要的作用。在组织行为学的发展时期，代表人物及理论有勒温的群体动力理论、马斯洛的需要层次理论、雅各布·莫雷诺的社会测量理论、阿吉里斯的“不成熟—成熟”理论以及道格拉斯·麦克雷戈的 X 理论和 Y 理论等。这一阶段组织行为学伴随着工业心理、群体行为、管理心理、组织心理的发展而迅速发展。

二、组织行为学的发展阶段

本书认为组织行为学起源于 17 世纪的古典管理理论，最初发展来源于科学管理理论中

对人性的研究，虽然内容极少，但也开启了组织行为学的研究。管理成为一门较系统的学科是从 19 世纪末 20 世纪初美国的“科学管理”开始的，从那时到现在，管理学科发展迅速，出现了一系列的管理理论或学说。

（一）萌芽阶段

组织行为学得以发展的一个重要原因是为劳资关系矛盾斗争寻求解决办法。成本最小化、利润最大化是资方的目标，而改善工作条件以及提高福利待遇是劳方的要求。资方追求效益，劳方期待公平，满足生活和人性方面的需求。劳资矛盾的加剧（如引发的大规模罢工、关闭工厂等）会使得劳资双方两败俱伤。在资本主义发展的早期特别是资本的原始积累阶段，劳资矛盾非常突出。在 19 世纪末，随着生产的发展和科学技术的进步，企业规模不断扩大，生产技术更加复杂，市场也迅速地发展。而生产关系也发生较大变化，自由竞争资本主义逐步向垄断资本主义过渡，劳资矛盾尖锐。这些都迫切需要改进企业管理模式，提高企业的管理水平。

以泰勒为代表的科学管理理论、以法约尔为代表的一般管理理论和以马克斯·韦伯为代表的管理组织理论成为组织行为学的发端。

1. 泰勒的科学管理理论

泰勒是科学管理的倡导者，被称为“科学管理之父”，从根源上讲，泰勒是组织行为学先驱者中最重要的一位。这一时期正是大工业快速发展的阶段，人们关注的是生产的效率。泰勒对工作进行动作和时间研究，注重工作的分析和设计，在钢铁公司进行了一系列的实验：搬运铁块、铲铁锹等，将人的动作进行分解和设计，提出了劳动定额、工时定额、计件工资制等。泰勒所倡导的科学管理方法讲究用效率、技术、方法的管理来代替凭个人方式和凭经验办事的管理，他的根本目的是谋求最高效率，而最高工作效率是雇主和雇员达到共同富裕的基础。泰勒的最大贡献在于他倡导在管理中运用科学方法和科学实践精神。科学管理的精髓是用调查研究和科学知识来替代个人的判断、意见和经验。泰勒还创造和发展了一系列有助于提高生产效率的技术和方法，这些不仅是过去，而且也是近代合理组织生产的基础。

泰勒科学管理的局限性主要体现在以下几个方面：首先，涉及的范围狭窄。科学管理主要以提高劳动强度、改进劳动组织为方向，通过对时间和动作的研究等，谋求劳动者与机械的最高效率。科学管理没有涉及企业的销售、供应、财务等方面的问题，也没有涉及高层管理和决策等问题。其次，忽略某些社会因素的作用。科学管理把人看作孤立的人，忽略了企业中成员的交往、情感、态度等社会因素会对劳动效率起作用。最后，泰勒的科学管理理论是基于经济人、理性人的人性假设，认为劳资双方追求的都是物质利益，只有金钱、物质利益才能刺激工人的生产积极性。

与其说科学管理是由一些原理和原则组成的管理理论，不如说科学管理是一种对管理实践重新审视的管理哲学。

2. 法约尔、韦伯的古典组织理论

经典组织理论的代表性人物是法国的亨利·法约尔和德国的马克斯·韦伯。法约尔将管理职能概括为五个方面：计划、组织、指挥、协调、控制。他还提出了 14 条组织管理原则：劳动分工、权利与责任、纪律、统一指挥、统一领导、个别利益服从集体利益、报酬、集权化、等

级制、秩序、公平、人员的稳定、主动性、集体精神。这些原则对后来组织结构和模式的发展有深刻影响。组织对每个成员的职权和协作范围都应该有明文规定，使其能正确地行使职权，从而减少内部的冲突和矛盾。经典组织理论所描述的组织具有"理性组织"的特点，强调稳定、严格、精确、有序，但比较机械，不考虑组织中人的心理、个性与情感。

韦伯在管理理论上的最大贡献是提出了所谓的理想的官僚组织理论。"官僚"这个词语现在带有贬义，而在当时却没有贬义。韦伯认为，"理想的"官僚组织应通过公职或职位而不是通过个人或世袭来管理，这是理想的管理大型企业、政府、军事组织等最有效的组织形式。这种组织形式具有明确分工、等级原则、正式的规章制度、非人格化等特点。韦伯认为，理想的官僚组织体系从纯技术观点来看，是最符合理性原则、效率最高的，它在精确性、稳定性、纪律性和可靠性方面都优于其他组织形式。

古典组织理论最突出的贡献是为管理整个企业提供了一系列的原则和方法，而泰勒等人的科学管理只能侧重于操作管理或基层管理，尤其是法约尔对管理的五大要素的分析，为管理领域提供了一套科学的理论框架。

古典组织理论仍存在把职工看作"经济人"，强调独裁管理，把组织作封闭系统等局限。

（二）成熟阶段

从 20 世纪 20 年代美国推行科学管理的实践来看，一方面，古典管理理论在使生产率大幅度提高的同时，也使工人的劳动变得异常紧张、单调和劳累，因而引起了工人们的强烈不满，并导致工人的怠工、罢工以及劳资关系日益紧张等事件的出现；另一方面，随着经济的发展和科学的进步，有着较高文化水平和技术水平的工人逐渐占据了主导地位，体力劳动也逐渐让位于脑力劳动，也使得西方的资产阶级感到单纯用古典管理理论和方法已不能有效控制工人以达到提高生产率和利润的目的。这使得对新的管理思想、管理理论和管理方法的寻求和探索成为必要。

同时，心理学在工业生产上的应用产生了工业心理学，包括工程心理学、人事心理学和工业社会心理学等。当时学者们研究的重点在于以个体为研究对象，对工作中个体差异进行测定，从而采取个性化的管理方式。此时的研究从严格意义上说还只是个体心理研究，对群体和组织层次的行为研究仍不多见。一直到霍桑试验，发现了工作群体的重要性，才进一步把心理学、社会学、人类学等各门学科结合起来，对生产中人们的心理与行为进行综合探索、试验和解释，提出了人群关系论（人际关系理论），促进工业心理学向组织行为研究靠拢。

1949 年，在美国芝加哥讨论会上第一次提出"行为科学"的概念。1953 年在美国福特基金会召开的涉及各大学科的会议上，一批著名学者慎重讨论后，把研究人的行为的学科正式定名为"行为科学"。1958 年起，美国斯坦福大学的莱维特正式开始用"管理心理学"这个名词代替原来沿用的"工业心理学"的名称，使之成为一门独立学科，并逐步融入组织行为学。

在管理实践中，行为科学取代了人际关系理论，对人的各种行为的考察、研究、引导和控制已经成为管理学的主流。同时，加之政治学、经济学、历史学、生物学和生理学等学科的影响，组织行为学作为一门管理的分支学科也逐渐地成熟起来。

1. 霍桑试验

在行为科学的发展史中被称为里程碑式的实验就是霍桑实验。

从 1924 年开始，美国西方电气公司在芝加哥附近的霍桑工厂进行了一系列试验。霍桑工厂是一个制造电话交换机的工厂，具有较完善的娱乐设施、医疗制度和养老金制度，但工人们仍愤愤不平，生产成绩很不理想。为找出原因，美国国家研究委员会组织研究小组开展试验研究。梅奥 1927 年接管并主持了霍桑试验。试验的初衷是想通过改变工作条件和环境，找出提高生产率的途径。试验分照明、继电器装配小组、大规模访谈和接线板工作室四个阶段。

根据霍桑实验的结果，梅奥得出结论：影响生产效率的根本原因不是工作条件，而是工人自身；在决定工作效率的因素中，工人被团体所接受的融洽性和安全感比奖励性的工资具有更为重要的作用。此外，梅奥发现企业组织中存在着正式组织和非正式组织。在共同的工作过程中，人们相互之间必然发生联系，产生共同的情感，自然形成一种行为准则或惯例，要求个人服从，这就构成了非正式组织。非正式组织与正式组织有重大的区别，在正式组织中以效率的逻辑为重要标准，而在非正式组织中则以情感的逻辑为重要标准。这种非正式组织、非正式群体对群体成员的行为影响很大，是影响生产效率的重要因素。

梅奥关于霍桑试验的结果诞生了人际关系学说。人际关系学说对人性的假设是社会人而不是经济人，认为人们的行为并不单纯出自追求金钱的动机，还有社会方面、心理方面的需要，即追求友情、安全感、归属感和受人尊重等，而且社会、心理方面的需求是更为重要的。梅奥 1933 年出版了《工业文明的人类问题》，提出著名的“人际关系学说”，开辟了行为科学研究的道路。

2. 行为学说对组织行为的研究

行为学说是在人际关系学说的基础上发展起来的，该学说认为，管理中最重要的因素是对人的管理，所以要研究人、尊重人、关心人、满足人的需求以调动人的积极性，并创造一种能使下级充分发挥力量的工作环境，在此基础上指导他们的工作。其特点包括以下几点：①把人的因素作为管理的首要因素，强调以人为中心的管理，重视职工多种需要的满足；②综合利用多学科的成果，用定性和定量相结合的方法探讨人的行为之间的因果关系及改进行为的办法；③重视组织的整体性和整体发展，把正式组织和非正式组织、管理者和被管理者作为一个整体来把握；④重视组织内部的信息流通和反馈，用沟通代替指挥监督，注重参与式管理和职工的自我管理；⑤重视内部管理，忽视市场需求、社会状况、科技发展、经济变化、工会组织等外部因素的影响；⑥强调人的感情和社会因素，忽视正式组织的职能及理性和经济因素在管理中的作用。

20 世纪 60 年代中期之后，行为科学的一个重要发展方向是对组织行为的研究，其主要内容是研究企业内个体和群体的行为，其特征是既注意人的因素，又注意组织的因素，如工作任务、组织结构、隶属关系等。有人认为，从一定意义上说，它是人际关系学说和组织理论的综合。20 世纪 70 年代末期以来，行为科学主要是围绕着组织行为的一些课程发展的，因此人们把行为科学的这一重要方向称为“组织行为学”。实际上，组织行为学只是把行为科学的一般原理和知识运用于各类组织管理的结果和产物。

最近 20 多年来，组织行为学又吸收了系统学说、权变学说、组织文化理论以及学习型组织等理论的观点，从而大大丰富了组织行为学的内容，拓宽了组织行为学研究的范围。从组织行为学的起源与发展过程可以看到，随着管理实践的深入和学术界、企业界的不断探索和研究，组织行为学的理论和方法将更为科学和更具可操作性，组织行为学将更为成熟和完善。

（三）发展阶段——虚拟组织的出现

1. 虚拟组织出现的历史背景

“二战”后，日本处于经济萧条时期，制造业也陷入困境。丰田汽车公司开创了“精益生产”的生产方式（即丰田生产方式，精益的奉行者将其目标确定为：不断减少成本、零次废品率、零库存以及无终止的产品品种类型）。正是这一具有时代意义的生产方式，使得日本在战后恶劣的环境下在制造业方面超过了强大的美国，曾一度取代了美国在制造业方面的领先地位。

为此，在对美国工业界的现状进行认真研究和分析的基础上，美国机械工程学会名誉理事、《灵捷企业学报》主编肯尼斯·普瑞斯与史蒂文·L. 戈德曼、罗杰·N. 内格尔合作完成了一份名为《21 世纪制造企业研究：一个工业主导的观点》的报告。该报告指出：在市场变化加快，全球性竞争日益激烈的情况下，单个企业仅依靠自己资源的整合难以满足快速变化的市场需求。为解决这一问题，该报告首次提出了虚拟组织的概念，并提出了以虚拟组织为基础的灵敏制造模式，即以竞争能力和信誉为依据，选择合作伙伴，组成虚拟组织，以增强企业整体的竞争能力，在最大程度上满足顾客要求，从而在市场竞争中取胜。

（1）虚拟组织产生是经济全球化的客观需求。20 世纪 90 年代以来，经济全球化、一体化的格局已经初步形成。随着全球化程度的不断加深，必然导致竞争更加激烈、环境越发复杂。面对世界经济的新形势及日益复杂的市场环境，组织需要一种全新的战略，将原来分散的技术资源、人力资源和管理资源快速有效地整合起来，以较低的成本实现组织目标，而能够执行这种战略的组织是一种新型的组织形态——虚拟组织。虚拟组织这种新兴的组织形式能够满足全球化、组织间协作以及有效配置资源的需求。

（2）信息技术的发展是虚拟组织产生的技术基础。始于 20 世纪 70 年代的信息革命给世界带来了两大变化趋势：一是数字化；二是网络化。计算机网络技术大大改变了组织内部及组织之间业务联系的方式，同时也为深层次信息共享和交换提供了技术条件，既使得虚拟组织跨越时间、空间的合作成为可能，充分发挥虚拟组织的成本优势，同时也大大提高了虚拟组织的沟通效率和效果。由此可见，先进的信息技术不仅为虚拟组织的兴起和发展奠定了技术基础，而且会进一步促进虚拟组织这种新型组织的快速发展。

2. 虚拟组织的概念

虚拟组织是区别于传统组织的一种以信息技术为支撑的人机一体化组织。其特征以现代通信技术、信息存储技术、机器智能产品为依托，实现传统组织结构、职能及目标。在形式上，没有固定的地理空间，也没有时间限制。组织成员通过高度自律和高度相似的价值取向实现团队的共同目标。

“虚拟组织”这一概念赋予“组织”新的含义：第一，组织不是以实体的现实表现形式存在，而是以实现组织目标这一本质形式存在，或可以理解为以“类似”实体组织的目标实现方式而存在；第二，在全然不同的“虚拟现实”（更精确的说法是“数字现实”）这一领域中，组织呈现出巨大的力量；第三，在虚拟世界中，“虚拟”一词并非完全意义上的虚拟，而是建立在实体基础上的虚拟。也就是说，在虚拟组织实现目标的过程中，仍然需要必要的人力、物力采取跨时空的方式通过网络等媒介方式实现互动。

与一般传统的实体组织相比，虚拟组织具有如下特征：组织结构网络化、虚拟化；技术先进性；经营灵活、反应迅速；承担任务的同时性，即产品生产是以并行而不是以线性顺序进行；收益和风险的共享性。企业在产品研发过程中需要投入大量的人力、物力、财力，产品的研发既有成功也有失败。通常，风险与收益并存，风险值越高，获利的可能性越大。

3. 虚拟组织等"新组织"的兴起给组织行为学研究带来的挑战

除了虚拟组织之外，还有学习型组织、团队型组织、扁平化组织、多元化组织、无边界组织、网络组织等新型组织。这些新型组织结构形式的一个共同特点，是通过企业的组织重构简化内部组织结构，尤其是正式组织结构，弱化等级制度，促进组织内部信息的交流、知识的分享和每位成员参与决策过程，使得企业组织对外部环境的变化更敏感、更具灵活性和竞争实力。新型组织的出现为组织行为学的研究带来了前所未有的挑战，主要表现在以下几个方面：

(1) 传统组织中，组织结构一般比较固定，但新组织的兴起，使网络化大大优化了信息流程，组织结构也越来越灵活多变，这样有利于加快上下左右信息传递的速度，以利于组织中个体之间的沟通。同时，企业组织结构也更趋向于扁平化。新组织的兴起，IT 技术的广泛应用，使信息采集、处理、传递、储存更加快捷高效，它既需要有相应的企业结构减少管理层次，加快上下信息传递速度，减少信息失真，同时，又为组织机构扁平化提供了手段。

(2) 经济的全球化，以及组织的劳动力和产品、资本市场开始多元化。如何对不同国籍、宗教信仰、教育背景、生活习惯、思想需要的员工进行工作安排，制订针对性的薪酬、福利、培训计划，以调动员工的积极性，提高组织的效率，也已经成为亟待解决的问题。

(3) 信息技术的发展引起了分工的深化，使得劳动协作方式复杂化以及组织设计网络化、扁平化、灵活化。为了保证组织运作的速度以及服务的及时性、准确性、成本最小化，从而保证组织的效率，团队结构、员工行为与决策方式、组织系统的建立、跨文化的沟通与冲突解决系统的建立都需要进一步讨论。

(4) 由于技术进步的速度加快，竞争激烈，必然带来劳动市场流动率的提高和员工忠诚的减弱。这样就必须通过组织学习与界线管理，保证组织的核心竞争力，激发变革和创新；在持续提升核心竞争力的同时，舒缓员工的工作压力，改善道德行为等。

(5) 信息技术带来了学习成本的降低，劳动者素质、能力迅速提高，"白领"员工比例增大，人力资本的重要性上升。面对新的"知识劳动者"，管理层拥有的信息优势渐少，导致了员工在组织中相对权利的扩大，以及企业产权结构、治理结构的改变。员工能力结构及组织运作的互动，新型激励制度和劳动关系的建立，加大了授权程度与组织内部上下级指挥体系的重构。

比如，在学习型组织中，组织中的领导者的权威意识较之前有所淡化。新型企业领导的主要职能是使本组织适应新的现实并迎接新的挑战。这种新的领导将不再由一个"负责"的精英人物所提供，它将从每一个人内在的能力中产生。这种领导不是假定拥有一切答案，而是尽力给他人授权赋能，使他们去处理自己的问题。只有把领导的实施机会交还给人们，才有可能建立可持续的学习型组织。再者，在团队组织中，工作不再是由一些重复性的行为构成，而是由个体之间的相互交流构成，这对传统等级制度的领导形式提出了挑战。在这样的团队中，交叉培训是很常见的，这种交叉培训使工作间的界限越来越不明显。在日益出现的分散型组织中，依赖家长式领导展示自身独特性的传统领导者逐渐被新型的团队领导者所取代。

传统组织强调组织结构明确、稳定和角色的可替换性，而新兴的组织则更强调适应环境的变化，提高竞争能力和提高效率。新组织的兴起，使组织形式趋于多样化，它不仅对传统组织模式提出了挑战，也对传统组织模式下的组织行为学研究提出了挑战。既然现有的组织行为学属于应用性科学，就必须做出相应变革以适应经济的发展，应进一步研究评价和分析人的心理与行为的方法，更紧密地联系组织管理者的实际工作，提高其工作能力，进而提高组织的工作绩效。

第三节　组织行为学的学科性质和体系

组织行为学的产生和发展，经历了漫长时间的经验积累和理论汇集，有着广泛的理论基础，同时与行为科学、管理心理学有着十分密切的联系。我们可以从学科性质、研究对象、理论基础等方面探讨它们之间的相互关系。

一、组织行为学的学科基础

广泛的理论基础和知识积累决定了组织行为学是一门交叉学科，由多个领域的研究成果发展而来。主要的领域是心理学、社会学、人类学等。从图 1-3 中可以看到组织行为学主要的理论基础。

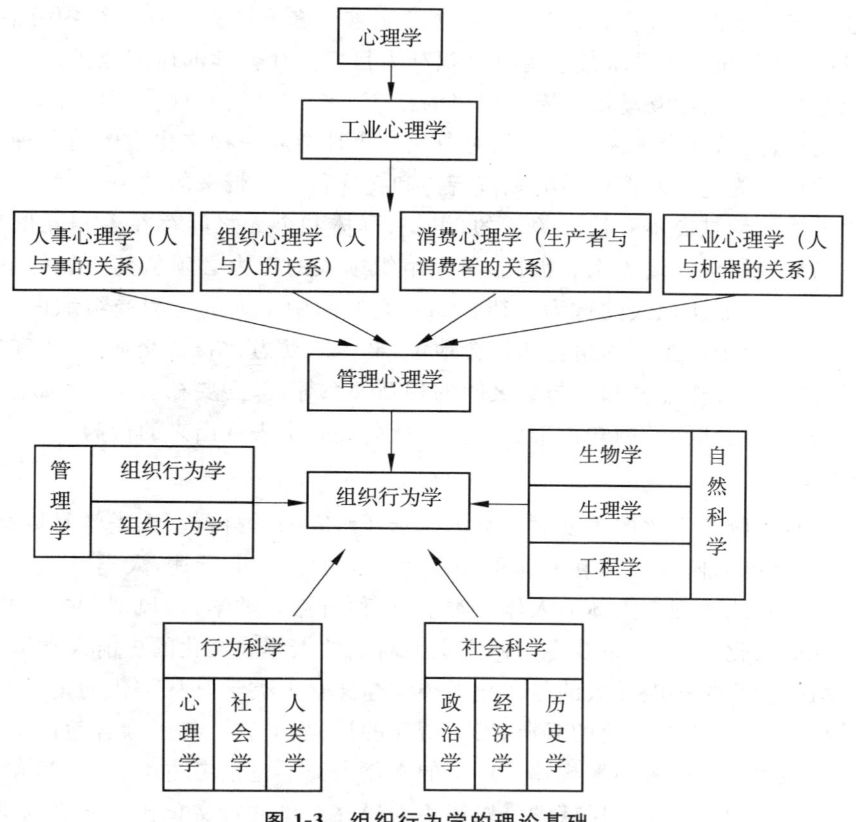

图 1-3　组织行为学的理论基础

1. 心理学

心理学是一门涵盖多种专业领域的科学，但就其根本而言，心理学是一门研究人类行为和心理过程的科学。它既是一门理论学科，也是应用学科。包括理论心理学与应用心理学两大领域。在理论心理学领域，除了普通心理学理论不断发展之外，还有实验心理学、生理心理学、发展心理学、比较心理学、学习心理学、人格心理学等。在应用心理学领域，教育心理学、组织心理学、环境心理学、政治心理学、犯罪心理学、商业心理学、领导心理学、销售心理学、广告心理学等层出不穷。

心理学又可分为个体心理学和社会心理学。个体心理学集中于个人的心理活动和特征的分析，这是一切心理学研究的基础。社会心理学是把个人作为社会人来研究其心理过程的学科。在组织行为学研究中，社会心理学的理论正越来越多地受到重视。这不仅是因为社会心理学更多倾向于应用性和实证性的课题，而且在于它所研究的主要问题对组织行为学有直接启示。一般而言，社会心理学研究的主要问题有社会动机的形成和种类、社会认知问题、社会态度问题、个人行为问题研究、群众性的社会心理现象研究（如模仿和流行、社会舆论和流言等）、人际关系研究、团体心理研究等，它们都对组织行为学关于个体心理与行为、群体心理与行为的研究有理论指导意义。

2. 社会学

社会学是从社会整体出发，通过社会关系和社会行为来研究社会的结构、功能、发生、发展规律的综合性学科。社会学起源于19世纪末期，是一门研究社会的学科。社会学使用各种研究方法进行实证调查和批判分析，以发展及完善一套有关人类社会结构及活动的知识体系，并以运用这些知识去寻求或改善社会福利为目标。社会学的研究范围广泛，包括了微观层级的社会行动或人际互动以及宏观层级的社会系统或结构。社会学以社会而非个体作为研究的出发点，因而社会学家所关注的对象是一个社会或一种文化中的角色种类、不同社会和群体中的行为规范以及群体中的规范行为和变异行为所带来的结果。

组织中人的行为是离不开社会关系的，组织、群体和个人之间存在着相互依存的关系，同时它们还与环境构成互动关系。因此，研究组织中人的行为必须从其所处的整个社会关系着手，这样才能全面认识人的行为规律。如研究组织中个人的行为受组织内外社会环境的影响，个人在社会中所担任的角色和社会地位，群体的动力、结构、交往，权力和冲突，非正式组织、群体之间的合作配合和人与人之间的相互关系等，都需要社会学的知识。组织行为学的研究就是要运用社会学的知识来探索人在社会关系中表现出来的行为。

3. 人类学

人类学是从生物和文化的角度对人类进行全面研究的学科群。人类学是以综合研究人体和文化（生活状态），阐明人体和文化的关联为目的的。综上所述，人类学大致可区分为：主要研究形态、遗传、生理等人体的人体人类学，亦称自然人类学；以风俗、文化史、语言等文化为研究对象的文化人类学；以及专门研究史前时期的人体和文化的史前人类学。

其中对组织行为学影响最大的是文化人类学。文化人类学是从文化的角度研究人类种种行为的学科，它研究人类文化的起源、发展变迁的过程、世界上各民族各地区文化的差异，试图探索人类文化的性质及演变规律。广义的文化人类学包括考古学、语言学和民族学，狭义的文化人类学即指民族学。民族学是以民族为研究对象进行文化比较研究的学科。文化人类学对组织行为学的最大启示在于跨文化研究的方法论。随着社会交流的频繁，各种不同文化之间的传通也日益密切。各种不同管理文化，包括不同的管理理念、经营管理价值观、人际沟通方式等，都有可能在同一时间和空间条件下汇合、交融，或者产生碰撞甚至冲突。在这种基础上就产生了跨文化管理的新课题。从文化人类学的视角审视组织管理，不同的组织管理理论、措施、方法、手段等，其实都是不同文化的产物，这些管理文化之间的传通、嫁接、移植，实际上是一个比较复杂和长期的过程。

4. 政治学

政治学是研究社会政治现象的科学。狭义的政治学研究国家的活动、形式和关系及其发展规律；广义的政治学研究在一定经济基础之上的社会公共权力的活动、形式和关系及其发展规律。政治学的研究范围包括政治理论、比较政治、公共政策、政治学方法论等内容。政治学对于理解组织行为的贡献也是至关重要的。政治学的权利与冲突、组织内政治等问题，会影响到组织中个人和群体的行为，还会影响管理行为的方式、方法以及领导行为的作风等。

5. 其他学科

上述四个学科构成组织行为学的理论支撑。除此之外，生理学、管理学、经济学、伦理学等学科的知识和研究方法，也是研究组织行为学的理论基础。生理学中对个体个性、情感的研究，管理学中的管理理论、原则和制度问题，伦理学中的道德规范，都会影响组织中个体、群体以及整个组织的行为。

二、组织行为学的学科性质

组织行为学是行为学科的一个分支。就其学科性质来说，具有以下特点。

(1) 综合性。组织行为学是一门多学科相互交叉、渗透与融合的边缘性及综合性学科。其学科思想建立在心理学、社会心理学、社会学、人类学、政治学、经济学、工业工程学等传统学科基础之上。在其发展过程中，也吸收了通信技术、信息系统等一些新兴学科的养分。

(2) 层次性。由于组织活动的复杂性，因而组织行为的分析和研究也有不同的角度，呈现出多层面的特点。在第一个层次上，把组织看作追求组织目标而工作的个人的集合。个体是构成组织的最基本细胞，是组织行为学研究的基础和出发点。首先应用心理学理论研究个体特征对人们在组织中的工作行为和工作表现的影响，其次要研究个体行为以及他们对不同的政策、实践和过程的反应。在第二个层次上，重在分析组织成员在群体工作中的相互影响。运用社会心理学的知识和理论分析工作群体的特征、结构、功能、发展过程和内聚力，构成组织行为研究的重要部分。在第三个层次上，把组织作为一个整体来分析组织行为。组织作为一个整体，其组织结构、组织文化对个体和群体行为产生重要影响，从而对组织效率和气氛有重要的影响。从三个层面对组织行为学进行的研究并不矛盾，它们相互补充。

(3) 两重性。两重性是指组织行为学既具有反映人的行为一般规律的自然属性，又具有反映人的社会生活规律的社会属性。组织行为学既符合社会对各种活动顺利进展的需要，也体现了社会协调和社会发展的内在需求，也是人类自身发展的内在需求，这就是其自然属性。其次组织行为学又具有监督和控制的社会属性。

(4) 实用性。组织行为学以心理学、社会学、社会人类学等理论性学科为基础，是实用性很强的一门学科。它的很多研究实例来源于组织中的实际问题，而结论都可以直接应用于具体的组织管理实践中。组织行为学关注整个组织的绩效，它的应用效果直接影响组织的业绩。

三、组织行为学的学科体系

组织行为学的学科体系通常包括三个层面：个体的行为、群体和人际的行为、组织的行为，见图 1-4。在第一个分析层面上，可以把组织看作追求组织目标而工作的个人的集合；在第二个分析层面上，重点放在组织成员的小组、群体和团队工作中的相互影响上；在第三个分析层面上，则把组织视为一个整体来分析组织行为。每个层面都表现出独特的观念并产生了对组织本质和功能自身的见解。

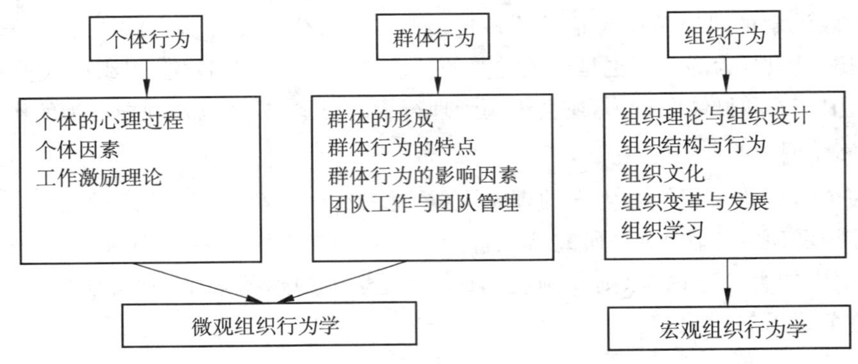

图 1-4 组织行为学的学科体系

组织行为学科体系研究的三个基本分析层面——个人、群体、组织中，前两个层面——组织中个人的行为和群体行为的研究构成组织行为学的微观理论，属于微观组织行为学；第三个层面把组织作为基本的分析单元而进行研究构成组织行为的宏观理论，属于宏观组织行为学，如图 1-4 所示。

从不同层面对组织行为的研究并不互相矛盾；相反，它们互相补充，有助于我们对组织本质、组织效率影响因素的全面、充分理解，便于我们综合多个层面的知识，对组织行为有更深刻的认识与分析。

第四节 组织行为学的研究方法

组织行为学是一门实践性较强的应用性理论学科。要建立和应用组织行为学的理论，必须采用一定的研究方法。科学的研究方法是学习、掌握组织行为学理论的前提和保障。

一、组织行为学研究的步骤和过程

从系统的过程来看，组织行为学的研究可以分为四个步骤，如图 1-5 所示。

1. 观察和试验阶段

在确定相关研究主题的前提下，查阅已有的和选题相关的文献资料，这些文献包括相关理论和信息资料，研究者必须对这些文献资料做一定程度的梳理和分析，从中找出与选题研究有关的内容。以此为基础，研究者需要做进一步的思考和分析，为自己的研究确定具体概

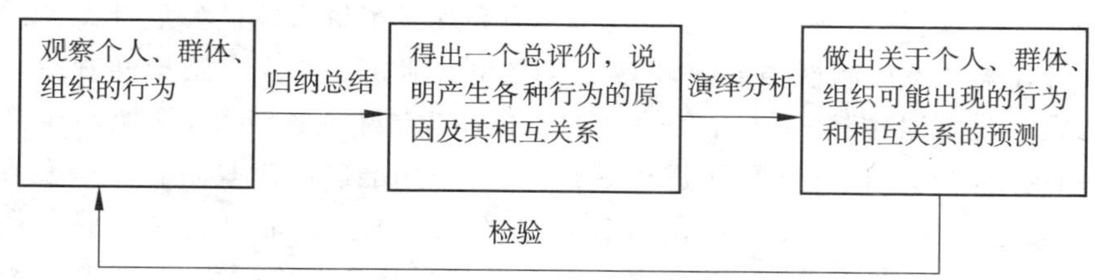

图 1-5　组织行为学研究的系统过程

念和内容。在研究过程中，这些概念和内容会用不同名称的变量来表示，而且可以测量、计算和分析。

2. 系统分析阶段

这个环节也称为研究设计和分析阶段，主要任务就是按照一定的资料收集方法进行相关数据的收集工作，并对所收集的数据进行科学规范的信息处理。研究分析主要是对收集到的数据资料进行系统的审核、整理、统计和分析，既包含对数据资料的清理、转换和录入等工作，也要用各种系统方法对资料进行分析。这是由现代组织行为学研究的特定方式、方法以及所收集资料的性质所决定，这种对数据资料加工和处理的方式及手段主要采用的是定量的统计分析。

3. 预测阶段

预测即形成假设阶段，假设是一种实验性的阐述和解决问题的方法，其作用在于在研究者对问题的实质有了一定程度的了解，并且已经知道应该采用什么样的理论和哪些信息来解决问题后，用以指导问题的解决。

4. 检测阶段

预测假设是一种实验性的阐述，这种解决问题的方法是需要检验的，具体的检验过程是通过相关的研究设计来完成的。最后对研究结论进行全面具体的分析和解释，并撰写相关的研究报告。

二、具体研究方法

研究方法是揭示研究对象的手段。组织行为学的研究方法与其他科学一样，都必然遵循研究程序的公开性、收集资料的客观性、观察与实验条件的可控性、分析方法的系统性、所得结论的再现性、对未来的预见性等原则。具体的研究方法包括观察法、实验法、调查法、测验法、个案法等。

1. 观察法

所谓观察法是指在自然情景中对人的行为进行有目的、有计划的系统观察和记录，然后对所做记录进行分析，发现心理活动和发展规律的方法。科学的观察具有目的性和计划性、系统性和可重复性。由于人的感觉器官具有一定的局限性，观察者往往要借助各种现代化的仪器和手段，如照相机、录音机、显微录像机等来辅助观察。观察法可以分为以下几类：

(1) 根据观察者是否参与被观察对象的活动，可分为参与观察和非参与观察。在参与型观察法研究中，观察者和被观察者一起生活、学习和工作，在密切的相互接触和直接体验中倾听和观察他们的言行。非参与型观察法则不要求研究者直接进入到被研究者的日常生活，即观察者通常置身于被观察的世界之外，作为旁观者了解事物的发展动态。

（2）根据观察对象控制性强弱或观察提纲的详细程度，可分为结构性观察与非结构性观察。结构观察是观察主体根据研究的目的，事先拟定好观察计划，依照一定的步骤与项目，严格按照规定的观察内容和程序进行观察，同时采用准确的工具进行记录。在结构观察中，一般有一定的分类体系或结构性的较为详细的观察纲要。非结构观察是对研究问题的范围采用较松懈而有弹性的态度，对观察内容项目与观察步骤不预先确定，尽量对事件或行为做广泛的记录，对背景因素很少予以控制，资料收集的规则相当灵活。

（3）依据观察地点和组织条件，可分为实验观察和自然观察等。实验室观察是在人工控制的环境中进行系统的观察。其根本特点是：它不仅要有明确的观察目的和周密的实施计划，要求观察者精确地观测观察对象的行为表现，而且要求对观察对象行为表现的一个或一个以上的影响因素进行控制，并观察这种控制对观察对象行为表现的影响，从而发现这些影响因素与被观察中的行为表现之间的关系。自然观察所要求的环境一般是在自然状态下，即事件自然发生的情况下进行的。观察主体对观察环境不加任何改变和控制。

观察法目的明确，使用方便，所得材料比较系统，已在组织行为学中得到广泛应用。但运用这种方法，只能了解大量的表面现象，很难了解复杂现象的本质特征。因此，最好能与其他方法结合使用，以取得较好的效果。

2. 调查法

为了达到设想的目的，制订某一计划全面或比较全面地收集反映研究对象的某一方面情况的各种材料，并做出分析、综合，得到某一结论的研究方法，就是调查法。它的目的可以是全面把握当前的状况，也可以是揭示存在的问题，弄清前因后果，为进一步的研究或决策提供观点和论据。

根据收集资料的方式不同可以把调查法分为访谈法、问卷法、电话调查法和网络调查法。

（1）访谈法是研究人员通过与被调查者直接交谈，来探索被调查者的心理状态的研究方法。访谈调查时，研究者与被调查对象面对面地交流，针对性强，灵活、真实可靠，便于深入了解人或事件的内部原因，但访谈法比较花费人力和时间，调查范围比较窄。

（2）范围大一些的调查，常采用问卷的方式进行。问卷即是书面提问的方式。问卷调查通过收集资料，然后做定量和定性的研究分析，归纳出调查结论。采用问卷调查方法时，最主要的是根据需要确定调查的主题，然后围绕它，设立各种明确的问题，做全面摸底了解。

（3）电话调查法是指研究人员通过电话向被调查者进行问询，了解所需情况的一种调查方法。这种方法的优点是花钱花时不多，能调查较多的人；缺点是不像访谈法那样可以采用多种方式详细询问和解释问题，可能会使被调查者对问题发生误解。

（4）网络调查法泛指在网络上发布调研信息，并在互联网上收集、记录、整理、分析和公布反馈信息的调查方法。它是传统调查方法在网络上的应用和发展。与传统的调查方法相比，在组织实施、信息采集、调查效果方面具有明显的优势。网络调查法是一种新兴的调查方法，它的出现是对传统调查方法的一个补充，随着我国互联网事业的进一步发展，网上调查将会被更广泛地应用。

调查法的优点是能在短时间同时调查很多对象，获取大量资料，并能对资料进行量化处理，经济省时。其主要缺点是被测试者由于种种原因可能对问题做出虚假或错误的回答。

3. 实验法

实验法是研究者有目的地在严格控制的环境中或创造一定条件的环境中，诱发被试者产生某种心理现象或行为，以研究人的心理活动规律和行为规律的一种方法。实验法的依据是自然和社会中的现象和现象之间普遍存在着一种相关关系——因果关系。实验法脱离了观察法和相关研究法的描述性层次，而真正具备了完整的解释、检验和预测功能。按实验地点的性质可分为实验室实验法和现场实验法。作为一种特定的研究方式，实验法涉及三对基本要素：自变量与因变量；前测与后测；实验组与控制组。

实验法有利于明确地确立因果关系，控制程度高，成本较低，但也存在设计比较复杂以及人为主观因素影响较大的缺陷。这就要求我们在研究过程中要格外注意，充分发挥实验法的优越性。

4. 测验法

测验法就是采用标准化的心理测验量表或精密的测验仪器，来测量与被研究者有关的行为特征和心理品质的研究方法，即用一套标准化测验工具，按规定程序，通过测量的方法来收集数据资料。在组织行为学的研究中，心理测验常常被作为人员考核、员工选拔、人事安置的一种工具。

测验法具有间接性、相对性、客观性的特点。采用标准化的测验工具，须特别注意检验其信度和效度。

5. 个案法

个案法就是对某一个体或群体在较长时间内连续进行调查、了解，收集全面的资料，从而研究其心理发展变化全过程的方法。个案法的特点包括实际性、适时性、多样性等。

除了以上主要用于收集数据与资料的方法之外，在组织行为学研究中，还需要有对数据和资料进行统计分析的若干技术方法，通过建立数学模型、借助数学上的分析手段进行定量分析，有助于弥补定性分析研究的不足。例如对调查数据进行处理的 SPSS 程序，在统计分析过程中应用的集中趋势分析、离中趋势分析、相关性分析、因素分析的方法。

以上方法都有自己的适用范围，也都有优点和不足。在实际研究中，必须根据研究目的和研究对象的区别，选择合适的方法，或者是将几种方法结合起来使用，以取长补短，相得益彰。

本章思考题

1. 什么是组织？它有何特点？
2. 组织如何分类？
3. 什么是组织行为学？为什么要学习这门课程？
4. 组织行为学的发展经历了哪几个阶段？
5. 组织行为学与管理学、心理学有何关联？
6. 组织行为学的主要研究内容包括哪三个层面？
7. 组织行为学的研究方法有哪些？

课后案例

华为公司是全球领先的信息与通信解决方案供应商，主要从事通信网络技术与产品的研发、生产、营销和服务，为专业电信运营商提供光电网络、固定网、移动网和增值业务领域的网络解决方案。它成立于1988年，从一个不足20人、注册资本仅2万元人民币的小作坊起步。到2013年，华为在运营商网络、企业业务和消费者三个领域均取得稳定健康的发展，产品和解决方案已经应用于140多个国家，服务全球1/3的人口；2013年销售收入2 390亿元(约395亿美元)，净利润210亿元人民币(约34.7亿美元)，总体收入上已经超过了全球第一大电信设备厂商爱立信的2 274亿瑞典克朗(约合353亿美元)。作为一家民营企业，华为一直推崇企业必须具有核心技术的自主研发能力，华为每年坚持以销售额的10%的资金作为研发经费，以技术创新来抢占市场先机。

华为非常崇尚"狼"，认为狼是企业学习的榜样，要向狼学习，"狼性"永远不会过时。华为公司的创始人兼总裁任正非说：发展中的企业犹如一只饥饿的野狼。狼有最显著的三大特性：一是敏锐的嗅觉；二是不屈不挠、奋不顾身、永不疲倦的进攻精神；三是群体奋斗的意识。同样，一个企业要想扩张，也必须具备狼的这三个特性。为了激发骨干人员的战斗力，任正非常常用"社会上大量存在胸有大志，身无分文的人"激励团队，向团队不断注入危机意识，激活组织保持活力。

在2002年，华为年销售额突破百亿元时，任正非预测到电信业的寒冬即将到来，并为此写下流传至今的《华为的冬天》。任正非认为，要应对电信业的冬天，可以把华为的分销、培训、内容开发、终端设备等业务外包给华为的创业元老，鼓励员工积极发展内部创业，这样，华为就可以把全部精力集中在核心竞争力的提升上。但没有想到的是，"该走的没走，不该走的如李一男这样的技术尖子却跑了"。当时在华为公司担任副总裁的技术尖子李一男，率先提交辞呈并创办了港湾网络公司。港湾网络采取几乎与华为如出一辙的挖人手法：除了高薪之外，还有诱人的股票和期权以及美好的上市前景。华为北京研究所的一个研发团队竟然集体投奔港湾网络，使得华为在数据通信领域的研发精英几乎损失殆尽。风险投资在港湾网络身上先后投下了将近1亿美元的重注，港湾网络推出宽带接入产品(VDSL和ADSL)大获成功之后，李一男就急不可耐地杀入路由器、光网络等新领域。当时业界普遍认为，在数据通信领域港湾网络要领先华为至少半年。此外，港湾网络还进行了一系列的并购，2003年12月收购了另一位前华为副总裁黄耀旭创办的深圳钧天科技公司。钧天是一家专注于光网络的技术型公司，而光网络产品线一直都是华为的利润奶牛，贡献的利润曾经占华为全部利润的1/3以上。

与如日中天的港湾网络相比，当时的华为却好像进入了冬天：内部创业不仅没能清除掉所谓的"沉淀层"，反而放走了李一男、黄耀旭、彭松等虎狼之师，而且动摇了华为的军心。全球电信行业的不景气也使得华为颇为受伤，多年来业绩高速增长的华为竟然在2002年出现了第一次负增长！华为专门成立了"打港办"(打击港湾网络办公室)，对港湾网络痛下杀手；任正非下令，凡是有港湾网络参与竞标的项目，一定要不惜一切代价获得订单，谁输给港湾网络，请谁走人。据说，在2004年某电信运营商宽带接入的招标中，华为将原来1.4亿元的投标价一口气下调50%，就是为了阻击港湾网络……事实证明华为此决定是正确的，港湾网络在投标失利、现金流枯竭、上市无望、与西门子通信的收购意向又被华为硬生生拆散之后，遭到投资人的毅然放弃，他们将港湾网络的大部分资产出售给了华为。

以港湾为代表的创业公司经历了一段风光而短暂的发展脉络：以华为员工为框架成立公司→引入风险基金→通过政策支持拿到商业贷款→管理混乱/市场销售下滑→公司自然破产→骨干员工回华为→华为获得足够免疫能力，创业的精神得到升华→华为归于大统。这些竞争磨炼了华为的内在气质与战斗力：员工在离开华为之后，才体验到华为的好、高素质的人才队伍和良好的企业文化与工作氛围，才知道做一个企业的艰辛，于是众多人员离开时与返回的心境已经大不一样。华为系创业公司的"正面竞争"和大量骨干员工的返回，使华为"狼性文化"的凝聚力与战斗力大大提升。李一男无疑是一个技术天才，但在企业管理及市场运作经验方面还有欠缺。相比之下任正非的领导风格完全不同，他是一个非常低调的人，不愿接受记者采访，也很少参加令许多商界精英趋之若鹜的媒体盛事。尽管如此，其杰出的领导力依然能够"引无数英雄竞折腰"。在企业内部管理上，任正非的领导风格是强硬的、务实的、低调的。组织的文化氛围是影响组织效率的重要因素。优秀的企业文化有助于企业预测并适应环境的变化。华为的"狼性文化"可以用这样的几个词语来概括：学习，创新，获益，团结。用狼性文化来说，学习和创新代表敏锐的嗅觉，获益代表进攻精神，而团结就代表群体奋斗精神。

资料来源：http://wenke.baidu.com/view/58464648cf84b9d528ea7a67.html.组织行为学案例分析31：生生不息的华为文化.2011.10.16.

思考与讨论

1. 从组织行为学角度出发，你如何评价华为公司的组织文化？
2. 结合案例，讨论华为为何能够始终保持充足的活力与创造力。

第二章

组织行为学面临的挑战与发展趋势

引例

某个星期六下午，皇家银行的电话中心发生了这样的一件事：有位顾客打电话询问比索的汇率，接线生回答了顾客的询问后问顾客是否需要进一步计算兑换结果，顾客欣然同意。接线生计算后发现比索兑换成美元后金额高达几百万元，于是她又问顾客是打算存上这笔钱还是兑换成现金，顾客说其实他希望用于投资。于是接线员立刻查询了提供投资咨询的名单，并安排了合适的人员与这个顾客联系。在星期一的早晨，就已经有两三个人着手为银行和这位顾客创造利润了。接线员原本可以在回答完比索的汇率后就可以挂断电话，但是她主动利用自己所掌握的知识不仅方便了顾客投资而且为组织带来了利润。

资料来源：http://www.docin.com/p-865420.html. 管理知识员工．2008.08.24.

思考

1. 该案例对你有什么启发？
2. 知识经济时代的智力资本该如何管理才能更好地服务于组织？

第一节　知识经济及其对组织行为学的挑战

一、知识经济的内涵与定义

什么是知识？知识的定义在认识论中仍然是一个争论不止的问题。一个经典的定义来自柏拉图：一条陈述能称得上知识必须满足三个条件，它一定是被验证过的，正确的，而且被人们相信的。在心理学中，知识主要有两种分类：陈述性知识和程序性知识。其中陈述性知识是描述客观事物的特点及关系的知识，也称为描述性知识。陈述性知识主要包括三种不同水平：符号表征、概念、命题。概念是对一类事物本质特征的反映，是较为复杂的陈述性知识。程序性知识是一套关于办事的操作步骤的知识，也称操作性知识。这类知识主要用来解决“做什么”和“如何做”的问题，用来进行操作和实践。而在管理学中，知识有五种演进层次：噪声—数据—信息—知识—智慧，知识就是一切人类总结归纳，并认为正确真实，可以指导解决实践问题的观点、经验、程序等信息。综上所述，我们认为知识是结构化的经验、价值、相关信息和专家洞察力的融合，提供了评价和产生新的经验和信息的框架。一般而言，信息是知识的输入端，技术是知识的产出端，但信息与技术的定义与内容较明确，而知识是需要经由客观分析与主观认知形成，且与人相关，相对难以系统化与明确地淬取。

什么是知识经济？知识经济并不是一个严格的经济学概念，它的缘起大约与新经济增长理论有关。在世界经济增长主要依赖于知识的生产、扩散和应用的背景下，美国经济学家罗默和卢卡斯提出了新经济增长理论。罗默把知识积累看作经济增长的一个内生的独立因素，认为知识可以提高投资效益，知识积累是现代经济增长的源泉。卢卡斯的新经济增长理论则将技术进步和知识积累重点地投射到人力资本上。他认为，特殊的、专业化的、表现为劳动者技能的人力资本才是经济增长的真正源泉。"知识经济"通俗地说就是"以知识为基础的经济"。这里的以知识为基础是相对于现行的"以物质为基础的经济"而言的。现行的工业经济和农业经济虽然也离不开知识，但总的来说，经济的增长取决于能源、原材料和劳动力，即以物质为基础。知识经济又是信息革命导致知识共享、高效率产生新知识的时代产物，正如种植和养殖技术革命推动人类进入农业经济时代，蒸汽机和电气技术革命推动人类进入工业经济时代，信息技术革命推动人类进入知识经济时代。新的信息革命——数字化、网络化、信息化——为人类信息共享，高效率地产生新的知识，或者说提高知识生产率，提供了坚实的技术条件，并最终推动人类社会进入知识经济时代。知识经济与信息经济有着密切的联系，也有一定的区别，信息技术是知识经济的基础。

知识经济的关键是知识生产率，即创新能力。只有信息共享并与人的认知能力——智能相结合，才能高效率地产生新的知识。所以，知识经济的概念更突出人的大脑、人的智能。反过来，人的智能只有在信息共享的条件下才能有效地产生新的知识。所以，信息革命（数字化、网络化、信息化）为信息共享、高效率地产生新的知识打下了坚实的技术基础。这就是说，信息革命与知识经济有着密不可分的关系。

二、知识经济的特征

知识经济是工业经济之后的一种新的经济形态，与传统的农业经济、工业经济相比，它有如下几个比较显著的特征。

1. 知识成为了最基本的生产要素

从经济社会的基本生产要素来看，知识经济与传统的农业经济和工业经济有着显著的不同。在传统的农业经济中，土地是最主要的也是最基础的生产要素；在工业经济中，简单劳动以及工业原料成为了主要的生产要素。而在知识经济时代，天然的资源已经无法为国家的持续发展提供巨大推力，在能够创造财富的所有要素中，知识的作用越来越明显。而对于企业来说，企业的无形资产（主要是指知识产权）也在慢慢增加，在企业总资产中的比例逐渐增大，知识对于企业的发展变得越来越重要。

2. 高科技是知识经济发展的主要推手

知识经济时代是一个劳动智能化的时代，是一个知识资本化的时代。在知识经济时代，高科技对经济增长的贡献越来越大，科学技术已经成为了第一生产力。在目前的国际市场上，智能化的商品逐渐占据了主导地位（比如智能手机的兴起），快速发展的知识产业（软件产业）成为了当前最受国家、企业关注的产业。国家以及企业为了自身的发展，不得不着力提升自己的科技竞争实力，国家通过设立高新技术产业区来推动科技的发展，而组织则更多地关注到智力资本的发掘、应用和保留。

3. 无形资产成为了知识经济的主要投入

在传统的工业经济中，需要通过大量的资金、设备的投入来促进经济的发展，有形的资产对于经济的发展起着决定性的作用。然而，知识经济是一种智力支撑的经济，它是一种以智力资本的占有、配置和使用为最重要因素的经济。与传统的经济相比，在知识经济中，智力、信息等无形资产的投入对于企业的发展起着决定性的作用，企业中智力资源的多寡、可开发和利用程度决定了企业在未来竞争中的优劣态势。虽然知识成为了知识经济发展的第一要素，但是知识经济的发展依然需要依靠传统的资金设备的投入，这些有形资产是知识信息等无形资产获得的基础和前提，而且知识、信息等无形资产往往也是通过有形资产的利用来体现的。因此，知识经济可以形象地描述为大量的无形资产和有形资产的有机组合，无形资产运用于有形资产，可提高有形资产的利用效率，从而促进整个经济的发展。

4. 可持续发展是知识经济的目的

随着经济的发展，地球上可利用的天然资源不断减少，传统的农业或者工业经济的发展都是以消耗大量的天然资源为基础。资源的不断减少使人们不得不考虑到人类可持续发展的重要性。可持续发展要求在地球资源有限的承载能力范围内，既能满足当前的发展需要，又不会对后代的发展造成危害。传统的农业或者工业经济的发展特点决定了它们无法实现人类可持续发展的目标，因为这两种经济发展都需要依赖大量的、天然的不可再生的资源。与它们相比，知识经济的发展动力主要源自知识和信息的资本化，因此生产要素是无穷的。在知识经济时代，知识的充分利用使得人们不断地挖掘出了更多的可再生资源(比如风能、太阳能)，而且极大地提高了一些不可再生资源的利用效率和重复利用的能力，这就为人类的可持续发展提供了可能。此外，组织内的智力资本的充分利用不仅能够为组织降低生产成本，而且能够提高组织的生产和运行效率，提高竞争优势，实现组织的可持续发展。

5. 知识经济伴随着世界经济的一体化

知识经济和世界经济一体化都是科技发展的结果，是知识充分利用的结果。知识经济是一种产业层次划分明确，打破了地域限制的全球化经济。在知识经济时代，任何一国的科技实力都是有限的，他们只能充分利用自己的智力资源，在世界的知识大市场中占有一席之地，通过不断的知识合作共享来实现知识的增长、经济的发展。目前，随着跨国公司的不断发展，知识经济的全球化趋势变得越来越明显，跨国公司为了降低生产成本，提高组织的运行效率，往往将各地的知识技术进行整合创新，促进知识在全世界的流动，加速知识经济的全球化。

三、组织行为学面临的挑战

(一) 智力资本的兴起

1. 智力资本的内涵

随着知识经济时代的到来和世界经济一体化进程的逐步深入，知识逐步取代传统生产要素(如资本、劳动和土地等)，成为企业最主要的资源。企业核心能力的体现也发生了巨大改变，从原来拥有一种产品或技术转变为综合掌握多种知识和技能。智力资本作为企业创造价值的重要手段，是企业创新性、前瞻性和预测性的综合体现，更是企业持续保持竞争优势的关键，对企业的发展起着不可替代的促进作用。在今后更加激烈的全球竞争中，优先发展智力资本将成为企业处于优势竞争地位的关键。智力资本理论作为一种正在发展的新兴理论，不仅为解释现代企业的竞争优势提供了新的视角，而且对企业管理的理论基石产生了重大影响。

智力资本是指在现有的企业价值评估体系中，有形资产所不能反映的部分，也就是使一个企业组织得以运行的无形资产的总和。智力资本是人的一种综合能力，一种能够创造价值或效用的能力，也是通过智力和知识相互融合来创造效益的资本。智力资本是智力和知识的融合，这种融合不是智力和资本的简单组合，也不是人力资本、结构资本和顾客资本的简单结合，而是两者真正融合所形成的一个有机整体。这种融合越好、越紧密，智力资本的效益就越高，价值就越大。智力作为获取知识的基础，是先天素质和后天教育的结果，同时知识又是智力发展的源泉，两者相互促进，在学习中发展智力，智力的增长又创造新的知识。

2. 智力资本的特点

智力资本不同于传统的货币资本和物质资本，它具有一些新的特点。掌握这些特点有利于我们深入理解智力资本的内涵。智力资本的特点主要包括潜在性、无形性、依附性、增值性、流动性以及创新性。

潜在性主要指智力资本对应着企业的无形资产，其价值的实现是一个由潜隐到显露的过程，智力资本的这种特性增加了智力资本的测量难度。

无形性是智力资本最基本的特点，指的是智力资本作为能够转化为市场价值的知识的集合，不能在传统的财务报表账面上反映出来。虽然它看不见，但可以从其他方面察觉到，因为它能够转化为有形的财富和传统意义上的货币资本和物质资本。

依附性指的是智力资本不能独立存在，它必须依附于与此相关的资本权属主体。也就是说，智力资本的存在是有前提的，一定的智力资本一定产生于特定的权属主体。主体消失了，则相关的智力资本就没有任何意义了。比如说拥有智力资本的员工一旦消失，那么智力资本也就无法产生价值了。

增值性指的是智力资本作为一种新兴资本，它属于企业全部资本的一部分。区别于传统的账面资本，智力资本不仅自身具有直接价值，而且还具有能动性，这主要是因为智力资本具有依附性，其资本权属主体可以充分利用智力资本来促进传统的账面资本的增值，比如说企业员工的知识创新可以为企业增加新的收益增长点，提高传统的账面资本收益。这一特点，也可以看作智力资本与传统账面资本叠加和相互作用产生的效果。

流动性指的是智力资本具有一定程度的共享性，不同主体间的智力资本可以共享。而且智力资本的共享不会降低智力资本的价值。如同传统资本会在市场中流动一样，智力资本也会在市场中流动和扩散，而且这种扩散还能够促进智力资本的增值效应。

创新性指的是智力资本能够不断地发展变化，不断改善其自身结构。由于知识总量迅速增加，知识更新速度越来越快，以知识为基础的智力资本经常处于变化的环境之中。因此，智力资本的各要素必须进行相应的创新才能使智力资本具有不竭的生命力。

3. 智力资本的管理

智力资本是实现组织战略、提升组织核心竞争力的关键所在，是组织价值递增的源泉。因此智力资本也成为了当今组织管理的重要内容之一。从市场竞争的角度来看，有形资产和资源一旦进入市场,很容易被模仿。虽然智力资本的隐性部分,尤其是智力资本中的结构资本以及关系资本部分很难被对方察觉,但是智力资本的流动性使得智力资本依然有被窃取的可能,从而降低组织智力资本的竞争力。此外,智力资本还具有很强的再生能力和创新能力,一旦公司的智力资本得到合理利用就会为企业带来很大的增值效应。因此,如何用好、培育好、管理好智力资本,如何更好地开发、累积公司所拥有的智力资本已经成为了组织行为学研究的一个重要课题。

4. 智力资本的激励

在知识经济时代,智力资本已成为经济与社会发展的最为稀缺的资源,因此智力资本的分配直接影响到组织的竞争力以及智力资本的效益。如何通过合理的分配制度对智力资本进行有效激励成为了企业可持续发展的核心和关键。在不同的制度条件下,企业需要不同的智力资本分配制度来寻求智力资本。在一项研究中,有学者就发现股份期权激励和股份合伙制是对智力资本进行分配激励的有效方式。因此,研究在不同公司制度下的合理的智力资本分配激励模式对于充分发挥智力资本的作用至关重要。

(二) 知识型员工的出现

在知识经济时代,知识的生产、使用和创新成为了组织的基本活动,因此,拥有知识的员工并且利用知识进行知识创新的员工(知识型员工)开始不断地出现,并且逐渐成为了工作的主体。相对于传统的"产业工人"而言,知识型员工在心理结构、内心需求以及与组织博弈的能力方面都有较大的不同。

第一,知识型员工具有相应的专业特长和较高的个人素质。知识型员工多半受过专业的系统教育,具有较高的学历,掌握一定的专业知识和技能。由于他们受过较高水平的教育,因此他们往往具有较高的素质,比如说视野开阔、求知欲强烈、学习能力很强、知识面宽等。

第二,知识型员工具有实现自我价值的强烈愿望。知识型员工通常具有更高的需求层次,他们更加注重自我价值的实现。因此,他们喜欢选择一些富有挑战性的工作,并且在工作过程中尽量地追求完美,渴望通过工作过程来展现实力,实现自我价值。

第三,知识型员工更加注重成就激励和精神激励。在知识型员工的激励结构中,成就激励和精神激励的比重远远大于物质激励的比重。他们更加渴望完美的工作结果,他们认为工作结果能够充分地展现他们的价值。为此,在日常工作中,知识型员工往往愿意主动地去发现问题和解决问题,期待自己的工作能够变得更有意义,对企业有着更加重要的作用。因此,对于知识型员工来说,成就本身或者完美的工作结果就是对他们最好的激励,而金钱和晋升等传统的激励手段则退居次席。

知识型员工在工作过程中还表现出一些新的特点:工作过程中的自主性、工作内容的创造性、工作投入的风险性、工作过程的难以监控性以及工作结果的难以衡量性。知识型员工从事的工作极具创造性,而不是简单的重复性的工作,是在易变和不完全确定的环境中充分发挥个人的才能,将自己拥有的知识转化为生产力。因此在工作过程中员工需要较大的工作自主性,这样有利于提高员工的工作积极性,使得员工的工作内容更具有创新性。创新性工作的一大特点就是结果的不确定性,与传统的工厂生产规划不同,创新工作的完成很难有一个精确的时间表,而且知识创新的工作需要大量的投资,因此知识型员工的工作投入就具有了较大的风险性。知识型员工的主要工作就是思维创新活动,它们更多的是在员工的大脑中完成的，因此它们很少受到具体的流程、步骤、组织规则的束缚，不像一般的工作内容可以通过具体的标准化程序和固定的工作规则进行监控。另外，知识型员工的思维创新活动的工作结果难以衡量，这是因为知识创新具有长期的累积效应，很多的知识创新随着时间的推移会创造出越来越多的价值，而且一个组织很难去评估某个知识创新给组织带来的实际的增益，知识创新更多的是提高了组织的运行效率，提高了组织的物质资本的运用效率。

首先，知识型员工的职业发展要求不同于以往的一般性的员工，他们追求职业发展的多元化。随着知识经济时代的到来，组织间的竞争越来越激烈，人才流动也变得频繁，员工与组织的关系经常发生变动，员工更加关注于自身的职业发展，为了更好地促进自身的职业发展，他们往往寻求职业发展的多元化，而不是固定在某一种职业上。其次，知识型员工的工作内容也更具有挑战性。知识型员工在工作过程中主要是思维创新，他们一般没有固定的套路可以去遵循，而是充分地发挥个人的创造力去完成工作，这样就决定了他们工作过程中具有很大的挑战性。最后，知识型员工还需要专业化的技能。知识型员工有着强烈的自我成长、自我实现的需要，为此他们会不断地去追求专业知识的积累，使得他们的知识创新拥有更好的基础。专业化的程度越高，知识运用的能力也就越高；知识创新的难度越低，知识创新的效率也就会越高。

知识型员工的出现对传统的组织职业生涯管理模式造成了冲击。传统的职业生涯管理模式以职位和薪资为基础来引导员工的职业规划。然而知识型员工更加关注于自我实现，他们渴求更大的工作自主性，而不是简单的职位晋升或者薪资水平的提高，因此传统的组织职业生涯管理模式已经无法很好地服务于知识经济时代下的新型员工。

（三）新组织形式的兴起

随着知识经济的不断发展，一些新型的组织如团队型组织、虚拟组织、学习型组织、扁平化组织、无边界组织等也不断发展壮大起来。与比较固定的传统组织结构不同的是，在新型组织结构中，网络化的出现大大优化了信息流程，使得组织结构也越来越灵活多变，有利于加快组织内信息传递的速度，利于组织中个体之间的沟通，推动了组织从构筑明确性的组织边界转变为无边界管理或渗透边界管理。这些新型组织结构形式通过企业的组织重构简化内部组织结构，尤其是正式组织结构，弱化等级制度，促进组织内部信息的交流、知识的分享和每位成员参与决策过程，使得企业组织对外部环境的变化更敏感、更具灵活性和竞争实力。与此同时，知识经济时代技术进步的速度加快，竞争日趋激烈，使得劳动市场流动率不断提高、临时性有所增加以及员工对于组织的忠诚度的减弱等，这样就必须通过组织学习与界线管理，构建具有凝聚力的组织文化氛围，在保证组织的核心竞争力、激发变革和创新的同时增加组织的留人能力。同时在持续提升核心竞争力的同时，出台一系列以人为本的人力资源政策，降低员工的工作压力，改善其道德行为。

在新型的组织结构中，由于组织层级变得不明显，领导者的权威意识较之前有所淡化，而员工的权利则相对扩大了。在新型组织中，知识型员工的比例不断增加，他们具有较高的流动性和创造性，他们所从事的工作任务具有一定的复杂性，因而其组织行为表现出了不同于传统组织环境下的特征，这些知识型员工对组织的依赖性更低，他们追求工作的自主性而不愿过多地受到来自组织的管制；追求工作的意义而不仅仅只是关注工作结果。新型企业领导的主要职能是使本组织适应新的现实并迎接新的价值挑战。在新型组织内，工业时代强调集权和强制性的纪律的领导方式必然会引发组织内部的很多矛盾，新型组织内的领导行为更注重分权和激励劳动者自觉遵守纪律，员工的工作也由一些重复性的行为构成变成由个体之间的相互交流构成。

此外，相对于传统的比较固定的组织结构，新型的组织结构更加注重对环境变化的适应性，以提高自己的竞争能力和运行效率，促进组织的可持续发展。那些依然只强调组织结构明确、稳定和角色的可替换性的传统组织已不再适应时代的发展。

（四）组织环境的“临时性”

知识经济时代的一个显著特点就是组织所面临的环境在不断地变化，这种动荡的组织环境使组织管理发生了很大的变化。传统的管理是长期稳定伴随着短期的变革，而如今的情形正好相反，组织管理是长期的变革伴随着短期的稳定。以前员工一旦选择某一组织，就相当于选择了一个特定的群体，这种选择几乎是终身制的，工人每天与固定的人在一起，安全感很强。面对现在组织环境的“临时性”，稳定的群体被临时群体取代了，团队成员来自组织内不同部门，团队成员总是在变化，每个成员的工作环境也在变化。组织本身也处于不断变化的状态，组织不断地重组它们的部门，撤销经营不善的业务，缩短作业流程，用临时工代替长期工。这一切都要求组织成员学会应对临时性，学会在充满灵活性、自发性和不可预测的环境中生活。在这种情形下，组织行为学需要能帮助人们更好地理解不断变革的工作环境，使人们能够克服变革的阻力，创造一种积极的组织文化，使组织在变革中求得繁荣。

（五）员工承诺的转变

从 20 世纪 80 年代开始，为了适应全球性的竞争，许多公司开始摈弃传统的资历和报酬政策。它们通过关闭工厂，把生产转移到劳动力成本低廉的国家、卖掉或关闭不盈利的企业、减少管理层次等，以适应竞争的环境。在这样的情况下，员工组织间传统的心理契约结构被打破，员工组织之间更多的是一种交易关系，这导致员工对组织的忠诚度急速下降，他们不再像以前那样充分地依赖和信任自己的组织。另外，知识型员工的出现极大地改变了员工传统的组织观念，“一生留在一个企业，忠于一个组织”不再是他们的信条，新型员工更加关注于自身的发展，渴望自我实现、自我发展。在组织中，他们更加关注于自己职业的发展，组织成为了自己职业发展的手段，因此员工在组织间的流动变得频繁，他们希望通过组织间的流动来寻求自身职业的更好发展。在这种情况下，组织行为学所面临的一个重要挑战，就是为管理者设计出能够调动忠诚度不同的员工的积极性的方法，同时又维持组织在新型环境中的竞争能力。

第二节　新生代员工行为及其管理挑战

近年来，有关新生代员工及其管理的话题日益成为社会关注的热点。由于成长环境和时代背景的日新月异，“80 后”、“90 后”这些新生代员工在职场中展现出很多与老员工不同的思想观念、价值观和行为方式。随着“80 后”逐步成为职场中的主力军以及“90 后”开始进入职场，工作场所中新生代员工与老员工之间的代际差异变得越来越明显，由此引发了一系列管理问题和矛盾。如何管理好新生代员工已成为我国管理者当下所面临的重要挑战。

一、工作场所中“代”的定义与划分

在关于工作场所的代际差异研究中，学者们对“代”的定义基本上达成了共识。根据 Kupperschmidt 的定义，“代”是指出生年代相同、共同经历关键成长期重大人生事件、可得到清晰识别的人类群体。由 Kupperschmidt 的定义可知，出生年代是代与代之间区分的标准。那么代际差异是如何产生的呢？学者们提出了很多观点。有学者在较为全面地总结了各种看法后认为：代际差异产生的首要原因是社会的急剧变迁；其次，不同代际群体成长环境、社会阅历和社会经历的差异也是代际差异的重要原因；此外，社会心理差异也是造成代际差异的主观原因。

根据出生年代的不同及不同出生年代群体间的差异，国内研究将人们划分为“60 后”、“70 后”、“80 后”、“90 后”等。其中“60 后”指 20 世纪 60 年代出生的人，依此类推。近年来，管理者和研究者日益关注的“新生代员工”指的是职场中的“80 后”和“90 后”。这些新生代员工有着异于“80 前”员工的历史经历和行为特点，给管理者带来了巨大的挑战。下文将具体分析新生代员工的成长环境及行为特点，并据此提出针对新生代员工的管理对策。

二、新生代员工的成长环境

（1）改革开放的社会环境。新生代员工出生在改革开放后充满活力和竞争的市场环境中，与出生在改革开放前计划经济环境中的老员工相比，他们的思想观念更加开放、多元和活跃，具有很强的风险意识、创新意识和竞争意识，表现出更多的个人英雄主义和自我利益倾向，追求财富和价值实现的意识也更为强烈。

（2）经济快速发展的物质环境。新生代员工成长的阶段经济高速发展，而经济的高速发展又给生活环境、教育和消费方式等带来了巨大的变化。与老员工相比，新生代员工更为注重即时享受生活，而相对缺少艰苦奋斗精神；更为追求平等、自由、自主等高层次精神需求的满足，而相对不太关注物质和安全等基本需求的满足。

（3）科技日新月异的技术环境。近几十年来，科学技术飞速发展，尤其互联网的迅速普及，给新生代员工的成长产生了较大的影响。新生代员工由于从小就接触互联网，因而往往较老员工具有更强的互联网思维和 IT 应用技能。但同时，互联网信息纷繁复杂、良莠不齐也给处于关键成长阶段的新生代员工带来了极大的影响和冲击，一定程度上造成了他们的价值观多元、冲突和迷茫。

（4）独生子女的家庭环境。新生代员工在国家计划生育政策颁布实施后出生，大多是独生子女，从小就是家里的“小皇帝”、“小公主”。一方面，长辈们的宠爱使他们形成了较强的以自我为中心的观念，导致在工作后团队意识和协作能力相对不足，自理能力和抗挫折能力相对较弱；家庭经济环境的改善和“资源独占”等也使得他们相对缺乏艰苦奋斗的精神。另一方面，良好的成长环境和教育资源使他们具备更为全面的科学文化知识、更为广泛的兴趣爱好和特长，同时，家长们较高的期望也使得他们具有更高的成就动机。

（5）竞争激烈的工作环境。目前，新生代员工正面临着严峻的竞争环境和生活压力，甚至陷入了集体焦虑的状态。从优越的成长环境到激烈的职场竞争，从校园时期的“天之骄子”到职场中的“菜鸟”，巨大的心理落差导致他们形成了“发牢骚”、“吐槽”的习惯。忙碌的工作、复杂的公司人际关系、工作与家庭的冲突等给新生代员工带来了繁重的工作压力，日益上涨的房价、社会保障体系的不健全等也给新生代员工造成了巨大的经济压力。这样的工作和生活压力塑造出了新生代员工独特的人生观和价值观，使得新生代员工更注重自身的发展，追求个人利益。

三、新生代员工的行为特点

正因为新生代员工的成长环境与老员工的成长环境迥然不同，所以，在工作场所中，他们有着一些不同于老员工的特征。

(1) 追求工作与生活的平衡。新生代员工注重自我感受，思想独立且个性张扬，喜欢富有新鲜感且多样性的工作，凭着自己的工作兴趣，在工作中获取充实感和自我成就感。同时，他们并不介意努力工作，希望工作有灵活性，可以有一定的加班，但是工作之外需要有自己的独立空间。

(2) 充满激情，富于创新。在工作过程中，新生代员工容易产生新颖独到的想法和创新思路，也能够充满激情地面对工作，但这种激情常需要相应的激励方能持续。

(3) 组织忠诚度较低，跳槽频繁。相比于老员工，新生代员工对组织的忠诚度较低。由于新生代员工工作价值观中偏重于个体利益，他们更加关注自身的利益，有时会较少顾及组织的需求和利益，如果组织的供应不能满足他们的需求，或者有更好的组织能够提供更多的利益，如更好的薪酬福利和发展机会，常会选择主动离职。

四、新生代员工的管理挑战

如何管理职场中越来越多的新生代员工，如何有效满足新生代员工的需求，充分发挥新生代员工的作用是如今组织管理所面临的巨大挑战。长期以来，我国各类组织习惯在员工管理上“一刀切”，整体上缺乏工作场所代际差异意识，缺乏有针对性的代际管理措施。面对新生代员工相关管理问题的涌现，不少组织开始有意识地更新管理理念，调整管理举措。许多管理者认识到，新生代员工“接班”大势所趋，企业管理要适应新生代员工的个性化发展需求，纠正认知偏差，转变管理理念。只有改变旧的管理思维，正确面对和认识工作场所的代际差异现象，加强对多代员工现象的管理，重视新一代员工的特点，才能有效发挥各代员工的优势，激发其工作热情，提高人力资源管理效果，进而提升组织绩效。

管理者可以从如下几个方面出发，改善企业新生代员工的管理。

(1) 容纳新生代员工的差异性，增进新老员工相互了解。不同的成长环境决定了员工不同的工作价值观与行为范式。作为管理者不应当去指责和批评出现在新生代员工身上的时代差异，而应当充分理解和尊重这些差异，对新员工给予一定的宽容。同时，管理者要促进新老员工间的交流，增进新老员工彼此间的了解，让经验丰富、责任心强、忠诚度高的老员工与思维活跃、学习能力强、富有创造力的新员工相互合作，形成优势互补，减少因代际差异而可能带来的摩擦，促进企业内部和谐。

(2) 采用柔性领导方式，建立和谐的上下级关系。与顺从、“听话”的老员工相比，新生代员工则有些“叛逆”。新生代员工大多是独生子女，自我意识强，自尊心强；并且新生代员工很多都接受过良好的教育，有着平等、自由的现代思想，因此，一些命令式的、独断专行的、喜欢训斥的硬性领导方式会受到新生代员工的反感和蔑视。面对新生代员工，领导者需要采取较为柔性的领导方式：首先，领导者要改变高人一等的心态，以平等的态度对待新生代员工；其次，领导者要营造良好的民主氛围，以亲切的态度、平易近人的方式与新生代员工进行直接的交流，听取员工的意见，并及时向其反馈意见；对新生代员工工作上的表现要多给予适当的奖励和表彰，减少批评和惩罚；同时，管理者要做到以身作则，遵守公司的规章制度，为员工树立榜样。需要注意的是，管理者在采取平等、宽松、民主的管理方式的同时，也需要对新生代员工进行必要的约束，做到“柔中带刚、刚柔并济”，形成和谐的上下级关系，做到“以情动人”。

(3) 着眼于满足新生代员工需求，制定个性化的激励方案。首先，在薪酬管理和绩效管理制度设计方面，多倾听和采纳新生代员工的实际想法，制定更多符合新生代个体偏好的激励政策。例如，针对新生代员工“月光族”的特点，企业可以考虑将新员工的年终奖分配到月度发放，缓解新员工的“月光”窘境。其次，在设置福利方案时，可以更多考虑结合新生代员工的实际需求。例如，针对新生代员工迫切需要买房，但房价过高而承担不起的现状，一些公司推出为员工提供无息购房贷款，这样既能解决员工的切身问题，又能很好地激励员工，提高员工的组织承诺。在非物质激励方面，管理者也需要以新生代员工的需求为出发点，通过授权、工作再设计、培训教练等方法，调动和引导新生代员工的工作动机，激发其工作主动性和创新热情，积极影响或改变其工作行为和绩效结果，为组织目标的实现发挥最大效用。例如，管理者在保证组织目标及绩效标准不受影响的前提下，可以适当调整职位设计，或是在组织工作设计中融入更多的弹性要素，减少员工在工作与生活上的时间和角色冲突。

(4) 建设良好的组织创新环境，激发员工创新动力。现代企业要有鲜活的生命力和强劲的竞争力，就必须具备源源不断的创新动力，而喜欢新鲜感，对于新事物和新知识有较强接受能力的新生代员工恰恰能为企业提供这种动力。新生代员工视野开阔、思维活跃、容易接受新事物、创造力强，这些特点是公司重要的资源，组织应当根据公司的实际情况，构建与新生代员工需求相匹配的创新环境。当新生代员工的工作偏好能得到更好满足时，他们的工作热情会更高涨，会更积极地承接挑战性工作，会更自信地表达创新视点，采取更多的创新尝试，从而给企业带来创新、创造和创业源动力。

(5) 面向新生代员工的职业生涯管理。从新生代员工角度出发，他们更看重企业的品牌和未来职业的发展；从企业角度出发，企业需要长远发展，优秀的新生代员工团队将是企业重要的战略性人力资源竞争优势。因此，人力资源管理面向新生代员工职业生涯发展能够实现组织与员工的双赢。一方面，组织可以根据企业的长远目标帮助新生代员工设定更清晰的职业发展目标，明确人生的奋斗方向与发展策略，这对于年轻一代来说是很好的激励措施，也让他们认识到未来自己需要努力的方向。另一方面，组织可以为新生代员工提供职业生涯发展的条件，为员工提供丰富的培训锻炼机会，鼓励横向调动和扩大工作范围，大胆给新生代员工授权，给新生代员工“独当一面”的机会，以“事业留人”。

第三节 组织行为学的发展趋势

一、组织行为学的研究方向的变化

1. 从封闭系统到开放系统

随着信息时代的到来，组织与组织之间，组织与员工之间，员工与员工之间的联系更加的密切，他们组成了一个开放的系统，他们之间存在着各种各样的联系和相互作用。在研究个体行为和群体行为时，我们已经不能单独地封闭式地研究，而需要去考虑到他们之间的各种联系，把研究对象置于一个开放的系统中研究，只有这样才能更加准确地把握事物的发展规律和发展的本质。

2. 从集权到分权

随着知识经济时代的到来，企业的组织形态发生了巨大的变化，组织形态趋向于扁平化，与以往的锥式组织结构相比，扁平式的组织结构组织幅度大，组织层次少，管理费用少，沟通联系快，有效地减少了信息的失真。与组织结构扁平化对应的则是组织的分权化。古典学者认为组织应当控制幅度，增加层次，对员工进行严格的控制，只有在严密的监督下，员工的产出才能够得到保证。但是随着人际关系学说的提出以及Z理论的盛行，如今的企业已经认识到了发挥员工的积极性是提高员工工作绩效的一个重要途径，分权成为了当前组织行为学的一个发展趋势。当前的组织行为学更加注重对于组织分权的研究，探究在新的经济环境中扁平化组织结构与锥式组织结构的不同以及组织分权对于组织发展的重要性。

3. 从外在激励到内在激励

内在激励是指工作本身带给人的激励，包括工作本身有趣味，让人有责任感、成就感等。外在激励是指工作以外的奖赏，包括增加报酬、提升职务、改善人际关系等。相比之下，内在激励有更稳定、更持久、更强烈的效果。根据马斯洛的需求层次理论，个体的需要共分为五个层次:生理的需要、安全的需要、社交的需要、尊重的需要、自我实现的需要。伴随着知识型员工的出现，以往的物质激励往往起不到良好的作用，这是因为对于知识型的员工来说，他们更加关注的是尊重的需要和自我实现的需要，他们追求工作的意义，渴望通过工作成就来证明自己，外在激励的作用对他们来说微乎其微。在这种情况下，若要持续地对员工进行激励，唯有利用内在激励，给员工精神上的满足。因此，现在的组织行为学更加的注重探究内在激励对于提高员工绩效的作用机制。

4. 从固定的组织结构到灵活的组织结构

现代组织行为学更加关注灵活组织结构的作用。在信息时代，组织面临的情况瞬息万变，如何能在各种情况下保持组织稳定高效的运行成为了组织能否继续生存的关键。面对瞬息万变的内部和外部环境，固定的组织结构往往感到力不从心，例外事务的增多使得企业内部的成员疲于应付，而且往往导致相互扯皮、推诿责任的现象。为了应付这种状况，弹性化的组织理论应运而生。弹性组织一般具有“扁平化”的组织结构和开创性的工作方式，强调团队协作、组织学习和管理创新，注重组织的公共关系建设和公众形象塑造。但是，不能简单地说弹性组织模式优于刚性组织模式，实际上，这是一个度的问题，过度的弹性化可能会导致组织在处理例行事务时效率下降。怎么来决定组织的弹性化程度，取决于环境、目标、技术、社会心理、制度、人员、工作性质等多方面的因素。国外一些管理学家或公共行政学家并不局限于研究完全刚性与完全弹性这两种组织模式的区别，而是注重探索可使组织适应不断变化的环境的体制模式，减少组织活动的不确定性，同时改变组织的过度“刚性”，也即是要求企业组织具有更多的灵活性。

二、积极组织行为学的产生与发展

（一）积极心理学的产生

20世纪末，以美国心理学学会主席 Seligman 和 Csikzentmihalyi 为代表的几位著名心理学家开启了以人的发展潜力和美德等积极品质为主要内容的心理学研究。这项重视人的积极心理体验、人格特征与力量的心理学价值回归的研究与实践活动被人们统称为积极心理学运动。积极心理学强调个体与群体积极心理的力量，研究内容主要包括以下三个层面：一是主观层面，重点研究个体对过去（如荣誉感、满意度等）、现在（如快乐、愉悦等）、将来（希望）的积极主观体验；二是个体层面，主要研究积极人格特征与个人良好品德（如智慧、仁爱、正义等）的形成机理与测量、培养方式；三是集体层面，着眼于建设有利于发展人的积极力量与品质的相关社会制度。积极心理学的许多理论、观点、方法、技术已经渗透到社会学、教育学、经济学、管理学、医学等多个领域，对一些旧的、公认的研究视角提出了挑战。在管理学方面，过去不少研究者研究员工的"职业倦怠"、"工作狂热"等可能给组织带来消极影响的问题，但是受积极心理学运动的影响，目前，许多研究者开始从"职业幸福"的角度用积极的方法研究如何吸引住员工，让员工把提高工作效率作为一种成就感，而不是像"职业倦怠"研究者那样，研究如何用被动的方法去防止员工流失，使提高工作效率成为了员工的一种负担。

（二）积极组织行为学的提出

积极组织行为学是在积极心理学的基础上产生的，长期以来，全社会都过分关心人们心理上出现的问题，理论研究和实践的注意力也几乎全都投入到如何确定和治疗心理问题。20 世纪末，以美国心理学会主席 Seligman 为首的一些心理学家意识到一种积极的、用于发掘人类优点的取向的重要性。因此，他们发起了积极心理学运动，其目的就是想把心理学研究的注意力由关注于人类心理问题转移到关注于发掘人类优点上来，也即是把研究重点从生活中的糟糕点转移到美好点，从新的视角来审视人类生活。他们的目标是利用科学方法识别和促进那些让个人、群体、组织和社区繁荣兴旺的因素。例如，以工作领域中的绩效改进为目标，以往研究往往是探索如何被动地提高员工的工作绩效，具有严重的消极倾向，无法充分调动员工的工作积极性。组织行为学家 Luthans 认为有必要将上述的积极的思潮和取向引入到组织行为研究中，他将这种以积极心理学运动为基础和出发点的全新的、积极取向的组织行为学模式称为积极组织行为学（positive organizational behavior，POB）。符合 POB 定义标准的核心概念主要有自我效能感、希望、乐观、主观幸福感和恢复力等，它们是积极组织行为学取向最典型的代表。积极组织行为学的核心概念应具备积极性、独立性、可测量性、可开发性、有助于提高工作绩效等基本特征。

（三）积极组织行为学的核心概念

1. 自我效能感

自我效能感是指自己对于完成某项任务或工作的行为能力的信念。它是目前积极组织行为学诸多概念中研究最多、理论发展最为成熟的一个。这一概念最主要的研究者 Bandura 强调指出，自我效能感是积极性发挥作用最普遍、最为重要的心理机制，人们只有相信自己的行为能够满足自己的要求，并且能阻止不理想结果的发生，才会有行动的动机。自我效能感也非常符合积极组织行为学的其他三个标准，即具有可测量性、可开发性以及有助于提高工作绩效。研究发现在有些情况下，自我效能感对个体成功的预测要优于个体实际拥有的能力，这是因为个体的自我效能感水平越高，个体就越愿意真正地投入到任务中和迎接新挑战；而且他们会付出更多的努力以成功地完成任务，即使遇到困难或初尝失败时仍能够坚持下去。另外，实证研究还表明自我效能感能够对工作绩效产生积极影响。如一项元分析研究发现自我效能感使员工的工作绩效提高了28%，而且对工作绩效的预测力也大于人格特质和工作满意度。自我效能感在一些创新型行业（比如研究设计类）中的作用十分明显。

2. 希望

希望是指个体相信自己能够设置目标、知晓实现的途径，并激励自己去实现的一种信念。它不仅仅反映了个体达成目标的决心，而且也包括了个体对能够制定完美计划和确定达成目标的一种信心。临床心理学家 Snyder 等人的研究表明，满怀希望的人更能够坚持自己的目标而且自身也被目标所激励，他们会很重视目标以及目标实现过程中所取得的进步，而且乐于与其他人进行合作，以适应新的环境，此外，即使身处压力情境下，他们也不会感受到太多的焦虑。这些方面对于今天的管理者和员工而言都是非常重要的特征。虽然希望的理论研究还没有用于实践，但有关的实证研究均发现：希望的测量分数对工作目标期望、控制感、自尊、积极情绪、应对力和成就等具有显著的正向预测作用。而管理者的希望测量分数水平与其群体或团队的收益率及员工的满意度和留职意愿也存在显著的正相关的关系。那些从事服务工作等压力较大的职业的人，如果他们满怀希望，则表现更好且工作满意度更高，更少地感觉精神倦态，并有较低水平的离职意愿。与自我效能感相类似，希望可能在某些类型的工作（如产品开发）中具有特别重要的作用。

3. 乐观

心理学家把乐观定义为一种倾向于做出积极结果预期和积极因果归因的认知特性。乐观者倾向于做外部的（不是自身的问题）、非稳定的（挫折是暂时的）以及特定的（只在特定情境中的问题）归因。悲观主义者则倾向于做内部的（是自身的问题）、稳定的（会持续较长一段时间）以及总体的（会毁灭他们所做的一切）的归因。

已有的研究发现乐观能够对个体的身心健康、成就取向、动机等因素产生积极的影响，而这些因素能够进一步带来学业、职业以及生活其他方面的成功。相反，悲观则容易导致个体的消极、失败和社会疏离，在极端情况下甚至会造成意志消沉和死亡。不过在有些情况下乐观也会产生问题。乐观驱动的行为也可能会指向一些无意义的或脱离现实的目标。例如在一个组织中，乐观的管理者可能疏于为实现目标制定必要的行动计划，乐观的员工也可能对于工作缺乏必要的准备，而且在某些工作中，适度的悲观谨慎反而是有益的。基于以上原因，积极组织行为学提倡现实和灵活的乐观。而现实的乐观是工作场所中的一种积极推动力。例如，乐观者更容易被激励从而更加努力地工作，其业绩也会有较大提高；其对工作的满意度也会较高，并且感知到的来自工作的压力也较低。此外，这类员工还会有更高层次的追求并给自己设定长远的目标，即使在遇到困难和阻力时仍能坚持不懈。在某些工作（如销售、广告、公关、产品设计等）中乐观尤为重要。

归因的暂时性和特异性（即针对特定情境中的事件的短暂性归因）使得乐观具有状态性的特点，因而可以学习和开发。乐观的开发可以考虑以下几点："宽容过去"，这属于管理者不可控的事物；"为未来寻求机会"，未来的不确定性可以被视为成长和进步的机会，因而个体应以一种积极、自信的态度迎接它；在开发时还要注意"适度"，即寻求现实、灵活的最佳乐观类型。

4. 主观幸福感

在心理学的幸福感研究领域中，well-being、subjective well-being、happiness 基本上通

用，一般被译为主观幸福感(SWB)，主要指个体依据自己设定的标准对其生活质量所做的一种整体评价，是衡量个体生活质量一个重要的心理指标。主观幸福感包括生活满意度和情感体验两个部分，前者是个体对生活总体质量的认知评价，即在总体上对个人生活做出满意度判断；后者主要是指个体生活中的一些情感体验，包括积极情感(比如愉快)和消极情感(比如抑郁)两方面。主观幸福感由生活满意度、积极情感和消极情感来测定。对生活整体的满意程度越高，体验到的积极情感越多，消极情感越少，则个体感知到的幸福感越强。

关于主观幸福感的理论主要包含人格理论、社会比较理论、适应性理论以及期望理论。

(1) 人格理论。人格理论指出个体感知到的主观幸福感与人格特质有很大关联。就大五人格而言，外向性员工更容易体验到积极情感、有着较高的生活满意度。神经质则容易导致更多的消极情感体验。在一项研究中，研究者发现人格特质可以预测10年后的主观幸福感。此外，控制感是影响主观幸福感的另一个人格因素。外部控制者经常能够感受到自己对事件的控制，他们一般较为乐观和主动，处理问题多采用问题指向的应对方式，因此个体往往能较好地适应周围环境，从而有助于幸福感的保持和提高。内部控制者常常把行为的结果归结于一些自己无法控制的外部力量或者运气机会等因素，他们一般较为悲观和被动，处理问题多采取比较消极被动的应对方式，这往往会影响个体的环境适应能力与身心健康，甚至可能会降低幸福感。在一项实证研究中，Huebner发现控制感在青少年的消极负面生活事件和对学校满意度之间起着调节作用，在面对生活中的负面事件时，采用外部控制的个体往往能够体验到较高的满意度。

(2) 社会比较理论。许多研究发现，主观幸福感的感知会受到社会比较方向的影响，一般来说与幸福的人比较(向上比较)会降低主观幸福感，与更不幸的人比较(向下比较)会提高主观幸福感。社会比较对许多领域内的满意度感知都具有较大的影响。社会比较过程主要包括三个步骤：社会信息获得、社会信息比较思考、对社会比较结果作出反应，即认知、情感和行为反应。人格影响社会比较的方式，不同个性的人会选用不同的社会比较方式。乐观积极的人常向下比较，悲观消极的人倾向于向上比较。乐观者往往更多地注意比自己差的人，而悲观者则只看到那些比自己优秀的人。

(3) 适应性理论。Helson认为，适应是对重复出现的刺激反应减弱，重新建构有关刺激的认知以及刺激对生活影响的认识。人们在一定程度上能够调节生活中遇到的良性与恶性事件，这样可以避免个体情绪体验的巨大波动。此外，情绪对生活中初次出现的事件反应最为敏感，随着时间推移和对这类事件的熟悉，情绪反应敏感性会逐渐降低。这个理论可以很好地解释为什么一些看似重大的生活事件对主观幸福感的影响较小，这主要是个体可能已经经历了多次重大的生活事件或者其类似事件，对这类事件的情绪反应敏感性已经处于一个较低水平。而研究者已经发现生活环境与主观幸福感的相关仅在中等程度，这也支持了适应理论。比如说，在第二次世界大战后，很多国家经济发展很快，居民收入剧增，但在美国以及其他发达国家的主观幸福感水平却很平稳。这主要是因为人们可以预期到收入水平能够回到战前水平或者更高，对于这种较高的收入水平他们具有了一定的心理适应，因而主观幸福感没有显著地增加。但人们并不能彻底迅速地适应所有环境，很多情况如贫困和丧偶的适应相当慢，而对噪音、饥饿几乎难以适应。

(4) 期望理论。Wilson提出高期望值也是影响幸福感的一个重要因素。期望值理论类似于社会比较理论，不同点在于期望值理论是个体内部的比较。期望值和实际成就之间的差异会影响到个体主观幸福感的体验状况。如果期望值与个人实际差距过大会使人丧失信心和勇气;如果期望值与实际一致性较高就容易增加个体的信心,提高个体的积极情感体验水平。值得注意的是,期望值理论强调的是期望值与实际情况之间的差异对于主观幸福感的影响,期望值本身并不能直接预测主观幸福感。期望值、现实条件与个人外在资源(如权力地位、社会关系、经济状况等)和内在资源(如知识水平、气质等)是否一致,可以作为主观幸福感的预测指标。

5. 恢复力

恢复力是指面对丧失、困难或者逆境时的有效应对和适应。当生活变化对人们造成威胁时,这种自我保护的生物本能就会展现出来。恢复力的提高需要人们在生活中不断学习一系列关键技能,而它的提高也意味着个体的成长、健康和幸福。恢复力的相关因素涵盖了一系列的积极品质,比如自尊、自我效能、责任感、成就动机、计划能力、内部控制、自律、批判思维、热情、乐观、好脾气、积极行动、高智商、问题解决能力、人际沟通能力等。恢复力对于组织行为学而言是一个新的领域。至今,除了具有直接意义的应激研究外,将恢复力直接应用于工作领域的尝试并不多。不过已有大量证据表明,在这个充满不确定性的世界中高恢复力的个体更富有成效,恢复力与个体在各种生活经历中有效处理问题的能力具有紧密联系,比如说高恢复力意味着较高的适应能力,这是面对当前瞬息万变的生活环境所必需的一种能力。员工的恢复力对于组织同样有着重要意义,领导者和员工的恢复力对组织运行效率和绩效改进都有一定的积极影响。目前积极组织行为学所面临的一个挑战即是如何更好地理解恢复力,然后以一种积极的方式开发其所蕴涵的巨大潜能。恢复力的开发策略主要包括以下三个方面:资源聚焦策略,强调和增加那些能增加积极结果可能性的资源;风险聚焦策略,即专注于削减那些能增加消极结果可能性的风险和应激源;过程聚焦策略,即利用现有资源对已出现的风险因素进行管理,调动可使自身适应系统的能量。

6. 主动性人格

越来越多的研究者开始关注员工的个人主动性这一积极力量,而作为个人主动性的重要心理驱动——主动性人格,由于对工作绩效、职业生涯发展、领导力、组织人际关系等均有积极的影响,已经成为积极组织行为学一个新的研究视角。

Bateman 和 Crant 在探讨组织行为中的主动性成分时,首次提出了主动性人格的概念,主动性人格是指个体采取主动行为影响周围环境的一种稳定的倾向。主动性人格的个体具有明显区别于一般员工的一些特征:①主动性个体较少受环境的约束,他们会积极主动地改变环境;②善于识别有利机会,并因此采取一系列主动行为,直到他们能带来有意义的改变;③是传达组织使命、发现并解决问题的先导者,他们会积极地利用自己的行动来影响周围的世界;④能够胜任自己的工作,拥有高水平的专业技术和问题解决能力,取得卓越的绩效;⑤具有人际胜任力、较强的领导能力并且值得信赖;⑥表现出高的组织目标承诺水平,对组织成功的责任感也较强,同时具有与组织相一致的价值观和积极的工作态度;⑦拥有积极进取的品质,如主动性、高水平的工作投入、勇于说出自己的想法等;⑧具有正直诚信的品质,拥有高于一般人的价值追求。

主动性人格受到了越来越多的关注,已有的研究表明主动性人格对于职业领域有很大的影响,对职业生涯成功有显著的预测作用。比如,Crant 通过对 131 名房地产推销员为期

9个月的纵向研究，发现主动性人格与员工客观工作绩效间存在着显著的正相关的关系。此外，Crant 和 Bateman 对主动性人格与魅力型领导之间的关系进行了探讨，研究结果显示，管理者主动性人格的得分越高，上级对其魅力型领导的评价也越高，同时主动性人格所解释的变量的变异，比诸多控制变量(大五人格因素、角色内行为、亲社会行为)分别解释的变异要大。主动性人格还可以影响他人对个体的感知，为其创造积极的形象，继而产生诸多积极结果，例如，良好的工作关系和较多的组织支持。

从国内外的实证结果来看，主动性人格对个体工作绩效、职业生涯成功、团队绩效、组织人际关系等产生积极影响，主要是通过相应的主动性行为及相关的认知变量起作用，这些研究结果对于组织行为学具有重要意义。首先，组织在人才选拔的过程中可以将主动性人格作为一种入门门槛，因为具有这种特征的个人，更有利于组织目标的实现。其次，组织可以以这些研究为基础，设计相应的行为激励模式，强化员工的主动行为，从而提高员工的工作绩效、促进员工的职业生涯成功。最后，指导员工通过主动的组织社会化、职业生涯的自我管理等活动，主动适应工作环境，最终提高工作绩效，实现个人职业生涯成功。

(四) 进化论的引入

运用进化论和进化心理学的观点来研究组织内部及其相关行为是组织行为学研究的一个新视角。同大自然中的其他系统类似，组织本身也是一个富有生命力的系统，也有其本身发生发展的历史和规律。组织的变化是随着人类社会的进化而进行的。组织结构的变迁和管理模式的变化也可以反映出组织的进化特点。进化论被认为适用于一切生命的理论，对组织的发生发展过程应能够提供新的解释。此外，作为组织最重要的构成因素和组织中行为的实践者——人，进化论为其生理机制的演化形成过程提供了解释。因此保留进化论的观点来解释组织在知识经济时代的发展变化得到了许多学者的重视。而近年来出现的进化心理学运用进化论对人的心理的起源和发展变化进行了深入的研究。运用进化论和进化心理学的已有研究结论，可对组织中人的行为、态度和工作表现提供进化视角的解释。

1. 进化论和组织变革

组织变革是指从组织的当前状态到某些将来状态或目标状态的转变过程，将来状态可能是一项全新的战略、组织文化的改变或某种新技术的引入、组织结构的重组等。进化论中的自然选择理论可以用于解释组织变革的过程。运用进化论中强调生命系统的进化经历三个环节：变异、选择、保留。运用这三个环节可以较好地描述组织变革的全过程，能够帮助我们更好地理解组织如何产生新的策略，如何从中选择具有适应性的策略，以及如何使成功的策略作为规则得以保留在组织内。

变异即是对现存惯例的改变。组织中的变异分为计划型变异和盲目型变异。计划型变异发生在管理者或员工主动地寻求问题的解决方法时。如有计划地改变组织的设计、任务，技术和信息系统等。盲目型变异是管理者或员工没有想到会发生的变异，是无法控制的，管理者或员工只能被动地去寻求解决问题的方法。如市场运行中的错误、误解及意外发生的事件等。在组织中，人们往往注重于可控制的计划型变异，通过努力主动寻求变异的发生，以达到改变现存惯例的目的。然而，在组织的运行中，经常会碰上一些意外发生的事件(例外事件)，这些事件的发生是无法被提前察觉，也难以被控制的，即盲目型变异。而盲目型的变异对于组织来说同样很重要，因为它们也可能会导致组织的重大变革。而这种变异的发生过程正是符合了进化论中自然选择理论的一个重要特征——偶然性。自然选择理论认为，进化的过程是偶然的，难以被事先察觉。生物个体的进化并不是由于生物体发现自然环境的某一特点而使自身改变去迎合这一特点，而是那些在生物体的进化过程中某一种变异使得生物体能够更好地适应环境，因此这类生物体的进化是成功的，它们有更多的生存和繁衍后代的机会。自然选择只对那些碰巧存在的变异起作用，这些变异的产生同生活环境是没有直接关系的。同样地，组织中盲目型变异的发生也是偶然的，独立于环境之外的。

选择的原动力是由选择的单元和选择环境共同决定的。选择的单元，例如公司的运行程序或惯例。在变革中，它们可能被其他的新的单元所代替，或者它们仍然被保留在组织中，但是其价值或在组织中的重要程度被改变。选择环境，如公司、行业、市场和经济，可以决定哪些选择的单元更适合被保留下来。组织进化的成功或失败决定于它们的选择单元是否适应于选择环境。在进化论的视角中只评价组织与环境的匹配性，而不去单独地评估其选择单元的优劣。

保留解释了被选择的变异如何被保存和再生。保留是组织变革完成的最后一步，一旦组织的选择单元与选择环境有很高的匹配性，那么这些选择单元就需要组织通过一系列的措施保留下来。保留可以发生在组织内部，也可以发生在组织之间。在组织内部，可以通过建立特殊化和标准化机制来保留有利的变异。而在组织之间，可以通过在文化信仰和价值观中确立制度化的规则来保留有利的变异。当有利的变异能够在组织内被成功保留下来并且被组织所运用时，就意味着变革的完成。

2. 进化论与领导行为

进化的观点认为，领导行为是为了解决某些适应性问题而被选择出来的。研究者提出的占优理论和社会协调理论是两种主要的体现了进化思想的领导行为理论。

(1) 社会占有理论。个体的生存、成长与发展都需要资源，资源的稀缺性决定了资源的获得需要通过竞争来实现，个体竞争能力的不对称性就导致了社会占优的出现。社会占优是一种资源获得策略，其主要目的是为了竞争资源。那些在资源竞争中获胜的拥有社会占优的个体是群体的核心成员，具有影响力，他们竞争能力相对较强，精力充沛，因此不仅能很好地生存，而且更容易在求偶和繁殖中获胜。领导行为是一种社会认可的占优方法。事实上，领导者的最终动机就是尽可能地支配更多资源。占有资源不仅会使个体发展得更好，而且使得领导者在组织内拥有很高的话语权和声望。在组织面临变革的时候，支配资源的数量的多少直接决定了领导者在组织变革中的影响力，在面临不同问题时，领导者可能会采用不同的领导行为，然而不论是变革型领导还是交易型领导，都可以帮助领导者完成对于资源的支配，最终使得组织按照领导者的预定方向前进。因此，在日常的管理实践中，领导者采用的领导行为会根据不同的问题进行调整，但是不论集权领导还是授权领导，都要能够使得领导者直接或者间接支配的资源逐渐增大，保证组织按照领导者的意图发展。

(2) 社会协调理论。根据社会协调理论，人类是群居生活的，群体成员在行为的方式和种类上必须达成一致，这样群体才能成为一个凝聚力强的整体。因此，协调行为被自然选择保留下来。而领导和追随行为的出现，其主要目的就是保持群体团结，协调个体间的矛盾。对于人类群体来说，必须定期决定向哪里迁徙，到哪里寻找水源、打猎或休息，这些都是重要的适应问题。对于组织来说，在知识经济的今天，组织变革变得频繁起来，组织下一步往哪里走、怎么走都对组织的发展有着重要作用。组织战略的制定与实施往往需要群体决策来完成，但是群体决策的弊端在于有时难以达成一致，这个时候就需要某些形式的领导行为去说服组织成员支持自己的观点，保证组织战略的正确实施。在这种情况下，组织的变革发展是需要适当的领导行为支持的，因此从进化论的观点来看，领导行为的选择是为了协同整个群体，保持群体的一致性，使得整个群体能够更好、更快地发生变革。

本章思考题

1. 在知识经济时代，智力资本有何特点？
2. 在知识经济时代，组织行为学需要解决好哪些问题？
3. 在知识经济时代，组织行为学的研究方向发生了哪些变化？
4. 积极组织行为学对组织管理有哪些新启示？
5. 如何在实践中应用进化论观点来进行组织管理？

课后案例

安达信公司的知识管理

背景介绍：

安达信(Arthur Anderson，AA)公司主要从事会计与审计、税务、商务顾问、咨询服务等业务。安达信公司为客户提供的服务99.5%是基于知识，因此，对企业来说，知识是最重要的资源，它贯穿于决策和管理的全过程。现在，安达信公司面临的最大挑战是怎样把所有信息组合成一个中心知识库，所以安达信公司实施了知识管理。实施知识管理的目标是：

(1) 帮助员工表达他们的思想；

(2) 帮助知识经理们更好地组织知识；

(3) 不断充实知识管理系统，使其内容更加丰富，鼓励员工使用它；

(4) 力求使企业的所有知识都变成可以查询和获取的显性知识。

知识管理系统导入：

安立信成立了一个专门的知识管理委员会，主要负责制定具有竞争优势的策略。每一条服务线和每一个产业部门都有责任保证知识的共享。同时，每一条服务线和每个生产部门都配备了一名知识经理，共计60名，其中一些人全职负责知识管理工作。

方案实施：

CIO的工作主要关注技术，CKO的工作主要是知识处理、调查和评估用户对知识产品的使用情况。虽然两者各司其职，但却总是繁密地结合在一起进行合作。在企业内部，并不是所有的信息都可以被上传到网上去，而是需要对它们进行评估，有价值的信息才能被上传。安达信的知识管理系统主要基于普通的软硬件平台，就是Windows、Lotus Notes和PC机。这个平台所采用的三大技术是：群件技术、Internet/Intranet、数据库和指示系统。其中使用最多的技术是以下三种：

(1) Lotus Notes，确保信息能够安全地在全球范围内传播；

(2) 语音邮件，允许人们能够在任何情况下进行交流；

(3) 知识基地，提供最佳实践数据库。

方案实施情况：

安达信的知识管理项目进行得很顺利，并且取得了很大的成果：

(1) 全球最佳实践项目(GBP)。

(2) 网上安达信公司员工都是内部网的用户，网上提供的信息主要包括三个方面：公告、有关会议和有关公司其他投入产出的结果、网上对话讨论。

(3) 电子知识蓝图。

(4) 全球最佳实践基地。

(5) 商务咨询顾问提供安达信所有的商务咨询方法，并提供50～100种工具，咨询人员可以将其作为辅助工具。

(6) 专家向新手传递知识。在安达信，新手可以通过全球培训数据库获得知识。

资料来源：http://www.doc88.com/p-401540415916.html. 安达信公司知识管理实践. 2012.02.05.

思考与讨论

1. 根据书中对于知识管理的介绍，谈谈知识管理对于组织的重要性。
2. 从进化论的视角出发，你能否为该公司的知识管理变革提供一些建议？

第三章

个体的基本心理过程与心理特征

引例

某天晚上，星兴公司的保安老李像往常一样在小区巡逻。忽然，他听到非常大声的呼喊声："救命，救命！你不能这样做，会出人命的！"老李马上顺着声音往A幢办公楼跑去。他跑进A幢办公楼一楼大厅，只见楼梯脚下一个壮汉压在头发花白的老人身上，地上还有血渍，老人发出沉重的呻吟声。一旁的年轻人小王惊慌地大叫。老李立刻用对讲机叫来了其他保安人员，并拨打了120急救电话。老人很快被送去了医院，那个壮汉不但没有受到惩罚，反而得到了嘉奖。原来，那天晚上那位老人下楼梯的时候癫痫病发作，从楼梯上摔了下来，幸亏壮汉及时按压住发病的老人，并进行人工呼吸和其他急救措施才使得老人脱离危险。而年轻的小王因为从来没见过这样的场景，才会惊慌失措地大叫起来。

资料来源：http://www.docin.com/p-476095850.html? qq-pf-to=pcqq.c2c. 社会知觉与管理.2012.09.07.

思考

1. 知觉偏差是如何产生的？

2. 试猜想一下知觉偏差对于我们正确认识他人、处理人与人之间的关系具有何种现实意义。

第一节　社会知觉与归因

一、知觉的概念与特征

（一）知觉的概念

知觉是什么？简而言之，知觉是指个体为了对自己所在的环境赋予意义而解释感觉印象的过程。大体上，知觉可以分为自然知觉和社会知觉。在组织行为学的研究中，我们关注更多的是个体的社会知觉。在环境刺激下，个体的感官输入（触觉、听觉、视觉、嗅觉和味觉）会发生变化，此时个体会选择性注意、组织和解释发生的变化，从而引发个体的态度和行为发生相应的变化。知觉和感觉的区别在于感觉是对对象个别属性的反映，而知觉是对知觉对象各种不同属性的总和以及他们之间相互关系的反映。

知觉的组织就是无意识地对任何事物进行组织归类的过程。在归类过程中，通常遵循对称律、闭合律、连续律、相似律和接近律。

对称律：指观察者会倾向于将刺激物的特征对称性地进行看待。

闭合律：指观察者会主动补充或减少刺激物之间的关系，来增加它们的特征，从而有助于获得有意义或符合逻辑的知觉经验。

连续律：指观察者会将刺激物连续性地进行组织，使其内心产生连续知觉。

相似律：指观察者倾向于将具有某一种相似特征的刺激物归为一类来进行知觉。

接近律：指观察者倾向于按照刺激物距离关系进行知觉。

知觉通常被人们认为是非常简单的现象。相信客观现实的人往往认为他们所感知到的就是知觉对象的本质，无论谁去观察或解释，都存在这么一个客观现实。然而，知觉只是尽可能地与知觉对象的客观现实相近，因为在此过程中人们总是根据自己的想法、感受和经验来对客观事物进行认知、判断和解释，因而难免会带有主观的色彩。

心智模型由苏格兰心理学家肯尼思·克雷克在1943年首次提出，它是个体为了要描述、解释和预测现实世界而构建的心智结构，是个体内在的对现实世界的概括性看法和假设，具体模型见图3-1。心智模型是人们在大脑中构建起来的认知外部现实世界的“模型”，它会影响人们的观察、思考和行动。心智模型不断接受外界环境的新刺激，从而实现模型的强化或改善。良好的心智模型可以帮助我们更加准确地认识自我，使工作、生活变得更加积极有效。人们可以通过不断反思、学习他人、换位思考、知心会谈等方式来改善心智模型。

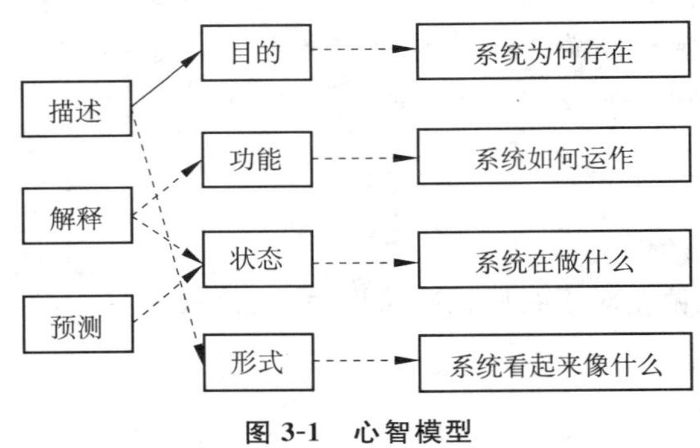

图3-1　心智模型

（二）知觉的特征

知觉具有四个特征，分别是整体性、理解性、相对性和恒常性。

1. 整体性

知觉的整体性是指人们通常在感知事物时，会将其不同属性进行综合，以整体的形式来进行感知。知觉对象作为一个整体，其各部分并不是机械式地堆砌而成，而是有机灵活地组合而成。

2. 理解性

知觉的理解性是指当人们感知当前的事物时，总是借助于以往的知识经验来理解它们，并用词把它们标记出来。该过程容易受到个人的情绪、意向、价值观等的影响。

3. 相对性

知觉的相对性是指根据事物之间的相对关系来进行反映。知觉的特别清楚的部分称为知觉的对象，知觉的比较模糊的部分称为知觉的背景。通常强度大的、对比强烈的事物容易成为知觉的对象。例如，在白色纸张上，黑色的几个圆点就更容易成为知觉的对象；马路上一辆颜色亮丽、飞驰而过的跑车更容易成为知觉的背景。

4. 恒常性

知觉的恒常性是指当知觉的对象在一定范围内发生了变化，但人们对它的知觉印象通常会保持不变。例如，一张白色 A4 纸，无论光线如何，我们都能知觉它为一张白色的纸。知觉的恒常性是源于客观事物具有相对稳定的结构和特征，并且我们对知觉对象有比较丰富的经验，所以一般情况下，我们在环境发生变化时，仍然能正确地认识事物。

二、社会知觉的概念、分类和影响因素

（一）社会知觉的概念

社会知觉又称为社会认知，是一种对社会对象的知觉，最早由美国心理学家布鲁纳于 1947 年提出。具体而言，社会知觉是在社会环境中对于有关个人或群体特征的认知，这不但包括对人的表情、语言、姿态等外部特征的印象，还包括对人与人之间的关系、内在动机、意图、观点、信念、个性特点等内心本质的推测和判断。社会知觉是人社会属性的重要体现，正是由于社会知觉，人们才能感知周围的人事物，才能进行思考。

（二）社会知觉的分类

为了更加清晰地了解和分析社会知觉，心理学上将社会知觉主要分为三类，分别是对人知觉、人际知觉以及角色知觉。这三种社会知觉都是体现个体对社会的认知能力。

1. 对人知觉

对人知觉不同于对无生命客体的知觉，我们常常会观察知觉对象的外部特征，如穿着、性格、言谈举止等，从中我们可以察觉他人内在的心理活动，了解他人的态度、愿望和人格特点，从而产生对知觉对象的了解，获取关于他人的知觉印象，并调整自己的行为。

2. 人际知觉

人际知觉是对人与人之间关系的感知和认识。人际关系从主体角度看，包括自己和他人的关系、他人和他人的关系两个方面。人际知觉是社会知觉中非常关键的成分，主要特点在于有明显的情感因素参与其中。由此可能带来人际知觉的偏差，进而导致人际交往行为的偏差，给人们的生活、学习和工作带来不利的影响。

3. 角色知觉

20 世纪 20 年代，美国心理学家米德发现用角色概念来解释现实生活中的人的行为表现是很有用的，于是他提出了社会角色的概念。角色知觉就是对个体在生活中所扮演角色的认识和判断，以及对有关角色行为的社会标准的认知。例如，通过某人在社会活动中的表现，判定他可能是医生，这就是对某人进行角色的辨认；认为医生就应该是救死扶伤、关心病人、细致认真，这就是对医生这种社会角色进行规范化和标准化的认识。

（三）社会知觉的影响因素

很多因素会影响知觉的形成，一般情况下可以将这些因素归为三大类，分别是知觉者因素、知觉对象因素以及知觉发生时的情境因素。

影响社会知觉的知觉者个人因素有态度、人格、动机、兴趣、期望和过去的经验等。在组织中，一旦管理者将某一位下属认定为爱偷懒的，那么这位管理者将非常可能会认为这位下属在合理时间段休息的行为也是在偷懒。政治学家罗伯特曾说过："一旦你形成了某种信念，它就会影响你对其他所有相关信息的知觉。一旦你将某个国家视为敌人，你就将其模棱两可的行为理解为对你表示敌意。"这就是知觉者个人因素在产生影响。

知觉对象的特点往往也能影响到知觉内容。知觉对象的因素包括大小、规模、强度、运动、重复、新异等。例如，在公司，高大威武帅气的男生总是更容易受到关注。而且，每一个个体都不是孤立地存在，因此个体的背景也会影响他人的知觉，如肤色、种族、血型、星座等。

此外，我们在何种情境或者环境下认识事物也会影响我们对知觉对象的判断和了解，周围的环境会影响我们的注意力和感知程度的灵敏性。当你在一个减肥俱乐部里面看到身高160厘米、体重180斤的女士时，你并不会感到吃惊，因为俱乐部里面全部都是需要减肥的人士。但是当该女士以同样的体态出现在公司时，情况就会迥然不同。其实，知觉者和知觉对象在两个情境中都没有发生变化，只是所处的情境不同了。

三、社会知觉中常见的偏见

当代认知心理学的研究充分表明，人们不可避免地会受到社会、心理、个人等因素的影响，产生各种各样的社会知觉偏见。社会知觉偏见影响着科学研究、社会探索以及个人决策等方面。充分了解这些偏见对于我们正确认识他人、处理人与人之间的关系具有非常重要的现实意义。社会知觉的偏见有很多类型，主要有以下几类。

(1) 第一印象：又称为起始效应或首因效应，是指个体在社会知觉过程中，与知觉对象最初接触时形成的印象。第一印象不一定是正确的，但却是最鲜明、强烈、不易改变的。而且，最初获得的印象会影响对后来获得的新信息的解释。因此，我们往往强调说，一定要给人留下美好的第一印象。在交友、求职等社会交往活动中，可以利用美好的第一印象为后续的交流打下良好的基础。例如，某人在初次面试时给面试官留下了良好的印象，那么接下来的几轮面试中面试官对他的评价都会受到初次面试带来的影响。但是第一印象也存在不少消极的意义，因为它是根据知觉对象有限的行为举止做出的判断，往往会带有片面性，很可能会歪曲他人形象。并且，在交往过程中第一印象也会导致认知惰性，形成对知觉对象的固定看法，从而看不到其他的特点。

(2) 晕轮效应：指对一个人某特性形成好的或者坏的印象之后，人们倾向于据此推论其他方面的特征，即知觉对象的某个特点会被知觉者放大。晕轮效应不强调时间上的先后影响，而是强调知觉对象特点之间的同时影响。生活中常见的例子就是大家在听广播，听到甜美动听的声音时，往往就畅想播音员是一个美丽温柔的女子。又或者人们常常觉得"漂亮的就是好的"、"丑的就是坏的"。不少企业在招聘时，有时也会受晕轮效应的影响。例如，看见长得高大、俊朗的男生，往往就认为其工作能力也是不错的，从而可能导致招聘到企业不需要的人员。另外在绩效评定时，管理者也可能会受到晕轮效应的影响。例如，由于某个员工能坚持准时上下班，就认为其工作能力和绩效都是优秀的。

(3) 近因效应：指最后给人留下的印象有强烈的影响。比如，年终绩效考核的时间到了，一个平常表现不错的员工由于过度疲劳而请了几天假，尽管这一年来他一直在非常努力地工作，但是部门主管对他的总体评价却是不理想的，这就是近因效应的作用。那我们就会疑惑，在对他人的认知中，同时存在首因效应和近因效应，哪种效应会占主导地位呢？社会心理学家认为，这取决于信息的熟悉度和连续性。如果关于某个人的信息是连续和熟悉的，那么近因效应占主导地位；如果关于某个人的信息是不连续和不熟悉的，那么首因效应起主导作用。而且，在一般情况下，比较重要的事件会在评价一个人的知觉中占主导地位，而知觉顺序则退而居其次了。

(4) 刻板印象：指个体受社会的影响，对某个群体(如地域群体、性别群体、年龄群体)形成的一种概括、固定的看法。它不仅有积极作用，也有消极作用。在积极方面，刻板印象可以帮助人们很快地形成对人的知觉印象，因为刻板印象中总是有一些合理和真实的成分。这样可以简化人们的社会知觉过程。在消极方面，由于刻板印象有一成不变的特点，所以，刻板印象很容易造成对人的成见，形成对人不正确的认识。例如"上海小男人"，这就是典型的刻板印象。不正确的刻板形象有时会带来群体歧视，造成工作场所的人际紧张，甚至导致群体纠纷和人才流失。另外，由于刻板印象有较高的稳定性，很难随时间变化而发生变化，因此，它往往也会阻碍人们接受新事物。

(5) 对比效应：指人们对某个对象进行认知评价时，由于其他对象的存在而影响了对该对象的真实评价。例如，当你去企业面试，如果排在你前面的面试者表现平平，那么会有利于组织对你的评价，使你相对来说会显得更优秀。反过来，如果他们表现得很突出，那将不利于对你的评价。对比效应作为人的知觉特征之一，同样也无绝对的好坏之分。人们在管理实践中，要学会更好地认识和利用对比效应，激励员工更加积极地发挥自身才能。

(6) 投射作用：指人们根据自己个人的认识和想法来推断别人，也就是认为别人和自己具有相同的特征或想法。比如，心地善良的人总也不相信有人会加害于他；而敏感多疑的人，则往往会认为别人也是不怀好意。投射作用既有益又有害。如果你在一些基本问题上采用投射作用，会有利于你对他人的正确判断。我们经常说的换位思考就是让你假想你处在别人的位置上会怎么样，从而能更好地理解现在正处在那个位置上的人，工作轮换也能增进相互理解。然而，在有些具体的方面，投射作用会使我们误判别人。俗话说"以小人之心度君子之腹"就是指这种现象。在与人交往过程中，要学会不能仅依靠自己的经验就贸然判断别人的真正意图，从而避免对对方的想法产生误解，导致不愉快。

四、归因

(一) 归因的概念

归因是指原因归属，指人们对别人或自己的行为进行分析，解释和推测其原因或者动机的过程，并将行为或事件的结果归属于某种原因。在多数情况下，人们总是会无意识地进行归因。在知觉的过程中，归因起着非常重要的作用。现实生活中人们经常在做各种归因的工作。通过推测和查找原因，分析其影响和意义，判断行为的性质，进而预测将来的发展。不同的归因会影响人们的工作态度和积极性，进而影响其今后的行为。

在组织中，制定决策和采取行动都要以准确的归因为基础。如果没有恰当准确的归因，那么决策者很难做出准确的决策和合理的行动。例如，当下属做出出色的绩效，管理者认为是他本身勤快积极，能力好而创造出如此高水平的绩效时，管理者就会对他进行嘉奖。但是如果管理者认为他杰出的绩效纯属运气好，那么就很可能不会对该下属进行嘉奖。同理，当下属绩效水平低时，如果管理者认为是下属缺乏培训而不是自身太懒惰，那么管理者就会安排适合下属的培训，从而增强下属的绩效水平。又比如在招聘面试中，面试官对每一位求职者行为的归因都可能影响其甄选决策，如果面试官的归因不正确，那么公司极有可能失去一位符合条件的优秀人员，或者是录用了并不能胜任工作的人员。

（二）归因理论

归因理论是专门研究人们如何理解特定事件的原因、评估事件的责任以及如何对事件中的当事人做出评价的理论。它扩展了我们对知觉如何影响组织中的行为的认识。

1. 海德的归因理论

海德在 1958 年首次提出归因理论。他指出人的行为可以归结为内部原因和外部原因。内部原因是指存在于知觉对象本身的因素，包括情绪、兴趣、态度、能力、动机、努力程度等；外部原因是指知觉对象周围环境中的因素，如运气、奖励、指示、天气、工作难易度等。把行为解释为内部原因或外部原因，将会大大影响人们对行为的评价，从而影响今后的行为。他还认为，人有一种基本的需要，即预测和控制环境。而达到这个目的的最好方式之一就是寻找事件发生的原因。如果掌握了其中的原因，就能更好地控制环境。

2. 凯利的归因理论

美国社会心理学家凯利于 1967 年发表了《社会心理学的归因理论》，将海德的归因理论进行了扩充与发展。凯利主要关心的是人们究竟是利用哪些因素做出归因的。他认为归因过程就是从多种可能的候选原因中筛选出真实原因的一个过程。他还认为在判断内因和外因时，有三个因素会起到一定的影响，分别是一贯性、区分性和普遍性。

一贯性是指一个人在不同的场合面对同样的情境时，采取同样行为的程度。某商场销售员连续好几个月的销售业绩都非常差，那么就很可能被归为内在因素在起作用；如果她只是在某一个月销售业绩不佳，那么可能就会被归因为是外因在起作用。

区分性是指在不同的情况下，一个人采取了不同行为的程度。假设在多次聚会中，你都注意到某女士毫无例外地向不同的人发火了，那么你可能会认为这是她的内因在起作用；但如果她平时都很讲礼貌，只是在某一次聚会中发火，那么也许你就可能会将其行为归为外因。

普遍性是指在面对同样的情况时，其他人采取相同行为的程度。在一次课程考核中，全班的成绩都非常一般，那么你也许会认为是外因造成的；但是全班成绩非常一般的情况下，有一名同学成绩优秀，你就会转而认为是她的内因造成的。

3. 维纳的归因理论

美国心理学家维纳在 1974 年以成败行为的认知成分为中心，提出了一个归因模型。他认为成功或失败可以归因于以下四个因素，分别是努力、能力、任务难度和机遇。对成功和失败的原因作不同的归因判断，可能产生不同的结果和影响。例如，如果把成功归结为内部因素（努力和能力），那么人就会感到自豪和骄傲；如果把成功归结为外部因素（任务难度和机遇)，那么人就会感到惊喜和感激。如果把失败归结于内部因素(努力不够、能力不足)，可能会使人产生内疚感和无助感；如果把失败归结于外部因素(任务难度大、机遇不好)，那么人就会感到气愤和伤感。对四个因素的不同归因会导致人们产生不同的情绪，影响人们面对工作、生活的态度。因此，了解人的归因倾向和规律，进行正确的归因，能够帮助人们更好地总结和分析成功的经验、失败的教训，从而为今后的工作、生活奠定基础。

五、归因偏差

归因理论对行为归因过程的解释有一个基本假设，即人的归因活动总是理性的、有逻辑的。但是，人们在归因时，往往不是理性的。这样，归因就和知觉一样，容易产生偏差，影响到人们后续的行为。

1. *自我服务偏差*

这种偏差是指人们在对自己的行为进行归因时，倾向于把成功作内部归因，把失败作外部归因。也就是说，当我们获得成功时，功劳在自己；而当我们失败时，会归咎于外部因素和他人。这样会引发个人不正确地评估自己的行为和能力，而且给个体确定失败的原因带来很大的困难。在我们取得成功时，要保持一个良好的心态，除了看到自己的努力和能力之外，还要客观地看到外界对自己的帮助和支持，这样才会创造出更加和谐美好的人际关系。在我们失败之后，这种推卸责任的归因也会带来不良的人际关系，我们更要从自身找原因，为下次的进步找到方向。

2. *基本归因错误*

当我们解释他人的行为时，往往会低估环境造成的影响，而高估个人的特质和态度所造成的影响，这种归因偏差就称为基本归因错误。如果有人失败了，人们会认为是他自己本人能力差所造成的；而如果有人成功了，我们会认为是他有能力，给予他过度的表扬。那么，我们为什么会低估环境对他人行为的影响而不是对自己行为的影响呢？一方面，行动者和观察者的着眼点不同。当我们成为行为的执行者时，环境会支配我们的注意力；当我们观察别人的行为时，作为行为载体的人则会成为我们关注的中心，而环境就变得相对模糊。另一方面，行动者和观察者的信息来源不同。观察者通常对行动者过去的行为了解得比较少，而假设当前行动者的行为与过去的行为是一致的，于是会归因于行动者的内在因素。

此外，文化也会造成归因错误。一个持有西方式世界观的人，更可能认为是个人本身因素而不是环境导致了事件的发生，在这种文化下，用内部因素解释人的行为更加受社会赞许。在所有被研究过的文化中都存在基本归因错误。不过东亚文化下的人们通常对环境的作用会更加敏感。因此，当意识到社会环境在起作用时，他们常常会忽略他人的行为与内在特征间的关系。

六、自我实现预言

自我实现预言指的是我们对他人的期望会促使这个人的行为方式朝着我们期望的方向发展。自我实现预言在我们的生活、工作中不断地发挥着作用。例如，首先，当上级对下属形成了一定的期望，然后上级的期望影响着他对待下属的行为，再然后上级的行为影响着下属的自信和能力，最后下属的行为变得和上级期望的一致。这是一个循环的过程。组织中的领导者要对所有的下属都提出积极可信的期望，从而促进个人的幸福和组织成功。

第二节　能力和人格

一、能力的概念和结构

(一) 能力的概念及分类

一般情况下，能力是指人们能够胜任某种任务和活动的条件，尤其在掌握知识和技能的程度、速度方面，是必备的个性心理特征。它和人们的活动密切联系，直接影响着活动的效果。正如我们所知，任何活动都是复杂、多面性的。因此要完成某种活动需要多种能力的结合。比如说，学习活动需要理解力、观察力、记忆力、概括能力等。能力对于理解和管理组织行为具有重要的影响，是决定组织绩效的重要因素。

能力和知识技能是有差别的。能力是为了顺利完成某种活动而在个体身上经常稳定表现出来的心理特征，是在个体身上固定下来的概括化的东西。而知识是人类经验的总结，是对客观现实相应经验的概括。技能是由于练习后巩固的行为方式，是对相应行为方式概括的结果。另外，能力的迁移范围比较广，而知识和技能的迁移范围相对较窄。

潜力是潜在的能力，需要人们不断去开发。个体要成功实现自己的职业生涯目标，必须在明确目标的基础上，进一步调整心态，开发自身的潜力，才更有可能获得职业生涯成功。

一般情况下，能力大体上可以分为社会能力、心理能力和生理能力。社会能力主要包括自我认知、社会认知、自我管理和社会技巧等；心理能力包括言语理解、知觉速度、归纳推理和空间知觉等；生理能力包括力量因素、灵活因素和其他因素(如协调性、平衡性、耐力)等。

(二) 能力的结构理论

能力是一系列心理特征的集合。研究能力的结构和组成因素，对于深入理解能力、制订能力培养计划具有非常重要的意义。正是由于能力的复杂性，研究者们对能力的结构具有不同的认识。下面将介绍几种主要的能力结构理论。

1. 智力的二因素理论

20 世纪初，英国著名的心理学家斯皮尔曼利用因素分析法对能力进行研究，提出了能力的二因素结构理论，该理论认为能力是由一般因素 G 和特殊因素 S 组成，一般因素 G 在能力结构中是最基础、最重要的。人们完成任何一项活动都需要这两个因素来共同承担。例如，完成话剧表演需要 G+S1 决定，完成空间想象需要 G+S2 来决定。而且，斯皮尔曼还指出正是由于 G 的存在，不同的测验才存在相关性；正是由于 S 的存在，不同的测验才没有完全相关。

2. 智力的三因素结构

美国心理学家吉尔福特否认一般因素 G 的存在，认为应该把智力活动所共有的思维操作、思维内容和思维结果作为智力的三个维度，并提出了各维度上的变量，操作有 5 种，内容有 4 种，结果有 6 种。操作维度，即思维的方法，包括认知、记忆、分析、综合和评价。内容维度，包括图形、符号、语言和行为。结果维度，包括单元、门类、关系、系统、转换和蕴含。这三个维度相互影响，一共可以组合成120种智力因素。

3. 智力的层次结构理论

英国心理学家弗农认为能力是按照等级排列起来的，并将智力分为4个层次。最高层次是智力的普遍因素，即G因素，是决定一个人智力高低的主要成分。第二个层次是语言教育因素和机械操作因素。第三个层次是几个小因素群，包括言语理解、数量、机械信息、空间能力和手工操作等。第四个层次是指各种特殊因素，即S因素。

4. 多元智力论

多元智力论是由美国心理学家加德纳于1983年提出的，并于1995年进行了补充。最近几年多元智力论受到越来越多的关注。多元智力包括语言文字智力、数理逻辑智力、音乐旋律智力、视觉空间智力、身体运动智力、人际关系智力、自我认知智力和自我探索智力。加德纳认为，多元智力中的各个维度是同等重要的，而且都不是固定的，存在改善的机会。

二、能力的发展差异

能力的形成和发展受到多种因素的影响，其中既有先天的因素，也有后天的因素。正是由于遗传、环境和教育等因素的影响，每个人的能力表现在水平、类型和发展时间上都存在一定差异。

（一）能力发展的水平差异

不同的人能力发展程度不同，这是从一般能力的方面来衡量的。有些人智商高，有些人智商低，不过大多数的人智力处于中间的状态。心理学家的研究成果表明，全人类的智力分布基本是一个正态分布，即一般智力水平的人占大多数。正如大家所知，门萨俱乐部的会员们能力水平就相对大多数人要高。

（二）能力发展的类型差异

每个人在不同类别能力的发展上是有差异的。例如，有些人的记忆力十分突出，有过目不忘的本领。而记忆力又可分为听觉型、视觉型、动觉型和混合型。听觉型的人对听过的声音能有深刻的感受，视觉型的人对视觉现象比较敏感，动觉型的人对看到过的动作印象深刻，混合型的人对各种记忆的综合效果有更加清晰的印象。

（三）能力发展的时间差异

个体能力发展在不同的阶段有一定的差异，而且不同的人能力发展的早晚也不相同。有些人在年少时某方面的能力就非常突出，达到较高水平，例如骆宾王在7岁时就能作诗，他创作的《咏鹅》生动逼真。而有些人的突出能力要到中年甚至更晚才能表现出来。研究者发现25～40岁是创造的最佳时间段，也就是说这段时间人的创造能力达到一个最好的状态。

三、能力与组织管理

每个组织中的成员能力水平都是有高有低的，能力结构也存在差异。只有发现人才，量才用人，合理分工，达到人尽其才的理想境界，才能获得更好的组织绩效。

（一）招聘和选拔

组织在招聘和选拔人员时要确定好组织需要人员的标准，寻求适合组织能力标准的人才。当然现在不少组织为了吸引和留住人才，是依据人才特点来设定岗位。组织根据每个人的不同特点和能力，将其安置到合适的岗位。千万不能高职低能，这样会导致组织低的管理水平、低的工作效率。当然，将人才安排在不能发挥其能力的岗位，一方面会浪费人才，另一方面也会导致人才的流失。总之，就是要使得每个人在组织内部都能发挥最大的潜能，使得组织成员的能力和工作形成最佳的匹配关系。

（二）培训

当今社会，新兴事物层出不穷，竞争环境日新月异，通过培训和其他发展措施来促进员工能力提升，使之保持持续的竞争力已成为组织管理工作中非常重要的内容。由于每个员工的能力类型和发展水平各不相同，不同岗位对员工能力的需求也存在很大差异，因此组织有必要根据不同岗位和员工个人的实际情况量体裁衣，制订培训计划，设计培训课程，展开培训过程，以更有效和更有针对性的方法发展员工的能力特长，促进潜能开发，使之能持续满足组织发展和胜任岗位的实际需求。

（三）组织中的团队建设

组织要根据组织和团队发展的需求，构建异质性团队或同质性团队。不同的团队类型有其优势和劣势。组织在进行团队建设过程中，要充分认识到无论何种类型的团队，只有合理配置和充分发挥每一位成员的能力，扬长避短，才能保证团队具有更强的竞争力和战斗力。

四、能力与其他概念的关系

个体的能力是组织发展所必需的因素。比尔·盖茨曾说过，如果让 20 名最聪明的员工离开公司，那么微软将会成为一家无足轻重的公司。能力能够使组织成员更好地完成任务，处理好人际关系，在组织内部获得更好的发展，从而带给组织成员高水平的工作满意感和职业生涯成功。另外，当每一个组织成员都能充分发挥自身的能力时，组织就能拥有更强的竞争力，获得更高的组织绩效。

五、人格概念和决定因素

（一）人格的概念

人格是许多学科研究的对象，包括心理学、社会学、管理学和哲学等。它是个体内部连续稳定的心理模式，影响个体外在的表现及其与他人以及环境的互动方式。

通常，人格反映了一个人如何观察、思考、行动和感受。理解一个人的人格特点，就是要理解他与别人的相同与不同之处。这种独特性对人员管理以及与人共事具有巨大的挑战性。人格可以帮助我们理解组织员工在何种情境下采取某种方式，以及他们在工作和组织中所持某种态度的原因，还能影响人们的职业选择、工作满意度、领导力等许多方面。

（二）人格的决定因素

很多人都本能地表现出了人格的稳定性。因此，如果你的人格忽然发生了巨大的变化，那你的朋友和家人都会觉得你像是变了一个人似的。在人的一生中，人格特点在某种程度上是会不断发展的，但是最大的改变往往发生在人的童年时期。有非常多的因素会影响人的人格发展的，其中两个非常关键和主要的因素就是遗传和环境。

人们对基因遗传的影响都有一定的认识，比如我们有时会听到一个母亲训小孩“你那个坏脾气和你父亲一个样”，这就是基因的影响作用。有研究显示 50%～55%的人格特质可能都是遗传而来。我们可能注意到一种职业选择的现象，也许你的身边存在一个大家庭，爷爷、奶奶、爸爸、妈妈以及他们的小孩都是当医生的或者都是从事教师行业。这种现象我们可以认为是影响职业选择的人格特质在起作用。

当然，不同的人其人格决定因素各不相同，有些人格特点更像是基因造成的，而有些人格特点似乎是后天所得。文化、家庭、周围群体成员和生活经历，都会成为塑造人格的环境因素。文化因素往往能决定一个群体行为模式的相似之处。比如，美国人重视独立和竞争，而日本人重视合作和谦逊。当然文化对每个人的影响程度也是有差异的。家庭则是与个体最直接和紧密联系的影响因素，也是人格差异的最重要来源。家庭的经济水平、父母的教育水平、宗教信仰等都对个体成长中人格的形成有较大的影响；周围群体成员对人格的形成和改变也具有很大的影响。另外，个体的生活经历，包括目标的实现、被人重视和尊重等，都会影响个体对周围世界的感知，对人格也起到决定性作用。

管理者要充分意识到，不同的环境和人格类型会影响组织成员的感受、态度和行为等。了解不同员工的人格特性，能帮助管理者更加高效地教育和管理员工，促进良好工作关系的培养。

说谎基因

多伦多大学彼得·勒文（Peter J. Loewen）主持的一项“双胞胎研究”发现，基因在很大程度上决定了人们对日常不诚实行为的态度。研究者称，实验对象对逃税和谎称病假两种行为的态度受基因影响的程度分别是 26%和 42%。（双胞胎研究的基础理念是，基因对同卵双胞胎行为相似度的影响超过异卵双胞胎，前者的基因密码相同。）

资料来源：http://www.hbrchina.org/2014-03-18/114017529.html. 哈佛商业评论：说谎基因．2014.03.18.

六、人格理论

人格理论发展至今，有不同的学派，包括精神分析论、行为主义、个人建构论、特质论、类型论、人本论等。在组织行为学的研究中，人格特质论和类型理论得到较多的关注。

（一）著名特质理论

人格特质理论认为个体的行为可以分为一系列可以观察的特质，而人格正是由特质所组成的。并且，这些特质往往被认为是稳定的、较为永久一致的。不同的人格特质没有好坏之分，每个人都具有独特的人格。管理者需要做的就是了解和学会管理不同人格的组织成员。下面将介绍几个著名的特质理论，分别是卡特尔的 16PF、大五人格理论、迈尔斯—布瑞格斯人格类型指标和霍兰德职业人格类型。

1. 卡特尔的16PF

美国心理学家卡特尔经过大量的研究，发现了16种人格特质，并编制了16种人格特质问卷(the sixteen personality factor questionnaire，16PF)，具体见表3-1。该问卷在企业管理、教育管理、临床医疗等方面都得到了较广泛的应用。

表3-1 卡特尔的16种人格特质

因素	名　称	低分特征	高分特征
A	乐群性	缄默，孤独，冷漠	外向，热情，乐群
S	聪慧性	知识面窄，思想迟钝，抽象思考能力弱	富有才识，学习能力强，善于抽象思考
C	稳定性	情绪激动，易生烦恼，心神动摇不定	情绪稳定而成熟，能面对现实
E	恃强性	谦虚，顺从，通融，恭顺	好强固执，独立积极
F	兴奋性	严肃，审慎，冷静，寡言	轻松兴奋，随遇而安
G	有恒性	苟且敷衍，缺乏奉公守法的精神	有恒负责，做事尽职
H	敢为性	畏怯退缩，缺乏自信心	冒险敢为，少有顾忌
I	敏感性	理智，着重现实，自恃其力	敏感，感情用事
L	怀疑性	依赖随和，易与人相处	怀疑，刚愎，固执己见
M	幻想性	现实，合乎成规，力求妥善合理	幻想的，狂放不羁
N	世故性	坦白，直率，天真	精明强干，世故
O	忧虑性	安详，沉着，有自信心	忧虑抑郁，烦恼自忧
Q1	实验性	保守的，尊重传统观念与行为标准	自由的，批评激进，不拘泥于现实
Q2	独立性	依赖，随群附和	自立自强，当机立断
Q3	自律性	矛盾冲突，不顾大体	知己知彼，自律谨严
Q4	紧张性	心平气和，闲散宁静	紧张困扰，激动挣扎

2. 大五人格理论

大五人格理论是一个非常重要的人格特质理论，得到了广泛的关注和应用。所谓大五人格是指：外向性、情绪稳定性(又称为神经质)、宜人性、责任心和开放性。

外向性：外向性高得分的人在与外界交往过程中表现为待人热情、热爱社交、办事果断、为人活跃、勇于冒险、处事乐观向上等。低得分的人社会化程度相对较低，不善言谈，不够自信，也不愿意建立新关系。外向性可以预测管理和销售岗位上的工作绩效。

情绪稳定性：情绪稳定性高得分的人表现得更加镇定、稳定，较少有冲动、焦虑、压抑的行为。低得分的人会在交往或做事过程中更加激动、敏感，情绪表现得不稳定，不能很好地处理工作压力。情绪稳定性可以预测压力情境中的工作绩效。

宜人性：宜人性得分高的人在与人相处中更加温和、宽容、直率、谦逊有礼，给人一种好脾气的感觉。得分低的人更可能表现出粗鲁、易怒、多疑、不喜欢与人合作的状态。宜人性可以预测客户服务和冲突情境中的工作绩效。

责任心：责任心得分高的人对待工作往往更加认真、细致，办事可靠，具有较强的自我约束力。得分低的人办事可能更加散漫、比较粗心，意志力也比较薄弱，缺乏自我约束的能力。责任心可以预测几乎任何情境中的工作绩效和组织公民行为。

开放性：开放性得分高的人更愿意接受新观念和新的信息，兴趣广泛，具有创造力和创新性。得分低的人比较习俗化，不愿意尝试新事物或改变自身的观念和想法，兴趣面较窄。

开放性可以预测培训效果和新环境适应力。

3. 迈尔斯—布瑞格斯人格类型指标

迈尔斯—布瑞格斯人格类型指标(Myers-Briggs type indicator,MBTI)是由凯恩琳·布里格斯和其女儿伊莎贝尔·布里格斯·迈尔斯编制发展的著名人格测评问卷。它最初以荣格的心理类型理论为依据,经过几十年的发展,现已在企业员工招聘、领导力测评以及个人职业选择和发展等领域得到广泛应用。MBTI问卷主要测评个体在心理能力倾向(外倾—内倾)、获得信息的方法(感觉—直觉)、做决定的方式(思维—情感)、认识外在世界的方法(判断—知觉)四个方面的表现。

外倾—内倾(extraversion-introversion):外倾型(E)的人专注于外在的任何事情;内倾型(I)的人专注于自己的思想、想法和印象。

感觉—直觉(sensing-ntuition):感觉型(S)的人喜欢着眼于当前事物,习惯于先用五官来感受世界;直觉型(N)的人更加关注未来的事物,看重可能性。

思维—情感(thinking-feeling):思维型(T)的人喜欢基于对事物进行逻辑和客观分析后做决定;情感型(F)的人喜欢基于价值观及自我中心的主观评价来做决定。

判断—知觉(judging-perceiving):判断型(J)的人喜欢有计划、有组织地生活,并使一切事物都安定好;知觉型(P)的人喜欢灵活、自然发生的生活,对选择保持一种开放的态度。

基于个体在MBTI的测评结果(即在以上方面的得分高低),可以将人格特征区分为16种不同的类型,不同的类型表现出不同的心理倾向和行为风格,并适合从事不同类型的职业。例如,ENFJ类型的人,相对适合从事教师、职业顾问、公关人员等类型的职业。MBTI的测评结果不仅可以预测人们在职业选择时的偏好,亦可以用于帮助人们在职业发展和相互了解的过程中不断改善自我意识。

4. 霍兰德职业人格类型

美国心理学家霍兰德于1959年提出了具有广泛影响的职业兴趣理论。该理论认为人的人格类型、兴趣与职业密切相关,且职业兴趣与人格之间存在很高的相关性,兴趣是人们活动的巨大动力。高职业兴趣可以提高人们的积极性,促使人们积极地、高效地从事该职业。霍兰德认为人格可分为现实型、研究型、艺术型、社会型、企业型和常规型六种类型。

现实型:愿意使用工具从事操作性较强的工作;动手能力强,做事手脚灵活,动作协调;不善于言辞和交际。典型职业包括技工、修炼工、制图员和机械装配工等。

研究型:聪明、理性、好奇、精确;喜欢智力、抽象、分析和独立定向的任务;缺乏领导才能。典型职业包括科学研究人员、教师和工程师等。

艺术型:想象、冲动、知觉、无秩序、情绪化、理想化、有创意,不重实际;喜欢艺术性质的职业和环境,不善于事务工作。典型职业包括演员、歌唱家、诗人、小说家等。

社会型:合作、友善、助人、负责;善交际和言谈,洞察力强;喜欢社会交往,关心社会问题,有教导别人的能力。典型职业包括教师、咨询人员、公关人员等。

企业型:精力充沛、自信、充满野心、独断;善于交际,具有领导才能;喜欢竞争,敢于冒风险;喜欢权利、地位和物质财富。典型职业包括政府官员、企业领导、销售人员等。

常规型:顺从、谨慎、保守、实际、稳定、有效率;喜欢有系统、有条理的工作。典型职业包括秘书、会计、出纳员、图书管理员等。

（二）人格类型理论

1. 四种气质类型

气质是人心理活动的动态特征，较多地受个体生物组织的制约。相比于其他心理特征，气质具有更强的稳定性。在生活中，人的气质随时随地都会表现出来。气质学说是由古希腊的医生希波克拉底和罗马的医生盖伦提出。他们认为人体内有四种体液，分别是血液、粘液、黄胆汁和黑胆汁。而四种体液的含量决定了人的气质。

胆汁质的人情绪兴奋性高，动作也反应迅速，非常热情直爽，精力很旺盛；脾气急躁、倔强，心境变化剧烈，容易粗心大意，容易动感情，外倾性明显。

多血质的人反应迅速，思想灵活，喜欢与人交往；富有朝气、热情、活泼、具有同情心；容易出现变化无常、注意力易转移、粗枝大叶、浮躁、缺乏一贯性。

黏液质的人情绪稳定、有耐心，坚毅冷漠，自信心强，思维、言语、动作较为迟缓，交际适度，内倾性明显。

抑郁质的人细心谨慎，敏感多疑，思考透彻，容易察觉到细节，对情感的体验深刻持久，行动迟缓不活泼，缺乏决断力和自信。

2. A 型人格和 B 型人格

A 型人格者具有强烈的成就动机和进取心，充满高度的竞争性，有强烈的紧迫感并感到紧张。他们不断驱动自己在最少的时间干尽可能多的事情，讲求效率，并对阻碍自己努力的人或事进行攻击，较难与人相处。而 B 型人格者比较松散、悠闲，一副与世无争的状态。

A 型人格的人事业心强，并且大多能够有所作为。在组织中，他们的个人绩效也是非常出色的，并通常会争取在尽可能短的时间内完成大量工作。但是，A 型人格的人也有其相应的局限，例如，他们更适合从事独立性较强的工作，因为他们往往由于过分要强和激进，而容易与他人产生冲突，影响人际关系。另外，他们还需要关注自身的身心健康状况，加强压力管理。

（三）中国特色人格理论

1. 大七人格理论

北京大学心理学系王登峰、崔红等对中国人的人格结构进行了探讨，他们认为，相对于西方的“大五”人格理论，由中国词汇分类中得出的“大七”人格结构更符合中国人的实际情况，更接近中国人人格的真实状态。“大七”人格分别包括外向性、善良、行事风格、才干、情绪性、人际关系和处世态度。

外向性：表现出活跃、主动、积极和易沟通、轻松、温和的特点，以及个人的乐群、合群的倾向。高分者的特点是人际交往中表现活跃、积极，擅长与人交往，容易与人沟通和受人欢迎。低分者的特点是人际交往中被动、拘束和不易接近。

善良：表现出关心他人、对人真诚、宽容、正直和重感情等内在品质。高分者对人真诚、友好、顾及他人和有同情心。低分者对人虚假、欺骗以及利益为先、不择手段。

行事风格：反映个体的行事方式和态度。高分者做事踏实认真、谨慎、思虑周密、行事目标明确、切合实际以及守规矩、合作。低分者的特点是做事浮躁、别出心裁、不合常规以及不切实际和难缠。

才干：反映个体的能力和对待工作任务的态度。高分者敢作敢为、坚持不懈和积极投入。低分者做事犹豫不决、容易松懈、无主见和回避困难。

情绪性：反映个体的情绪稳定性特点。高分者急躁、冲动，对情绪不加掩饰和难以控制。低分者情绪稳定、平和，情绪表达委婉和可控。

人际关系：反映个体人际交往中的基本态度。高分者待人热情友好、与人为善并乐于沟通和交流。低分者把人际交往看作达到个人目的的手段、自我中心、待人冷漠、计较和掩沓盲目。

处世态度：反映个体对人生和事业的基本态度。高分者目标坚定、明确、理想远大，对未来充满信心、追求卓越。低分者安于现状、得过且过、不思进取，甚至退缩，甘于平庸。

2. 传统五因素人格理论

中国的两位学者燕国材和刘同辉提出了中国传统五因素理论，该理论认为人格是由仁、义、礼、智、信五因素组成。

仁是指仁爱，包括爱人、爱物、爱己、愉快和宽恕；义是指正义，包括公正、严谨、行为的合理性、乐于助人、取义；礼是指礼制，包括礼貌文雅、克己自制、遵纪守法、情绪稳定性、和合；智是指智能，包括精明、干练、冷静、独立思维、灵活性；信是指诚信，包括自信、信人、守信、忠诚老实、认真负责。中国几千年的历史形成的仁、义、礼、智、信等品质，对每个中国人的思想、行为都会有一定的影响。

（四）与组织相关的其他人格特质

与组织相关的其他人格特质除了第二章提到的几个积极组织行为学的核心概念（自我效能感、乐观主义、希望和主动性人格）以外，还包括韧性、控制点、自我控制、核心自我评价以及马基雅维里主义，下面将分别介绍这些概念。

1. 韧性

在组织行为学中，韧性被认为是一种从逆境、冲突、失败，甚至是成功事件、重大责任中回弹或恢复的能力。这个过程涉及对变化和风险的处理、调节、适应和持续回应等。韧性是组织、管理者、员工都必备的一项素质，可以通过训练和培养得到。但韧性的培养是一个持续、长久和复杂的过程，需要人们不断与周围的变化和不确定环境打交道。

现在的员工面临着来自各个方面的压力，包括技术变革、裁员、超负荷工作量等一系列因素的冲击，韧性正是员工不可或缺的因素，它往往能把困难和威胁转化成发展、进步的机会。不仅如此，韧性也能使组织受益。强大持久的组织使命和愿景能创造一种具有方向感和目的感的韧性组织文化。当组织具备了从动荡不安的经济形势中快速恢复的能力时，就能更好地保持竞争优势。

2. 控制点

控制点是由社会学习理论家罗特提出，也称为控制观，是指个体在周围环境作用的过程中，对自己的行为方式和行为结果的责任的认识和定向。它可以分为内控和外控两种。内控是指把责任或原因归于个体的一些内在原因，如个人能力、努力程度等；外控是指把责任或原因归于个体自身以外的因素，如环境因素、运气等。具有高内控点的人相信自己的行为能够影响到周围的人事物，能够决定自身的发展和命运；具有高外控点的人更倾向于认定外界的人事物对自己产生影响，从而使自己的行为或想法发生改变。控制点通常被认为是尽责性的组成部分。在组织内，具有内部控制点的人往往能很好地控制自己的行为，并积极去影响他人，比较看重个人成就。而具有外部控制点的人更喜欢有条理、指令性的工作方式。

3. 自我监控

自我监控又称为自我管理、自我调整，是指个体对自身的心理与行为的主动掌握，调整自己的动机与行动，以达到所预定的模式或目标的自我实现过程。高自我监控者对外部情境因素十分敏感，能调整自己行为以表现出相当高的适应性，并能够使公开的角色与私人的自我之间表现出极大差异。而低自我监控者倾向于在各种情境下都表现出自己真实的性情和态度，因而在他们是谁以及他们做什么之间存在着高度的行为一致性。在组织中，人们需要不断地进行自我认知和自我管理，加强学习，提高自身的素质和能力，及时发现问题，调节自己的行为，从而提高工作效率，处理好人际关系。

4. 核心自我评价

核心自我评价是指个体对自己的能力和价值所持有的最基本的评价和估计。它可以通过一些特质来描述，这些特质应该具备三种特性，分别是评价性、根源性和广泛性。核心自我评价与工作变量(如工作满意度、工作绩效等)、心理健康、学业行为等具有紧密的关系。拥有积极核心自我评价的人喜欢自己，认为自己是有能力控制周围环境的。并且他们更愿意接受工作带来的挑战，更容易得到满足，拥有更好的工作绩效，而拥有消极核心自我评价的人则讨厌自己，对自己的能力不自信，认为没有能力控制周围事物，甚至也不愿意去尝试复杂和挑战性的任务。

5. 马基雅维利主义

马基雅维利主义的人格特征表现为相信结果可以为手段辩护；重视时效；保持情感距离。具体可从以下六个方面来理解。

(1) 行为：喜欢独立行动。

(2) 思考：认为世上没有不能解决的事情，任何事情都可以变通。

(3) 感情：不受感情影响。

(4) 工作：重视业绩和结果，不重视过程的规范和准则。

(5) 人际：圆滑玲珑，冲突时能以退为进。

(6) 手段：不动声色，讲究技巧，必要时以牺牲一定程度的道德为代价。

高马基雅维利主义的个体更适合从事商务谈判、项目策划、广告设计、保险、推销等工作。

七、人格测评方法

人格测评能够帮助组织选出与组织工作更为匹配的人员，帮助管理者有效理解和管理自己的员工。在心理测量中，人格测评方法可以分为自呈量表法和投射测验法。

(一) 自呈量表法

自呈量表法就是把所有的问题列出来，由被试者进行回答。每个问题下有供被试者进行选择的选项，被试者依据自己的真实情况进行作答。正是由于选项的局限性，有时几个选项中都没有符合被试者的情况的选项，这是此种方法的弊端。另外，还需要注意的是问卷填答的准确性，因为被试者有可能说谎或者被试者当时的情绪与大多数状态不一致。目前得到较多关注的人格类问卷有 16PF、大五人格问卷、MBTI、爱德华个性偏好量表、霍兰德职业人格量表等。

（二）投射测验法

投射测验的原理是每个人对刺激的反应能够反映出他自身的个性。投射测验法主要包括罗夏墨迹测验和主题统觉测验。罗夏墨迹测验是要求被试者对墨迹的图形进行描述，而主题统觉测验是要求被试者看着一系列图片编小故事。结束后，测评人员会依据被试者的描述对其测试结果进行评分，但是这个过程非常具有挑战性，而且不同的人会给出不同的看法和建议，主观性比较大。因此，这种方法并不常用。

八、人格与组织管理

组织不仅要关注人员的知识技能和智力水平，更要关注他们的人格特质。管理者和员工需要懂得人格对于理解工作场所中的个人行为是非常重要的。组织需要对全体员工的人格特征有一定的了解，以便于正确进行人员的配置和优化，并可以根据员工的不同特点及时开展管理工作。当组织进行新员工雇用时，他们需要有效判断未来员工适应组织的程度。也就是说，组织需要判断新雇用员工的人格特征与当前组织文化特征及成员人格特征的匹配程度。在进行培训时，组织也要对不同人格类型的员工开展针对性的培训，使其能以更好的状态来生活和工作。人格—工作适应性理论认为，当个体的人格和职业相匹配时，能产生最高的工作满意度和低离职率。

签名越大越自恋？

为评估自恋型领导对公司的影响，尼克·塞博尔特(Nick Seybert)及其同事选取了400家标普500公司10年间的605名CEO，以分析他们在年报上的签名。大签名往往与支配欲强、过度自我等自恋型人格特点联系在一起。塞博尔特的研究表明，CEO签名越大，公司超支越严重，资产回报率越低，而吊诡的是，这些CEO的薪水反而高于同行。

诚然，我们不能说签名大的人都自恋，都是坏领导。然而，我与北卡罗来纳大学的王肖恩(音译，Sean Wang)以及马里兰大学的同事查尔斯·汉姆(Charles Ham)共同完成的这项研究的确表明，如果年报上的CEO签名大，那么公司在资本支出、研发和收购上的平均花费就高于同行业公司，但在之后3～6年中，公司的销售收入和销售增长率表现却较为差劲。我们以签名上下左右四个边界所形成的方框面积来衡量其大小，并排除名字本身长度的影响。

最近，我们发现签名大小与专利发明也存在相关性：一个人的签名越大，其专利发明及专利引证就越少，这是缺乏创新能力的表现。这个结论不无道理：大的签名表明此人自恋，而自恋型领导的行为方式通常会导致糟糕结果。比如，他们会搞一言堂，无视批评或者轻视下属。另外，我们还发现一个人的签名字体大与高于同行的收入间也有相关性。这或许是因为在业绩未达标时，自恋的人擅于掩饰或转嫁责任。

评定签名大小最好的指标是他们在自恋人格量表中的得分，但我觉得不会有很多CEO会心甘情愿做这类评估测试。此外，你可以观察他们的行为，但全面研究数百名CEO并不可行。而且你还得留意，自恋的人都相当擅长伪装。因此，我们必须找出另外一个易操作且依然可靠的方法。吉尔佛大学(Guilford College)理查德·茨魏根哈夫特(Richard Zweigenhaft)的一系列研究帮助了我们。他的研究表明,自负、支配欲强的人签名较大。因为这两大特征都与自恋人格相关,所以我们认为签名大和自恋之间存在相关性这一假设并不离谱。事实上,茨魏根哈夫特在看到我们的论文后,研究了一小部分样本,重点测试了这一相关性。结果显示,确有其事。其他人也曾研究过自恋CEO与公司业绩间的关联,但他们关注的是CEO薪水及其照片在年报中的显眼程度等因素。然而,CEO之外的人也会影响这些指标。相比之下,签名直接来自CEO本人,而且是其下意识的行为。

资料来源:http://www.hbrchina.org/2013-06-18/112919720.html. 哈佛商业评论:签名越大越自恋?2013.06.18.

第三节 价值观和态度

一、价值观

(一)价值观的定义

价值观是引导人们做出结果偏好或行为解释的稳定的、持久的信念。它是个体对客观事物的一个综合态度,会直接影响个体对事物的看法和行为。它支配着人们的行为、态度、信念、理解等,支配着人们认识世界、进行自我了解与定向,同时也为人们自己认为正确的行动提供充足的理由。

价值观包含内容和强度两个属性。内容属性是说明某种方式的行为或状态是重要的,强度属性是说明它的重要程度。人们通常把价值观的偏好层级称为价值观体系。在每个人与父母、朋友、团队及社会不断接触和社会化的过程中,他的价值观体系逐步形成并得到强化。所以说,一个人的价值观体系是稳定和持久的。

另外,我们需要区分信仰价值观和执行价值观。信仰价值观是指个体或组织宣称自己会使用,并认为在很多情况下自己已经在使用的价值观。比如,有些企业宣称他们重视团队合作、员工健康、环境保护,而不论在实践中他们是否真的予以重视。企业的价值观一般被认为是信仰价值观,因为下属是否能积极去践行这些价值观是不确定的。执行价值观是个体或组织实际上依靠的,用以引导决策和实践的价值观。通常观察人们在日常生活中的行动,可以看出他们的执行价值观。

工作价值观是指人们认为应该从工作中获得什么,以及在工作中该如何表现的个人信念。工作价值观与个人的需求、目的、态度和信仰有着密切联系,包含着个人对外界工作环境的思维解释,能深刻影响人们的工作体验。它是人们对工作行为、工作方式和工作成果进行价值判断时所依据的稳定的心理系统,是了解员工态度和动机的基础。工作价值观可以分为内在工作价值观和外在工作价值观。内在工作价值观是强调与工作本身的特点。比如说,工作的趣味性、工作的挑战性、学习新事物、做出的贡献、自主性等。外在工作价值观与工作成果相关。比如说,工资水平、工作福利、人际交往、闲暇时间等。工作价值观很好地反映了员工希望从工作中获得什么,有助于我们理解不同员工在工作场所的态度和行为表现,便于组织对员工进行针对性的激励和管理。

价值观一致是指两个或两个以上的实体具有相似的价值观。工作价值观不一致有一定的好处，如更佳的决策、促进问题定义、防止“公司崇拜”。但工作价值观不一致也有其不利的后果，如不相同的决策、满意度和承诺更低、压力增大、离职率上升。

（二）价值观的类型

价值观按照内容和形式的不同可以有多种分类，其中奥尔波特的六种价值观分类、罗尔奇的两种价值观分类、施瓦茨价值观模型得到了研究的较多关注和认可。

1. 奥尔波特的六种价值观

奥尔波特认为事物的价值可以分为经济的价值、理论的价值、审美的价值、社会的价值、政治的价值和宗教的价值六种。因此，人们的价值观相应地也可以分为六种，分别是经济型、理论型、审美型、社会型、政治型和宗教型。

经济型：以有效和实惠为中心，强调实用和有效。

理论型：以知识和真理为中心，重视以批判和理性的方法来寻求真理。

审美型：以外形和匀称为中心，重视外形与和谐匀称的价值。

社会型：以群体和他人为中心，强调对人的热爱。

政治型：以权力地位为中心，重视拥有权力和影响力。

宗教型：以信仰为中心，关心对宇宙整体的理解和体验的结合。

2. 罗尔奇的两种价值观

罗尔奇将价值观分为终极价值观和工具价值观（见表 3-2）。终极价值观是期望存在的终极状态，一个人通过一生实现的目标；工具价值观是个人偏爱的行为方式或实现终极价值观的手段。

表 3-2　罗尔奇的价值观类型

终极价值观	工具价值观
舒适的生活（富足的生活）	雄心勃勃（辛勤工作、奋发向上）
振奋的生活（刺激的、积极的生活）	心胸开阔（开放）
成绩感（持续的贡献）	能干（有能力、有效率）
和平的世界（没有冲突和战争）	欢乐（轻松愉快）
美丽的世界（艺术和自然的美）	清洁（卫生、整洁）
平等（兄弟情谊、机会均等）	勇敢（坚持自己的信仰）
家庭安全（照顾自己所爱的人）	宽容（谅解他人）
自由（独立、自主的选择）	助人为乐（为他人的福利工作）
幸福（满足）	正直（真挚、诚实）
内在和谐（没有内心冲突）	富于想象（大胆、有创造性）
成熟的爱（性和精神上的亲密）	独立（自力更生、自给自足）
国家的安全（免遭攻击）	智慧（有知识，善思考）
快乐（快乐的、休闲的生活）	符合逻辑（理性的）
救世（救世的、永恒的生活）	博爱（温情的、温柔的）
自尊（自重）	顺从（有责任感、尊重的）
社会承认（尊重、赞赏）	礼貌（有礼的、性情的）
真挚的友谊（亲密关系）	负责（可靠的）
睿智（对生活有成熟的理解）	自我控制（自律的、约束的）

3. 施瓦茨价值观模型

施瓦茨的研究包括了57项价值观,用以代表自我促进、自我超越、保守性、对变化的开放性等4个维度的10个普遍的价值观动机类型(见图3-2)。自我促进包含了成就价值(对个人成功的追求)和权力(对他人的控制和支配),是指一个人为了自己的利益不断努力。自我超越包含了仁爱(关心熟悉人的幸福)和普爱(关心所有人的幸福),是指促进他人幸福的动机。保守性包含了顺从(遵守规则和规律)、传统(尊重文化习俗和理念)和安全感(社会和自我的稳定与安全),是指倾向于维持现状。对变化的开放性包含了自我定向(思想和行为独立)、刺激(兴奋和挑战)和享乐主义(感官享受和满足),是指愿意接受变革创新的程度。

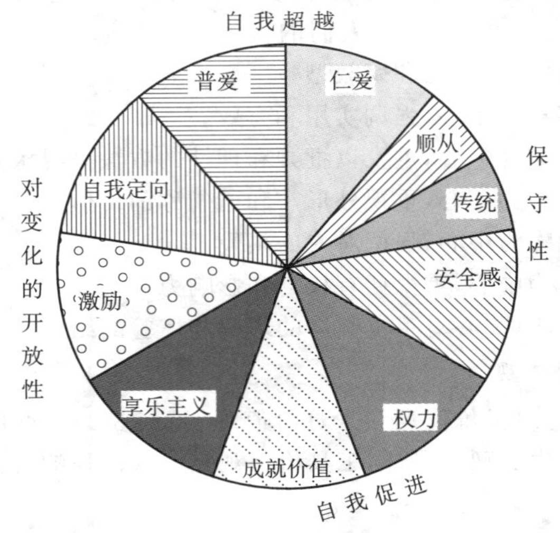

图3-2 施瓦茨的价值观模型

二、价值观与组织管理

价值观与人的世界观、人生观紧密相连,对人的心理、行为有深远的影响。价值观是持久和稳定的,所以组织必须深刻意识到它的影响作用。

首先,组织任务的制定要注重组织成员的价值观。了解员工的价值观是了解其态度和动机的基础,对于预测其行为表现具有重要作用。组织规章制度的设定要考虑到组织成员不同价值观的影响。相反价值观的员工对同一个制度表现出的态度可能会截然相反,从而导致他们行为的不同表现,这对组织的管理有着巨大的影响。例如,随着工作不断渗入家庭,很多员工面临着如何平衡工作与家庭的关系,进而员工的价值观中纳入了工作—家庭平衡的观念。不同的人对工作—家庭平衡有不同的评判标准,组织只有充分了解了每一位员工的想法,改变管理方法,帮助员工找到工作、生活的平衡点,才能更好地减少工作—家庭冲突带给员工的负面效应,增强其工作绩效和生活满意感。

其次,随着全球化进程的加速,组织需要面对不同国籍、不同信仰的员工和顾客。而此时,针对不同价值观的顾客或者员工进行服务、管理和激励,就又是组织的一大挑战。我们要理解不同文化的差异,才能避免不同价值观的人之间不必要的误会和冲突。例如,个人主义和集体主义是非常常见的跨文化价值观。个人主义强调独立性和个人的特殊性,而集体主义强调对群体的归属和责任。权力距离也是一个重要的跨文化价值观,它是指社会中人们对权力分配不均的接受程度。澳大利亚人和以色列人的权力距离很低，而中国人和日本人的权力距离很高。在日趋多元的组织情境中，基于价值观的员工自我管理与约束能够帮助组织有效减少管理风险。

最后，要重视组织文化的建设，形成统一明确的组织价值观。建立组织成员都认可的企业价值观体系和制度体系，可以提高组织的凝聚力。组织的工作内容只有适应人们普遍认可的价值观，才能获得大家的支持和尊重，比如，以员工为本、重视环境保护等。此外，随着社会的发展与进步，管理者只有树立新的组织价值观，才能推动组织不断向前，获得持续的新发展。

三、态度

（一）态度的定义

态度是关于客观事物、人或事件的评价性陈述，它反映了一个人对某些事物的感受。态度包括认知、情感和行为三个成分。认知成分是指对态度对象的知觉；情感成分是指对态度对象的积极或消极评价；行为成分是指面对态度对象时，产生某种行为意向。态度具有指向性，必须有态度持有者和态度对象。比如，某位管理者评价他的下属"非常具有亲和力"，这是态度持有者管理者对态度对象下属态度的认知成分；"我喜欢这个下属"是管理者对下属态度的情感成分；"我愿意与那位下属一起讨论工作任务，我们也经常开玩笑"是管理者对下属态度的行为成分。

态度的三种成分关系是复杂的，其中最关键的部分是情感成分。一般情况下三种成分是一致的，但是有时也会不一致。比如说，一位员工认为公司刚发布的制度是合理的，但是情感上他接受不了，因此采取了抵制行为。一般而言，态度比价值观要具体，但价值观比态度要持久。

员工的态度及微妙的威慑作用

对组织外的人来说，要解决那些需要深入地了解组织的使命及其面临的各种选择的问题是极为困难的，如果管理层和职员不予协助，就更加困难。一些非营利组织可能出现的问题是：专职员工可能太关注组织的独特属性，对他们捍卫组织的独特性的责任太过于敏感，以至于在不知不觉中拥护或指责那些"无知的"企业家们。

其中的驱动力不仅仅是对组织的忠诚。非营利组织中很多关键的员工是专业人士，固守职业理念导致他们不顾及组织本身的情况，而用一种统一的标准来衡量某个雇主。外行理事，尤其是那些来自商界的人——不管事实是否如此，都会被他们想象成对这些职业理念不感兴趣，或者一无所知。

还有一个问题，在那些受聘于非营利组织的理事中，个别人有这样一种倾向，即对那些来自营利性领域的职业人士怀着一种模糊的敌意。如果说企业领导人担心自己被看作挥舞大斧的野蛮人，他们的担心并不是完全没有根据的。一旦有了上述看法，员工们就会向理事提出质问，而他们实际已经知道"正确"的答案，仅仅是以此来刁难而已。在非营利性领域里，这种戒备性心态受到的挑战不大；而在营利性领域，这种态度是要受到猛烈抨击的。

谁都知道，理事会的所有成员，无论其出身或背景如何，都是令人尊敬的。事实上，一些理事已经对"不切实际的学者"非常容忍了。健康的同事关系，至少在我的经历中如此，只有理事与员工真正相互尊重时才存在。要是来自企业界的理事对非营利组织所服务的领域真正了解，这种关系更容易形成。

资料来源：http://www.hbrchina.org/2013-11-11/113547716.html. 哈佛商业评论：职员的态度及微妙的威慑作用．2013.11.11.

（二）与工作相关的关键态度

对组织行为具有重要意义的工作态度有工作满意度、组织认同、组织承诺、离职意向、工作投入和工作倦怠等。

工作满意度是对工作和工作环境各个方面态度的集合。能影响工作满意度的因素有工作内容、工作条件、职业发展、报酬福利、上级和同事等。通常心理挑战性工作、公平的报酬、支持性工作环境、融洽的同事关系、人格与工作匹配等都能带来工作满意。而工作满意度对工作绩效、顾客满意度具有积极影响，与离职意向、工作压力、工作不安全感等有反向关系。员工工作不满意时的行为表现可以用 EVLN 模型来展示，见表 3-3。

表 3-3　EVLN 模型

退出(Exit)	· 离开工作岗位 · 离职，转岗
表达(Voice)	· 改变工作环境 · 问题解决，抱怨
忠诚(Loyalty)	· 耐心等待环境改善
忽视(Neglect)	· 减少工作努力和质量 · 缺勤率增加

组织认同指组织成员的行为与观念与所在组织有一致性，并觉得自己对组织有责任感和依赖感。组织认同的产生和变化，受到内在因素和外在因素等多方面的影响。组织要以双赢为出发点，力求实现组织与其成员关系的契合而形成的组织认同，这样有助于组织和组织成员的共同发展。

组织承诺指组织成员对特定组织的情感依恋、认同和投入。承诺的水平可以从很高到很低，而且人们对于组织内不同方面的承诺水平也是有差别的。组织承诺可以分为情感承诺、持续承诺和规范承诺。情感承诺是由于员工对组织有深厚的感情，持续承诺是员工不想失去组织带来的待遇报酬，规范承诺是员工由于受到长期社会影响形成的社会责任而留在企业。通常可从以下一些方面来构建组织承诺：促进公平与支持、促进共享价值观、促进信任、促进组织理解、加强员工参与等。

离职意向指组织成员要离开当前组织的意愿和倾向。组织成员离职的原因主要是对当前组织不满意或外界有更具有吸引力的职位。目前，离职意向的影响因素中得到最多关注和研究的是工作满意度和组织承诺。

工作投入指组织成员心理上对工作的认同和专注，它以精力、卷入和效能感为特征。工作投入的个体表现出积极主动、精力充沛的状态，在工作中专注投入，认为自己完全能处理好工作任务。工作投入会受到个体因素、工作相关因素以及个体和工作相关因素互动关系的影响，涉及员工的心理、行为层面。它有利于改善员工的工作态度，进而对工作行为和工作绩效产生正面的影响，促进组织整体效能的提高。

工作倦怠指组织成员在工作压力下感觉到身心枯竭，厌倦工作的状态，它以情绪枯竭、玩世不恭和专业效能感低落为特征。工作倦怠的个体会感觉到工作中注意力无法集中，缺乏工作激情，成就感低落，身体和心灵都非常疲惫。当人们意识到自己有工作倦怠的情况时，一定要及时、积极地进行调整，重新找到工作的激情。

四、态度与行为的关系

态度在多大程度上并在什么条件下能影响人们的外在行为？很久以来，各个领域的专家都在思考态度和信念与外在行为之间的关系。最初，有关态度的研究认为态度可以很好地预测行为。但随后社会心理学家艾伦·维克通过对不同群体的态度与行为的研究，发现人们表现出的态度很难预测他们的行为，例如，学生对于作弊的态度与他们实际的作弊行为几乎没有关系。态度对行为的作用受到多种复杂因素的影响。

（一）态度一致性

不少研究均表明，人们往往寻求态度之间以及态度和行为之间的一致性。也就是说，人们对自身持有的不同态度会努力进行调节，使行为与态度保持一致。当出现不一致的情况时，人们会改变行为，或改变态度，再或者为自己的不一致表现寻找合理的借口。例如，一位求职者去 A 公司面试，据他了解 A 公司的发展前景、员工待遇和管理流程都非常不错。但是他没有被 A 公司录取，那么他可能会对外界说，其实 A 公司的待遇没有之前了解得那么好。

（二）认知失调理论

利昂·费斯廷格认为人具有一种保持认知一致性的趋向，他在 20 世纪 50 年代后期提出了认知失调理论，用来解释态度和行为的矛盾关系。认知失调是指个体的态度和行为的认知成分出现了矛盾，从而内心产生紧张、不愉快的感受。一般情况下，个体会为了减少这种紧张，努力调整自己的想法或行为，以达到较为平衡的状态。没有人能完全消除不协调的状态，那么影响人们降低不协调程度的因素主要有三点，分别是导致不协调因素的重要性、个人认为他自身对这些因素的影响程度、认知失调带来的后果。

导致不协调的因素非常重要时，人们感受到的压力和紧张感往往也较大。例如，当一个企业总经理要考虑引进一种设备进行产品生产，该产品能带来较大的收益，但是这种设备在生产过程中会排放有害气体影响当地环境。此时，这位总经理就面临高度的认知失调。因为环境卫生对于居民生活非常重要，这位总经理无法忽视它的重要性。那么他可能会考虑改变行为（不引进此种设备），或改变想法（环境污染也许没有那么厉害，等企业发展起来了再去治理环境），再或者寻找其他因素来平衡不协调因素（产品的社会效益要大于环境污染的损失）。

个体认为其自身对不协调因素的影响很小时，那么他对不协调的状况所感受到的压力也较小。例如，组织领导要求制定一项新规则，而制定这条规则的员工认为这条规则是非常无视员工健康的，但是他觉得自己没有选择的余地，因此尽管他的态度与行为是不一致的，但是这种行为还是可以得到合理化的辩解。

当认知失调可以带来个人所在意的回报时，也可以减少这种不协调所产生的紧张程度。

当一位实习生在企业专门负责打字和复印的工作时，他认为这是非常无聊枯燥的任务，但是他每个月可以获得一定的报酬，因而会继续在企业实习。

五、态度与组织管理

态度可以通过观察人们表现出来的表情、语言和行为等来推测。管理者要充分认识到态度在管理实践中的重要作用。通过对员工态度的了解和分析，改变管理方式，更好地促进员工的态度向积极的方向转变。

组织需要尽心去了解员工在工作场所中的态度。鉴于管理幅度和职责问题，管理者不能时刻去观察甚至有时会忽略下属员工的态度与内心感受。因此，组织要运用多种方法去了解员工的态度和行为意图，为今后的管理提供更加有价值的信息。例如，组织可以通过不定期的问卷调研，掌握员工近期对待生活、工作的态度，从而进行有针对性的辅导和沟通。

除了进行态度问卷调查之外，组织还可以通过主管、同事的反映来了解一个员工的态度。主管和同事是员工在组织内部非常密切的合作者，彼此接触和往来也较为频繁，因此，他们能够非常容易地察觉到员工的态度和行为方面的变化。

此外，与员工面对面的谈话是了解其态度最直接的方法。每一位新员工入职时的谈话，就是一次非常重要的了解其态度、价值观的谈话。在日常工作期间，组织也需要找员工进行谈话，以发现这段期间员工的态度变化或遇到的问题，及时进行处理和改善。最后的离职谈话更是组织必不可少的一项流程。充分发掘员工入职前的面谈和离职时的面谈内容的差异，组织可以发现不少需要改变和加强的地方，从而有利于持续改进组织的管理方法、文化建设等各方面。

本章思考题

1. 什么是知觉？什么是社会知觉？详细阐述社会知觉的分类和影响因素。
2. 举例说明社会知觉中常见的偏见。
3. 什么是归因？常见的归因理论有哪些？举例介绍工作场所中的归因偏差。
4. 什么是能力？能力与职业发展的关系如何？
5. 什么是人格？人格的影响因素有哪些？
6. 阐述大五人格中的各个维度与工作绩效的关系。
7. 阐述四种气质类型对管理工作有何意义。
8. 举例说明价值观在组织管理中的应用。
9. 阐述工作场所中的关键态度与工作场所行为之间的关系。
10. 举例说明工作场所中管理者要了解员工态度需要注意什么问题。

课后案例

稻盛和夫：做好企业需树立高尚的人格理念

2009年底，日本航空破产了，稻盛和夫受到日本政府的邀请，参与日航的重建。虽然稻盛在这之前已经非常成功地创造了两家企业：一家是京瓷，一家是KDDI，但是因为稻盛对航空行业没有任何经验，一开始他也曾拒绝了日本政府好几次。后来，在日本政府的不断邀请下，稻盛最后还是接手了日航这个“烂摊子”。

对于稻盛来说，虽然没有航空方面的能力和经验，但是他有工作的热情。但他到底是为了什么而发挥自己的热情呢？其实稻盛当时也不太清楚，他只是很清楚地知道，他所拥有的是他的高尚人格理念，或者说是工作的一种思维方式。

稻盛进入日航的第一件事就是召集员工、干部们一起开会，希望大家能够逐步地改变自己的工作理念和人格。稻盛说：“我希望大家都能拥有非常高尚的、美好的人格。这里面就包含着一个东西：如果不拼命努力树立高尚的人格理念，公司的经营是不会好起来的。”

当时日航有5万名员工，有一部分人稻盛不得不解雇他们；后来剩下来了3万多人，为了要雇用这3万多人，他不得不带领日航创造利润而且必须创造利润。在这个时候，稻盛就拼命跟大家说高尚人格理念的重要性。

其实一家破产公司的重建，战略战术也是非常重要的。在一开始的时候，大家对稻盛的人格理念想法有一些反感。因为大家都觉得，稻盛讲的道理基本上都是很显浅的、从小时候开始父母就教的，这些“大道理”大家都懂，战略战术才是破产重建的关键。但是稻盛并没有因为员工们对“树立高尚人格”理念的蔑视而放弃。

对于稻盛来说，比起企业战略战术、员工个人能力来说，“树立高尚的人格”才是最重要的。小时候在学校里面，我们常常会碰到记忆力非常好的人，这些人的成绩也非常好。但是有一些小孩子的记忆力不好，相应的成绩也不是很好。智商是天生的，但是热情是可以由自己的意志所控制的。只要拼命热情地努力，能力就一定会提高。

然而，工作热情跟高尚人格理念的确是很有关系。稻盛最早学到的是中国的孔孟之道，包括《论语》他也学习了。这些伟人、先贤就是以这样高尚的人格理念在生活着。在今天这个现代社会当中，有人也会认为这些古老的优秀的东西没有用，但是稻盛认为完全不是这样，他认为正是在这个竞争激烈的、现代化的时代，先贤所教授给我们的这些高尚人格理念才是更重要的。也正是中国古代的先贤造就了现在的稻盛，为稻盛的工作热情奠定了坚实的基础。

稻盛坚持不断地对员工们重复他的想法：“作为一个人，什么才是最重要、最正确的东西，大家是不是忘记了？”再比如说：“在企业内部，节约必须体现在每一个方面；而且不只是干部来做这些事情，而是由末端一线员工来做；而且必须有创意地、拼命地、努力地做。”稻盛认为：“要重视自己要有高尚的人格，而且要把高尚的人格和员工一起分享。”后来员工们都慢慢接受了稻盛的理念，重新回到了企业经营的原点。其实稻盛做的只是改变日航员工们的人格理念，后来破产的日航仅仅用了一年的时间就创造了当时世界上所有航空公司当中最高利润1880亿元。

后来，稻盛也用“高尚人格理念”这一标准去选择京瓷公司董事长的继任人。京瓷是一个技术公司，所以继任者必须找懂得技术、拼命努力、能够有创造发明的人。但是稻盛在这之外更重视的是继任者的人格。在具有技术、能力的同时，在所有的候选人当中，他选择了人格理念最高尚的人，他就是现在京瓷的董事长伊藤谦介。

在稻盛大学毕业后进入企业的时候，伊藤刚刚高中毕业，成为了稻盛的助手。他跟稻盛每天都在一起，从早到晚拼命努力地工作。后来稻盛创建了京瓷，伊藤也参与了稻盛的创业。虽然在京瓷不断成长的过程当中，也有很多优秀的人才进入了公司，但是稻盛始终认为领导人首先要具有优秀的人格，而且伊藤的工作能力也非常优秀，所以继任人非伊藤莫属。后来稻盛在KDDI继任者的选拔中也采取同样的方针。

资料来源：http://wenku.baidu.com/view/2a5f9193dd88d0d233d46ab9.html. 稻盛和夫：做好企业树立高尚的人格理念．2012.11.13.

思考与讨论

1. 试评价稻盛“相对于企业战略战术、员工个人能力来说，树立高尚的人格理念才是最重要的”观点。

2. 试详细阐述工作热情与“高尚人格理念”到底有何关系。

第四章

情绪和工作压力

引例

某银行一名柜员在与家人吵架之后,带着怨气上班,心里却仍然在想着刚刚吵架的事儿,而领导也没有察觉这名员工的情绪变化,仍然安排她在现金柜台进行业务操作。于是在为一位客户办理一笔8.5万元的现金取款业务时,由于这名员工放不下心中的烦恼,注意力不集中,未能认真核对现金的数额,结果付给了客户9.5万元,多付了1万元。虽然事后通过监控录像追回了这笔钱,但这个案例给了我们一个深刻的启示:情绪会直接影响员工行为及工作质量,情绪管理是人力资源管理中不可忽视的内容。

资料来源:http://wenku.baidu.com/view/bcfad92e0066f5335a812126.html. 企业情绪管理.2010.12.08.

思考

1. 何为情绪?
2. 怎样管理情绪?

近年来,组织行为中情绪和压力这两个概念得到了越来越多的关注。一直以来,工作场所都被认为是一个理性而专业的地方,万事都有着原则和规矩,不应当“感情用事”。但是,作为人的集合,情绪不可避免地渗透在工作场所的方方面面。人们也渐渐认识到,忽略情绪对于工作行为的影响,这样的组织行为学实际上是不完整的、不全面的。工作压力往往伴随着一系列情绪体验,包括焦虑、担心、挫折、紧张等不愉快的情绪体验。通过本章的学习,读者会对工作压力有一个更全面的认识,不仅包括情绪体验,还包括生理、行为和认知方面。

第一节　组织中的情绪

人非草木,孰能无情?无论是在生活中还是工作中,我们无时无刻不带着情绪。当终于实现了一直追求的目标时,我们会欢呼雀跃;当成功与我们失之交臂时,我们会感到失望和无奈;当无缘无故受到指责、伤害和攻击时,我们会满腔怒火;当企业由于经营出现问题而不得不大幅度裁员时,我们会胆战心惊……可见情绪在我们的生活和工作中扮演着重要的角色。然而,回顾一下组织行为学关于情绪的文献,你会吃惊地发现,学者们对于情绪的关注还非常有限。直到最近几年，这种情况才有了一定的改变。到底为什么会出现这种情况呢？原因包括以下三个方面。

第一，工作场所中的理性神话。19世纪末，随着科学管理的兴起，人们从控制和杜绝组织中的非理性因素的角度出发对组织进行设计，一直坚信有着明确清晰的组织目标、决策依靠理性的组织才是一个运行良好的组织。这样的组织可以有效排除诸如焦虑、害怕、欢乐、憎恨、悲伤、愤怒等情绪对于人们的影响。所以，虽然学者和管理者都明白情绪是生活和工作中不可剥离的一部分，但他们仍然试图去创立这种排除情绪的组织。但是，这显然是不可能做到的。

第二，很多人认为情绪是有害的。提到情绪，人们首先联想到的往往是喜、怒、哀、惧、爱、恶、愁这七情六欲。但是，如果按照性质进行分类，这七种情绪中，属于积极情绪的仅仅七分之二，剩下的五种都属于消极情绪，也就是不愉快的情绪。这似乎意味着在日常生活中，苦会多于乐。这也难怪人们一提到情绪时，更多想到的是其负面作用。情绪的积极作用却长期被人们所忽略，很少会被认为有助于提高绩效。平时我们所说的"他在闹情绪"，也暗指这个人产生了抵触或者不满的情绪。

第三，由于情绪的复杂性，且其与生理、行为以及认知等因素有着相互交织、错综复杂的联系，这往往使得对于情绪的研究非常困难。迄今为止，虽然心理学者们开展了不少研究，但仍然处于初始阶段，还没有形成成型的理论能够对情绪进行系统全面的解释。

不容否定，的确有一些情绪会影响员工的工作绩效，而我们也确实没有完全认识情绪的作用机制。但是，我们也不能否认这样的事实：组织行为学的研究不能缺少情绪，否则就不完整和不全面。正如一个企业顾问所说的那样："你无法使工作场所与情绪分离，因为你无法使人与情绪分离。"这一观点简直是一针见血地指明了情绪与人的行为之间的不可剥离性。

一、情绪概述

（一）情绪的概念与特点

什么是情绪？简言之，情绪是指个体在受到一定的刺激时产生的一种身心激动状态。当你为某件事感到开心时，当你害怕某个事物时，当你对某个人感到愤怒时，当你高度紧张时，你体验到的就是情绪。一般而言，情绪具有以下这四个特点。

第一，情绪是由刺激引起的，而不是自发的。所谓的刺激，包括外在的、具体可见的。例如，日常生活中的人、事、物等，这些外在刺激都会引发情绪。也包括内在的、含而不露的。例如，想起已经去世的亲人，悲从中来，潸然泪下。刺激处处都在，所不同的是不同的人面对同样的刺激，往往引起不同的情绪反应。比如，面对癌症，不同的患者，包括家属，会有截然不同的表现。这种不同，一方面与其个体的性格特点有关，另一方面也受到个体的生活和工作经历的影响。

第二，情绪体验是一种主观意识。情绪体验对于个体来说，是一种自我感受过程，是主观的，构成了情绪的心理内容。外人想要了解个体的情绪状态时，都是通过观测情绪体验者的面部表情和行为表现来推断，但无法直接通过刺激去了解其情绪。

第三，情绪不会单独出现。与其同时出现的是情绪的外在表现，包括面部表情、手势、语调、身体动作等。对于个体而言，某一种情绪体验常常是伴随着比较固定的外在表现。例如，快乐的情绪大都是与神采飞扬的笑脸以及手舞足蹈的行为同时出现；而悲伤的情绪往往伴随着痛哭流涕和捶胸顿足。因此，虽然情绪是主观的、内在的，我们仍然可以依据情绪的外在表现对情绪进行鉴别。

第四，情绪会产生生理唤醒。生理唤醒是指情绪体验所引起的生理反应，涉及广泛的神经结构，如中枢神经系统的脑干、中央灰质、下丘脑、外周神经系统、内外分泌腺等。每一种情绪的生理反应模式都有差异，如愉快的时候心跳节律一般比较正常；兴奋紧张或者恐惧愤怒的时候，心跳就会加速，血压会升高，呼吸频率也会增加；而痛苦的时候血管容积会缩小。随着情绪的产生，这些生理反应也是自发的，个体无法进行控制。这其实就是测谎仪的设计原理依据，通过测量脉搏、心率、呼吸频率以及皮肤电流等这些个体无法控制的生理反应来分析个体是否说谎。

（二）区别情绪和心境

在分析情绪的时候，我们不能忽略另外两个相关联的概念：情感和心境。在这里需要对这三个概念进行澄清：

情感是一种统称，包括个体体验到的所有感情。这一概念比较宽泛，包括情绪和心境两个成分。情绪是一种强烈的情感，它直接指向某个人或某个物。心境则是一种比情绪更弱并且经常（虽然并不总是）缺乏背景刺激的情感。

大多数学者都认为跟心境相比，情绪更显得来去迅速。例如，当某个人对你进行挑衅和攻击时，你会愤怒。这种强烈的愤怒的感觉来去都非常快，几乎发生在几秒钟之间。而如果你心情不好，也即心境不好的时候，这种状态就很可能持续很长时间，几个小时甚至几天。

此外，情绪与心境的不同还在于，情绪是对人或对事的反应，如涨工资了你就会高兴，碰到一个不讲理的客户你会气愤等。这些对人对事所表现出来的快乐或者愤怒就是你所表达的情绪。相反，心境并不针对特定的人或事。

当然，情绪和心境也是有很密切的联系的。比如，如果某件事引起了你的某种情绪，但是你其实关注的不是这件事，而是这件事让你联想到之前的某种情愫，这个时候情绪就转变为了心境。同时，当你处于一个好的或者坏的心境的时候，你对于刺激的反应会更强烈，也就是更加情绪化。比如你本身心情就很糟糕，再碰上堵车，可能平时也不会太在意，但这个时候堵车就起到了火上浇油的作用，你就会感到异常的愤怒和郁闷。

二、与情绪有关的几个概念

有几个概念跟情绪关系很密切，也受到越来越多的重视和研究。以下对这几个概念作一个具体介绍。

（一）情绪劳动

在日常工作中，根据工作的类型，可以分为不同的劳动类型。投入体力消耗的是员工的身体劳动，而投入智力消耗的是员工的脑力劳动。实际上，还有一种劳动类型经常被忽视，这就是情绪劳动。

大多数工作都需要员工付出情绪劳动，是指员工在岗位上表现出符合该职位要求的情绪状态。对于一些需要与客户打交道的职位，情绪劳动的作用非常明显。比较典型的例子是飞机上的乘务员，她们需要表现出热情友好、积极主动；医院的医生则需要表现出沉着冷静、情绪中性；而婚礼上的司仪则应当表现得充满激情和风趣愉快。同样在组织中，在与上司、下属或者顾客打交道的过程中，情绪劳动也是必不可少的。情绪劳动有助于感染他人，调动他人的积极性，对于工作绩效的影响也是不可忽视的。所以不少组织已经将情绪劳动作为绩效考核中的一个重要指标。

（二）情绪智力

学者萨罗威和梅伊尔于1990年提出情绪智力这一概念，将其定义为一种“个体监控自己以及他人的情绪，并识别和利用这些信息来指导自己的思想和行为的能力”。情绪智力具体包括以下五个维度。

(1) 自我意识：体味自我情感的能力。

(2) 自我管理：管理自己情绪和冲动的能力。

(3) 自我激励：面对挫折和失败依然坚持不懈的能力。

(4) 感同身受：领会他人情绪的能力。

(5) 社会技能：处理他人情绪的能力。

情绪智力和智力一样，不同的个体存在明显的差异。情绪智力高的个体有更强的主观意识去识别和调控自身甚至他人的情绪，一方面使自己处于良好的身心状态，另一方面维持与他人和谐的人际关系，这样有助于提高个体对于环境和人际的适应性。

除了能够促进人际关系以外，情绪智力对于工作绩效的提高也有着显著的影响。有一项针对15家全球性大型企业的研究调查显示，IBM、百事可乐、沃尔沃等这些全球知名的公司与普通公司的员工相比，在情绪智力这方面存在着较为明显的差异。同时，工作绩效水平突出的员工往往都是那些情绪智力水平很高的员工，而不是一直以来所看重的认知智力水平。还有一项追踪调查发现，情绪智力有助于个体获得职业成功，高情绪智力个体入职后比一般人获得成功的可能性高出2.6倍。

（三）情绪感受与情绪表达

情绪感受是指个体真实的情绪状态，而情绪表达则是个体为了符合社会、工作等环境而刻意表现出来的情绪。在很多情况下，个体的情绪感受和情绪表达并不是一致的，有时候甚至是相反的。比如，在葬礼上，无论你是否真的为这个人的去世感到惋惜，都应当表现出遗憾和悲伤的情绪；而在婚礼上，即便你根本不看好这段婚姻，也要表现出愉快的情绪来表达祝福；在组织中，如果是同事得到了提升而你没有，你肯定感到愤懑和不满，甚至嫉妒，但很多时候你不得不表示祝贺和恭喜。可见，并不是个体感受到怎样的情绪都会表达出来，人们经常会通过分析来选择性地表达合适的情绪，这就是情绪调节能力。这种能力并不是与生俱来的，而是学习和实践的产物，并且可以得到不断提升。

区分情绪感受和情绪表达这两个概念有助于我们认识到二者的不一致性，并且认识到情绪调节能力的重要作用。情绪调节能力也是情绪智力的一个重要方面，对于很多工作情境和工作角色来说，这种能力很关键。比如，在运动场上我们可以肆意呼喊和叫喊，但换成工作场所则显然是不能接受的。对于特定的工作角色，你就应当表现该角色所要求的情绪状态。例如，你是一名客服，你经常会碰到蛮不讲理、满腹牢骚又粗暴无理的顾客。尽管对于他们的不合理要求和莫名其妙的言行，你也感到不可理喻，但是因为角色要求，你必须耐心倾听，表现出热情、友好，保持微笑和乐于助人的面貌。这些与客户直接打交道的岗位对个体的情绪调节能力都要求很高，如果做不到有效控制自己的情绪，就会造成顾客的进一步不满，这根本就无法解决问题。

越来越多的企业已经认识到情绪表达对于客户服务的作用，很多企业都做出明确规定，用制度性的条款来约束员工的情绪表达。比如，麦当劳的员工手册就很明确地写着，柜台人员“必须表现出诸如真诚、热情、自信、幽默这些品质来”。而另外一个很典型的情绪表达要求高的组织是迪士尼乐园。在迪士尼乐园工作的每一个员工都要把自己当做这个乐园的一个演员，全身心投入自己所扮演的角色，表达出这个角色所要求的情绪状态。

三、情绪的影响因素

你会不会有时候突然很失落，心情不好？你会不会在跟别人交谈时，感到不耐烦就打断别人说话？几乎人人都有这样的经历，但是并不是人人都知道为什么我们会产生这样的情绪，为什么会莫名地不开心和不耐烦。我们将在下文中探讨情绪的主要影响因素。

1. 人格

情绪和心境跟人格特质类似，都比较稳定。虽然不同个体存在很大差别，但是每个人都倾向于体验某种特定的情绪。比如个性开朗的人，对于快乐的事情就会更容易受到感染。此外，对于同一种情绪，不同的个体体验到的强度也是不同的。情感强烈的人容易大悲大喜，而情感轻微的人则倾向于不悲不喜，淡定从容地面对大多数事情。

2. 天气

是否在阴雨绵绵的日子里，你也会更容易感到感伤和不安呢？的确，很多人都表示，自己的心情跟天气有很大的关系，大多数人都喜欢阳光灿烂的日子而讨厌阴冷的雨季。但是，一项比较大型并且很严谨的研究结果显示，天气对情绪的影响实际上是很小的。但不管怎么说，对于我们个体，确实很多时候会因为天气的原因而感到快乐或者忧伤，即便这种影响甚至我们自己都很难觉察。

3. 压力

这不难想象，如果工作压力很大(应接不暇的任务、工作截止日期的逼近、客户接二连三的催货、上司不断的批评等)，我们肯定会感到焦虑、失落和受挫。并且，这种压力带来的影响会随着时间的累积而增加，如果短时间内压力没有得到有效舒缓，我们就会一直处于紧张的状态，不仅会降低工作效率，更有害身心。虽然在工作中一定程度的压力有益于我们提高工作的积极性，但是压力的增加则会使得我们心情变坏，使得我们注意力很难集中，也会影响个体的人际交往和日常生活。

4. 社会活动

你是否喜欢跟朋友一起出去逛街和休闲呢？对于大多数人来说，参加社会活动会增加我们的积极情绪，让我们更快乐。但并不会很明显减少我们的消极情绪，一些让我们不开心的事只是暂时被我们遗忘，等到聚会结束，那些消极情绪还会出现。就积极情绪而言，到底是情绪积极的人更积极主动去参加社交活动，还是因为社交活动让人产生积极的情绪呢？研究显示，这两个都是正确的。更有研究表明，去参加一些运动型的活动(比如爬山)会比简单的品尝美食更能提高个人的积极情绪。同时，相比于正式的室内活动(比如讲座、会议)，室外的活动或者说非正式的娱乐活动(比如看电影)也更有助于产生积极的情绪。

5. 睡眠

你是否因为前一晚没有睡好而一整天都心烦意燥?很多人都有这种经历,因为睡眠质量会严重影响心情。一些研究显示,睡眠被影响或者睡眠时间得不到保证的大学生和成年员工会更容易表现出疲劳、愤怒和敌意。这个在神经科学上的解释是,睡眠质量不好会影响个体的决策能力,也会产生一些让个体都很难控制的情绪。同时也有研究表明。睡眠质量较差的员工的工作满意度也较低,并且他们会经常感到烦躁和疲劳,工作积极性不高,精神涣散。

6. 锻炼

你是否在锻炼过后感受到大汗淋漓的畅快感?很多人在心情不好的时候选择运动,认为出出汗就好了。是否真有“流汗疗法”这一说?研究表明确实有这么回事,锻炼能够提高个人的积极心情。总体上来说,运动有助于缓解压力,让人放松,尤其是那些心情有些压抑的人,适当的运动效果很明显。锻炼确实不仅可以强身健体,也会调节我们的心理和情绪状况,让我们身心两健。

7. 年龄

凭我们日常的经验,年轻人更容易感到快乐,也就是说年轻人体验到更多的高强度积极情绪,但事实并不是这样。因为一项针对 18～90 岁人群的研究表明,并不是年轻人表现得更积极。相反,随着年龄的增加,消极的心情会越来越少,而积极情绪则可以持续更久,并且不好的心情会更快地消失。这也许是因为随着年龄的增长,人的经历越来越丰富,对于外界的事物就越来越看淡,而更加重视自身的内在修养。

8. 性别

不用思考你也可以得出“女性比男性更加情绪化”这一结论,同时也确实有众多的研究支持这一观点。女性的情绪比男性更强烈,持续的时间也更久,并且女性体验或者表达无论是积极还是消极情绪的频率也显著大于男性。究其深层次的原因,学者们尚未找到有力的证据,但是不可否认的事实就是,在情绪表达上确实存在着性别上的差异。

第二节　情绪在组织中的应用

从上文中可以看出,有效的情绪表达对于提高组织中的人际关系、员工的工作绩效都有很大的帮助。其实,情绪的作用还远不止这些。这一部分,我们可以通过对情绪的进一步了解,来看看情绪在提高组织人才选拔效率、决策质量、员工工作动机以及解决人际冲突等诸多方面如何起到可信度较高的解释力和预测力。同时,可以了解组织的管理者如何采取手段来影响员工的情绪。

一、员工管理中的情绪运用

1. 人员选拔

如前文所述,情绪智力与认知智力一样,对于个体的职业发展有很重要的作用。尤其是那些需要高度社会互动的工作，对于这些工作类型的员工，其情绪智力的作用甚至会超过其认知智力的作用。难怪越来越多的雇主在选拔人才的时候，会将情绪智力水平考虑在内。他们大多采用的是情绪智力测试，通过一系列的问卷或者测试题来评估应聘者的情绪智力水平。比如欧莱雅公司就是按照情绪智力得分来选拔销售人员，并且结果也显示这种方法选拔的销售人员其工作业绩要高于通过传统程序选拔的人员。

2. 员工激励

很多研究都证实了情绪对于提高员工工作动机的重要性。比如，一项研究是让参与者猜字谜。分为两个组，一个组是先看一段搞笑视频，以便让这组人在猜谜之前有个良好的心情；另外一个组没有看视频，直接参与猜谜。最后结果也是很有趣的：被置于积极情绪下的那一组更努力去思考，积极讨论，最后猜出了更多的字谜，并且在整个过程中这个组也更愉快和欢乐。

另外一项研究表明，上司对下属工作绩效的反馈会影响下属的心情，而心情又会影响下属的工作动机。这是很明显的，当上司对我们的工作作出指点或者肯定，甚至是提出修改意见时，我们都会觉得自己的工作不是无用功，而是受到了上司的关注。这样一来，我们对工作的积极性就会提高，工作动机就很强，期待以更好的表现获得上司进一步的肯定和赞赏。因此，有这样一个良性的循环：心情愉快的时候人们的创造性更高，这样会带来较好的工作表现，得到上司的积极反馈。而积极的反馈也会进一步促进和强化下属的愉快情绪，进而带来更好的工作表现。

还有一项针对我国台湾保险销售人员的研究发现，情绪状态好的员工自我感觉良好，并且更加乐意去帮助自己的同伴。而这两个方面都有助于他们获得较高的绩效水平，这在销售量上得到了验证。

二、领导力发挥中的情绪应用

1. 领导

何谓领导？领导就是带领和激励下属为实现组织的共同目标而付出努力的人。领导的一个很关键的职能就是激励下属、引导下属。有效的领导者都擅长运用情绪来感染和激励下属，尤其是魅力型领导。当领导者表现出热情、积极和兴奋时，他就能更好地调动下属的积极性，并给下属带来激情、效率、乐观和喜悦等感受。演讲过程中表现出的激情和兴奋往往很容易感染听众的情绪，政治家们的竞选利用的就是这个。

领导的激情像一面旗帜，能够为下属指明前进的方向，发挥表率的作用，带领团队乘风破浪，获得前进的力量。领导者的激情能够产生强大的号召力，即便下属处于情绪消极的状态时，意气风发的领导也能够感染下属抛却心中的不愉快，以一股热情投入到工作中去。

2. 决策

有句俗话说，“不要在愤怒的时候做决策”，这是有一定科学道理的。因为消极情绪会干扰人的正常思维，影响人的理性。而积极情绪正好相反，情绪积极的人更有可能使用启发式方法或经验规则，这有助于他们迅速做出好的决策。所以，积极情绪有助于提高决策质量，找到更好地解决问题的办法。

而对于消极情绪，也并不是完全只有负面效果。比如处于紧张情绪状态下，人的大脑就处于高速运转的状态，这个时候反而有助于个体搜寻信息进而推进决策。另外，也有一些比较广泛引用的文章也指出，情绪抑郁的人做出的决策会更准确。这还有待进一步论证，因为也有最新的研究表明，抑郁状态下个体处理信息速度减慢，这会降低决策的质量。

3. 创造性

情绪是否会影响个人的创造性呢？不同的学者提出了不同的看法。有研究认为，心情好的人比心情差的人更有创造性。他们认为情绪积极或者心情愉悦的人总是乐于探索更多的解决方案，思路会更加灵活和开放，乐于尝试新颖的想法，找出更具创造性的选择。在工作中，如果主管能够让员工保持愉悦的情绪，比如经常鼓励和赞美，给予悉心的指导，对工作做出积极的反馈等，那么就会有助于提升员工的积极情绪，进而也会提高员工的创造性。

另外也有学者反对上述观点，他们认为积极的情绪对于提高员工的积极性并没有作用。相反，他们认为当员工处于好的情绪状态下时，他们会感到放松和舒坦（因为工作进展顺利，目标很容易就达成，没有感到压力等），因而他们不会积极去探索新想法，也不会用批判性思维去思考问题。这样一来，员工的创造性就会被束缚。

似乎上述两种观点都有一定的道理，那究竟哪种观点更准确呢？事实上这两种观点并不是相互矛盾，产生这样不一致的结论的原因在于他们对于情绪的定义存在不同。在这里所讨论的不是简单的积极或者消极的情绪，而是情绪的被激起状况，即将心情概念化为活化情感，如欣喜、愤怒或害怕，和与此相反的钝化心境，如平静、悲伤、失望。只要是活化情感，不管是积极的还是消极的，都有助于创造性的产生，而钝化心境则没有这样的作用。

三、组织外部关系管理中的情绪应用

1. 谈判

谈判是谈判双方为了协调彼此的利益关系、满足各自的需要而进行协商以达到一致意见的一个过程。谈判过程既是信息传递过程，也是情绪交互过程。成功的谈判既要维持双方友好的人际关系，也要以高效的方式实现谈判目的。而这都需要谈判者表达出合适的情绪，并且细致观察和判断对方的情绪，从而对自己的情绪进行调节。

我们常说一个有技巧的谈判者就是那种“面无表情”的谈判者，事实上这类人只是善于隐藏自己的情绪，不让对方识别自己的真实想法。还有一些研究表明，善于表现出愤怒的谈判者更容易达成目标。这是为什么呢？因为面对愤怒的对手，谈判者就会认为对手已经做出所有能做的退让了，因此这一方就会适当做出让步。同时在谈判中要尽量表现出较少的积极情绪，因为心情愉悦的谈判者给人的印象就是对谈判目前的处境很满意，这样一来对方就会觉得他们吃亏，而我方还有让步的余地，这些都可能导致对方提出更苛刻的条件，或者说不轻易答应我方的要求。

2. 客户服务

对于那些与客户直接接触的岗位（如客服），其在职人员的情绪状态会直接影响他们的服务水平，进而影响客户对于业务和服务水平的满意程度。为客户提供服务，是公司明确的要求，但这经常会使得员工处于情绪失调状态。因为人非圣贤，他们总是会受到生活中、工作中事务的干扰而产生各种情绪，这些情绪也难免会带到工作中去。如果因为职位的严格要求，员工不得不努力压抑自己的真实情感，他们会渐渐厌倦和疲劳，对工作失去积极性和热情。

此外，员工的情绪也会通过情绪感染机制影响到客户的情绪。例如，有些客户拨打客服电话，本来就是为了投诉或者抱怨，如果客服这个时候没有耐心倾听、积极沟通，而是感到厌烦和愤怒，他的这种情绪会传染给客户，进一步加深客户对于本公司服务水平、产品质量的不满，甚至会完全否认该公司。这对于公司的破坏性是巨大的。

3. 家庭生活

人总是在工作和生活中不停地转换身份，如果没有有效协调好两边的角色转换，就可能会产生有害的影响。很多时候，当你工作顺利的时候，你一回到家里就喜笑颜开，乐于与配偶分享工作中快乐的事情；而一旦工作受挫，你回家也会闷闷不乐，不愿意与配偶交流，甚至会因为家庭内部的琐事而引发内心的怒火，造成家庭生活的不愉快。而这样的不愉快也有可能影响到你次日乃至今后的工作积极性，降低你的工作绩效。

可以很肯定地说，很少有人能够做到完全不把工作中的事情带回家。一项研究邀请已婚夫妇参与不定时的电话访问，描述他们当时的情绪。正如上文所描述的一样，在工作中处于积极情绪的一方，回到家中也会心情愉悦，从而双方有一个和谐的夜晚；而如果有一方在工作中处于消极的情绪状态，这种心情就会在晚上传染给配偶。研究结果证明，几乎所有参与者在工作中和家庭中都有着较为一致的情绪状态。也就是说，工作上的愉快程度会影响到家庭生活的和谐程度。

四、工作场所中的偏常行为

工作中的偏常行为就是行为人为了谋取私人利益而采取的那些打破既定行为规范的行为。这些行为在工作中是不被接受但是又经常发生的，并且对组织、组织成员都会造成威胁。这些偏常行为的产生往往是因为不良情绪的滋生。

举例来说明：当同事得到了晋升而你没有，而你又认为这些是你应得的时候，你就会产生嫉妒之情。嫉妒的心理会让你闷闷不乐，心事重重，难以集中精神工作。于是你就会找机会去发泄自己的不满，采取敌对的行动，这样的行动就是恶意的偏常行动，对于个人和组织都是有害的。再比如，有些容易愤怒的人往往将自己糟糕的情绪归咎于别人，看他人不顺眼，认为其他人不友好，也根本不会考虑别人的观点。一个团队中存在这样的人就会导致其他人也变得不友好和易怒，这对于团队的合作十分不利。

第三节 工作压力

现代社会生活节奏的加快、大环境竞争性的增强，使得人们承受着越来越大的压力。有调查显示，在全球十大导致员工丧失劳动能力的原因中，心理问题就占有五个。中国企业中20%的员工受到心理问题的困扰。当人们感受到压力时，就会觉得精神紧张，并出现不同的症状（如失眠、头痛等）。日本人将压力大、过度劳累而死称为 karoshi。每年对日本的管理者与公职人员的调查表明：有超过 40% 的人担心自己真的会因工作而致死，而实际上每年至少有 10 000 例死亡是由于过度劳累。因此，对管理者来说，了解工作压力的本质与来源及其对工作的影响有着十分重要的意义。

一、工作压力的本质

工作压力是指个人对工作环境中新出现的或不良的因素作出的反应。工作压力是一把“双刃剑”，既有积极的一面，又有消极的一面。某些新的工作状况能使我们感到兴奋和干劲倍增，而另一些情况则会使我们受到威胁并感到不安。

举例来说，经济状况变坏使得推销人员感到不利的压力，因为他们会由于担心不能完成销售计划和销售额而不安。当管理者接受了一项有严格时间限制的任务时，他们也会感到这种压力，会觉得坐立不安，担心不能按时完成任务。

而职位的晋升则给员工带来有利压力。尽管他们会对新职位感到不安，但他们会更积极地去开展工作，以期待更多新的挑战、奖赏和满足。在这些情况下，新的和未知的工作状况产生了新的有利的压力(也称正压力)。

工作压力的定义指出，对大多数人来说，压力的存在是不可避免的。大多数人在生活和工作中普遍存在着压力，甚至日常的生活工作中也会产生压力：赴约的途中，汽车抛了锚；赶到邮局，可已关门 5 分钟；交易达成了，许诺了，可货未准备好。谁能想象没有压力的工作会是什么样的工作，难道这样的工作会有吸引力吗？事实上，正像盖洛普民意测验数字表明的那样，只有不到 10%的被调查者认为，他们更乐于接受压力并不很重的工作，而近 60%的被调查管理者认为，在繁重的工作中能够体会到人生的意义。

工作压力的定义还强调个体对压力有各种各样的反应。在情感上，他们会有沮丧或焦虑、快乐或激动、烦恼或失望等反应；在认知上，当处于压力之下，他们会改变审视客观世界的看法，也许会有心理障碍、对批评过敏、难以集中精力等麻烦；在行为上，当面对压力时，他们可能吃得更多，喝得更多，胃口不好或者减少社交活动。

在生理上，人们对压力也有所反应。事实上，对压力的生理反应是一个相当完整的、持续的过程，称为一般适应性综合征。第一阶段报警，通过内分泌腺释放荷尔蒙为迎接压力做好准备。这时，心率加大，呼吸加速，血糖上升，肌肉紧张，瞳孔放大，新陈代谢放慢。第二阶段抗争，人体试图消除压力对身体所造成的冲击并使其恢复到正常状态。但是，假如压力持续较长的时间，身体适应能力将被消耗殆尽。第三阶段衰竭，身体抵抗能力下降，于是，更容易患和心脏等方面有关的疾病。

更可怕和值得注意的是，压力的作用是日积月累的，像 X 光透视和接触有毒化学物品一样，压力也会在人体内累积起来，一旦健康状态降到危险点，积累的压力就会倾泻而出损害健康。

二、工作压力的来源

引起人们工作压力的原因是多种多样的，主要有如下三类：环境因素、组织因素和个人因素。

1. 环境因素

(1) 当就业条件恶化，工作的保障程度降低，经济的不确定性造成了人们的恐惧。管理松散、需求量减少或价格下跌使竞争日益激烈，当公司必须为此努力时，它们常常通过裁员、降低报酬水平和缩短工作时间来弥补。在这样严峻的形势下，企业破产数增多，员工被扔进失业大军之中。接下来，个人破产的数量增多了，劳工组织迫使政府通过立法来保护贸易和工作。

（2）在那些政局动荡、战乱频繁的国家，政治不确定性可能是造成工作压力更重要的原因。比较而言，英国、加拿大和美国的工人比伊拉克、伊朗和非洲国家的工人经受的来自政治不确定性的工作压力要小得多。

（3）技术的不确定性也会造成工作压力。当企业通过技术变革来取得竞争优势，员工的知识和工作就可能会出现不适应的情况。可能会促使担忧的员工重新接受培训，获得能使他们适应更高技术要求的技能。相反，也有员工会干脆接受这个无法避免的事实而到其他行业中做低技术要求的工作，拿低报酬。对员工来说，由于技术不确定性而导致的工作更换总是不舒服的。然而，组织变革使效率提高了，而产量提高通常会提高员工的生活水平。总的来说，经济竞争力提高了，好的工作职位增加了。

2. 组织因素

（1）任务要求。包括员工的自主程度、工作变化程度和工作表现的反馈程度。一般来说，与工作的变化性和技术要求一样，自主权越大，工人所承受的工作压力就越大。

（2）职务要求。它涉及员工的个人价值与管理目标和组织价值之间的冲突。比如说，在裁员的组织中，员工常常做超出职责范围的工作：用尽量少的时间和资源完成更多的任务。

（3）人际关系。在一个工作群体中，缺少配合、信任和支持会给群体成员造成工作压力。对那些热心参与并把群体关系看得很重的人来说，缺乏效率的群体会给他们造成特别的压力。

（4）组织的领导模式。即由高层领导人的领导风格形成的管理文化。比如，一些首席执行官创造了一种文化，强调短期效益，希望用较少的资源和人力投入获得较高的产出，进行严格的财政控制。长期以来，这种文化和领导风格会使员工健康受损，并且没有工作士气。

（5）组织生命周期的发展阶段是指创建、成长、成熟和衰退的阶段。每个阶段都对员工造成特定的压力。例如，在创建和衰退阶段，公司的生存是不确定的。这两个阶段可能会伴随着解雇和结构变动的特征。成长和成熟阶段则可能造成组织过于僵硬。

3. 个人因素

员工的个人生活往往对日常工作有着显著的影响。如果个人生活正常，他们的情绪是乐观向上的，他们就会精力充沛地、耐心地处理工作中的问题。反之，假如员工日常生活存在某些问题，他们在工作时就会感到紧张和精力不集中，小小的问题就会使他们变得愤怒和暴躁，甚至神经敏感，易陷入悲观失望之中。

具体地讲，有三个因素影响着个人生活对工作压力作用的大小：对职业的顾虑、工作区域的流动、个人生活节奏的变化。

（1）职业顾虑。导致工作压力的一个主要顾虑因素是对失业的顾虑。除了少数加入工会的员工外，在美国，很少有人不担心失业。在萧条时期，即使那些加入工会的员工也很难有可靠的保障，甚至高层管理人员也会突然被解雇。当经济状况恶化或公司利润急剧下降时，人们特别担心失业后的出路。

其次，导致工作压力的另一个职业顾虑因素是与工作不一致的地位。例如，所做工作并不具备当事人认为应该享有的地位（权力、威望）。当人们从事一项他认为不值得去做的工作时，会感受到压力。这样的不一致会使员工产生疑惑：我错在哪里？我该怎么做才能胜人一筹?

(2) 工作区域的流动。工作区域流动导致压力是因为它扰乱了日常生活的正常秩序,使员工的生活处于一种不稳定状态。像购买物品或上班这些简单活动都要花费很大力气。这些员工的朋友少,难以寻求社会帮助。当区域流动是工作变换的组成部分时,这种流动就会具有更大的压力,被迫流动的员工可能会感到对工作失去控制,并且经受着工作环境中难以预料的困难。

流动还可能给家庭成员带来问题。他们没有固定的学校、工作和朋友,常常感到孤独,需要帮助才能安顿下来并适应新的环境。

(3) 个人生活节奏的变化。T. H. 霍姆斯和 R. H. 拉赫及其在华盛顿大学的同事们发明了一种方法,为定量测量人们一年生活变化情况提供了一种工具(见表 4-1)。表中的 43 项不同事件根据它们产生的典型压力的大小排列,得分越高,生活事件压力就越大。把过去一年所发生的事件得分加起来,就能估计出他们所经受压力的大小。

霍姆斯和拉赫发现,根据这种方法的得分能够预测和压力相关的疾病。假如一个人在一年中经历得分超过 200 分,第二年他将有 50%的可能出现严重的健康问题;如果得分超过 300 分,那么这个人有 75%的可能在下年中产生严重的健康问题。本章开始讨论过的一般适应综合征解释了这些结果。假如一个人抵抗疾病的防预能力由于持续不断地抗拒压力而被耗尽,心脏病就会乘虚而入。

表 4-1 不同生活事件的压力数值

生活事件	平均值	生活事件	平均值
配偶死亡	100	儿女离家	27
离婚	73	婚姻纠纷	29
夫妻分居	65	个人的突出成就	28
监禁期间	63	妻子就业或停止工作	26
家庭近亲死亡	63	上学或毕业	26
个人受伤或患病	53	生活条件的变化	25
结婚	50	个人习惯的变化	24
解雇	47	与上级发生纠纷	23
夫妻重新和好	45	工作时间或条件的变化	20
退休	45	住宅的变化	20
家庭成员健康的变化	44	学校的变化	20
妊娠	40	文娱活动的变化	19
性障碍	37	宗教活动的变化	19
家庭新成员	37	社会活动的变化	18
企业调整	39	抵押和借贷	17
财务状况变化	38	睡眠习惯的变化	16
亲密朋友死亡	37	家庭收入的变化	15
工作变动	36	饭食习惯的变化	15
夫妻争吵次数的变化	31	假期	12
抵押在 10 000 美元以上	35	圣诞节	13
抵押或借贷取消	30	轻度违法	11
工作职责的变化	29		

三、工作压力的影响

工作压力对人的生理、心理及行为方面都存在巨大的影响。

1. 生理方面

工作压力对身体健康有很大的不利影响。工作压力使人时常感到身体不适，经受工作压力的人易于患头疼病、胃病、背痛和胸痛等。工作压力甚至会导致疾病的诱发。在重压下，人们更能感到心脏跳动加快、呼吸困难、血压因压力而增高，胆固醇量增加。所有这些因素使得人更易患上像心脏病之类的大病。确实，研究表明，长期承受压力的人更易遭受重大疾病的侵扰，尤其是当工作压力成为溃疡、关节炎、吸毒、酗酒及心脏病的诱因时。一些研究成果表明，承受较高压力的管理人员得心脏病的可能性是常人的2倍，遭受第二次心脏病打击的可能性是常人的5倍，得致命心脏病的可能性是经受较低压力管理人员的2倍。根据以上研究，我们就不难理解为何工作压力会影响人的寿命。

2. 心理方面

除了对身体健康，压力对精神也会有明显的影响作用。工作压力对人们心理最主要的影响是增加了人的焦虑。焦虑是一种不安或不祥的模糊感觉。人们也许并不能确切地指出是什么妨碍了他们，但是，他们却能隐隐约约地感觉到易于受工作环境、其他人或事件的伤害。他们更担心如何处理潜在威胁。

压力也会增加沮丧情绪。当人们的行为受到妨碍或要求得不到满足时，情绪就受到挫伤。例如，当人们错过一次晋升的机会时，就会觉得受挫伤，因为他们不能做想做的事，不能获取期望的地位和奖励。个人对挫伤有如下几种反应：

第一种反应是消极情绪。尽管一再努力，但是一个人在工作中总是遭受挫折，或者经常出差错，那么这个人就可能失望并对事物不热心。例如，当你读到有关“积极寻找工作”的失业人员的报道时，会注意到其中的那些数字不包含半年中一直未去寻找工作的人。这些工人由于总是被拒之门外，遭受到极大的挫伤，以至于不再寻找工作，并从劳动大军中退出来。

第二种反应是敌视态度。持敌视态度的员工会攻击周围的人。如果员工对管理人员或同事持敌视态度，他们就会在会议上出难题；他们变得易于对一些小事大发雷霆，甚至还可能走得更远，无论对什么事或什么人都吹毛求疵。

第三种反应是悲观情绪。当人们在工作中遭到挫折时，他们常常会伤心，可能变得悲观失望、缺乏自信心及自尊心，开始变得不好交往，并感到更加孤独。比如，当一时没有赢得某种曾期望的特别奖励或承认时，他们会觉得失望，并把失败归咎于自身，感到自己对周围的事物无能为力。绝大部分人都偶尔会遭到严重的悲观失望情绪的打击，比如工作没做好，工作申请信被退回，或婚姻破裂时。一般来说，经过一段时间之后，人们会忘掉不幸，重新振作起来。然而，假如悲观情绪不能自行消失而是不断地延续下去，那将给当事人带来严重问题。

第四种极少出现的反应是厌世。由于种种原因，一个人也许觉得无法应付生活中的不利环境，从而决定轻生。不幸的是在过去几十年中，企业员工特别是管理人员的自杀比例增加了。1975年2月，布兰兹·国合公司的董事长兼总裁乘电梯到伯安大楼44层，提起威尼斯百叶窗，抛下公文包跳楼自杀了。随后调查发现，这个管理者是困扰于经营决策失误以及众叛亲离。1981年,大陆航空公司的总裁由于在与得克萨斯州公司的反吞并竞争中失败,躺在办公室长沙发椅上开枪自杀了。在吞并竞争期间,他还因为妻子患癌症亡故而悲观绝望。

3. 行为方面

高水平的压力对人们的行为产生影响。在压力状态下表现出来的直接行为包括食欲减退、失眠、过量吸烟和饮酒以及滥用药物等。从工作的角度来看,压力与工作绩效、缺勤率、离职率以及决策失误有着密切关系。

首先,研究表明,当人们的压力处于中低水平时,工作绩效会随着压力增大而提高,即工作会干得更快、更好,但如果人们处于高度的压力状态时,工作绩效会急剧降低,甚至发生差错或事故。

其次,一些研究表明,压力与缺勤、离职也有一定的关系。缺勤和离职与对工作的不满有密切关系。一项研究使用结构性访谈测定了一家航空公司管理人员的压力程度,然后把压力的测量与工作满意感的测量加以对照,发现高度压力的管理人员对于工作性质、与同事的关系、群众的工作士气三个方面的工作满意感都很低,而这种不满导致了缺勤率与离职率的上升。

最后,压力也与决策的失误有关。一些观察和研究表明,当人们处于较高压力的状态时,会拖延或回避作出决策,常常忽视重要的信息,而且不愿收集有助于作出更好决策的新信息,在面临多种备选方案时犹豫不决,结果使决策质量受到影响,甚至产生失误。

总之,高度压力在体质、心理和行为上都会造成不良的后果,应采取有效的对策防止过高压力的产生。

第四节　工作压力的疏导和管理

由于中低程度的压力可以是良性的,并带来较高的绩效,因此当员工承受这种程度的压力时,管理层可能并不在意。然而员工却可能不喜欢低程度的压力。因此,对于"哪些内容构成了工作中可接受的压力程度"这一问题,管理层与员工很可能持不同意见。在管理层看来,"激发肾上腺素可以产生积极的推动力",但员工却把它视为"过度的压力"。因此,当我们讨论采用什么方法来管理压力时,需要记住他们的这些不同观点。

一、个人调适

个人消除或控制工作压力的方法包括以下几个主要方面。

1. 锻炼

目前,已有省份(如北京、上海等)正在推行全民健身计划。各种年龄的人参加散步、骑自行车、练瑜伽、慢跑、游泳、打乒乓球等。虽然并无结论性的研究能表明长期体育锻炼能延缓中风和心脏刺激,但是没有人怀疑,经常性的、有活力的运动会带来良好的健康状态。大多数经常运动的人群都会很快地告诉你:当你正尽力完成一项需要旺盛精力的训练时,是很少注意工作压力的。无论什么运动,都需要更多的血液流到肌肉和肺。这种生理要求使得正在运动的员工把更多的注意力从工作问题和压力源上转移走。

2．放松

赫伯特·本森是最早发现松弛反应的研究人员之一。他通过比较研究西方人和东方人的生活方式后发现，基督教徒通过祈祷来放松，而东方人则通过沉思来放松，获得松弛并不需要以神学或宗教为指导。然而，如果你有规律地祈祷或沉思，可能会激发松弛反应。在人的大脑和躯干系统中，松弛反应与压力反应是相对的。松弛感产生时，在一个安静的环境中，一个人静静地坐在舒适的椅子上，在完全静下来之前把所有的衣服都松开。当一个人把注意力都放在鼻子上轻轻地、慢慢地呼吸时，他所有的肌肉会由四肢开始，完全放松，在这样安静的状态下，他可以待上20～30分钟。一旦松弛阶段过去了，他会完全睁开眼睛，在站起来之前静静地坐上一两分钟，精于此道的人会每天放松一两次。沉思和放松的人声称：这样就能减少心速、降低血压和减少其他压力带来的生理症状。

3．限制饮食

在处理压力时，饮食扮演了很重要且直接的角色。含糖量高的食物会刺激和延长压力反应。良好的饮食习惯有利于身体健康，使人们能承受更大的压力。迪恩·奥尼斯提倡严格控制饮食，不主张用药物和外科手段治疗病人的冠状动脉疾病，而是让病人通过“减少饮食”来打通冠状动脉。他声称：那些严格按他的方法通过营养获得健康的人，都成功地降低了胆固醇水平。他还说，长期按照他的方法摄取营养的人已经减少或不需要对心脏进行药物治疗了。

4．开放自己

每个人的生活中都会有痛苦而难忘的经历。或许同别人讲述自己的痛苦并不容易，但是敞开自己能减少压力，并会有更积极的人生观。向他人倾诉并非是减少压力的唯一途径，有规律地在日记中如实记述也能起到同样的作用。

5．专家帮助

有些员工在自己出现问题时，会寻求专家的帮助或临床咨询。希望得到这类帮助的人可以选择心理咨询、职业咨询、经济和家庭咨询、生理治疗、药物治疗、外科治疗以及工作压力咨询。组织通过员工帮助计划，使员工能在保密的前提下获得帮助。员工帮助计划有助于更早地发现压力反应，以避免对员工的生理和心理造成长期的伤害。

6．行为自我控制

为了避免过度的压力，人们要学会控制自己的行为。例如，商店经理面对顾客无理的指责时，应克制自己的行为，并在事后稍事休息，进行适当的调整，以减轻压力。人们除了应控制自己的行为外，还应控制引起压力的情境，而不是让情境控制自己。在西方，行为自我控制的一种特殊技术是生物反馈训练。生物反馈是一种把原来人们意识不到的生物功能引入意识状态的技术。例如，血压升高或降低、心跳加快或减慢、胃液分泌的增加或减少等，在一般情况下人们是意识不到的。但生物反馈技术可以通过一定的装置使人体内这些原本意识不到的生理功能显示出来。这里仅以测量血压为例来说明。把血压计与某种信号装置相连接，安放在人体的相应部位上，当人们的血压不正常时，该装置会发出某种信号（亮起红灯或发出响声）提醒人们血压已经升高。通过这种生物反馈装置的多次训练，甚至在去掉这种装置后，人们也可以感觉到血压升高的情况。这就是说，现在已把原来意识不到的血压状况引入到意识水平。在这种情况下，人们在感觉到自己的血压升高时会较自觉地控制自己的行为，如保持平静、不激动、不发怒等。生物反馈技术同样也可以用于控制心脏功能、治疗偏头痛、使脑瘫患者控制肌肉的痉挛等。这一技术在美国医院的临床实践中已得到广泛应用。由于血压高、心律不齐等症状与压力有密切关系，因此，生物反馈也是一种通过行为自我控制消除压力的方法。

二、组织调适

组织有责任鼓励员工应对工作压力，消除紧张情绪，提高工作业绩。

1. 组织的健康计划

许多希望拥有健康员工的公司，在健身计划与健康中心上花费了大量资金。通过这些努力，管理者希望引导那些长时间坐着的员工离开办公室参与身体锻炼项目，以使员工变得更健康，并通过这种方式减少医疗费用。比如，强生公司就实施了组织健康计划。如果员工同意检查血压、胆固醇和脂肪，并回答 150 个问题，他们在医疗保险上就会获得 500 美元的折扣。其中的问题有：①在车速限制以内开车吗？②你多久吃一次油煎的食物？③你经常锻炼吗？如果回答“不”，请问为什么？然后，那些被认为高危险性的员工会收到一封信，这封信迫使他们参加一项饮食和锻炼的计划。如果他们不样做，就得不到医疗保险上 500 美元的折扣。尽管该计划刚刚开始，但参与者已经增多了，公司 3 500 名美国员工中有 96%以上的人完成了问卷，而在有奖励之前，只有 40%的人参与。魁克麦片公司则采取了奖励的方式鼓励员工推行健康生活方式。如果员工“保证以健康的方式生活”，魁克麦片公司就给他（她）140 美元存款。员工作出的保证越多，他们得到的就越多。比如，同保证驾车时系安全带一样，保证一周锻炼三次可以获得 20 美元。保证不吸烟或适量喝酒均可得到 50 美元。该项目靠信誉得以实施，魁克麦片公司的职员认为员工并未滥用信誉。

2. 工作再设计

工作再设计表现为工作扩大化与工作丰富化，尤其是工作丰富化是克服或减轻压力的有效对策。工作丰富化的设计主要是为克服工作的单调性，使人摆脱工作厌烦感所采取的措施。工作的单调和由此引起的厌烦也是工作压力产生的根源之一，可以通过改善工作内容（如负更大的责任、提供成长和发展的机会等）使工作丰富化，也可以通过改进核心的工作特征（如技能的多样化、任务的意义、工作的自主性等）使工作丰富化。这种工作设计的丰富化可以克服在单调乏味工作中产生的压力状态。但是，也应指出，在对待工作丰富化的态度上，人们还是有差异的。虽然，多数人喜欢丰富化的工作，但并非所有的人都如此。一些人喜欢比较单一的、按部就班的、重复性的工作，对于他们来说，丰富化的工作会使他们产生高水平的压力。例如，一些成就需要低、担心工作失败的人面对丰富化的工作会感到较强烈的压力。尽管如此，对于多数人来说，适当的工作丰富化设计可能是对付工作压力的有效方法。

3. 减少角色冲突

角色冲突和角色模糊是造成工作压力的重要原因之一。因此，从组织的角色来看，应为管理人员和职工设置明确的、特定的、具有挑战性的工作目标，并且为目标完成的情况提供及时的信息反馈。明确的目标不仅对管理人员和职工具有激励作用，而且可以使他们清楚地了解组织的期望，消除角色冲突，从而降低工作压力的水平。同样地，及时提供目标完成的反馈信息，也会使管理人员和职工更清楚地了解自己的实际工作绩效，而且有助于减少角色冲突，减轻工作压力。

4. 良好的组织气氛

良好的组织气氛有助于促成员工的归属感与整体感。当他们遇到压力时，会更多地寻找组织的鼓励与支持。在管理中，授权与参与决策是建立良好组织气氛的重要基础，使组织中的沟通变得顺畅，有助于及时缓解工作压力。最近的研究表明，组织的支持也可以帮助员工解决好生活与家庭之间的冲突，减少员工来自生活的压力。

本章思考题

1. 什么是情绪？情绪有哪些特点？
2. 情绪智力的五个维度是哪些？
3. 什么是工作压力？工作压力的来源有哪些？
4. 情绪感受与情绪表达的区别是什么？试举例说明。
5. 阐述工作压力的个人调适方法。
6. 阐述工作压力的组织调适方法。

课后案例

尽管百事可乐公司一直以发展迅速、竞争力强而自豪，但公司总裁 Andrall E. Pearson 最近仍为公司各级员工之间的钩心斗角而忧虑。调查表明，80%的公司员工曾经因工作不和而烦恼。许多员工抱怨他们没有得到关怀，不知道公司正在发生的事情，也没有人告诉他们工作绩效如何。

在百事可乐公司，工作职责划分不太明晰，这导致内部竞争十分激烈。管理人员常常分配给员工太多的任务并要求按时完成。那些能够圆满完成任务的员工晋升很快，其他人则常常离职。平均来说，每个人在一个职位上仅仅工作 18 个月。除离职率高外，管理层还过分强调短期效果。快速晋升的允诺吸引了不少有抱负的年轻人，但大多数人在百事可乐公司待不久。大家都说，百事可乐公司有许多职位，但鲜有事业。

Pearson 要求各级主管给予下属更多的绩效反馈，并要求表现出对下属利益与成长的真正关心。公司今后将告知每位员工有关晋升的具体标准与途径，管理人员的晋升与工资也将部分取决于他们指导、培训下属的情况。此外，公司要求各级主管认真评估员工的绩效，及时反馈给员工，并详细解释奖金分配的依据。

资料来源：http://wenku.baidu.com/view/2d7e6dc26137ee06eff91870.html. 压力案例. 2011.11.08.

思考与讨论

1. 百事可乐公司员工工作压力的来源有哪些？
2. 你认为 Pearson 总裁减轻员工工作压力的措施是否可行？为什么？

第五章

组织中的个体心理与行为

引例

毕业后的第一年

小王和小林是一所名牌大学的同班同学，大学毕业后，两人分别去了两家公司工作。一年过后，两个同学聚会的时候，互相发现对方都已经从公司离职了。于是两个人就交流了一下各自的经历：小王一开始时满怀憧憬地去了一家著名的大公司，他满以为公司会对自己委以重任，可是谁知道领导只让他做一些很简单的工作。他认为自己在那里没有受到足够的重视，于是工作积极性不高，后来就不想再干下去了。小林是一个踏踏实实、认真敬业的人。他虽然在一家规模不是很大，也不大有名气的公司里，但是公司的业务非常繁忙。他投入地工作，一年下来，他取得了非常优秀的业绩，比自己原定的业绩目标超出了一倍，成为同事中的佼佼者。但是，到了发奖金的时候，他才发现自己并没有得到相应的奖金，而有些绩效不如自己的人反而得到了更多。

上面的例子描述了两个新员工的情况，当新进入公司时，员工往往怀有某种期望，如小王期望得到有挑战性的工作，小林期望自己的努力在工作中能够得到回报。这些期望有的时候与组织对他们的期望是不一致的。很多公司的管理人员都认为新毕业的大学生刚进入公司工作的时候往往对自己有过高的期望，总认为自己能够做很重要的事情。实际上组织和员工各自期望之间的一致程度，以及员工的期望在组织中是否得到满足，对员工在组织中的行为起到很大的影响。

资料来源：http://wenku.baidu.com/link? url=ikCPtIFMHPwdIGEbvfb72e6fPdYS-9j1eecUGmM32c CWZ5GliAeMnZPqYxE-maTtseiIJms_8vQDZMCVrAtbccE3vlApriRnanIOkc_YeFeC. 毕业后的第一年. 2011. 10. 06.

思考

1. 面对上述小王和小林的期望落空而产生离职意愿的情况，组织应该如何处理？
2. 拓展思考一下员工与组织之间的关系可能包含哪些内容？

组织要想吸引人才，激励人才，留住人才，提升他们的敬业度，最基本的条件是要认识和了解他们——认识他们的工作观念和价值观，了解他们对于组织的期望和要求。这样才能制定切实可行的人力资源政策和制度，使员工在组织中拥有的权利和应尽的义务充分对等，更好地发挥员工的积极性。因此，对组织中员工心理和行为的理解非常重要。本章主要包含员工和组织关系、员工在组织中的态度、员工的组织职业成长和组织公民行为四部分内容。

第一节　个体与组织的关系

在个体与组织的关系中，心理契约是维系员工与组织关系的心理纽带，个人—组织匹配则反映了个体与组织的相容和契合。

一、心理契约

近年来，我国的雇佣体制和用人机制发生了空前的巨大变化。企业组织不再提供永久的工作保障，医疗福利也走向了社会化。面对这样的变化，不可避免地导致了组织与员工之间心理契约的改变。而作为维系员工与组织之间的心理纽带—心理契约的改变势必直接影响到员工对于组织的态度与行为。

（一）心理契约的概念及内涵

一提到契约，人们常常想到的是买房双方需要签订的具有法律效力的正式协议或者合同。在当代社会，契约普遍地存在于各种社会关系之中。在劳动场所，员工与组织通过劳动合同将双方的责任和义务明确界定，在约束双方行为的同时也保护了双方的权利，这是一种正式的书面契约。在这种正式关系之外，员工与组织之间还存在着一种隐性的非正式的默契关系。具体来说，关系双方在心中都知道自己应该为另一方付出什么同时又该得到什么，这种总体期待由于存在于人们的内心中，而不是以正式形式表现出来，所以被称为“心理契约”。

到目前为止，学术界对于心理契约的内涵尚无统一界定。有学者强调心理契约由员工与组织的双边关系构成，有学者则将心理契约界定为员工一方的单边关系。既然作为一种契约关系，心理契约就显然需要包括当事人双方，而且契约内容的发展和调整都会受到双方相互作用的影响。图 5-1 就是从两个水平（或两个角度）反映了完整的心理契约研究内容。为了阐述方便，可将心理契约的概念界定为：员工与组织不通过明文方式直接进行意思表达，而是通过各种心理暗示的形式，在彼此相互感知且认可双方内心期望的基础上，形成一种隐性权利义务对等的协议。一般将个体水平上的心理契约称为员工的心理契约，即员工对于相互权利和义务的认知和信念系统；将组织水平上的心理契约称为组织的心理契约，即组织对于相互权利和义务的认知和信念系统。由于本章以讨论员工个体的心理和行为为主，因此，下面重点论述员工的心理契约。

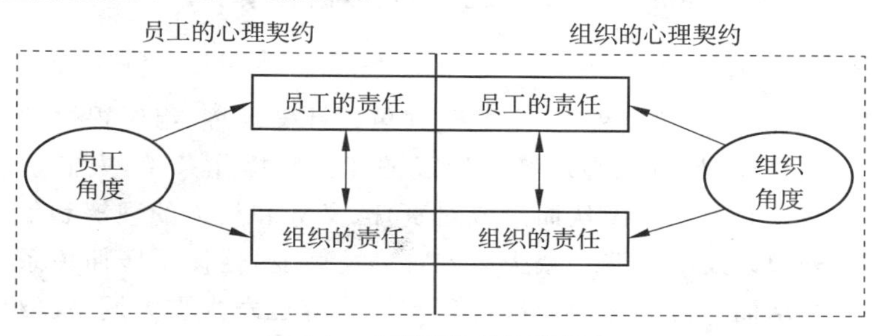

图 5-1　心理契约的研究视角

（二）心理契约的形成过程

员工心理契约的形成过程受到两类因素的影响：一类是来自组织和社会环境方面的外界因素（包括社会文化、规范、道德和法律等），另一类是来自个体内部的因素（包括个性特点、心理编码等），如图 5-2（Rousseau，1995）所示。图 5-3 则是通过一个具体例子来说明这些因素的相互作用过程。

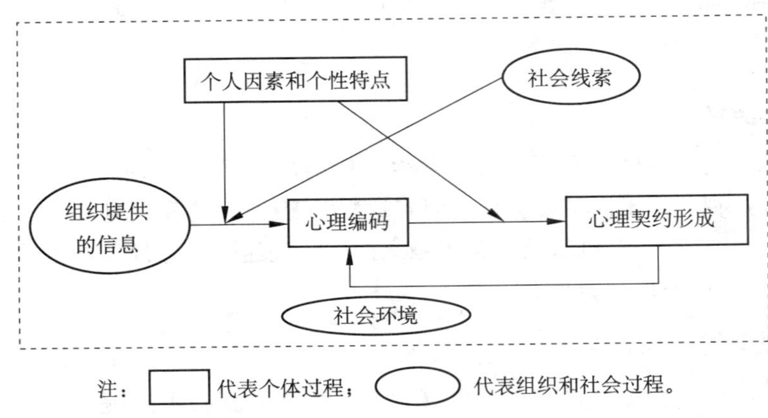

图 5-2 员工心理契约的形成过程

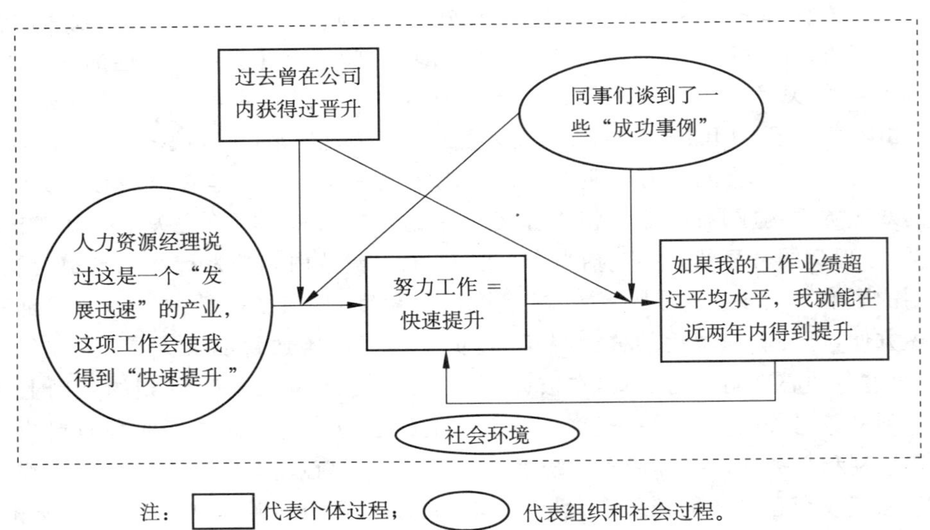

图 5-3 一项员工心理契约形成的具体例子

1. 外部过程

员工心理契约形成的外部过程中，主要受到包括社会环境、组织提供的信息、社会线索等因素的影响。社会环境是员工心理契约形成的背景和操作条件，人们基于社会文化、规范、道德和法律等诸多要素的考虑从而形成对责任、义务和权力的理解和信念。例如，企业合并、裁员、重组、外包以及工会涉入减少等宏观环境转变，促使了雇佣关系在过去的 30 年内发生了巨大变化，从而不可避免地造成心理契约内容也发生重大调整。组织提供的信息是指员工获得的来自组织的各类信息，例如招聘时公司相关人员的许诺、公司高层管理者的公开陈述、公司的薪酬体系、人力资源方面的其他书面文件、公司的社会形象以及员工对管理者、同事的言行观察等。员工形成心理契约的最初信息可能会来自组织中的书面文件，也有可能来自员工与组织成员的口头沟通，或者对他人的行为观察。值得注意的是，无论是直接陈述的信息抑或员工间接理解的信息，即使这些信息是建构在客观或事实基础上的内容（如公司政策文件），不同的员工理解方式也会存在差异。社会线索是员工从组织中的其他成员处获得的信息，它们在心理契约的形成过程中不仅提供了契约形成的信息，而且还传递了对契约条目的群体一致性理解，进而影响个体对于组织活动的解释。

2. 内部过程

员工心理契约形成的内部过程中，主要影响因素包括心理编码、个人背景、个性特点。心理编码是员工在获得组织提供的信息之后进行认知加工的过程，这个过程对契约的形成会产生很大影响。因为心理契约的核心内容并不是现实中的责任、义务和权力，而是员工内心世界中对相互责任、义务和权力的认知。在组织提供的信息中，有的在认知加工过程中会十分明确且易于操作，如薪酬体系，有的在认知加工过程中则具有模糊性，如公司承诺“关注员工的职业发展”，这类信息在员工心理编码过程中很容易受到个人因素等的影响。个人背景是指员工自身的一些具体特点，如员工的性别、家庭背景、教育背景、工作经历等，这些都会对员工的信息加工过程产生影响。个性特点是指员工本身的个性因素，包括工作动机、职业价值观、主动性人格等，它们都会在心理契约内容的形成过程中起到作用。例如，早在1990年，学者 Rousseau 就对 MBA 毕业生进行调查发现，具有高职业抱负的新员工在毕业后第一份工作的定位上更强调高薪和勤奋工作的交换，而低职业抱负的人更为看重工作稳定性与对组织忠诚之间的交换。

（三）心理契约的特点

1. 心理契约的主观性

心理契约的内容是员工对于相互责任、义务、权力的认知，是他们本身的一种主观知觉，受到员工心理编码过程的限制。个体的认知加工过程并不完全理性，会根据自身所形成的认知范式，对信息进行有选择的接纳与加工。因此，员工对组织意图的理解和掌握会有一定的局限，其对相互责任、义务和权力的解释必然也存在主观性。

2. 心理契约的互惠性

心理契约是一种具有互惠性的隐含交易。在组织中，员工心理契约的核心内容是“个体对组织承担的责任和义务”与“组织赋予个体权利、给予回报”之间的一种互利互惠的交换。这种交换可包括物质的、心理的以及社会情感的等方面，并要建立在公正和平等的基础上。如果心理契约的互惠性假设不成立，则很难能把心理契约视为一种“契约”而继续发生作用。

3. 心理契约的动态性

不同于正式的雇佣契约，心理契约会随着时间和环境的改变而不断变更和修订。因为心理契约是个体的一种主观感受，会随着个体主观意识形态的变化而变化，属于不稳定的契约形式。不论是何种形式的组织工作方式变更，都会影响到员工心理契约。员工在组织中的公平感知也会影响到他们心理契约内容的调整。另外，员工在组织中的工作时间越长，心理契约涵盖的范围就会越广，雇佣关系中双方的相互责任和期望所隐含的内容也会越多。

值得注意的是，若组织实施了重大变革，那么几乎所有员工的心理契约内容都会产生大的调整。

4. 心理契约的效能性

研究者普遍指出，心理契约是员工契约组织行为的一个重要决定因素。心理契约上的失信与正式契约上的未履行效果几乎一样，双方都会相应地付出代价。一旦心理契约发生破裂或者违背，就会产生许多不利结果。例如，组织如果让员工感觉到不可信，员工的忠诚和责任感会下降，工作满意度也会降低，而体验到违约的员工则有可能产生离职，部分员工甚至还会报复组织，产生反生产行为。令人遗憾的是，在组织管理实践中，员工，尤其是初入职的新员工，可体验到的心理契约违背往往比管理者所想象得要更为普遍、更为严重，这需要引起组织重视。

（四）心理契约的构成要素

不同雇佣群体的心理契约所涵盖的范围存在差异性，如组织正式员工的心理契约内容和构成要素，一般与临时员工不同。因此，掌握心理契约的构成要素非常重要。Rousseau 和 McLean Parks（1993）最早进行了有关心理契约要素的研究，之后 McLean Parks 等人（1998）又对各项心理契约构成要素做了更为细致的阐述。根据 Rousseau 和 McLean Parks 等人的研究，可将心理契约的构成要素归纳为以下几个方面。

（1）关注焦点。即心理契约的内容更偏向于社会情感方面还是经济方面。例如，员工更重视组织中的薪酬还是更重视在组织中收获的尊重？

（2）持续程度。即心理契约所预期的长度。

（3）精确程度。即心理契约的持续时间是否被组织中的成员所普遍意识。

（4）稳定程度。即心理契约的内容是否能够在不经过双方隐含的再度谈判情况下发生改变的程度。

（5）范围。即心理契约有无明确的宽度、边界或限制。边界或限制较大的契约可能会渗透到个人的生活和工作之中；而范围或限制较小的契约则意味着一系列界定明确的承诺等。

（6）独特性。即在心理契约中，员工拥有关系、能力等的独特程度，如其交换资源的不可复制性等。高独特性的心理契约关系意味着组织很难找到具备类似知识、技能和能力的人员来取代已有员工完成相应的工作。

二、个人—组织匹配

个人与组织的匹配是组织需要关注的重大问题之一，其思想最初来源于巴纳德所著的《组织与管理》一书。面对个体与组织的关系问题，巴纳德提出组织管理的目标是要实现个人与组织目标的一致，达到二者的合二为一，这种思想逐渐发展成为“个人—组织匹配”的概念。

（一）个人—组织匹配的概念

在互动心理学中，有观点认为个人特征与情境特征会相互结合从而影响某一特定个人在某一既定情境下的反应。在此基础上，个人环境匹配理论指出，组织的社会环境特征，如文化氛围、价值观理念、奖罚制度、晋升体系、对员工的行为规范、目标设定等，会与员工自身的价值观、能力、职业目标、需求等相结合，从而共同影响员工的行为和态度。针对组织内各种环境特征与个体特征，学者们提出了不同的匹配理论，如人与职位匹配、人与工作匹配、人与团队匹配、人与组织匹配等。在人与环境匹配理论中，人与组织匹配对员工的组织行为最具解释力，得到了广泛的研究和应用。同时，在说明个人—组织匹配的诸多理论框架中，吸引—选择—退缩模型（attraction-selection-attrition，ASA）较为经典。这个模型描述了员工选择组织的过程：首先人们要发现组织独特的吸引力，并判断自身特质与组织的一致性；然后进行选择，按照组织的要求使得自己被雇用到组织中；最后当其成为组织中的成员时，若不适应自己所处的工作环境，就会选择离开。但 ASA 理论模型也存在着明显的不足之处，即没有很好地说明员工从选择到退缩这样一个过程是如何发生的，而这个过程却恰恰最为影响个人—组织的匹配度。

关于个人—组织匹配的概念，大部分学者把其宽泛地定义为个人与组织之间的兼容性或者员工与组织两者之间的匹配程度，这种兼容性或者匹配程度可以通过多种形式概念化。总结以往的研究发现，在对个人—组织匹配的定义过程中通常有两种分类方式：一种是互补匹配和相似匹配的分类；另一种是基于需求—供给观和需求—能力观的分类。互补匹配是指员工是否拥有独特的资源可以满足组织的要求、弥补组织的不足；相似匹配是指员工与组织环境存在着某些相似之处。基于需求—供给观的匹配是指当组织能够满足员工的需要和偏好时可以达到两者之间的匹配；基于需求—能力观的匹配是指当员工拥有组织所要求的时间、经验等以及 KSAs 时（KSAs：K-knowledge，S-skill，A-ability），匹配就产生。概括而言，个人—组织匹配的定义为，当员工与组织之间能够达到以下的三种条件之一，即双方是匹配的：①至少有一方可以满足另一方的需求和偏好；②双方存在着相似的基本特征；③以上两者都符合。其具体的含义可以用图 5-4 表示。

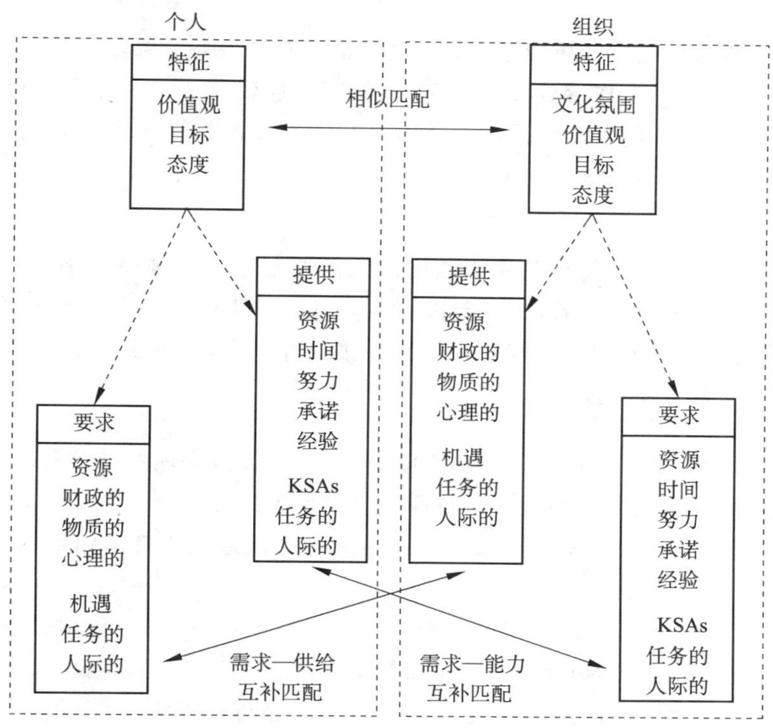

图 5-4　个人—组织匹配的概念结构

（二）个人—组织匹配模式

随着学者们对个人—组织匹配的研究不断开展，其关注的焦点也越来越多，形成了多种不同的匹配模式。

1. 价值观匹配

价值观主要用来评价行为方式或者状态偏好，可以引导人们的思想动机和行为，是组织的粘合剂。个人—组织价值观的匹配是指员工持有的价值观理念和组织价值体系的匹配程度。价值观匹配程度越高，员工在组织中感受到的不确定性越少、安全感更强，能够帮助员工在组织中把握企业价值观的精髓，且有助于员工与其他成员的沟通合作，从而带来员工和组织绩效的提升。

2. 能力匹配

能力匹配是指员工在知识、技能与能力上与组织的要求相符合。这种匹配模式对组织非常重要，能力的匹配可以降低工作给员工带来的压力，利于员工绩效的提升以及减少员工的离职倾向。因此，能力匹配对员工压力、绩效和离职的影响都大于其他匹配方式，且其对员工态度和行为的影响也非常显著。

3. 目标匹配

目标匹配是指员工与组织的目标保持一致性。目标匹配对员工的诸如满意度、组织承诺等工作态度会产生较大影响。个体一般都会选择与其目标相似或者能够帮助自己实现目标的组织，组织也同样会选择与其目标相似的个体，以保证双方的共同发展。

4. 需求匹配

需求匹配更为关注组织的供应系统是否能够满足员工的各种需求。如果组织满足了员工的个人需要，员工会对工作感到满意。例如，具有高成就需要的个体会选择鼓励竞争、奖励努力的组织，这类组织的薪酬体系通常会体现出显著的个体差异，与他们的成就需求更为匹配。这种匹配模式对员工的意义大于组织。

5. 人格匹配

人格匹配是指员工个性特征与组织氛围之间的匹配程度。例如，研究表明喜欢社会交往的外向型员工会对开放、移情的组织氛围更加满意。个性特征比价值观等更为稳定，最接近行为，基于个性的员工与组织匹配对个体态度和行为具有重要的影响。

（三）个人—组织匹配的作用

实现个人与组织的匹配，将合适的员工吸引到组织之后，管理者自然希望收获诸如组织稳定、团队和睦、绩效提升等积极效应。目前学术界也较为关注个人与组织高水平匹配时产生的积极结果，研究结论说明实现个人—组织匹配可以促进员工针对组织的态度与行为上的改善，促进组织的持续发展。

第一，对员工的工作态度产生积极影响。个人与组织在价值观上的相容性不仅会促进员工对工作满意度、组织承诺的提升，还会影响到员工的动机、群体凝聚力、个人成就感等。个人与组织目标的匹配、个人特征与组织氛围的匹配也与员工满意度、组织承诺积极正相关。总之，大量的研究证明，员工与组织之间的高水平匹配将提升员工工作的积极态度。

第二，预测员工的离职倾向。与组织价值观、目标差别比较大的员工，不愿意在组织中继续发展，离职意愿会更强烈。且很多研究表明这些离职倾向通常都会变成实际的离职行为。比如，有实证研究就发现员工与组织价值观的匹配程度，在两年内能够较为准确地预测员工流动的实际情况。因此，组织需要定期评估员工与组织之间的匹配性，通过预测人员流动来加强组织管理的及时性和有效性。

第三，促进员工的工作绩效。员工与组织的匹配程度越高，反映绩效的薪水、晋升机会等都会相应提高，即个人—组织匹配是薪水和成功的重要预测变量。另外，员工与组织的匹配亦能影响到员工的周边绩效和任务绩效。总之，个体与组织表现出较高程度的匹配性时，其表现的总体工作绩效都会得到提升。

第四，促进员工产生更多的亲社会行为。关于匹配与亲社会行为的研究主要包括组织公民行为和道德倾向等。多项研究表明，员工组织匹配程度越高，尤其是在价值观上的匹配度，会越多地参与亲社会行为。例如，更多地在角色外帮助他人，表现出高水平的协作性和道德行为等。

另外，关于员工—组织匹配的作用，多数研究成果都倾向于有积极作用；但也有一些研究指出，高水平的匹配度也可能具有一些负面的影响，如降低组织的适应能力和创新能力等。

（四）个人—组织匹配的测量

对个人—组织匹配的测量目前有几种不同的方式和工具。从测量方式来看，存在着直接测量与间接测量两类。直接测量是指直接询问员工感知到的其与组织之间的匹配程度，直接测量意味着只要员工感觉到与组织存在匹配，而无论其是否和组织具有相似的特征，都可以视为匹配。间接测量是指以评分方式，通过选择匹配度指标，计算个人—组织的匹配程度。这种方法往往可以弥补直接测量的不足，通过询问一些关于组织价值观等描述的问题达到测量双方匹配度的目的，且间接测量逐渐成为研究个人—组织匹配度的主流。不同的测量方式形成的测量结果可以划分为四类，如图 5-5 所示。其中通过直接询问员工感知到的其与组织之间的整体匹配程度称为感觉匹配；通过员工分别评价自己与组织并加以比较得到的匹配程度感知，称为主观匹配；通过间接测量直接评价人与组织之间的整体匹配程度称为概括匹配，通过间接测量分别评价人和组织并加以比较得出的匹配程度称为客观匹配。相对而言，客观匹配结果最为体现人—组织匹配的真实水平，也因此在研究中受推崇。

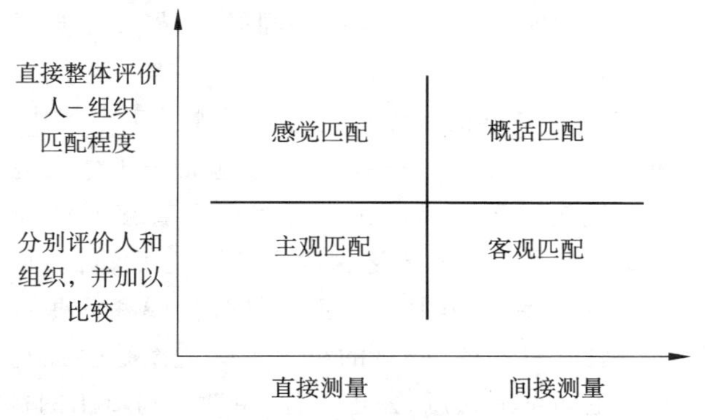

图 5-5　人—组织匹配的不同测量结果类型

第二节　员工在组织中的态度

个体的态度多样而复杂，组织行为学集中研究与工作相关的态度。这些与工作相关的态度主要包括工作满意度、组织承诺、组织公平感和自我效能感等。

一、工作满意度

（一）工作满意度的含义

工作满意度是一种主观的心理感受，是指员工对其本职工作满意与否的态度。工作满意度是员工工作态度的整体反映，其中可以划分为两类：第一类称为局部满意度，是指员工对工作中的某些方面感到满意的倾向；第二类称为总体满意度，是指员工在工作中感到全面或者综合满意。从某种意义上说，总体满意度包含着员工对工作的不同方面的态度。因此，尽管两名员工对工作的不同方面的态度可能并不相同，但是，他们可能会表现出同等程度的总体满意。

员工的工作满意度水平高，对工作就可能持积极态度；反之，对工作不满意的人就可能对工作持消极态度。工作满意度不仅受到了心理学家和组织行为学家的重视，而且在管理实践中也受到广泛关注。

（二）决定工作满意度的因素

个人的工作满意度主要受到了诸如工作环境、岗位特征、人际关系以及个人与工作的匹配程度等多方面因素的影响。

（1）具有挑战性的工作。挑战性的工作能够为员工提供展示自己价值的机会，包括发挥自己的才能、在完成各项任务时具有一定的自由度等。研究表明具有一定自主权和责任的工作能够促进员工心理满足感的上升，而缺乏挑战性的工作容易使员工产生厌倦，但是挑战性太强的工作又容易造成员工的挫折感。因此，在中等挑战性的条件下，多数员工会感到满意。

（2）公平的报酬。组织的分配制度和晋升政策是否能够与员工的期望一致，是否公正公平，是影响员工工作满意的一个重要因素。当组织报酬公平，并且高于个人预期以及社会平均工资水平时，就会提高员工对工作的满意度。同样，如果员工觉得晋升决策公平时，他们将更容易从工作中体验到满意感。

（3）支持性的工作环境。支持性的工作环境可以提高员工在工作中的舒适度和积极情绪，利于他们更好地完成工作。大量研究表明：员工普遍希望工作环境是安全的、舒适的和少干扰的，而噪音、污染、光线较差等不良的工作环境则会直接威胁到员工的生理、心理健康。除此之外，员工也希望在职业、疾病、养老保险等基本生活保障方面得到组织的支持。

（4）融洽的同事关系。人们在工作中不仅希望收获金钱和一些看得见的成就，还需要在社会交往中得到满足。因此，友好的、融洽的组织人际关系也会提高员工的工作满意度。研究表明，如果员工的直接上司善解人意、公正友好，主动表扬员工的良好的绩效，乐意倾听员工的意见，愿意对员工表现出个人兴趣时，员工的满意度会提高。

（5）个人特性与工作的匹配。当个性及个人的知识技能等与其所选职业或工作相匹配时，员工更易取得较好的个人绩效并在工作中获得成功。同时，工作的成功和绩效的实现又会大大地增强员工的工作满意度。

（三）工作满意度的作用

工作满意度是预测工作行为的重要变量，理解工作满意度与工作绩效、员工流动、缺勤以及偷窃和暴力等行为的关系，可以有效预测员工相应工作行为的发生。

（1）工作绩效。过去多数观点认为满意度高的员工是工作绩效高的员工，而事实却并非如此，多数研究表明高满意度并不一定导致高绩效。近年来，大部分的学者开始相信并验证高绩效容易导致高满意度。原因在于绩效高的员工一般都会得到较高的薪酬，如果员工觉得其得到的回报是公平的就会对组织较为满意；反之，就会产生不满。同时也有学者指出，拥有较多满意员工的组织比拥有较少满意员工或拥有较多不满意员工的组织更有效。

（2）员工流动。较高的员工流动比率是组织所不愿见到的。原因就在于员工的流失会导致某些工作的中断，组织不得不招聘和培训新的员工来适应相应的工作，从而导致了成本的上升。较多的研究表明，虽然员工的流动受到诸多因素的影响，但工作满意度却是一个较重要的预测变量，而且满意的员工其流动的比率相对较少是一个不争的事实，一般情况下，短期的工作不满并不一定会带来离职行为，但如果员工的工作不满长期存在，则很可能带来企业人才的流失。

（3）缺勤。尽管缺勤并不一定都是由不满意所引起的，但工作不满是缺勤的重要前因却是肯定的。关注员工的缺勤的原因，并找到相应的解决方法，不仅有利于组织绩效的提升，而且可以使员工感受到组织的关注，增强员工对组织的满意程度。

（4）偷窃和暴力。感受到不公平、对组织的气愤等是导致偷窃行为的重要诱因。员工往往把偷窃组织财物作为表达心中不满和发泄心中怨恨的一种方式。暴力行为是员工发泄不满的另一种严重后果，包括各种形式的言语和身体攻击等。调查显示，每年都有工作场所暴力行为的发生，数以万计的人成为工作暴力的牺牲者。组织领导必须关注不满意员工的言行，并采取适当的方法和必要的措施来防止暴力事件的发生。

二、组织承诺

近几十年来，组织承诺的概念吸引了众多学者的研究兴趣，而组织承诺之所以引起了学术界的普遍关注，主要缘于具有高组织承诺的员工被认为可以产生许多有利于组织发展的积极行为，比如组织公民行为和高工作绩效等。

（一）组织承诺的含义和结构

承诺是人们工作和生活中常见的一种心理现象。加拿大学者梅耶和艾伦认为，组织承诺和其他态度变量（如工作满意感）是不一样的概念，它能单独影响组织中个体的行为。他们提出了组织承诺三因素理论：

（1）情感承诺：由于员工对组织目标的认同和深厚的感情，而对企业组织所形成的忠诚并努力工作的程度。包括认同组织的价值观和目标，为自己是组织的一员而感到自豪，愿意为组织利益作出牺牲等。

（2）持续承诺：员工为不失去已有职位和多年投入所换来的待遇而不得不继续留在该

组织工作。这些包括得到良好的报酬和退休金、掌握特定于该组织的技术、在组织中形成良好的人际关系和具有较高的资历地位等，如果员工离职，所有这一切都将丧失。它反映的是员工对其行为的态度，即留在组织或离开组织的行为可包含的功利性结果。

(3) 规范承诺：员工受社会责任感和社会规范约束而形成的一种承诺感。个体在社会化的过程中，不断地被灌输和强调忠诚于组织，将留职视为受赞赏鼓励的一种恰当行为，并且个体内心中产生顺从这种规范的倾向。它反映的是离职行为发生后关键人物的赞同与否以及个人自我概念的一致与否。

梅耶对组织承诺的三个维度进行了形象的描述，认为具有高情感承诺的员工想留在组织内是因为他们想要如此；具有高持续承诺的员工想留在组织内是因为他们需要如此；具有高规范承诺的员工想留在组织内是因为他们觉得应该如此。梅耶的三维模型自构建以来，已被广泛地引用到组织承诺的相关理论研究中，他们所开发的量表也成为测量组织承诺最为经典的工具。然而，近些年来，也有一些研究对他们的三维模型进行了一些批判性的探讨，例如：有研究认为情感承诺、规范承诺和持续承诺不能被视为同一态度问题的因素结构，情感承诺清晰地代表员工对目标组织的态度，它反映员工对组织的情感依附，而不是对离开或留在组织行为的态度；持续承诺和规范承诺反映的是员工对其行为的态度。情感承诺代表对一特定目标的态度，而持续承诺和规范承诺则代表不同的概念，它们涉及离职行为的预知结果。所以，他们批评组织承诺的三维模型并不是一个单一的概念，而是包含了目标态度和行为态度，在逻辑上是不明确的。尽管如此，组织承诺的三维概念结构依然最具有代表性。

（二）组织承诺的影响因素

(1) 个人特征。影响组织承诺的个人因素包括教育水平、资历等。例如：有研究发现员工的教育水平越高，承诺越低，因为高学历的员工可能认为自己具有较多的选择机会，所以对当前组织的承诺偏低；另外，也有研究表明员工的资历越深，组织承诺越高，因为在组织中的工作时间越长，表明其为组织已经付出了大量的时间和精力，更可能已经晋升到重要岗位，对组织的情感更深，也不愿意发生流动。

(2) 工作角色。员工在组织中的工作角色清晰程度会影响其组织承诺水平。角色越模糊、角色冲突越多，其组织承诺就越低，因为角色模糊、角色冲突都会造成员工之间工作角色不清，进而互相推诿，并带来更大的工作压力，产生更多的消极情绪，最终降低员工对组织的承诺水平。

(3) 工作特性。员工在组织中所从事的工作如果具有更多的任务自主性、技能多样性等，会促进其组织承诺的提升。因为任务自主性让员工感知到更多的被信任和更少的被监督，技能多样性可以促使员工更好地发挥才能，这些有利于提高员工对组织的认同感，提升组织承诺水平。

(4) 工作经历。员工在组织中对自我贡献、职位关键性的评价越高，自我尊重就会增加，并且这种自信能够满足员工的内在工作动机，从而形成对组织的情感依赖，提升组织承诺水平。另外，员工在组织中参与管理的经历越多，对组织的信任与责任越强，也会提高员工对组织的认同和依恋，促进组织承诺水平的增长。

（三）组织承诺的作用

高组织承诺的员工被认为可以产生许多有利于组织发展的积极行为，比如组织公民行为、高工作绩效等，而绩效和离职倾向是组织承诺研究中常用的两类结果变量。

(1) 降低离职倾向。其中，有研究表明，组织承诺与离职倾向和行为呈负相关，但不同因素和离职的相关程度存在差异。情感承诺和离职行为的负相关性最强，规范承诺次之，而持续承诺和离职行为的负相关性最弱。缺勤与组织承诺也存在类似的关系。

(2) 影响工作绩效。以情感承诺为主的员工更愿意主动接受指派的工作，他们会毫无疑问地投入到工作中完成任务。以规范承诺为主的员工则需要花一些时间来思考，衡量这项工作能在多大程度上报答组织曾给予自己的恩惠。而以持续承诺为主的员工，则会通过详细计算完成工作的得与失，从而采取自己认为最"经济"的方法去完成工作。因此，不同组织承诺类型的员工对工作的投入情况是有很大差别的，其工作绩效也会存在差异性。

(3) 影响组织公民行为。情感承诺对积极主动行为、组织忠诚和帮助行为都存在积极的影响；持续承诺对组织忠诚存在正向的影响，而对帮助行为存在负向的影响，由于帮助行为必然给自己带来一定的威胁，高持续承诺的员工为了能够继续留在原单位，反而不愿意去帮助同事或新来的员工；而规范承诺则与组织忠诚呈正相关，员工对组织的责任感和义务感越强，对组织的忠诚度也越高。

值得注意的是，组织承诺概念从西方引进而来，对组织承诺的理解，不同文化情景下考虑的侧重点应该不同。另外，组织承诺过高也有可能带来一些负面影响。例如：组织情感承诺过高的员工可能伴随着高水平的工作压力，长时间的工作、家庭冲突，焦虑抑郁，甚至产生"过劳死"的现象，因此也需要关注这一群体的心理和身体健康。

三、组织公平感

（一）组织公平感的含义

组织公平感是组织或单位内员工对其工作环境中与个人利益相关的组织制度、政策和措施公平性的心理感受。有关组织公平的研究源于 1965 年美国心理学家亚当斯的个体分配公平理论。一般上认为组织公平包含两个层面的内容：第一层面为组织公平的客观状态。即通过规则、制度的建立以及相应措施的实施来实现组织的公平。第二层面为组织公平感，即组织成员对组织公平的主观感受。组织公平的两个层面之间既互相联系又存在差别。一个组织中的"公平制度"若不被员工认识、理解并最终接纳，那么其对组织员工的思想、行为等的影响势必有限。从组织行为学的视角而言，组织公平感相对更为重要，因为它更直接地与员工的积极态度和行为相联系。大部分组织行为学文献对组织公平问题的探讨和研究也主要集中于组织公平感上。

（二）组织公平感的类型

组织公平感一般可分为分配公平感、程序公平感和互动公平感三种。

1. 分配公平感

分配公平感指的是组织中的员工对组织报酬分派结果的公平感知。分配不公平有可能会导致员工工作绩效的降低、与同事合作的减少，并最终导致工作质量的下降，甚至产生偷窃行为。亚当斯的公平理论指出在企业或组织中,员工不仅关心自身的付出收益比,而且更加注重薪酬、奖励等的分配合理性和公平性感知,以及员工自身是否受到公平对待的感受。分配公平理论强调,员工总是将自己从组织得到的产出(如报酬、奖励等)与自身的投入(包括技能、教育、培训、努力、经验等因素)比例,与组织中其他员工的投入产出比进行对比,从而获得对分配结果是否公平的主观感受。当员工感知到相比于其他人而言自身的投入大于收益时,其就会感到报酬不足,从而产生不公平感。不公平感会导致紧张、焦虑等心理不适感,而员工会努力寻求方法以消除不适并重建公平。这些重建包含行为和心理等诸多方面。如重新认知自身的投入产出、调整自身与参照对象的实际投入产出、改变参照对象或离开组织等。

2. 程序公平感

程序公平感是指在组织中,员工对报酬决策时所使用的方法或程序是否公平的感知。当员工认为决策程序不公开、决策结果不公平时,其对组织的承诺就会降低,并产生诸如偷懒等低绩效行为和离职倾向。用什么方法和程序能够保证公平呢?莱文瑟尔等人提出了程序公平的六条标准,即一致性、无偏向性、准确性、可修正性、代表性和道德性,具体含义如表 5-1 所示。

表 5-1　程序公平六条标准

标　准	含　　义
一致性	分配程序在不同时点或对不同的人员应保持一致性
无偏向性	分配过程中应抛弃个人偏见
准确性	分配决策应依据准确全面的信息
可修正性	分配决策应具备可修正的机会
代表性	分配程序应能反映或代表所有相关人员的利益诉求
道德性	分配程序应符合普遍接受的社会道德与伦理标准

这些标准既符合一般的社会道德理论准则,又考虑到了员工的实际利益,基本上代表了组织公平实现的主要程序内容。组织如果能够严格按照这些标准执行,将有助于员工程序公平感的形成。

3. 互动公平感

互动公平又名人际关系公平,是指员工在程序执行过程中所感受到的人际交往质量。不论最终的分配结果公平与否,个人与环境的互动都将影响其对公平的认知。员工在获取了相应的信息之后,会对这些信息产生一定的反应,在获悉了员工的反应之后,信息提供者就需要对此再做出相应的回应。一般而言,互动公平又可以分为两种:一种为"人际公平",主要是指在程序执行或决策制定过程中,上级是否尊重下属、是否有礼貌、是否考虑到对方的感受等;另一种为"信息公平",主要指在程序执行过程中当事人是否得到了应有的信息,如是否就分配程序的选择和最终分配结果的构成提供应有的解释和说明。

(三) 组织公平感的作用

组织公平感对员工的态度和行为都存在显著的影响,主要包含以下三个方面。

(1) 组织公平感正向影响员工个人价值的实现。个人价值,包含员工个人对工作和组织的满意程度、在组织中受尊重的程度以及自我实现的程度等。研究认为,工作满意度与程序公平关系紧密，结果满意度则同分配公平的关系最为密切。对工作满意的员工更能从其所从事的工作中体会到自我价值的实现以及由此而得到的来自组织个体的尊重；而结果满意度主要是指员工对薪酬、晋升和绩效评估等的满意程度，对结果的满意能够使员工感觉到来自组织的尊重以及对自身付出的肯定。

（2）集体意识，主要指为了维持组织的竞争力和可持续发展，个人对组织的认同状况，如组织承诺、组织公民行为、同领导和同事之间的关系和离职意愿等。现今，对组织公平感与集体意识的关注开始逐渐增多，如研究表明：如果员工认为自己得到了公平的对待，就可能对工作、组织都持有积极态度，愿意投入更多的情感，其情感承诺就会相应地提高；程序公平有利于信任的生成，从而使组织内人际关系更为和谐；互动公平会使得员工将组织视为一个社会交换的场所，员工内心的公平感越强，越愿意付出更大努力，进而产生更多的组织公民行为；员工的组织公平感越强，内心的离职意愿就会相应偏低。总之，组织公平感会促进员工集体意识的产生。

（3）工作绩效，包含组织绩效和个人绩效。当员工对自身的投入和回报感到公平时，他就会尽最大努力完成甚至超额完成工作，从而共同提升个人绩效和组织绩效；反之，则有可能会降低其努力程度，仅完成工作要求，甚至消极怠工。另外，程序公平的实现，能使员工的长期利益得到保证，从而对组织绩效产生积极正向的影响；互动公平能够促使员工感受到来自上级或者管理者的尊重，从而促进他们在工作上的积极表现，更加努力地提高工作绩效。

四、自我效能感

自我效能感涉及对员工自身行为能力的主观判断和评价，类似自信却又存在差异。自信更多描述员工个体的性格特质或品质等，而自我效能感往往只与特定的行为或任务相关。下面主要介绍自我效能感的影响因素、测度方法以及相应的增强策略。

（一）自我效能感的影响因素

自我效能感的形成主要受到以下四种因素的影响。

（1）成功经验。过去的成功经验是影响自我效能感形成的最重要的因素。对工作和任务的顺利完成，不仅能使员工获得与工作相关的一系列经验，而且可以增强个体的自信程度，提升员工自身的自我效能感。

（2）榜样效应。榜样是指那些能够成功完成某项任务的个体。通过对学习、工作和生活中的成功个体行为的观察，学习其成功特质，不仅有利于通过学习模仿顺利完成任务，而且利于自身信念的增强。

（3）社会劝导。又称为口头说服。社会劝导虽然不能帮助员工完成工作或任务，也不能提高员工个体的技能和智力水平，但针对员工自我效能感的评价，能够帮助个体产生积极的进取信念。

（4）身心状态。个体对心理、生理状态的主观感知会对自我效能感的判断产生影响。健康、积极稳定的身心状态有助于增强个体的自我效能感，而紧张、焦虑消极的情绪状态则可能降低个体的自我效能感。班杜拉指出，紧张、害怕和焦虑都可能引起自我效能感的降低，而疾病、疼痛等也会降低与体力劳动与工作相关的自我效能感。

（二）自我效能感的测度

自我效能感显著地影响着员工的行为过程和行为效果，因此做好对员工自我效能感的调节就显得十分重要。而要做好自我效能感的调节，则首先需要明确员工自我效能感的测度方法。而需要注意的是，自我效能感的测度往往是针对总体活动或行为的，其注重的是在面对特定的任务、行为或活动时，员工自身能做到怎么样的评估。因此，在进行员工自我效能感的测度时就必须考虑不同领域的"特殊性"，并涵盖相应领域的所有方面。

总体而言，有关自我效能感的测度主要可以分为两类。一类为一般领域与特定领域自我效能感的测度；另一类为水平测度和强度测度两个维度自我效能感的测度。而在量表开发方面，研究前期多以诸如里克特量表等为主的标准量表进行测度，随后一系列具有更为广泛适用性的自我效能感量表被不断开发出来，并付诸于实践研究。

（三）自我效能感的增强策略

员工自我效能感的提升不仅有助于工作绩效的提升，而且能够改善员工的工作态度和心理健康的水平。因此，有必要采取一定的措施来提升员工的自我效能感。具体而言，提高员工自我效能感的策略有以下几个。

(1) 针对固定的外部因素，可以通过实习、在职培训、工作轮换、工作模拟和示范等常规方法来增强自我效能感。一方面为员工提供有关工作或任务的具体特征、环境情况以及复杂程度的信息，使员工懂得如何更好地协调、运用这些因素；另一方面针对性的培训可以提高员工的工作能力，并指导个体更恰当地运用能力和环境因素来完成工作。

(2) 针对可塑的内部因素，可以运用咨询、指导等方式，帮助个体了解完成任务所需的诸如分析策略、行为策略和心理策略等的优势和不足，并学会加以适当的运用，以增强自我效能感。如通过内部指导，可以提高个体的动机水平；通过合理阶段性目标的设置，可以使员工更易获取成功的经验；通过对个体行为的积极反馈，可以增强个体对组织支持的感知。

第三节　员工的组织职业成长

由于职业成长对员工行为的影响日益明显，员工的职业成长越来越受到企业雇主的关注，同时也成为了近些年来组织行为学领域的关注热点。员工在组织中的职业成长不仅与组织目标的实现关系紧密，而且其与个体的职业生涯发展也息息相关。

一、职业成长的概念

什么是职业成长？Graen 等人指出职业成长指的是个人沿着对自己更有价值的工作系列流动的速度。这个界定虽然忽略了员工在组织内部的职业成长问题，但是却表明职业成长是一个速度的概念。组织与员工是搭档的关系，员工应为自己的职业规划负责，组织也应尽力去支持员工成长。

与职业成长紧密相联系的概念包括职业发展和职业成功，三者之间的关系可用图 5-6 进行描述。职业发展指的是一个持续的发展过程，在这个过程中，个人经历了一系列具有不同主题和任务的生涯阶段。职业发展是一个系列过程，它是整个人一生中的职业变化过程，既包含在进入职业领域之前的职业探索和职业目标的形成与发展，也包含进入组织后在各个组织中的职业成长。相对于职业成长来讲，职业发展是一个更为宏观的概念，主要是指个人在不同职业阶段的发展问题和发展任务，而职业成长主要关注于个人在具体时期具体组织中的发展状况。职业成功指的是一个人职业经历的结果，它是个人在其职业生涯中已获得的工作成就的总和，也有学者指出职业成功通常是一个人所累积起来的积极的心理或与工作相关的成果或成就。一个在目前的组织内职业成长状态一般，但在之前组织里担任过总经理或者高级技术专家的员工，我们可以认为他是比较成功的。也就是个人当前的职业成功状态不仅与他当前的职业成长相关，而且还与他之前的职业经历和成就相关，它是个人在职业历程不同时点上职业成长的累积。简而言之，职业成长是个增量的概念，而职业成功是个存量的概念；个人之前的职业成功会影响到当前职业成长，而当前的职业成长将影响到下阶段的职业成功，每个阶段的职业成长组成了整个人生的职业发展。

小故事

在一次万米长跑比赛中，某国一位实力一般的女选手勇夺桂冠。记者纷纷问其奥秘，她说："别人都把一万米看作一个整体目标，我却把它分成10段。在第一个千米时，我要求自己争取领先，这比较容易做到，因此我做到了；在第二个千米时，我也要求自己争取领先，这并不难，所以我也做到了……这样，我在每一个千米时都保持了领先，并超出一段距离，所以夺取了最后的胜利，尽管我的水平不是最高。"

资料来源：http://wenku.baidu.com/view/83e6c35f312b3169a451a434.html. 登门槛效应. 2010.11.10.

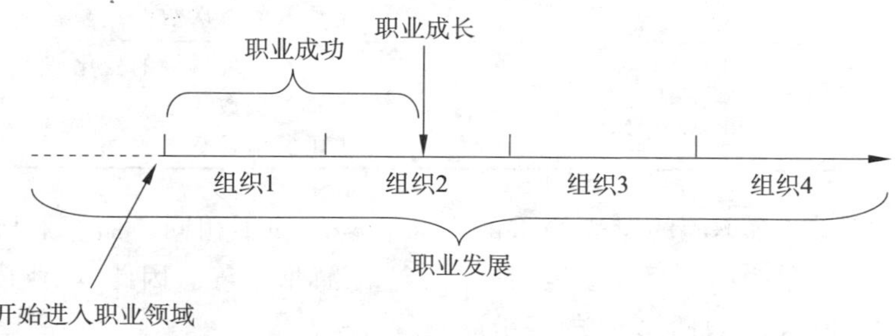

图5-6　职业成长、职业成功和职业发展三者之间的关系

关于职业成长的概念，有两个方面是需要明确的。第一，职业成长是一个增量的概念，而且这一增量与职业成功的存量概念是相对应的。如果过去的职业成长较快时，个人当前的职业成功就比较高；反之，过去的职业成长较差，则个人当前的职业成功就比较低。第二，职业成长可分为组织职业成长和工作转换职业成长。职业生涯通常指个人一生中在一系列工作岗位之间的流动。因此职业成长主要包含两个方面的内容，一个是员工在组织内部的职业成长，另一个是员工在工作转换过程中的职业成长。组织内职业成长是指员工在目前所在组织内部的职业进展速度，包括员工在目前单位的职业能力发展速度、职业目标进展速度、晋升速度与报酬增长速度。职业目标进展是指目前的工作与职业目标、职业理想的相关程度，目前的工作与职业目标的相关性大，则员工的职业目标进展速度可能就较快；相关性差，则职业目标进展会相对缓慢。职业能力发展指目前的工作对员工的职业技能、职业知识、工作经验的促进程度。这种促进程度大,则有利于职业能力的发展;反之,则不利于职业能力的发展。晋升速度指在目前工作单位中,员工的职务晋升速度以及晋升的空间。报酬增长指在目前工作单位中,员工的报酬增长速度。

二、职业成长的测量

从人力资源管理的角度而言,对职业成长的科学测度能够有效提高对职业成长的理性认识。表 5-2 显示了早期与职业成长相关的测量指标。随着实践经验的积累和研究的不断深入,组织内职业成长开始与员工职业流动、职务层级的晋升以及平行的工作变换相联系,从而出现了采用职业流动和职业前景来测量职业成长的指标和模型,并认为晋升的可能性是职业进展概念的核心。

表 5-2 职业成长相关测量量表

作者	变量名称	指标
Chay 和 Aryee (1999)	职业成长 (career growth)	我感觉目前的工作是职业目标实现的基础 我目前的工作与整个职业生涯的发展相关
Nkereuwem (1996)	职业成长前景 (career advancement prospects)	提升到更高层级岗位的机会
Garavan 等 (2006)	管理人员职业成长 (career advancement)	在管理层级上的工作流动次数 达到的管理层级水平 工资增长数量
Metz 和 Tharenou (2001)	管理人员职业成长 (managerial advancement)	员工的管理层级水平 工资水平 下属员工的人数 晋升的总次数
Tharenou (1999)	管理人员职业成长 (career advancement)	员工管理层级的变化 晋升次数 工资增长数量

从表 5-2 可以看出,不同的量表侧重的方面和程度均不相同。而职业成长应该是一个多维度的概念,主要包含职业目标进展、晋升机会、工资增长等。因此,职业成长的测量也应是多维度的综合评价法。如下所述的四维度测量方法。

(1) 职业目标进展通过"目前的工作使我离自己的职业目标更近一步 "、"目前的工作与我的职业目标、职业理想相关"、"目前的工作为我的职业目标的实现打下了基础"、"目前的工作为我提供了较好的发展机会"四个问题项进行测量;

(2) 职业能力发展通过"目前的工作促使我掌握新的与工作相关的技能"、"目前的工作促使我不断掌握新的与工作相关的知识"、"目前的工作促使我积累了更丰富的工作经验"、"目前的工作促使我的职业能力得到了不断的锻炼与提升"四个问题项进行测量;

(3) 晋升速度通过"在目前工作单位的职务提升速度较快"、"在目前工作单位,我职务提升的可能性很大"、"在目前工作单位,我的职务比原先单位更理想"、"与同事相比,我目前的职务提升速度比较快" 四个问题项来测量;

(4) 报酬增长采用"到目前的工作单位后,我的薪资提升比较快"、"在本单位,我目前的薪资得到提升的可能性很大”、“与同事相比，我的薪资增长速度比较快”三个问题项进行测量。

三、职业成长的影响因素

员工的职业成长会受到一系列因素的影响，这当中既包括组织方面的因素，如组织环境等的影响，也包含员工之间的关系、员工自身方面的因素，如个性特征、性别等对员工职业成长的影响。

（一）性别

个人和环境因素对男性和女性职业成功的影响作用存在明显差异，这些因素对男性职业成功的解释力较强，而对女性职业成功的解释力则较小。此外对于女性员工的职业成长来说，社会资本对于其获得高层管理职务具有比人力资本更重要的价值，而对于获得低层管理职务时，人力资本的作用却要比社会资本来得更为重要。如在男性主导的银行业里，高层管理人员和主管当中女性只占不到6%。女性的人力资本（如文凭）可以帮助她们获得低层级的管理岗位，但由于缺乏关系网络而使她们难以获得高层级的管理岗位。总体而言，随着女性教育水平的提升和男女平等立法的深入，各个国家女性获得管理岗位的比例在逐步增加。

（二）个性特征

员工的个人素质和工作环境因素共同决定着员工能否进入管理层并得到发展，而且这种影响是长期的。在个人职业生涯中进展较快的都是那些雄心勃勃的、具有较强的发展愿望和职业动机的、具有较强自我管理能力的人，而且他们具有高成就需求和工作参与愿望、参与管理的强烈动机、聪明且能够适应具有管理工作任务的要求。员工的积极性会影响他们的职业机会。具体来说，具有积极性的员工拥有较强烈的发展需要，他们会通过对新工作环境的扫描，学习和获得新的知识技术来维持和提升就业力。

（三）人力资本

拥有较高人力资本的员工往往能够成为组织中的核心人才。人力资本指的是人员长期的知识和技术积累，或者说人们的知识、技术存量。人力资本的多寡可以采用受过的教育、培训以及工作经验来衡量。拥有组织内部专门知识和技能的员工往往掌控着组织内部核心业务，并处于组织结构中的重要部门。人力资本的存量还会直接影响到员工的工资增长。如人力资本投资多的人，其工资相对较高，但是，人力资本投资与工资增长并不是在任何时期都是相关的。在人们的职业生涯早期，人力资本投资与工资增长的关系要相对紧密一些，而在职业生涯后期，二者之间的关系逐渐减弱。

（四）社会资本

社会资本有利于员工获取晋升机会。社会资本指的是人们凭借其自身的美德、优点等从社会网络和社会结构中获取利益的能力。社会资本的强弱可以通过社会网络、社会关系来体现。人力资本反映员工的能力而社会资本反映了员工的机会。因此，社会资本对员工获取就业机会、晋升机会以及创业成功起到了重要的作用。对于高层级的管理岗位来说，与社会资本相联系的信息和晋升机会相当重要，这些直接决定了你能否进入高层级岗位。社会资本常用来解释具有相同人力资本的个体为何存在成就的差异。

（五）组织环境

员工在组织内部的职业成长离不开个人的职业规划与管理，也和组织的职业生涯管理、领导行为相关。员工获得职业进展的组织环境主要指促进员工实现职业目标的一些核心要素，包括绩效评价体系、晋升体系、培训体系、薪酬和激励体系，以及职业发展规划等。而其中组织的职业生涯管理的作用最应获得关注。研究表明，组织职业生涯管理可以帮助员工增强对自我和组织环境的认知，产生有利于自身发展的行为，从而实现个人的职业成长。

四、组织职业成长的影响

（一）职业成长对员工组织承诺的影响

员工职业成长对组织承诺的三维度，即情感承诺、持续承诺和规范承诺均存在着正向影响。当一个员工在完成工作任务中能够实现快速的职业成长时，会对其工作任务产生很高的认同和内在投入，感知到完成工作任务的价值，就会促进其情感承诺的提升；反之，如果员工在组织中职业成长缓慢，那么他对工作任务的认同就会比较低，也很难投入其中，相应地，情感承诺就会偏低。当员工在组织中获得良好的职业成长时，意味着当前的工作对个人实现其职业目标非常有价值，积累的工作技能、赢得的晋升机会和报酬增长机会都会较多，此时，离开现有岗位的成本就很高，使得原先在组织中的所有努力都付诸东流，这些会增加离职成本感知的因素都促使其持续承诺的提升。另外，互惠是人们行为的普遍准则，当员工感觉得到组织对其个人的发展提供帮助时，就会从内心里感觉到应该回报组织，因此，当组织为员工提供良好的发展平台，通过各种培训提升员工职业能力，为员工晋升提供机会，使得员工在组织内部可以获得较好的职业成长时，员工就会对组织产生更高的规范承诺。总之，员工在组织内实现快速职业成长是促进员工对组织产生高情感承诺、持续陈诺、规范承诺的重要原因。

（二）职业成长对员工职业承诺的影响

员工在组织内获得的职业成长越快，其对自己所从事的职业的承诺将会越高。人们在进行职业选择的时候，会通过职业探索来比较自我概念与从事职业的匹配程度，人们从一开始选定某个职业时，就会初步产生对自己所选职业的承诺，但是这种职业承诺还是比较初级的，也是容易动摇的。人们从开始从事选择的职业时，就会不断地评价自己的职业成长状况，并与先前作出职业选择时所产生的期望进行比较，如果能够从职业成长中获得成就感、胜任感、意义感和进步感，就会产生对当前职业的积极情感，从而对当前所从事的职业形成更高的一种承诺。正如 Baker 等人所指出的那样，从所从事的职业中获得回报是支配人们职业偏好和职业决策的重要动机。相反，如果不能获得良好的职业成长，则很容易降低对原来职业的承诺，而产生更换职业的念头。

（三）职业成长对员工离职倾向的影响

员工职业成长会降低其离职倾向。首先，员工在组织中获得的职业成长越快，越有利于其职业目标的实现,较高的离职成本会影响员工的离职倾向;其次,职业能力的成长是现代员工工作追求的重要目标,也是其赢得竞争优势的保障。如果员工在工作中不仅能积累经验,而且能不断学习到新的知识和技能,促使职业能力的成长,那么他就会对组织的目标有更高的认同感,对工作任务也会更加投入,也就更愿意在组织中长时间发展下去。再次,当员工在组织中获得较快的晋升速度时,他们会更加珍惜自己眼前的工作,而不愿意去离职,而如果晋升速度很慢,则会希望通过跳槽来实现新的发展。最后,当员工具有高的报酬增长速度时,离职不仅丧失了高报酬增长的机会,而且也放弃了在组织中积累的种种发展优势。加之,获得高报酬增长的员工他们更可能在情感上依附于组织,并会产生回报组织的念头,因此,他们的离职倾向较低。

(四)职业成长对员工建言行为的影响

当员工获得良好的职业成长代表着组织为员工提供了有价值的、能满足其职业目标进展、能促进其职业能力发展的工作任务和平台,并且组织还通过报酬形式认可了员工所付出的努力和获得的成果时,按照互惠原则,员工会产生一定的义务感回报组织。而积极向组织建言、分享自己的创造性想法等均是回报组织的有效方式。因此,员工在组织中获得职业成长,将更加自觉地产生建言行为。员工的职业成长也提高了自身的建言效能感,更加确信自身的建言会有利于组织的发展并获得认可,从而产生更加积极的建言行为。

第四节　组织公民行为

传统人力资源管理主要关注与工作有关的任务行为,因为在相对稳定的组织工作环境中,员工工作职责易于清楚界定,组织中的员工只需做好其职责范围内的任务或工作即可。20 世纪 70 年代以后,企业所处的外部环境发生了急剧的变化,商业环境充满了前所未有的激烈竞争和挑战。原本以命令和执行为主的金字塔科层结构已不再适应新环境的要求,组织开始日益扁平化,而扁平化的组织强调员工的自主性和积极性,使员工拥有了更为宽广的发挥空间,员工的职责也变得更加宽泛。在这样的背景下,员工的组织公民行为受到了理论界和实践界的日益重视。

一、组织公民行为的概念

半个世纪前,Barnard 就曾指出:组织中每一个体的合作意愿对整个组织系统而言都是不可或缺的。这里的合作意愿与传统古典管理理论中的合作意愿存在较大差别。古典管理理论认为大多数组织成员并不具备自觉合作的意愿,组织需要借助正式的制度和结构来对其进行控制。但 Barnard 也指出了,作为组织活动保障的正式的制度或结构,只能识别已存在于组织中的个体或群体的合作意愿,而并不能预期组织目标实现所需要的全部因素,就无法控制组织目标实现过程中可能产生的其他合作意愿。

管理学家卡茨和卡恩曾指出组织的有效运作需要组织中的成员做出以下三种行为:留在组织中;完成角色要求的职责;做出角色要求之外的主动或创新的行为。前两种行为分别为员工的维持性行为和角色内行为,第三种行为则是员工为组织目标的实现而进行的角色外贡献行为,也即角色外工作行为。卡茨认为角色外行为对组织十分重要。如果一个组织中的成员仅依照职责要求的规定来工作，而不愿付出角色外行为，该组织就极有可能是一个不稳定甚至非常脆弱的系统。

在整合了“合作意愿”和“角色外行为”的理论之后，印第安纳大学的 Organ 教授在 1983 年正式提出了组织公民行为的概念。他指出组织公民行为是不被组织正式奖励系统所直接或明确承认的，组织中的个体可自由决定是否实施的，能在总体上提高组织机能的行为。如帮助同事、自愿加班等。可以看出组织公民行为是有利于组织的角色外行为，由一系列既不为正式的工作内角色所强调，也不为劳动合同和正式的组织规章所要求的非正式的合作行为构成，这些行为的整合可以有效地促进企业的整体运作。之后，Organ 在 1997 年又对原有的定义进行了修正，认为组织公民行为与关系绩效类似，是指那些能够为利于组织任务绩效实现的社会心理环境构建提供支撑的行为。

二、组织公民行为的特征与作用

（一）组织公民行为的特征维度

组织公民行为的维度划分存在多种形式，包括单维、二维、三维、四维、五维、七维乃至十维模型等。

1983 年 Smith 等人在进行组织公民行为结构维度研究时提出了二维模型，包含一般顺从和利他行为两个维度。而 Organ 构建的组织公民行为五维模型影响最大，其认为组织公民行为包含责任心、利他性、殷勤有礼、运动家精神和公民道德五个维度。2000 年，基于 Organ 的五维模型，Podsakoff 和 Mackezie 提出了组织公民行为的七维度模型：①帮助行为；②组织忠诚；③组织遵从；④运动家精神；⑤个人首创；⑥自我发展；⑦公民道德。

基于我国的特定组织情景，樊立景教授提出了组织公民行为的五维模型，分别为如下。①组织认同：员工积极参加公司活动，努力维护公司形象，主动提供对公司发展有益的建议的行为。②敬业：指员工遵守公司约定工作认真以及一些超越组织一般职责要求的行为。③利他主义：指员工在工作上主动帮助同事，主动参与工作的沟通协调的行为。④人际关系和谐：指员工不会为了私利而采取破坏组织和谐的行为。⑤公司资源维护：指员工不会利用公司资源谋取私利或在上班时间处理私人事务。这五个维度中，组织认同、利他主义和敬业精神与西方组织公民行为的维度类似，而人际关系和谐和公司资源维护是基于我国的组织情境所提出的特有维度。

（二）组织公民行为的作用

组织公民行为对组织和个人的工作绩效都会产生积极的影响。随着社会经济环境的发展，管理者越来越意识到员工角色外行为对企业整体效能提升的意义。同时，随着企业管理实践的逐步科学合理，员工实施其组织公民行为的环境也变得日趋完善。而在现代化的生产方式下，对知识资本和工作态度的注重，使得员工组织公民行为对工作绩效的影响变得越来越大，从而成为影响组织整体绩效提升的关键因素。

组织公民行为影响着组织的正常运作和持续发展。组织中具备丰富经验的员工对新进成员的主动指导能够帮助新员工在最短的时间内熟悉业务内容，从而减少培训成本；当组织中的员工缺少谦虚礼节及精神时，管理者就不得不花费大量的时间及精力来促进员工的合作及处理组织中的人际关系，而无暇顾及诸如技术开发、战略规划等对组织发展意义重大的事情；当员工重视协作、互助的团队精神，并树立组织价值与个人价值相统一的价值理念时，组织的经营成本将得到有效降低、员工的团队合作将得到加强、人力资源的潜能也将得到充分发掘。可见员工的组织公民行为对组织绩效的实现和竞争力的形成意义重大。

但并非所有的员工组织公民行为都对组织具备正面的影响。有些员工刻意做出组织公民行为是为了获取更大的个人利益。此时组织公民行为更多的是员工为实现特定目标而进行的一种工具性行为或者组织中的政治行为，这种刻意的行为容易引发员工之间的不和与冲突，影响组织绩效和目标及战略的实现。

三、组织公民行为的影响因素

对组织公民行为的影响主要可以分为个人层面、任务层面、组织层面和领导层面四类。

（一）个人层面

（1）情感因素。主要包含员工满意度、组织公平感、组织承诺和领导支持感等方面。Organ等人(1995)的研究显示，员工的满意度、组织承诺、组织公平感以及领导支持感等都显著地影响组织公民行为，且这些结论也得到了国内很多学者的验证。因此，可通过提升员工的工作满意度等方法促使组织公民行为的发生。

（2）个人特征。主要涉及人口统计学特征、大五人格等。如大五人格中的积极情感、宜人性和责任感等都对组织公民行为存在显著的影响。但值得注意的是，人格因素对组织公民行为中的预测和影响作用有限，它主要通过对个体工作态度的作用而间接地影响员工的组织公民行为。而在人口统计学的研究中，往往聚焦于年龄、性别、学历、婚姻状况等，但研究结论并不统一。国外的许多研究表明，性别、工作年限等对组织公民行为的影响并不显著，而国内的学者则得出了“年龄越大，职位越高以及女性员工更易出现组织公民行为”。因此，人口统计学特征对组织公民行为的影响还有待考证。

（二）任务层面

包括任务常规化、任务反馈和任务令人满意性等任务特征变量，其中任务反馈和任务令人满意性对组织公民行为存在积极的影响，而任务常规化限制着组织公民行为的实现。因此，在日常的工作中，除了对员工布置常规化的工作任务以外，可以尝试着开展诸如过程创新、生产创意等活动，提升员工的工作积极性和对分配任务的积极反馈，进而提升员工的组织公民行为。

（三）组织层面

包括组织僵化性、组织正规化、群体凝聚性、领导控制外的奖励、顾问—员工支持度、上下级间的空间距离六个组织特征变量。现有的研究大多表明，组织凝聚力与组织公民行为之间关系显著，如群体凝聚性利于利他行为的发生等。因此，提升员工组织公民行为可以尝试首先促进群体凝聚性的提升。

（四）领导层面

领导行为被认为是影响组织公民行为的重要因素之一。变革型领导的变革行为、行为垂范等行为、路径—目标理论中的支持性领导行为和角色澄清行为、交易型领导中的非一致性惩罚和一致性奖励行为等都影响着员工组织公民行为的实现。

小故事

韩国某大型公司的一个清洁工，本来是一个最被人忽视的角色，但就是这样一个人，却在一天晚上公司保险箱被窃时，与小偷进行了殊死搏斗。事后，有人为他请功并问他的动机时，答案却出人意料。他说：当公司的总经理从他身旁经过时，总会不时地赞美他"你扫的地真干净"。

资料来源：http://baike.so.com/doc/6656537.html. 吉尔伯特定律.2013.06.24.

四、组织公民行为的应用研究

（一）企业组织文化建设对组织公民行为的促进作用

由于组织公民行为是组织成员角色要求之外的行为，因此有时管理者并不易于觉察到员工的这些行为，也不易于通过正式的奖惩系统促使员工实施这些行为。所以，正式而明确的组织规则在试图促进员工做出组织公民行为方面会具有一定局限性。此时，组织文化的作用就凸显出来了。

组织文化包括组织成员共同认可的价值观、行为准则等，这些都会在员工对组织公民行为角色进行界定时影响他们的行为产生。因此，管理者在对组织公民行为了解之后，要深刻意识到营造有利于提升员工组织公民行为的企业文化的重要性。例如，公平公正、以人为本、追求创新的文化环境有利于员工发挥自己的才能，在这样的环境中，员工不但会主动地做好本职工作，真诚地与同事友好交往，还会主动为企业着想，容易表现出更多的组织公民行为，最终实现企业发展与个人发展的"双赢"。

同时，管理者需要充分挖掘企业文化中所蕴含的组织价值观，让组织价值观影响甚至同化员工产生组织公民行为的价值理念。即在建立企业文化的同时要努力使员工在价值观层面上认同于企业，从而形成与企业之间更为坚固的情感纽带，也就是增强企业文化与员工个人价值观的吻合度。另外，企业文化的建立还要考虑如何促使员工形成对自身角色更宽泛的认知，从而扩大组织公民行为的角色界定，最终产生更多的组织公民行为。值得注意的是，组织还可以将有效的客户管理纳入企业文化的建设，当企业文化的价值观与客户产生共鸣时，客户也将会产生类似于组织公民的角色外行为，这将给企业带来更多无形的财富。

（二）组织公民行为的跨文化研究

文化背景的差异使得中西方员工的组织公民行为存在不尽相同的具体表现形式，因此，直接应用国外的研究量表和成果来进行国内的研究可能并不合适。台湾大学的郑伯埙教授就曾形象地运用"移植"、"比较"、"本土"、"委托"及"应用"来形容国外组织行为研究的本土化。由于员工的行为方式是员工的个人因素和环境因素共同作用的结果，因此在进行组织公民行为的研究时，需要考虑环境因素的影响。

中国情境下的组织公民行为不同于西方的表现主要有：

一是角色的泛化，主要是指更为宽泛的员工角色内行为。如在对中国情境下国有企业组织公民行为测度时出现了诸如“服从社会规范”、“参与社会公益活动”等一系列独特的维度。由于传统的中国思想文化强调“修身、齐家、治国、平天下”的以维护社会整体利益为前提的人生价值，因此，中国情境下的组织对个人的评价中常常包括个人社会道德、社会规范等因素。

二是人际关系的影响。关系主要分为“价值层面”、“规范层面”和“行为层面”。价值层面上，“关系”体现了中国社会构建的基本原理，具有深层的文化价值合理性；规范层面上，“关系”意味着与人相处的基本规则；行为层面上，“关系”意味着一整套具体、丰富和可操作的实际行为。中国情境下的人际关系既为个体的行为提供了隐含的规范，也为员工行为的评价提供了标准，从而达到“关系的和谐”。

本章思考题

1. 个体与组织之间存在着怎样的关系？
2. 员工在组织中的态度主要包括哪些？
3. 梅耶和艾伦把组织承诺分成几个因素？它们之间的区别是什么？
4. 组织承诺和工作满意度有什么异同？两者之间的关系如何？
5. 组织公平感体现在哪些方面？
6. 组织职业成长包含哪几个维度？它会影响员工的哪些组织行为？
7. 组织公民行为具有什么作用？哪些因素会影响员工组织公民行为的发生？

课后案例

这会是一个令人满意的工作吗？

虽然朝九晚五的工作时间还只是一份期望而不是明文规定，但是很多员工在受着加班加点的煎熬时，内心却无比向往着朝九晚五的生活。然而，却依然有一些员工并不在乎自己在工作上投入的时间长短。

晓东，34岁，投行职员，在上海某跨国集团的全球新能源部门工作。近日的工作安排如下：下午6点半到办公室参加电话会议。凌晨12点离开办公室前往机场，乘坐凌晨1点半的飞机去北京，休息之后参加上午10点的陈述，当天返回上海办公室之后还要再工作3个小时。他说：“我看起来就是一个工作狂，期盼朝九晚五，但那是不可能的。公司给我提供了一个很好的工作平台，我有着非常优质的客户和资源，我要趁着年轻积累自己的能力和财富，实现自己的职业理想。付出和收入是对等的，我愿意成为一个工作狂。”

芳芳，28岁，某公司财务部门主管。大学毕业6年了，一直在本公司从事财务工作，升职一次，加薪三次。她平均每周工作时间是60小时。直接上级为一名女领导，她会经常针对其工作中出现的失误。她说：“我觉得每周不工作的时间屈指可数，每天一醒来我就开始担忧今天的任务能否完成，每天睡觉的时候还在思考今天的工作有没有失误。可是公司开出的薪水也不过如此，领导不支持，还要为自己的职业发展前景担忧。”

鲍伟，30岁，芜湖某公司人力资源部门薪酬主管。大学毕业7年，跳过一次槽，之前在一个水泥生产行业从事人力资源工作，现在在橱柜行业。目前收入水平在本城市算中上等。

领导较为重视，分配任务较重，每天加班，平均每周工作时间 60 小时。他说："我跳槽之前，接触的都是一线工人，从事人力工作很难让他们满意，经常需要与他们喝酒吃饭才能摆平，感觉很累。跳槽之后，工作时间变长了，也经常需要自己去琢磨工作的开展，虽然也很累，但是比较充实，能力也在不断提升，并且开始觉得这份工作越来越有意思，觉得从事人力资源管理是一个非常有前景的工作。"

何燕，27 岁，某互联网公司市场部职员。硕士毕业两年，在公司中换过两个部门，最近岗位等级升了一级。每天都要加班，经常晚上 10 点之后才能回家。因为中国特有的关系问题，公司中有一些员工每天可以朝九晚五，而且部门中她的任务总是最重，月底还经常因为指标未完成使得绩效工资降低。她说："也不知道这样加班的日子何时是个头，不公平待遇也求诉无门，还是赶紧把知识和技能学到手，找个轻松点的工作吧。"

谭拉，45 岁，某上市公司总经理。在本公司 20 余年，公司元老，经历了公司的创立、成长到上市，身体透支很多，糖尿病，曾经因为心脏病进行手术。现在每周工作时间 40 小时，每天的安排为：早上 6 点 30 起床，吃早饭，看新闻，8 点半出发去公司上班，处理各种事务。12 点公司食堂吃饭，1 点上班，继续处理未完成事务。5 点准时下班。之后前往乒乓球室，运动 1 小时，风雨无阻，然后回家吃饭。他说："很多人渴望我现在拥有的工作——实现了自己的职业目标，拥有可观的回报。但是我早期选择了透支自己的身体，才有了今天的成就，这一点是很不值得的。年轻人依然可以像我一样选择具有挑战性的工作，因为追求自己的职业成长是一种非常棒的体验，但是一定要注意身体。"

许多人对需要加班的工作总是望而却步，转而寻找其他轻松类型的工作。但是也有人愿意投入自己的精力、时间去追求自己的职业成长。同时，有的组织让员工觉得很累，但是有的组织压力再大，员工也会感到满意。

资料来源：改编于 http://www.doc88.com/p-899999976100.html. 这会是一个令人满意的工作吗？2013.03.11.

思考与讨论

1. 不同的员工会对同样的工作时间态度不一致，是否与组织因素有关？

2. 能够带来高满意度的工作有什么特点？

3. 如果员工对自己在组织中的职业成长满意，其职业成长与工作绩效、组织公民行为及离职率会有怎样的关系？

4. 回忆谭拉的话"年轻人依然可以向我一样选择具有挑战性的工作，因为追求自己的职业成长是一种非常棒的体验，但是一定要注意身体"，你认为组织应该如何帮助员工追求自身的职业成长？

第六章

激励理论及其应用

引例

他为什么选择离开

韩敏航，2008年硕士毕业于NJ理工大学计算机学院，精通IT技术的他当年从众多应聘者中脱颖而出，顺利进入国内一流、国际知名的IT技术企业——思远高科股份有限公司研发体系工作。通过7年的努力，他从一名普通新兵苗壮成长为在研发体系内部小有名气的业务骨干，并因为业绩过硬、具有相当的管理潜质而在去年被遴选为公司的管理干部后备。

但最近半年来，他在工作上的投入程度明显比不上以往，并一反常态地开始抱怨公司的各种"司空见惯"的问题。要知道，在此之前他可一直对公司包括公司的管理持积极的、认可的态度，无论是在公开场合还是私下，他都是公司形象的维护者。

上个月，他终于向公司提出离职。公司虽然多方劝说，尽力挽留，但仍未能改变他的决定。在离职面谈中，他将自己离开的原因归结为厌倦了朝八晚六、经常加班的IT男生活，想有更多的自主空间，想继续学习深造，想有更多的时间陪伴家人……——甚至，他还说到想利用自己的一技之长实现自己的创业梦想。这些原因看来是如此的繁杂和纠结，甚至相互矛盾。

后来，人力资源部门从侧面了解到，他离职后没过多久就入职软创梦想股份有限公司(思远高科的同城竞争对手)，干的仍是相似的工作，工资待遇也比在思远高科高不了多少。那么他为什么要离开思远高科呢？

通过反复了解，人力资源部终于了解到韩敏航离职的真相：思远高科去年秋天为招揽高校优秀毕业生加盟，对同样来自NJ理工大学计算机学院的几位新员工提供了"极具竞争力"的薪酬，其薪酬水平甚至高过很多2008/2009年(正值世界经济低迷，高校毕业生就业形势不好)入职的核心员工(其中就包括韩敏航)。一次偶然的社交机会，在推杯把盏中韩敏航了解到自己所带的"徒弟"比自己的薪酬待遇还要高，当时就表现出压抑不住的不快。后来，他向直接领导反映过这方面的情况，希望公司能将自己的薪酬待遇提上去，至少不要低于他的"徒弟"。他反复强调，这不单纯是钱的问题。但后来，此事不了了之……

资料来源：编者撰写。

思考

1. 韩敏航为什么会选择离开思远高科?
2. 该案例对我们有何启示?

第一节 激励概述

一、激励的定义

"激励"(motivation)由动机(motive)一词演化而来,原意指激发个体动机。动机是促使个体做出或维持某种行为的内在动因,它包括三个基本要素:方向、强度和持续性。方向是指个体行为的目标朝向,强度是指为了实现目标而能够付出的努力程度,持续性则指个体能够朝着目标而持续努力的时间长度。

既有的研究认为,动机源于个体生理或心理的需要。当个体在生理或心理上产生某种匮乏状态,并达到需要动用体内均衡力量进行调节的程度时,他(她)就会感到需要的存在。由此所引发的心理紧张感或内部张力就会继而促使个体去行动——要么压抑或降低内部需要,要么采取行动去追求能够满足需要的外部条件(诱因)。

作为组织行为学的专业术语,工作情境中的激励是指激发、引导、维持和强化员工工作干劲和目标行为的举措或行动。

二、激励理论的发展过程

早期朴素的激励理论常受到享乐主义原理的影响。该原理认为个体倾向于追求快乐和避免痛苦,人们通过利益权衡,有意识地选择行为,以实现有利结果最大化和不利结果最小化。然而,享乐主义原理存在以下严重的缺陷:首先,它并没有对个体快乐或痛苦的事件类型进行明确的说明;其次,它没能弄清楚人们是如何达到快乐或痛苦状态的,也就是说任何一种行为都可以在事后被解释为快乐或痛苦的起源,但这些行为都不能被事先预测。

为了弥补这些缺陷,心理学家们进行了长期的探索,并陆续诞生出一些有影响的激励理论。最早出现的是本能论,该理论认为人的行为是本能和无意识动机的结果,其后出现了需要层次理论、ERG 理论、成就动机理论、期望理论、公平理论、强化理论、目标设置理论等,这些理论大多可以分为两大类:内容型激励理论和过程型激励理论。内容型激励理论假设个体内存在着激发、引导和持续行为的因素。个体内的这些因素如何识别以及这些因素间可能存在何种优先顺序是这些理论所关注的,需要层次理论、ERG 理论、成就动机理论等都属于内容型激励理论。过程型激励理论则试图描述行为怎样被激发、引导和持续。这些理论关注的是行为背后的心理过程,著名的过程型激励理论有期望理论、公平理论、强化理论、目标设置理论等。

三、激励的重要作用

管理的目的是为了提高组织绩效,达成组织目标。管理者提高组织绩效需要建立在提高员工个人绩效的基础上。而员工个人绩效取决于个人工作能力、工作条件和工作积极性三个因素的共同作用。用公式表示如下：$P=AEM$。

P(performance)代表绩效水平；A(ability)代表个人工作能力；E(environment)代表工作条件；M(motivation)代表工作积极性。员工要取得高的绩效必须同时具备完成工作的个人能力、完成工作所需要的工作条件以及愿意去完成工作的积极性。在大多数情况下，员工完成工作的积极性是其中非常重要且非常难以满足的条件。关于这一点，杰克·C. 弗朗西斯曾生动地说道："你可以买到一个人的时间，你可以雇一个人到固定的工作岗位，你可以买到按时或按日计算的技术操作，但你买不到热情，你买不到创造性，你买不到全身心地投入，你不得不设法争取这些。"而杰克·韦尔奇则特别提出："无论我们试用多少方法，都需要落实到员工身上——他们获胜的想法、动机和激情。"

因此，如何才能有效激励员工、有效调动其工作积极性和主动性一直是各级管理者所不得不密切关注和优先应对的复杂议题。要做好这一点，需要管理者努力学习与激励相关的知识和技能，并在工作中不断摸索总结和创新实践。

四、激励的过程

激励的过程就是人们通过努力满足需要的过程。具体过程如图 6-1 所示。

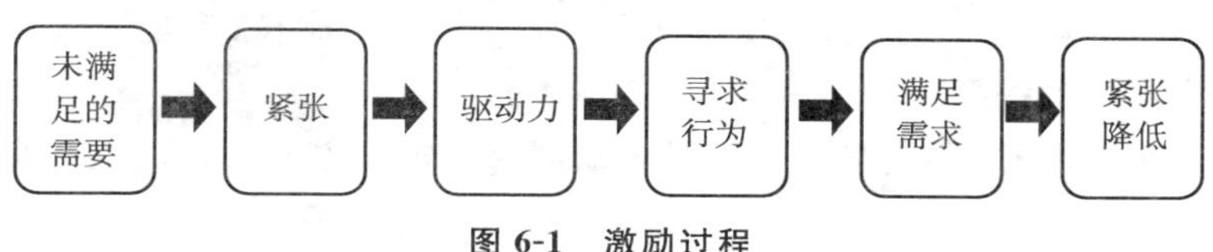

图 6-1　激励过程

激励的过程开始于未得到满足的需要，当需要未得到满足时个体会产生心理紧张的状态，进而刺激个体内在的驱动力(即动机)，动机形成后个体就会有了相应的朝着目标前进的行为。如果目标达成，个体的需要得到满足，那么心理的紧张状态就会消除，然后重新产生新的需要，新的紧张状态……如此反复循环。例如，员工期望得到更高的薪水和职位，但这种需要一时不能得到满足，员工就会产生紧张感，这种紧张感使个体产生获得加薪和升职的动力，动力驱使着个体做出达成加薪和升职所需的相应行为，如提高工作效率、增加工作时间等，当员工通过努力工作最终满足了加薪和升职的需要，紧张感也就会随之消失。

第二节　早期经典激励理论

20 世纪 50 年代左右，西方国家的产业结构发生了重大调整，制造加工行业的员工不断向服务业转移，蓝领工人的比例明显减少，白领员工的比例大幅上升。相比于蓝领工人，白领员工的激励问题显得更为复杂。在此期间，很多著名的激励理论应运而生，如马斯洛的需要层次理论、阿尔德福的 ERG 理论、麦克莱兰的成就需要理论、赫茨伯格的双因素理论、麦克雷格的 X 理论和 Y 理论等。虽然这些理论存在着很多问题，受到了大量的批评，但是目前它们最广为人知，仍是当代激励理论的基础，并且在实践中管理者仍经常使用这些理论来解释员工的激励问题。因此，这些理论仍然值得我们去学习。

一、马斯洛的需要层次理论

（一）需要层次理论的内容和观点

1. 基本含义

美国心理学家亚伯拉罕·马斯洛于1943年在《人类动机理论》中首次提出了"需要层次理论"，并在其1954年的著作《动机与人格》中作了进一步阐述。该理论是目前最著名的激励理论。

马斯洛认为每个人都有着五个层次的需要，五个层次由低到高依次是：

(1) 生理需要。这是人最基本的需要，包括对饥饿、口渴、居住、性等生理方面的需要。

(2) 安全需要。即对自身安全和稳定性的需要，如劳动安全、环境安全、财产安全、工作稳定、心理安全等。

(3) 社交需要。这一层需要包括两方面：一是指对爱、情感及与他人交往等方面的需要；二是指归属的需要，即希望被某一群体接纳，成为群体中一员的需要。

(4) 尊重需要。包括了自尊、独立、成就感等内在尊重需要以及社会地位、威信、受到别人的尊重和关注等外在尊重需要。

(5) 自我实现需要。这是最高层次的需要，代表着个人成长，实现个人理想和抱负，最大限度发挥自身潜能的需要。

除了上述五种需要外，马斯洛还提出了求知需要和求美需要，但未能流行。

2. 主要观点

同一时期，一个人可能同时有多个需要，其中没有满足的最低层次需要具有最大的激励效应。当较低层次的需要得到满足后，高一层次的需要就会成为主导需要，应当成为管理者优先考虑的激励因素。自我实现是最高层次的需要，是一种成长需要。当人们处于这一需要层次时，这种需要会不断变多，因为人们被满足时仍渴望得到更多。

（二）需要层次理论的意义和局限

相比于早期的研究者主要研究本能动机（如饥饿）对行为的影响，马斯洛则认为人类的行为不应仅由一种需要来激励。他提出的需要层次理论首次系统地将人的需要归纳为五个层次，模式直观，富有逻辑而且便于理解。同时马斯洛的需要层次理论也存在着一些局限：首先，没有实证研究能够证明人的需要可以按照马斯洛划分的五个层次聚类，也没有证据证明某一层次的需要满足后会产生更高层次的需要，人的需要的变化比马斯洛预想得要快；此外，越来越多的证据表明，需要层次类型是独特的、变化的，并不是通用的，每个人的需要受到其价值观的影响。

（三）需要层次理论对管理的启示

1. 关注员工的主导需要

每个员工都会同时有很多需要，如改善工作环境、人际关系，提高薪酬水平，晋升等。企业很难同时满足员工的多种需要，因此需要了解员工最迫切的需要，做到"好钢用在刀刃上"，用好有限的资源，做到最大程度的激励。

2. 激励要因人而异，满足员工的不同需要

不同的员工所处的需要层次不一定相同，企业的政策只是从企业整体角度出发，满足员工的普遍需要，而如何满足每个员工个性化的需要则需要管理者在实践管理中具体把握。例如，老员工的需要可能是工作稳定，而年轻员工可能就比较关注工作的挑战性、新鲜感；职位层级高的员工可能更关注高层次的需要，而职位层级低的员工可能更关注基础层级的需要。

二、阿尔德福的 ERG 理论

ERG 理论是由美国耶鲁大学教授阿尔德福于 1969 年提出的一种需要层次理论。该理论对马斯洛的需要层次理论进行了提炼和扩充。

（一）ERG 理论的内容与观点

1. 基本含义

ERG 理论认为，人的需要层次可以划分为三层：生存需要（existence）、关系需要（relationship）和成长需要（growth）。

生存需要：包括了对衣、食、住、行、性等基本生存条件的需要。大致对应于马斯洛需要层次理论中的生理需要和安全需要。

关系需要：指人对社会交往的需要，对和谐人际关系和相互尊重的需要。类似于马斯洛的社交需要和尊重需要。

成长需要：指个人对提高和发展自身的需要。大致对应于马斯洛的尊重需要和自我实现需要。

2. 主要观点

与马斯洛需要层次理论不同，ERG 理论认为各层次的需要并不是严格按照从低到高的次序发展的，可以跨级发展，可以多种需要同时存在；低层级的需要未得到满足的情况下也可能追求更高层次的需要，但是如果高层次的需要受到抑制，那么满足低层次需要的意愿会更强烈。

此外，ERG 理论还认为当人的某一层次需要得到满足后会期望更高层次的需要，这一点与马斯洛的理论相同，阿尔德福称之为“满足—上升”趋势；然而，ERG 理论也认为当某一层次的需要未能得到满足时，人们不会停留在该层次上直到得到满足，而是会退而求其次，追求低一层次的需要，阿尔德福称之为“受挫—回归”定律。

（二）ERG 理论的意义和局限

相比于马斯洛的理论，ERG 理论在需要的分类上并没有更完善，对需要的解释也并未超出马斯洛需要层次理论的范围。但是相比于马斯洛认为的五种需要层次的刚性结构，ERG 理论则承认了个体需要的差异性，同时，对不同需要之间联系的限制较少，提出了需要变化的多样性和可逆性，提示管理者关注和把握员工需要结构的变化，根据不同员工间的差异和同一员工不同时间的差异来制定出灵活合适的激励办法。

三、麦克莱兰的成就动机理论

不同于马斯洛和阿尔德福关注人全面需要的理论，美国哈佛大学麦克莱兰教授提出的

成就动机理论则着重关注人的高层次需要。麦克莱兰和同事在对人的需要和动机进行研究后，提出了著名的“成就动机理论”。

（一）成就动机理论的内容

成就动机理论主要关注个体在工作情境中的三种重要动机：

成就动机：指争取成功、追求优越感，希望做得最好的动机。

权力动机：指影响或控制他人且不受他人控制的动机。

亲和动机：指建立友好亲密人际关系的动机。

在这三者中，成就动机对人的成长发展非常重要，麦克莱兰对成就动机也最为关注。

（二）成就动机

1. 高成就动机的特征

拥有高成就动机的个体往往更容易成功。麦克莱兰通过广泛的研究认为，高成就动机者具备如下特征：

（1）高成就动机者倾向于设置较高的目标，做出适中程度的风险举措。假设一名员工上个月的销售额是100万元，公司给该员工设置了3个本月销售额目标：101万、130万和200万元。101万元的销售目标很轻松就能达成，200万元的目标根本不可能实现。高成就动机者不会避难就易地选择101万元的目标，但也不会不自量力地选择200万元的目标。他们会选择有一定挑战，同时又有可能实现的130万元的销售目标。

（2）高成就动机者需要及时得到工作结果的反馈信息。高成就动机的人不喜欢那种需要长时间才能看出效果的工作。因此，相比于研发、教学等短期难以看到工作结果的工作，高成就动机者更喜欢销售这类可以立刻看到有形结果的工作。

（3）高成就动机者倾向于对工作承担个人责任。他们愿意接受更多的任务，喜欢亲力亲为，不喜欢授权，不喜欢靠等待机会或委托他人来取得成果。

尽管高成就动机者更容易成功，但是他们却常常不是好的管理者。管理者需要让整个组织变得更好，因此需要授权给下属，但是高个人成就动机者（与高团队成就动机者不同）往往只关心自己能否做好，喜欢亲力亲为，不愿意授权给他人、影响他人或者帮助别人变得更好。此外，高成就动机者希望得到及时的反馈信息，而管理者尤其是高层管理者很难迅速得到直接的反馈。

2. 成就动机的分类

麦克莱兰认为，一个企业如果有很多高成就动机者就会发展很快，一个国家如果拥有很多这样的企业也会发展很快。高成就动机者能够推动企业和国家的发展。后来，人们发现并不是所有的高成就动机都能够推动企业和国家的发展，因为成就动机可以分为社会导向的成就动机和个人导向的成就动机。

社会导向的成就动机者其成就目标和评价标准主要由他周围重要的人或他所属的团队来决定，个人对成就的价值观念的内化程度比较弱，成就的社会工具性比较强。他们在做任何事之前，首先会考虑这是否符合他人或组织的期望，追求成就主要是为了使得他人或组织感到骄傲。个人导向的成就动机者其成就目标和评价标准主要由自己决定，个人对成就的价值观念的内化程度比较高，成就动机的自主性比较强。他们追求的是自己认为有价值的事情，勤奋工作是为了自己，追求成就本身就是快乐和重要的，达成目标后就算没有报酬和赞赏也会产生成就感。

这两种导向的成就动机各有长短，但如果一个人的成就动机导向偏向某个极端，可能会产生不良后果。已有研究表明个人导向成就动机过高的员工在组织中绩效并不是很好，这些员工的目标完全由自己设定，做自己认为有价值的事情，这使得员工的目标很可能与组织目标不一致，导致员工绩效不高，如果组织中个人导向成就动机者过多，这个组织就很难顺利完成目标，很难取得良好发展。

3. 成就动机的测量与培养

麦克莱兰认为人的这三种动机是潜意识动机，即便我们在某方面有很强的动机需要，但自己却不知道，因此难以测量。常用的测量方法是主题统觉测验，该测验方法的大体步骤如下：首先由一位经受过特殊训练的专家向被测者展示一些图片（4～6 张），然后让被测者在匆匆（8～10 秒）看过其中一幅图后，根据所看到的内容并结合自己的理解，在短时间内（5～8 分钟）编写一段不到 200 字的小故事。如此逐幅观察、编写直至最后一幅。然后在专家指导下，被测者单独与其他被测者组成的小组一起按照特定程序、规则，给自己编的故事评分，据此评价被测者的三种动机强度。然而，该测评方法过程较为烦琐，耗时长，投入大，很少有组织愿意在此投入资源。

成就动机除了能被可靠测评，还能够开发培养。麦克莱兰认为人群中只有约十分之一的人拥有高成就动机，但高成就动机可以通过教育培训来获得。为此，麦克莱兰进行了大量培养成就动机的实验，并获得了成功。目前，麦克莱兰的成就动机培训班已在美国、墨西哥和印度等地实施，且取得了良好效果。

（三）权力动机和亲和动机

相比于成就动机，有关权力动机和亲和动机的研究较少，但也取得了重要的研究成果。

高权力动机者表现出影响和控制别人的欲望，喜欢对别人“发号施令”，注重争取地位和影响力，往往会表现出外向、直率、爱争辩、表现自我、头脑冷静、爱向他人提要求、爱训斥别人等个性特征。优秀的管理者往往具备高的权力需要。

高亲和动机者期望和谐的人际关系，期望得到他人的肯定和认可，关心他人的感受，渴望有高度的相互理解关系。由此，高亲和动机者容易因为讲究交情和义气而违背或不重视管理工作原则，从而导致组织效率下降，因而不太适合从事具有任务导向强、时间压力大等属性的管理工作。

（四）成就动机理论的评价

在早期经典激励理论中，麦克莱兰的理论有着最好的研究支持。在成就动机理论的实践方面，比如各种动机如何测量、各种动机的强度对工作绩效的影响以及成就动机如何培养等，也有着很多重要的研究成果和操作方法。成就动机理论对于企业如何把握员工的高层次需要，测量和培训员工成就动机需要等具有一定的参考意义。然而，由于一些原因，如动机测量方法的复杂性，目前该理论在实践当中的应用并非很广泛。

四、赫兹伯格的双因素理论

双因素理论由美国心理学家弗雷德里克·赫兹伯格提出，又称“激励—保健因素理论”。

与先前的激励理论大多针对人的需要和动机不同的是，双因素理论主要针对满足这些需要的目标或诱因。

（一）双因素理论的主要内容

20 世纪 50 年代末期，赫兹伯格和他的助手们对匹兹堡地区一些工厂的 200 多个工程师、会计师进行了访谈。访谈的问题包括“什么时候你对工作特别满意”、“什么时候你对工作特别不满意”、“满意或不满意的原因是什么”等。通过对访谈结果进行整理，结果发现：使受访人员不满意的因素大多都同他们的外部工作环境有关；而使其满意的因素一般都由工作本身所引起。据此，赫兹伯格提出了双因素理论。他认为“满意”的对立面并不是传统意义上所认为的“不满意”，而是“没有满意”；“不满意”的对立面不是“满意”，而是“没有不满意”。造成工作满意和工作不满意的因素截然不同。

管理者处理好这些使员工产生不满意的因素能够预防和消除员工对工作的不满，但不能对员工起到激励作用。因此，这类因素被称为保健因素，包括企业政策、工作条件、工资水平等与工作环境相关的因素。如果管理者需要激励员工，让员工对工作产生满意感，就需要处理好与工作本身相关或者能够直接带来成果的因素，如工作的挑战性、工作与兴趣的一致性、工作上的成就感、工作中得到的认可和赞赏、工作职务上的责任感、工作的发展前途、个人成长和晋升的机会等都会激励员工。

需要注意的是，大多数因素都具有两面性，根据赫兹伯格的调查结果来看，几乎每个项目因素都是具有两面性的，其既有激励因素的一面，也有保健因素的一面，只是这些因素在总体频率上更倾向于激励或保健因素。

（二）双因素理论的评价

赫兹伯格的双因素理论对工作激励的思想、实践和研究产生了深远影响。在赫兹伯格之前，很少有研究关注工作场所的激励，马斯洛有关需要层次的研究、麦克莱兰对成就动机的研究大多都是基于实验或临床观察得出，而双因素理论则是基于对工作场所的研究而得出。因此，双因素理论提出后迅速得到了广泛的传播和认可，并在早期经典激励理论中具有重要地位。尽管如此，该理论也得到很多的批评，相关的观点主要如下：

(1) 研究方法和样本的局限。研究采用“关键事件访谈”询问员工对工作“满意”或“不满意”的因素，而由于受“基本归因错误”的影响，当人们满意时倾向于将这些特征归于自己，当不满意时会倾向于抱怨外部原因。此外，研究样本局限为匹兹堡地区的工程师、会计师等白领工人，研究结论未能考虑文化、行业、岗位层级、年龄等差异的影响，也未能体现个体间的差异。

(2) 并未采用对满意度的整体测量方法。员工可能会对工作中的一部分内容感到不满，但是总的来说对工作则可能还是比较满意。

(3) 研究以员工工作满意度作为工作积极性的判断标准，但二者之间并不一定存在强相关关系。当员工工作满意度较高时可能会促使其认真负责，但也可能使员工安于现状、不思进取。因此，该研究需要先证明员工工作满意度对工作积极性影响的显著性。

（三）双因素理论对管理的启示

尽管对双因素理论存在很多批评意见，但其确实有一定的科学性，实际工作中也确实存在着激励、保健因素的划分。管理者激励雇员可以分为两个阶段：首先消除员工的不满，让员工处于没有不满意的状态；当员工处于此状态后，增加再多的保健因素也很难调动其积极性，此时就需要注重员工的内在激励，利用晋升、成长机会、成就感等让员工感到满意，从而有效激励员工。

在赫兹伯格的研究结果中，企业常用作激励的因素——工资，被归到了保健因素。因为工资作为劳动者劳动价值的转换，每人每个月固定发放，对调动员工的积极性没有太大作用。企业可以利用绩效工资来调动员工积极性，将员工工资水平与绩效挂钩，工作表现好，绩效高，绩效工资就高。

在提出双因素理论后，赫兹伯格还进一步提出了如何在工作场所中应用双因素理论。他推荐了工作扩大化、丰富化和轮换的方法，主张利用工作本身来调动员工积极性。与科学管理中提倡的劳动分工不同，该方法通过扩大员工工作内容、工作范围，提供适当的工作挑战等来减少由于工作重复、工作单调等使员工产生的厌烦和不满，提升工作满意度和激励水平。

小故事

A企业在工作取得一定成效的时候，老板会给员工发放一笔上千元的奖金(大部分企业通用的激励方式)。老板本来以为这样就可以充分调动员工的积极性了，但是近年来发现这样的激励方式已经逐渐失去了作用，员工在领取奖金的时候反应非常平淡，就像领自己的薪水一样自然，并且在随后的工作中也没人会为这上千元的奖金表现得特别努力。同时，老板还发现员工的抱怨也比以前有所增加，员工们认为老板不重视他们的需求，给不了他们想要的东西。于是员工离职尤其是优秀人才的跳槽现象开始增多，这给企业造成了巨大的损失。

资料来源：http://www.doc88.com/p-0844367692203.html. 人力资源管理的关键途径.2014.04.07.

五、麦克雷格的X理论和Y理论

与前面几个研究动机和需要的理论不同，道格拉斯·麦克雷格提出的X理论和Y理论是一种管理哲学。他认为管理者对人性的观点是基于一些特定的假设，他们基于这些假设来确定对待员工的方式。X理论和Y理论是对人性的两种截然不同的观点，前者对人性的假设是消极的，而后者对人性的假设是积极的。

(一) X理论的基本假设

(1) 员工天生是懒惰的，他们都尽可能逃避工作；

(2) 员工都没有雄心大志，不愿负任何责任，而心甘情愿受别人的指导；

(3) 员工的个人目标都与组织目标相矛盾，必须用强制、惩罚的办法，才能迫使他们为实现组织目标而工作；

(4) 员工参与工作都是为了满足基本的生理需要和安全需要，因此，只有金钱和地位才能刺激他们努力工作。

(二) Y理论的基本假设

(1) 员工是勤奋的，如果环境条件有利，工作如同游戏或休息一样自然；

(2) 控制和惩罚不是实现组织目标的唯一方法，人们在执行任务中能够自我指导和自我控制；

(3) 在正常情况下，员工不仅会接受责任，而且会主动寻求责任；

(4) 员工普遍存在着高度的想象力、智慧和解决组织中问题的创造力。

结合马斯洛需要层次理论的观点思考 X 理论和 Y 理论可以发现，X 理论认为低层次的需要主导着个体的行为，Y 理论则认为高层次的需要主导着个体行为。麦克雷格认为 Y 理论比 X 理论更符合实际，从现代管理发展的趋势来看，似乎 Y 理论更容易被大多数人接受。根据 Y 理论的观点，可以采用如下管理方式来激励员工：

(1) 管理者的重要任务是创造一种能够使员工得以发挥才能和潜力的工作环境，并使员工在为实现组织的目标贡献力量时也能达到自己的目标。此时的管理者已不仅仅是指挥者、协调者或监督者，还起着辅导者的作用，从旁给予员工支持和帮助。

(2) 对人的激励主要是来自工作本身的内在激励，应该让员工承担具有挑战性的工作，担负更多的责任，促使其在工作上做出成绩，满足其自我实现的需要。

(3) 在管理制度上应给予员工更多的自主权，让其实行自我控制，让他们参与管理和决策，并共同分享权力。

事实上，目前并没有证据能够证明两种假设中的任何一种，因此不能机械地照搬使用。X 理论和 Y 理论给我们提供了思考问题的角度，在使用时要根据社会发展现状以及人的个体因素来综合考虑。

第三节　当代激励理论

相比于早期经典激励理论，最近出现的一些理论更能经得起科学检验，每个理论都获得了大量的实证支持。之所以将它们称为“当代激励理论”，是因为这些理论整体代表着当前学者们在解释员工激励问题时的思想状态。

一、认知评价理论

认知评价理论也称为内在激励理论，由美国心理学家理查德·瑞安和爱德华·戴瑟在 20 世纪 80 年代提出，它是自我决定理论在发展过程中形成的一个重要理论分支。该理论认为个体之所以努力工作是由于他(她)对工作本身感兴趣。

认知评价理论区分了内部激励(如工作带来的成就感)和外部激励(如高工资、晋升)，重视内部激励对个体行为的影响。该理论认为对客观事物的心理认知和评价会影响人的内在动机，从而激励或阻碍某一行为的实施；具有内在动机的员工源于对工作本身的兴趣而从事某项工作，他们将完成工作视为快乐的事，因而工作积极性更高，工作的热情也更持久；相反，关注外在激励的员工把完成工作任务视为一种职责或义务，将完成任务作为达到某一目的的手段，并不是自己真正喜欢从事这项工作。

认知评价理论还认为，当对一个任务给予外部激励时会降低个体内在的兴趣。当人们因为工作而得到薪水时，他们就不太感到这份工作是他们想要去做的工作，而更像他们必须去做的工作。为什么会出现这样的结果呢？最常见的解释是，当人们失去了对自己行为的控制能力时，内在激励就会消失。

那么,如何才能提高个体的内在激励水平?

认知评价理论指出社会外部环境应满足人的三种基本心理需要:自主需要、胜任需要和归属需要。这三种需要和人的内在动机密切相关。自主需要指个体需要感受到行为出自本人决定而非他人控制;胜任需要指个体知道如何实现某一目标并具备实现目标的能力;归属需要则涉及个体和他人之间的关系,即个体需要和他人建立一种安全、愉快的关系以产生归属感。研究认为使人们的自主、胜任和归属需要有机会得到满足的社会环境因素将有助于激发个体内在动机的形成。因此,管理者在激励员工时需要考虑员工的自主、胜任和归属需要,在给员工提供外部激励之外还要注重提供内部激励,令工作变得有趣,认可并支持员工的成长和发展,让员工感到能够控制并自主选择自己的工作内容,使员工满意工作、忠于雇主。

二、目标设置理论

目标设置理论由美国马里兰大学管理学兼心理学教授洛克(E. A. Locke)于 1967 年首先提出。洛克和他的同事在研究中发现大多数的外部刺激因素(如奖励、工作反馈、监督的压力等)都是通过目标来影响工作动机。由此可见,目标在管理过程中十分重要,科学、合理地设置目标,进行目标管理可以有效调动员工的积极性,提高个人和组织绩效。

洛克认为目标可以通过四种机制影响绩效:第一,它能够指引员工将注意力和精力集中到目标上来,从而避免与目标无关的活动;第二,它能够鼓励员工为之投入更多的努力,目标难度越大,投入的努力将越多;第三,它能够延长员工行为的持久性,鼓励员工为了目标持之以恒;第四,它能够激发员工的聪明才智,思考和制定多种工作策略来达成目标。

既有的研究一致发现,有效的目标设置必须满足两个条件:一是员工必须知道目标是什么和如何行动才能达到目标;二是员工必须有为达到目标而付出必要努力的意愿。那么,如何设置目标才能满足目标设置的必要条件,设置什么样的目标才能更好地调动员工的积极性呢?

(一) 目标设置的原则

1. 目标的明确性

目标明确性是指目标的清楚和具体程度。具体明确的目标比诸如“尽力而为”等不明确的目标更能激励员工取得好的结果。明确的目标能够更精确地向员工传达绩效期望,可以更有效地引导绩效努力的方向。例如,某车间生产工人接受到“使本月产量比上月提高 5%”的具体目标时会比其在没有明确目标或只有“尽力而为”等宽泛目标的情况下做得更好。

2. 目标的相关性

目标必须与员工的工作相关,达成目标必须在员工可达成的范围内。例如,如果给生产工人设置增加原材料使用率之类的目标,而员工又对提高使用率根本无能为力时,这样的目标就没有意义。

3. 目标难度适中

绝大多数的研究表明:具有适当难度的目标比难度低的目标更能提高员工的绩效。当目标对于员工有一定难度,能够使其感觉到挑战而又非高不可及时,员工就能更加集中精力,更加充满干劲和期待地去完成目标,并能为达成目标积极地应用自己的知识技能,付出更强、更持久的努力。需要注意的是，如果目标的难度超过了员工能力的承受范围，他们可能会因为无法完成目标而消极怠工，最终甚至达不到简单目标下的绩效水平。因此，选择“跳一跳才能摘到苹果”的最优目标难度才能最好地调动员工的积极性。目标难度与任务绩效的关系如图 6-2 所示。

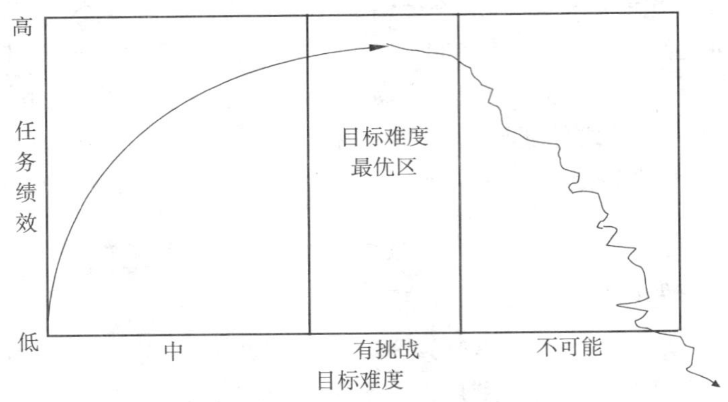

图 6-2　目标难度与任务绩效关系

4. 获得员工的目标承诺

由目标难度的适宜性可知，当设置的目标无法得到员工的认可时，目标就很难对员工产生激励作用。除了目标过难外，还有很多因素也会降低员工对目标的承诺，如员工觉得完成目标后得不到应有的奖励或目标是上级单方面压过来的等都有可能会降低其对目标的承诺。因此，管理者设置的目标要设法得到员工认可，获得员工对目标的承诺。

5. 员工参与目标制定

员工参与到目标制定过程可以提高员工的目标承诺，让员工接受目标并在目标的激励下努力工作。如果目标的设置过程中没有采用员工参与的方法，那进行目标设置的个体需要向员工清楚地解释目标设置的过程、目标设置的合理性及达成目标的重要性等。虽然最近也有研究发现，在高权力距离的文化背景下，上司设置的目标能够使员工产生更多的目标承诺，但让员工参与到目标的制定过程无疑会提升员工的目标承诺。

6. 目标实施过程的及时反馈

员工在朝目标努力的过程中如果能获得有效的反馈可以提升其工作热情和工作绩效。有效的反馈使员工能认清工作过程中的绩效目标差距，了解到当前的行动是否正在朝着正确的方向前进。有效的反馈需要具备五个特征：第一，反馈应该是有关目标的具体问题；第二，反馈必须是和个人工作行为、工作目标相关的；第三，反馈应当是及时的，在行为和结果之后立即进行反馈；第四，反馈的频率应该适当，需要根据员工相关知识和经验及工作周期等确定适当的反馈频率；第五，反馈内容应该是可靠的，提高反馈的可靠性可以通过 360 度反馈法，让与员工有密切工作关系的人为其提供反馈，同时员工也可以进行自我监控进展获得自我反馈。研究表明，自我反馈比外界的反馈更能激励员工。

（二）目标设置理论模型

在多年研究的基础上，洛克等提出了目标设置理论模型（又称高绩效循环模型），如图 6-3 所示，系统地揭示了目标设置的过程及影响因素。

从图 6-3 中可见，目标的特性（明确度、困难度）及自我效能是个体追求高绩效的动力，直接影响绩效；良好的绩效将给个体带来内部和外部的奖励，从而提高个体的满意度；对绩效和奖励的满意度又会促使个体提高组织承诺并愿意接受新的挑战，这样就能导致新一轮高绩效的产生。同理，如果未能满足高绩效循环的要求，如低挑战、任务不明确、缺乏回报，就会导致低的绩效循环。在这个过程中，目标特性（明确度、困难度）及自我效能与绩效之间的关系会受到个体能力、目标承诺、反馈、任务复杂性、情境限制、努力方向、程度、持久性、特定任务、任务策略等因素的影响。

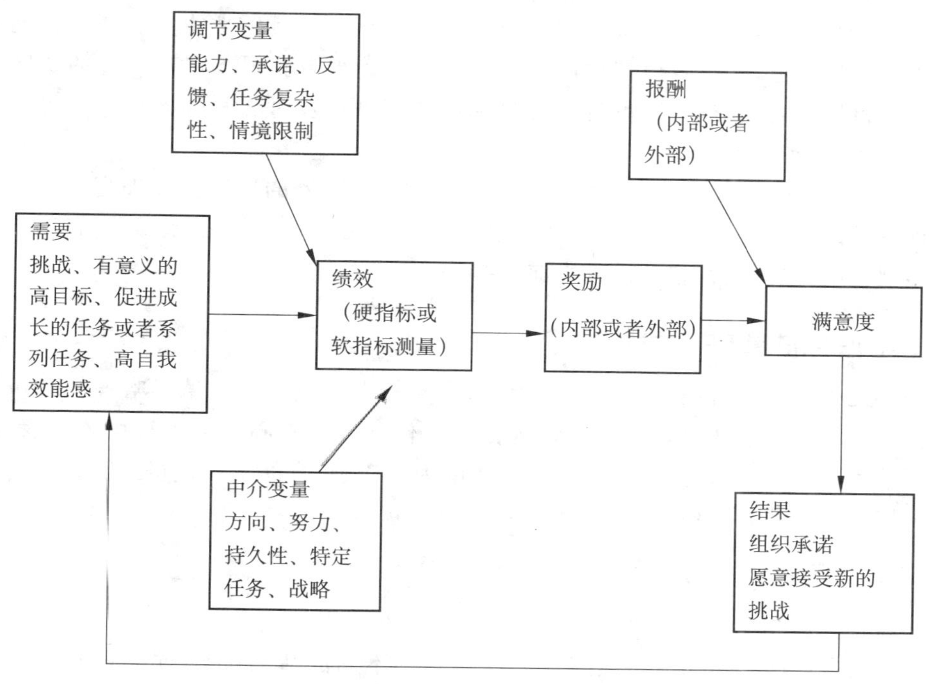

图 6-3　高绩效循环系统

（三）目标设置理论对管理的启示

自目标设置理论提出以来，已有大量研究有力地证明了从目标设置的观点来研究激励是有效的。在这个领域已经取得了很多有意义的成果，这些理论成果也已应用到管理实践中去，给实际工作带来了很大帮助。目标设置理论对管理者的启示具体有以下几点：

(1) 使员工的目标与组织的目标相一致。个人与组织的目标可能一致也可能存在偏差。根据中松义郎的目标一致理论，个人能力的发挥与个人和组织目标之间的偏差存在着一种可以量化的函数关系，如图 6-4 所示。图中 F 表示一个人实际发挥出的能力，F_{max} 表示一个人潜在的最大能力，θ 表示个人目标与组织目标之间的夹角。因此有公式 $F=F_{max}\times\cos\theta$：显然，当个人目标与组织目标完全一致时，$\theta=0$，$\cos\theta=1$，$F=F_{max}$，个人能力才能最大发挥，个体绩效才可能最佳。作为管理者应努力确保下属的目标与组织一致。

(2) 目标要明确、有挑战性。管理者应当给下属设置具体的、有适当难度的目标，同时目标的完成需要有时间的界限，既要有短期的、分解的目标，又要有长期的、总的目标。另外，需要注意的是虽然目标要求具体但也不能过于复杂。

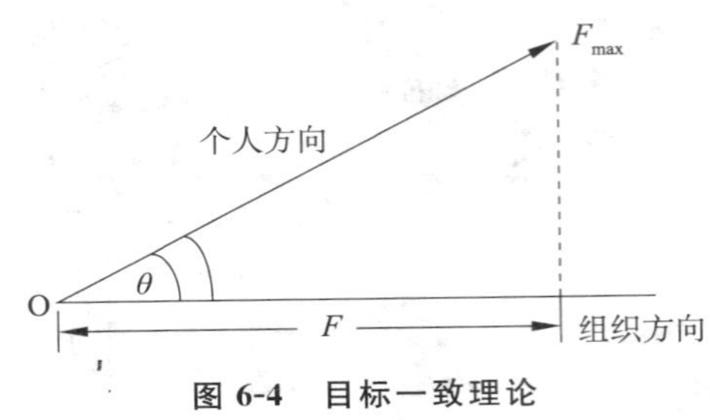

图 6-4　目标一致理论

(3) 目标需要获得员工的认同。管理者对下属设置的目标需要得到下属的认同并让下属内化为自己的目标，变成下属工作的方向和动力。管理者获得下属对目标的认同可以通过员工参与目标设置、在员工取得阶段性目标成果时进行及时奖励等方法来获得和提高员工对目标的承诺。

(4) 目标设置过程中对员工进行反馈。及时、准确、频繁的反馈可以提高员工的工作绩效。管理者可以为员工提供反馈信息和反馈渠道，让员工从多方面获取反馈信息，检验自身的目标实现情况，以有效调整和改进当前工作。

三、工作特征模型

工作特征模型又称五因子工作特征理论，由哈佛大学教授理查德·哈德曼和伊利诺依大学教授格雷格·奥尔德汉姆提出。该理论对工作从五个核心维度进行描述，这种维度的划分体现了人本主义的管理思想，重视对员工的内在激励，有助于营建员工高水平的心理状态，提升员工的工作满意度和工作绩效。

(一) 工作特征模型的主要内容

工作特征模型包含如下核心维度：

(1) 技能多样性。指完成一项工作要通过各种不同的活动，因此员工需要具备各种技能和能力。例如，办公室主任的工作包括管理本部门人员、协调本部门与相关部门的关系、组织公司会议、负责公司接待工作等，这就对其技能多样性有很高的要求，而生产线上的生产工人其技能多样性要求则较低。

(2) 任务完整性。指一项工作要求完成一整套界限清晰的任务。例如，一个糕点师制作一个蛋糕需要进行蛋糕设计、原材料的选择及最终制作完成蛋糕，其工作具有很高的任务完整性。相比之下，一个生产线上只负责拧螺丝的工人其任务完整性则很低。

(3) 任务重要性。即一项工作在多大程度上影响其他人的工作或生活。例如，医院急诊室里拯救生命垂危病人的医生，他们的工作就有着很高的任务重要性，相比之下，负责医院清洁的工作任务重要性则较低。

(4) 自主性。即工作在多大程度上允许自由、独立，以及在具体工作中个人制定计划和执行计划时的自主范围。例如，公司的推销人员每天可以自主地安排工作，并且不需要监督就能够自己选择对每一个客户采用最有效的销售手段，这种工作就有着高度的自主性，而超市的收银人员其工作自主性则很低。

(5) 反馈性。指员工获得其所从事工作的绩效信息的及时性及明确程度。推销人员向客户推销产品很快就能得到客户清晰的反馈——是否愿意购买，这就是具有高反馈性的工作。研发人员的工作则相对较难得到清晰的反馈。

图 6-5 所示为工作特征模型，由模型可知工作核心维度会使个体体验到关键心理状态，进而提高其工作成果。工作核心维度中的前三个维度共同创造出有意义的工作；拥有自主性的职务会给任职者带来一种对工作结果的个人责任感；如果职务能提供反馈，则员工就会知道自己所进行的工作效果如何。当员工同时具备了三种关键的心理状态后，其激励、绩效和满意水平就会很高，而缺勤率和离职率则会降低。图中的员工成长需要指员工渴望挑战的欲望及希望在工作中获得个人成长和发展的需要，员工成长需要的强度调节核心工作维度所产生的关键心理状态与工作成果之间的关系，拥有高度个人成长需要的员工在核心工作特征得到满足时会体验到关键心理状态，并且相比起那些低成长需要的人来说他们可能会用更积极的心态去做出回应。

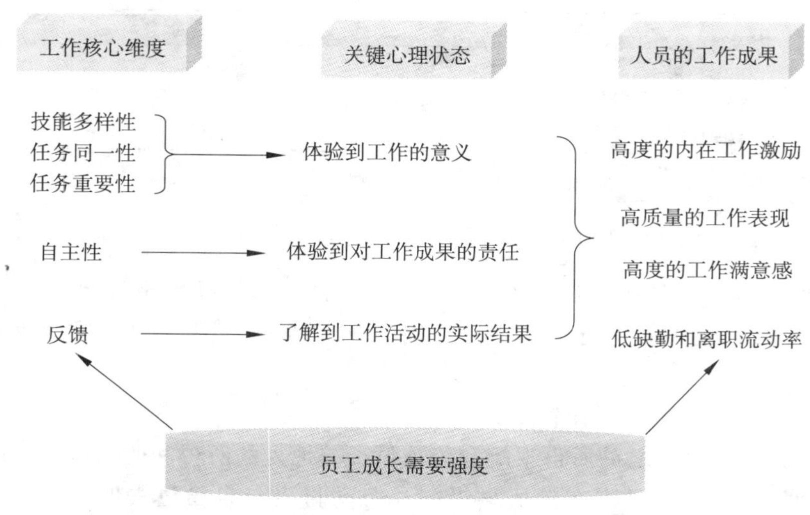

图 6-5 工作特征模型

（二）工作特征模型对管理的启示

工作特征模型为管理者对工作及工作过程进行设计和再设计提供了具体的指导和建议。这些有益的建议包括：

（1）组合任务。管理者可以同时交给员工多个工作任务，以此来增加工作的多样性和完整性。例如，对企业客服人员进行培训，使他们在听取客户反映问题的同时能够有能力为客户解决问题，而不是让他们仅仅从事问题记录这种简单的任务。

（2）形成自然的工作单位。管理者向员工提供有意义的工作模式，增加其工作的完整性，使其感受到任务的重要性和意义。例如，可以让汽车流水线的生产工人生产一个相对完整的汽车零件，而不是让其从事片面的、重复的工作。

（3）建立直接的客户关系。管理者应当在可能的范围内建立起员工与其客户之间的直接联系，这样做可以增加员工工作的多样性、自主性，同时还能方便员工获得反馈信息。例如，允许饭店的厨师与用餐的客人直接沟通，和经常用餐的客人建立直接的关系，而不是让厨师仅仅待在厨房做菜。

（4）纵向扩展职务。将通常属于主管者的职责授予员工，如将工作日程安排、工作方法决策等权力交给员工，增加员工的自主权，增强员工的责任感。

(5) 开放反馈渠道。管理者在允许员工建立客户关系的同时，向员工提供绩效总结和公司信息，通过加强和改善反馈环节，让员工了解他们做得怎样，为其改进工作提供基础。

四、公平理论

公平理论由美国心理学家约翰·斯塔希·亚当斯于1965年提出，是研究人的动机和知觉关系的一种激励理论。该理论认为员工的激励程度不仅来源于其所得到的报酬的绝对数量，也来源于自己和参照对象的报酬和投入比的主观比较感觉，具体内容如表6-1所示。

表6-1 公平理论

比率比较	员工感觉
结果A/投入A<结果B/投入B	不公平
结果A/投入A=结果B/投入B	公平
结果A/投入A>结果B/投入B	内疚

注：A表示某员工；B表示相关参照对象

(一) 公平理论的内容和观点

公平理论认为员工在取得工作报酬后，会将自己的所得/投入比与相关者的所得/投入比进行比较，比较的结果会让员工产生公平或不公平感，进而影响到其在企业中的态度和行为。

员工可以从两个角度选择比较对象：

(1) 横向比较。将自己的所得报酬和劳动付出与他人的所得和劳动付出相比较。

(2) 纵向比较。把自己现在的所得报酬和劳动付出与自己过去的所得和劳动付出相比较。

员工的比较对象有四种：

(1) 自我内部比较。指员工与自己过去在组织内其他岗位的经历相对比。

(2) 自我外部比较。指员工与自己过去在组织外部其他岗位的经历相对比。

(3) 他人内部比较。指员工与当前组织的其他员工或某一群体相对比。

(4) 他人外部比较。指员工与组织外部其他员工或某一群体相对比。

由上可知，员工可能会与自己过去的工作情况对比，也可能会与自己的朋友、邻居、同事或其他组织的参照对象进行对比，这些参照对象一般是与当事人工作性质和级别相当的个体。员工选择参照者受其对此人信息掌握程度的影响，也会受到参照者本人魅力的影响。此外，性别、任职长度、在组织中的层级及教育和专业水平都可能是调节影响因素。员工在与相关者进行比较之后会得到三个可能结果：当员工发现自己的比率小于相关者时就会感觉不公平，从而造成紧张感甚至导致愤怒；当员工感知到比率相等，那么就会感觉到公平和正义；当员工发现自身比率高于相关者时可能会产生内疚感，这种内疚感可能会由于自我归因或道德认知等方面的个体差异而有所不同。

当员工感知到不公平时，如当员工感觉受到亏待时，会产生不安或不满的情绪，因此，会采取相应的行动来恢复公平。这些行为包括但不限于：

(1) 降低自己的投入。如减少努力、减少组织公民行为。

(2) 增加自己的结果。如要求涨薪。

(3) 增加参照对象的投入。如要求同事更努力地工作。

(4) 降低参照对象的结果。如要求上司停止对同事的优待。

(5) 改变自己的认知。如相信同事确实做了更多的工作。

(6) 变换参照对象。如选择和自己境况一样的同事比较。

(7) 离开该领域。如辞职。

此外，并不是所有员工在感知到不公平时都会采取行动，不同的员工对不公平的敏感度不同。在实际工作中，有些员工往往能接受一定程度的不公平。按照对不公平的敏感度可以将员工分为以下三类。

(1) 乐善主义：可以容忍较低的回报率。

(2) 公平主义：对公平较为敏感，希望获得与参照者相当的回报。

(3) 特权主义：希望获得比别人高的回报。

有研究发现，无论公平比较的结果如何，乐善主义者总比其他两种人拥有更高的工作满意度。

(二) 分配公平与程序公平

近年来对公平理论的关注已经从分配公平扩展至组织公平。分配公平指组织中的员工对组织报酬分派结果的公平感知；而组织公平则是指员工对工作场所公平与否的整体感知。想要让员工获得组织公平感，分配公平固然很重要，但程序公平也同样重要。

程序公平包含过程控制和解释两个关键因素。过程控制指员工对决策者提议其所希望得到的结果。解释指管理层对结果产生的原因给出明确的说明。当员工感觉到他们对分配结果有所控制并且得到了管理者对分配结果的合理解释时他们会认为分配的程序是公平的。

当组织缺乏分配公平时，程序公平显得更重要一些。因为，当员工没有得到期望的报酬时会更关注为什么，即分配的程序是否公平。例如，员工 A 和员工 B 是部门绩效最好的两名员工，当管理者将部门唯一的“先进个人”称号颁发给员工 A 时，员工 B 会感觉受到了不公平的待遇，会关注管理者为何这样对他，甚至会忽略其是否得到“先进个人”称号。这时，管理者需要向员工解释将称号颁发给 A 员工的原因，而不是劝说 B 员工这个称号其实并不重要。

(三) 公平理论对管理的启示

1. 管理者需要促进员工对公平的感知

当管理者意识到分配的方法可能会让员工感觉不公平时，需要向员工公开分配决策的制定过程，以及解释分配制定过程的合理性，提高员工对程序公平的感知。管理者还需要充分了解员工对公平的感知情况，当员工感知到不公平时要关注如何解决问题的根源。

2. 公平理论不代表给每个员工的报酬都相等

为了更好地激励员工，管理者需要给高绩效者进行额外奖励，同时减少低绩效者的报酬。

五、期望理论

期望理论由美国心理学家维克托·弗鲁姆于1964年在《工作与激励》一书中提出。与前几种激励理论相比，期望理论更具有包容性，并且它的范围和复杂性仍然在不断发展。

（一）期望理论的主要内容

弗鲁姆认为，人总是渴求满足一定的需要并设法达到一定的目标。这个目标在尚未实现时，表现为一种期望，这时目标反过来对个人的动机又是一种激励的力量，而这个激励力量的大小，取决于个体对努力产生成功绩效的概率估计（期望），以及个体希望得到多少报酬（效价）。用公式表示就是：$M = EV$。

M(motivation)表示激励力量，是指调动一个人的积极性，激发人内部潜力的强度。

E(expectancy)是期望值，是人们根据过去经验判断自己达到某种目标的可能性大小，即能够达到目标的概率。

V(valence)表示效价，是指个人对获得报酬的偏好程度，对获得报酬的满意程度。

该公式表明：假如一个人把某种目标的价值看得很大，估计能实现的概率也很高，那么这个目标激发动机的力量就越强烈。

经发展后，期望理论的公式表示为：$M = EIV$。其中：I(instrumentality，工具性)是指一旦完成任务就可以获得报酬的信念。

（二）期望理论在管理中的应用

弗鲁姆将期望理论应用到工作情境的激励中，他认为要有效地激励员工、调动其工作积极性需要处理好三种关系，这三种关系分别对应于公式中的E、I、V，如图6-6所示。

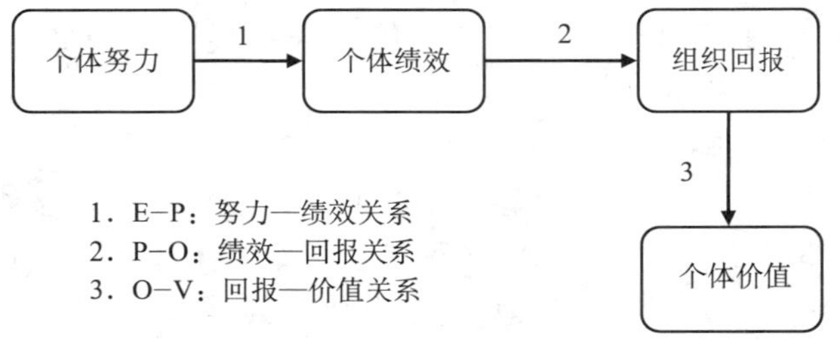

图6-6 期望理论

(1) 努力与绩效的关系。指个体对其通过努力可以达到的特定绩效水平的期望。期望可以用概率表示；当个体越相信努力可以取得良好的绩效时，期望水平越高（概率越接近1）；当个体越认为付出再大的努力也不会取得预期的绩效时，期望水平将越低（概率越接近0）。

作为管理者要积极增加员工对通过努力就能达到期望绩效的信心，如为员工提供必要的培训，培养员工胜任工作的能力；按照岗位要求的胜任素质选拔员工；明确员工的工作要求；为员工完成工作提供充足的资源支持；对员工的工作绩效提供反馈信息，对员工进行工作指导，提出绩效改进建议等。

(2) 绩效与回报的关系。指个体对绩效水平可以导致回报的概率的知觉。如果员工越相信取得高绩效水平一定能得到回报，那么其对绩效得到回报的期望就越高（概率接近1）；相反，当员工不相信高绩效水平能获得回报，那么其在这方面的期望就会很低（概率接近0）。

管理者可以通过如下方式增加员工对好的绩效可以带来好的回报的信心，如建立良好的绩效评价体系，准确测量员工的绩效水平，并向员工清晰地解释好的或不好的绩效将带来何种绩效结果。

(3) 回报与价值的关系。回报与价值的关系即效价，指员工对获得的回报满意或不满意，范围由负到正。效价的正负、强弱因人而异，当回报与员工的价值观一致，直接或间接满足了员工的需要时，回报的效价为正；当回报与员工价值观相冲突，不能满足员工的需要时，回报的效价为负。

管理者在提高员工绩效回报的期望效价时可从以下方面考虑：如确保发放给员工的报酬对他们来说是有价值的，能满足其实际的需要；采用个性化奖励方案，关注员工不同的需要和偏好，使得给员工带来负效价的结果最小化。

期望理论认为要同时处理好三个方面的关系才能够产生足够大的激励力量。也就是说，员工必须确信努力会带来高水平的绩效，相信高水平的绩效可以带来组织的回报，并且组织回报的总效价为正，才会积极地从事组织的工作，完成组织的任务。

小故事

1966 年，心理学家罗森塔尔做了个有趣的实验，研究了期望对成绩的影响。实验结果表明，专家对学生的肯定使得老师们对被指定孩子的前途寄予厚望，并投入更高热情、更多信任来教育和鼓励他们；反过来，那些被指定的孩子也变得更加自信，从而比其他学生进步得更快。这就是著名的“罗森塔尔效应”，也称为“皮格马利翁效应”。

资料来源：http://www.doc88.com/p-9089014985072.html. 皮格马利翁期望效应. 2013.12.03.

六、强化理论

强化理论最初是由美国哈佛大学教授斯金纳等在巴甫洛夫条件反射理论的基础上提出的，又称行为矫正或行为修正理论。斯金纳认为行为是某种刺激的函数，人(或动物)对外部事件或情景刺激所采取的行动或反应取决于特定行为的结果。当行为的结果有利时，这种行为会重复出现；当行为结果不利时，这种行为就会减弱或者消失。与弗鲁姆的期望理论相类似，斯金纳的强化理论也强调行为同其后果之间关系的重要性，但弗鲁姆的期望理论较多地涉及主观判断等内部心理过程，而强化理论只讨论刺激和行为的关系。根据强化理论，管理者可以通过影响员工行为的后果来引导、控制和改造员工的行为，让员工朝着组织目标努力工作。

(一) 强化理论的内容和观点

用强化理论改变员工行为的过程称为行为修正。根据强化理论，管理者要改变员工的行为必须改变员工行为的结果。这是因为员工的后续行为表现在很大程度上取决于前面行为所产生的结果。那些能够产生积极结果的行为往往会得到员工的重复。例如，当管理者公开表扬了加班的员工，员工们可能会受到激励更积极地加班。相反，那些导致消极后果的行为往往会减少或者消失。例如，管理者批评了那些上班迟到的员工，这些员工可能在受到刺激后能够变得很少迟到或者不迟到。

1. 强化的类型

管理者可以使用四种类型的方法来影响员工的行为。

(1) 正强化。指管理者在员工发生期望的行为后为其提供积极的结果，使该行为能够得到强化和重复。例如，生产工人向管理者提出了改进原料使用率的生产方法，管理者为了使员工在以后的工作中能够提出更多改进生产的建议就应当对该生产工人的行为进行正面强化，表扬并认可该员工的行为。

(2) 负强化。指通过抑制负面行为来增加正面行为。管理者预先告知员工某种不符合要求、不期望出现的行为会造成消极的结果，员工为了回避这一后果而降低这种行为发生的频率，强调的是一种事前的规避。例如，管理者要求员工穿正装上班，并公开对一名穿着随意的员工进行批评，这名员工及组织内其他员工就会避免穿着随意而使管理者不满。

(3) 自然消退。自然消退的目的是为了减少行为的频率，它可以区分为两种方式：第一种是对已出现的不期望的行为予以忽视，以表示对该行为的轻视或某种程度的否定，使其自然消退，达到“无为而治”的目的。第二种是对以前曾经得到奖励的行为停止对其奖励，并不予理睬，使该行为减少直至完全消失。管理者应当注意的是，如果对一些有价值的行为不经意间停止奖励很可能会使好的行为也停止。

(4) 惩罚。指管理者在员工发生一些不期望的行为后为其提供消极的结果，使得该行为在以后尽可能少的发生。然而，由于惩罚会带来很多负效应，因此受到了很多学者的质疑。惩罚最主要的问题是虽然阻止了员工发生不期望的行为，但却未能告知员工什么是组织期望的行为。但是，在某些情况下，惩罚的确是改变组织不期望行为的有效方法，一些组织不期望发生的行为如果得不到惩罚可能会造成更深远的负面影响。

2. 强化的实施程序

强化实施程序指管理者应在什么时候或者应多频繁地进行强化。管理者是否在每一次期望(或不期望)的行为发生时都进行强化？强化应当按照何种程序进行实施？以下是五种强化实施的程序。

(1) 持续强化。指员工在行为每次发生时都进行强化。持续强化在激励期望的行为方面非常有效，特别是在学习的早期阶段。但作为企业的管理者经常需要面对很多员工而根本不可能对员工的每个正确或错误的行为进行强化，因此这种方法对管理者来说并不太实用。例如，管理者一般不可能每当员工生产一件合格的产品时，就给予其一定的奖励。

(2) 固定间隔强化。指按照某个确定的时间间隔进行行为强化。例如，每一个月中的固定日期给员工发工资。固定间隔强化会导致员工的正确行为在强化即将到来之前非常活跃，但在强化结束后的一段时间迅速减少。例如，管理者固定在每周五进行车间的产品质量检查，那员工周五当天生产的产品质量非常高，而其他时间生产的产品质量较低。

(3) 可变时间间隔强化。员工的行为不定期地得到强化，每次强化的时间间隔都不同。这种方法不适合工资的发放，但是在其他积极强化方面却能发挥良好的作用。可变时间间隔的强化可以增强组织期望行为的频率，并且能够持续下来，不轻易消失。比如，管理者将每周五的质量检查改为不定期、不定次数的抽查，从而可以很好地鼓励员工提高生产质量。

(4) 固定比率强化。当员工出现期望的行为达到固定次数时，对员工进行强化。例如，手机销售人员每售出 5 部就能获得一笔奖金，那么销售员工为了获得奖金就表现出稳定的工作热情，即便员工在销售满 5 部拿到奖金后，也会为了获得下一份奖金而表现出稳定的、高频率的行为。

（5）可变比率强化。当员工出现不同次数的期望行为时都可能得到强化。可变比率的强化是一种有效的激励方式，在可变比率的强化下，员工的行为反应是高频率的、稳定的和持久的。需要注意的是，可变比率强化的时间间隔不能太长，否则会让员工感受到挫折而放弃。

小故事

有一群小孩喜欢在一个地方踢足球，但旁边有个老头特别不喜欢他们在那踢球，所以他想了个办法：第一天给他们十元，说喜欢看他们踢球，让他们一直踢；过几天就给他们五元，原因是自己的买卖不是太好，没钱了。但小孩还是很高兴，继续踢。等再过几天，那老头不给他们钱了，但还是告诉他们希望他们继续在那踢球，可是那一群小孩却走了。

资料来源：http://blog.ifeng.com/article/13737503.html. 老头和一群踢足球的小孩．2011.09.24.

（二）组织行为矫正

组织行为矫正又称为“行为矫正”，指的是采用有规律、循序渐进的方式引导出所需要的行为并使之固化的过程，它是强化理论在管理实践中的应用。图 6-7 所示为行为矫正的过程。

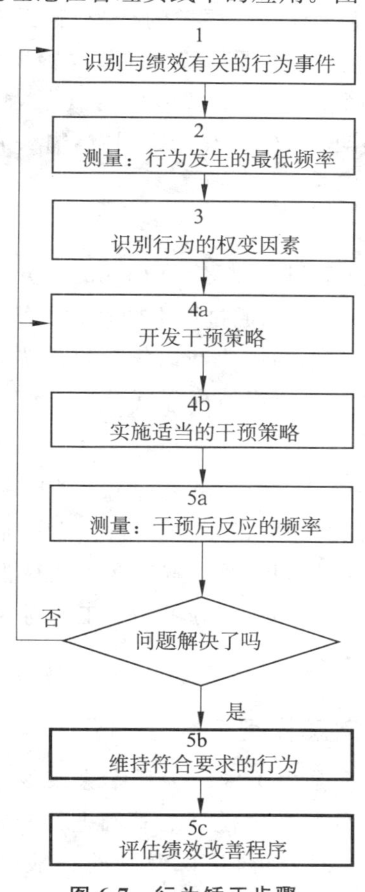

图 6-7　行为矫正步骤

1. 识别绩效相关的行为

明确哪些行为对组织的绩效有显著影响、哪些绩效不利于组织绩效。例如，车间主任认为生产工人加班等行为有助于组织生产目标的实现，而迟到、早退等行为则会妨碍组织目标的实现。

2. 行为的测量

在明确了绩效相关行为后，测量这些关键行为在现在条件下发生的次数。这样做有两个好处：一方面可以检查前面估计确定的绩效相关行为是否恰当；另一方面，可以取得客观的数据，以便下一步采取矫正措施之后将行为频率的提高状况进行前后比较。

3. 识别行为的权变或绩效结果

采用功能分析法鉴别工作行为的各种情境因素，以便管理者了解出现各种行为的原因。

4. 开发和实施适当干预措施

管理者在确定行为的起因后，开发并选定一种或多种干预策略（正强化、负强化、自然消退和惩罚），以增加能导致高绩效的行为，减少阻碍高绩效的行为。

5. 评估绩效情况

绩效的评定主要是衡量在采取矫正措施后，行为是否发生了改变，组织的绩效是否得到了提高。若行为矫正有效则维持现有符合要求的行为，若无效则再重新识别绩效有关的行为或改用其他的行为矫正策略。最后再评估整个绩效改善程序。

组织行为矫正的方法操作简单，在管理实践中得到了大量的应用，并取得了一定的成功。但组织行为矫正在实践操作中仍存在着一些问题，需要管理者在进行组织行为矫正时加以注意。

1. 行为矫正的个体差异

行为矫正的过程不能忽视员工间需要、价值观等的差异。对于一些员工有强化作用的结果对其他员工未必有效。管理者可以通过以下两种途径解决这一问题：第一，挑选那些对组织的奖赏比较珍视的员工，使员工的需要与组织提供的强化物相匹配；第二，让员工参与到奖励自己的决策当中，让奖励员工的奖品符合员工的需要。

2. 行为矫正的伦理问题

组织行为矫正对管理者激励员工、引导员工行为有着巨大的作用，但是反对者认为组织矫正理论让管理者决定员工行为的好坏，管理者通过权力控制员工行为的选择，剥夺了员工的自由。这些伦理问题不能忽视，管理者要理解改变下属行为的能力并且不要滥用，在进行员工行为矫正的过程中要多与员工沟通，充分了解员工的行为选择，保持员工对自己工作环境的控制。

七、波特和劳勒的综合激励模型

波特和劳勒的综合激励模型是由美国行为科学家莱曼·波特和爱德华·劳勒提出的一种激励理论，于1968年在弗鲁姆期望模型的基础上补充得出的一种更加合理的激励过程模型（见图6-8）。该模型为人们分析、认识激励的一般机理提供了一个总的理论方法框架。

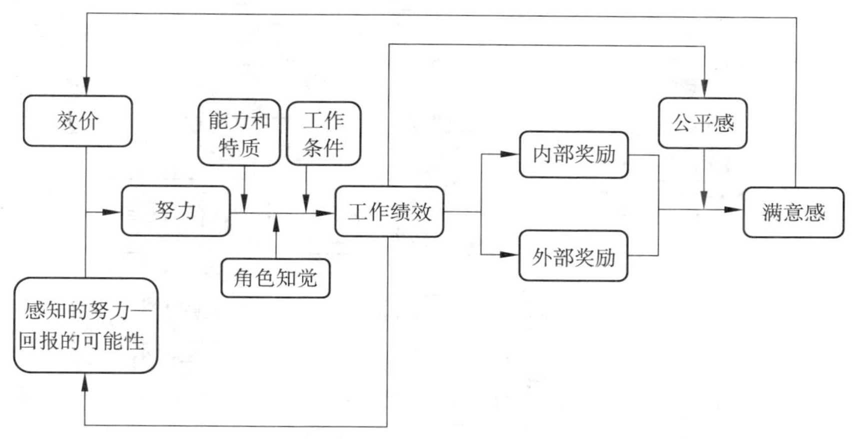

图 6-8 波特和劳勒的综合激励模型

如图 6-8 所示，该模型表明员工努力工作导致工作绩效，工作绩效导致满意感，满意感进而继续促进员工努力工作。

(1) 个体的努力程度取决于目标的效价（即通过努力达到的目标在员工心目中主观价值的高低）和感知的努力—回报的可能性（即付出的努力能达到期望绩效并最终获得回报的可能性）。

(2) 个体的努力并不能够直接导致工作绩效，它受到个人能力和特质、工作条件及角色认知（对组织意图和期望的领会）的影响。

(3) 员工的工作绩效会带来组织的奖励。内部奖励包括成就感、领导的器重等；外部奖励包括金钱、升职等。

(4) 员工的满意感不仅取决于内外部奖励的质与量，还取决于员工对奖励分配方式、分配结果等是否公正的感知。

(5) 员工体验到满意感将会提高目标的效价水平，而先前所投入的努力取得一定的回报，则能提高员工对“努力—回报可能性”的感知，两者共同促进员工在下一个任务中更努力地工作。

总之，波特和劳勒的综合激励模型较为详细地阐明了激励行为的内在过程，将激励过程看作外部激励、个体内部条件、行为表现、行为结果的相互作用的统一过程，比较符合管理实践中激励行为的实际情况，有助于管理者提升员工激励水平。

八、罗宾斯的综合激励模型

为了整合各激励理论，圣迭戈州立大学斯蒂芬·P. 罗宾斯教授将 ERG 理论、双因素理论、成就动机理论、目标设置理论、公平理论、期望理论、强化理论等进行整合，构建出如图 6-9所示的综合型激励模型。

在该模型中包含如下观点：

(1) 个人努力受机会的影响。机会的大小可能促进也可能阻碍努力的方向和程度。

(2) 个人目标对个人努力的影响。人的动机性行为都是有目的的，它决定了人行为的方向，同时目标的难度和明确性也会影响到员工的努力程度。因此，管理者在管理实践中必

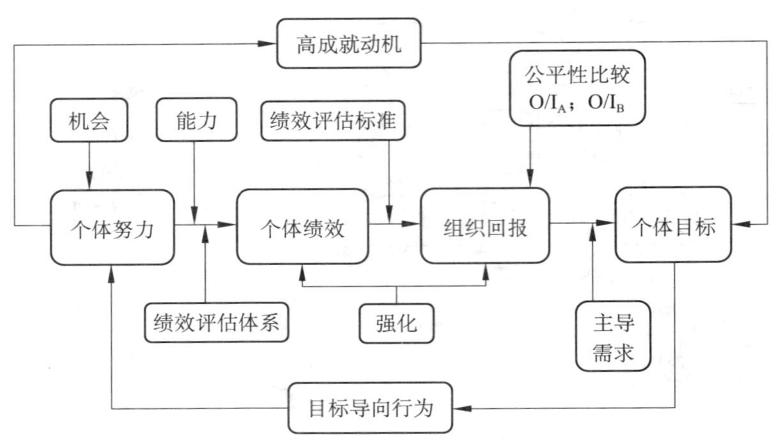

图 6-9　罗宾斯的综合激励模型

须重视目标对员工行为的引导作用，同时也需要把握员工目标的难度和明确性。

(3) 根据期望理论，同时处理好"个人努力—个人绩效—组织回报—个体目标"间的关系才能提高个体的努力程度。从个体努力—个体绩效之间关系来看，个人的努力能否取得良好绩效，受到个人的能力与绩效评估系统的公正性、客观性的影响。从个体绩效—组织回报的关系看，组织的回报取决于个体的绩效水平及绩效评估标准。如果员工认为获得的组织回报是由于自身的高绩效，那么组织回报会对员工的高绩效起到激励与强化作用。从组织回报—个体目标间的关系看，激励水平的高低取决于个体取得的组织回报能在多大程度上满足与他个人目标相一致的主导需要。此外，组织回报的公平性也会影响到激励的效果。

(4) 对于高成就动机的员工而言，他们并不是由于组织回报满足了他们的主导需要而受到激励的。从个人努力到个人目标实现的过程，就是对他们最好的奖励。工作带给高成就动机者的责任感、适度冒险、及时反馈等激励着他们不断朝着目标努力工作。

第四节　激励在管理中的应用

激励理论多种多样，作为管理者来说，激励员工的方法和技巧也很多。下面将结合激励理论介绍管理实践中组织常用的激励方法。

一、目标管理

目标管理(management by objectives，MBO)由彼得·德鲁克于 1954 年在其著作《管理实践》中提出，是目前企业管理中广泛应用的目标激励方法。

(一) 目标的制定与分解

如图 6-10 所示，按照目标的层级可以将目标分为组织目标、事业部目标、部门目标和个体目标等。组织根据其战略目标制定阶段性的整体经营管理目标，然后将这些目标逐层分解为各个模块(事业部、部门、个体)的明确目标。在此过程中，目标的制定需要符合 SMART 原则(S 为 Specific，明确性；M 为 Measurable，可衡量性；A 为 Attainable，可达成性;R 为 Relevant,相关性;T 为 Time-bounded,时限性),需要保持上下级之间畅通的沟通。制定目标既可以采取由上到下的方式,也可以采取由下到上的方式。目标设置的结果是连接组织各层级的目标层次结构。

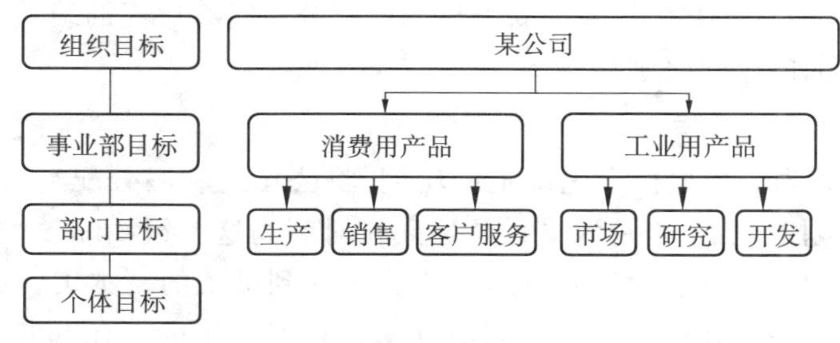

图 6-10　目标分解

(二) 目标设置的要素

设置的目标需包含以下 4 个要素,这四个要素基本都符合目标设置理论。

(1) 目标难度适中(相当于目标设置理论原则中的"目标难度适中")。设置的目标需要有一定的难度,让员工感觉到挑战,同时又不超过员工的能力范围。

(2) 决策参与(类似于目标设置理论原则中的"员工参与目标制定")。员工参与到目标管理的决策过程中可以调动员工的积极性。

(3) 完成的明确期限(类似于目标设置理论原则中的"目标的明确性")。设置的目标需要有明确的时间节点,规定目标的完成时间。

(4) 绩效反馈(相当于目标设置理论原则中的"目标实施过程的及时反馈")。目标管理中需要对员工的绩效进行反馈,使员工根据反馈结果继续改进。

目标管理通过对组织目标的层层分解,保证了员工的个人目标与组织层级的目标相一致,同时员工目标的明确性和挑战性有利于从内部激励员工,激发员工的成就动机,调动员工的积极性。此外,明确的目标便于绩效考评,组织根据绩效考评实施分配可以提高绩效与奖励间的关联,提高员工对绩效—回报关系的期望值,增加组织公平感,促进组织整体绩效的提升。

二、薪酬激励

(一) 薪酬激励的意义

对绝大多数员工来说,最重要的工作奖励是薪酬奖励。薪酬是很重要的东西,因为它代表着公司对员工的认可,可以帮员工买到想要的、能够满足不同需求的商品。此外,它还是成功的象征。既然薪酬奖励这么重要,那么组织就必须制定一些薪酬激励策略来激励员工。

(二) 薪酬激励的方法

薪酬激励的方法多种多样,很多公司按照员工的资历(工作年限、为组织服务年限)以及能力(能力资格证书、职称评定等级)来计算员工的薪酬,这样做可以提高员工的组织忠诚度,激励员工不断学习与工作相关的技能。近年来越来越多的基于绩效的薪酬方案得到了管理者的认可,这些薪酬方案将员工的一部分薪酬与个体和组织层面的绩效挂钩。

基于绩效的薪酬方案一方面可以调动员工积极性，促使员工努力提升绩效，另一方面可以将组织的人力成本转变为可变的人力成本，在公司业绩下滑时能够有效控制公司的人力成本。

根据绩效层级的不同，基于绩效的薪酬方案可以分为组织层面的绩效奖励、团队层面的绩效奖励和个体层面的绩效奖励。

1. 组织层面的绩效奖励

（1）利润分享计划。指根据事先确定的比例，将公司的利润分配给员工的组织整体激励计划。在这种计划下，员工奖励的支付是建立在对利润这一组织绩效指标的评价的基础上的，利润分享计划是一次性支付的奖励，它不会进入到员工的基本工资中去，因而不会增加组织的固定工资成本。在组织中采用利润分享计划可以让员工有更多的主人翁思想，对员工的态度产生积极的影响。

（2）员工持股计划。指通过让员工持有本公司的股票或期权而使员工得到长期激励的绩效奖励计划。这一做法将员工的能力、资历、任职岗位及所提供的绩效等作为享有企业股权的依据，从而将员工个人的利益同企业的效益、管理和员工自身的努力等因素结合起来，是一种长期的激励手段。员工持股计划还能够减少高级管理者的不道德行为。

2. 团队层面的绩效奖励

（1）收益分享计划。是一种把一个部门或一个群体的生产率提高作为收益评价指标并在员工与企业之间分享生产率提高带来的收益的计划。与利润分享计划不同的是，收益分享计划将奖励与生产效率相联系而并非与利润相联系，即使在公司不盈利的情况下，收益分享计划也可能为员工提供奖励。例如，员工或工作群体能够提出降低成本的建议，那么公司将降低成本所带来收益的一部分奖励给他们。

（2）团队奖金方案。团队奖金是发放给表现优秀的团队的业绩奖励，它可以按月、按季度发放也可以按年发放，或者在特定任务完成后发放。由于奖金是根据团队近期的绩效表现及时支付的，因此团队奖金方案的激励效果较好。此外，团队奖金作为一种对绩优团队的激励方式，具有很强的灵活性，当公司业绩水平不佳时可以大幅缩减人工成本，但这同时也会造成团队成员薪酬水平大幅缩水的问题。

3. 个体层面的绩效奖励

（1）计件工资方案。该方案将员工的收入与生产数量挂钩，常用于激励生产工人，但这种方案并不能适用于所有工作。

（2）绩效工资方案。与计件工资方案相似，绩效工资方案根据员工的绩效水平决定员工的薪酬收入。该方案能够让人们认为的绩效优秀者获得更高的收入，鼓励员工不断改进绩效，同时该方案也能够获取和保留绩效优秀的员工。绩效工资方案也存在着一些局限。首先，绩效薪酬基于绩效评估的结果，因此当绩效评估方案不合理时会严重影响绩效工资方案的效果；其次，绩效工资总额会受公司业绩水平、宏观经济环境等因素的影响而浮动，而这些与员工个人绩效无关。例如，当公司业绩下滑甚至严重亏损时，一些员工虽然各方面表现很出色，但绩效工资水平可能很低。

（3）个体奖金方案。该方案与团队奖金方案相类似，但两者发放的对象不同，团队奖金是发放给表现优秀的团队，而个体奖金奖励给绩效优秀的员工个人。

（三）福利方案

薪酬激励作为组织激励员工的重要方法之一，目的是引导员工朝着组织目标前进，提升员工激励水平和工作效率；福利方案则用于满足所有员工的需要。员工个体间的差异导致个体需要的差异，同一种福利项目对不同员工的效价也不相同。组织在设置福利方案时切忌“一刀切”，可以将福利方案“弹性化”，让员工根据自身需要从组织提供的福利方案中自由选择，提升福利项目的效价。需要注意的是，弹性化的福利会给企业带来额外的管理成本，企业需结合实际情况量力而行。

三、工作设计

工作设计也是管理者用来改善员工工作绩效的重要方法之一。如何进行工作设计才能更好地提高工作绩效呢？

最早的工作设计理论是工作专业化理论，该理论主张对工作进行科学的研究，将工作细分为更小的任务，然后让员工按照标准化的操作完成工作。从表面上看，工作专业化确实是一种合理的能有效提高生产效率的方法，但是在实践中，高度专业化的方法使员工的工作变得枯燥乏味，工作动机较低，最终导致员工缺勤和离职。为了解决工作专业化带来的问题，学者们开始寻找新的工作设计的方法，上节中的工作特征模型理论就是目前得到广泛认可的一种有关工作设计的理论。继工作专业化后，人们提出了工作轮换、工作扩大化和工作丰富化三种工作设计方法。

（一）工作轮换

工作轮换指系统地将员工从一个工作轮换到另一个工作。这样做可以解决员工因为日常工作过于重复而感到厌烦的问题。例如，一部手机的组装被细分为 10 道工序，负责手机组装的员工按照固定的时间间隔轮流地从事 10 道工序。工作轮换的优点在于除了可以降低员工对工作的厌烦，还能够增加员工技能的多样性，促进不同岗位员工的相互了解和理解，使组织安排工作、适应变化、安排空缺等变得更加灵活。当然，工作轮换有时也会降低工作效率，提升员工的培训成本。

（二）工作扩大化

工作扩大化是指扩大员工原有的工作内容，如手机组装原先细分为 10 道工序，现在分为 5 道，每个负责组装的工人负责更多的组装内容。这样做能够有效地减少工作单调、枯燥等给员工带来的不好体验，并促进员工能力施展和多样化技能的培养。

（三）工作丰富化

工作轮换和工作扩大化是工作的横向延伸，增加和改变员工所承担的任务性质或数量，而工作丰富化则是对工作的纵向延伸，是指在工作中赋予员工更多的职责、自主权和控制权。与工作轮换和工作扩大化不同的是，工作丰富化并不是水平地增加员工的工作内容，而是通过增加工作的核心或专业特性等来赋予员工自主和控制权，增强员工对工作的责任感，同时对员工提供工作反馈，使员工了解并改进自身工作表现。工作丰富化有利于员工体验到工作的意义，了解自身工作的结果，增加任务的挑战性，从内部激励员工，使员工获得工作的满意感。

作为管理者如何实施工作的丰富化？具体可参照上一节中“工作特征模型对管理的启示”，在此不再赘述。

四、员工参与

员工参与是组织为了发挥员工潜能，鼓励员工为组织成功做出更多努力而设计的一种参与过程。管理者通过让员工参与到有影响的决策活动中，增强员工的自主性，提升员工对工作的控制感，培养员工在组织中的主人翁精神。越来越多的研究显示，员工参与不仅能够显著提高员工的工作积极性和效率，亦能显著提高其忠诚度和满意度。

员工参与的形式多种多样，下面介绍常见的几种。

1. *参与式管理*

参与式管理指员工参与到组织的决策过程中，达到发挥员工潜能、改善人际关系、提升组织效率的目的。有统计表明，实施参与管理可以大大提升组织经济效益，但也有一些有关参与和绩效关系的研究表明参与式管理虽然能够提高公司股票收益、提升工作绩效、提高工作满意度、降低离职率，但影响的效果却并非多么明显。当然，不管怎么说，适当地使用参与式管理对组织肯定是有利的。

2. *代表参与*

与参与式管理不同，代表参与由一小部分员工群体作为代表参与决策。目前几乎所有的西欧国家都对此立法，要求企业实施代表参与。代表参与的目的是将组织的权力重新分配，让劳动者、管理者和股东权力对等。西方企业中最常用的两种代表参与形式是工作委员会和董事会代表。工作委员会把员工和管理层联系起来，任命或选举出一些员工，当管理部门做出重大决策时必须与之商讨。董事会代表是指进入董事会并代表员工利益的员工代表。

虽然代表参与方式得到了广泛使用，但这种方式对员工的整体影响微乎其微，代表参与的最大价值只不过是一种象征，如果某公司的目的是要显著改变员工的态度或提升组织绩效，代表参与并不一定是一个好的选择。

3. *质量圈*

由日本质量管理专家石川馨于20世纪50年代末提出，目前已广泛应用于世界各地的企业。质量圈是由6～10名员工和管理者组成的共同承担责任的工作群体，其目的在于解决与质量有关的问题，共同努力提升产品质量。

质量圈的工作流程一般为：管理者识别、评估和选择拟要处理的质量问题，交由质量圈团队成员深入交流、讨论，进一步明确问题的本质，找出造成问题的深层次原因，并在此基础上推荐解决问题备选方案，最后由管理者和质量圈团队成员一起对所推荐的解决方案进行评估并做出决策。

4. *群策群力*

群策群力是一种发动全体员工动脑筋、想办法、提建议的改进工作效率的活动。群策群力由美国通用电气公司前CEO杰克·韦尔奇提出，并成功运用于该公司。杰克·韦尔奇认为一线员工对企业现场运营和管理最清楚，管理者发动全体员工的智慧要好于管理者个体的智慧，并且员工有很大的热情来实施自己发动脑筋提出的建议。群策群力发挥了员工的主动性和潜能，从而能够从内部激发员工的工作动机。

五、自我管理

认知评价理论认为个体之所以努力工作是由于个体对工作内容本身感兴趣，即受到内部激励的驱动。让员工实行自我管理无疑能够使其感到自己能够控制和自主选择工作内容，从而能显著提升其内部激励水平。目前，越来越多的管理者开始认识到员工自我管理的重要性，并采用很多方法来推进员工自我管理。

1. 弹性工作时间

弹性工作时间是指员工可以相对自由地选择工作时间安排以代替固定的上下班时间制度。实施弹性工作时间制度可以有效降低员工的缺勤率，提升其工作效率和满意感，同时也能够增强其自主性和责任意识。此外，实施该制度还能够帮助员工平衡工作和家庭生活。同时，需要注意的是弹性工作时间安排对需要经常接触外界的事务性岗位并不适用，如收银员、餐厅服务员等。

2. 远程办公

信息技术的飞速发展为远程办公提供了可能，一些员工通过互联网等信息技术可以在任何地点办公。远程办公可以为员工提供灵活的工作地点，使员工在家就可以办公；对于组织，远程办公减少了对停车场所的需求，节省了办公场所的租金，节约了办公设备的支出。此外，和弹性工作时间相似，远程办公可以帮助员工平衡工作和家庭的关系，提高员工工作效率和满意度，降低缺勤率和离职率。然而，远程办公也存在着一些问题。远程办公最大的问题是管理者无法直接监督员工的工作，很难协调团队工作，员工也很难约束自己认真办公。其次，对于一些社交需要较强的员工，远程办公可能会使其感到孤独。

六、激励应用的挑战

从 20 世纪 50 年代以来，激励理论一直处于不断地发展与完善中。近年来随着全球化进程的加快，企业间竞争不断加剧，激励理论也面临着诸多的挑战。

1. 变化的雇佣关系

传统的强调终身雇佣、情感承诺、工作专门化的垂直晋升的雇佣关系逐渐转变为强调灵活雇佣、利益交换、工作边界模糊化和跨职能流动的新型雇佣关系。由此导致的组织与员工信任感降低，员工组织承诺低下等问题使得对员工的激励变得更为困难和复杂。

2. 组织的扁平化

为了应对迅速变化的外部竞争环境，使组织变得灵活、敏捷、富有柔性和创造性，越来越多的企业采用了扁平化组织结构。组织结构的扁平化缩减了大量对员工绩效行为进行监管的管理层级和岗位，从而一方面使管理者的管理幅度增大，另一方面也使员工有了更多的自主空间和决策权。在这种情况下，管理者对下属的激励不能再单纯依靠传统的指令和行政影响，而应该更多地采用人性化、个性化的激励方式。同时，组织扁平化也意味着晋升机会的减少，导致员工的晋升需要难以满足，这无疑也带来了相应的激励问题。

3. 员工队伍的复杂化

随着全球化进程的加快和新生代员工不断进入职场,组织中员工的差异化、多样化趋势变得越来越明显。不同年龄、不同国家、不同时代、不同文化背景的员工需求不同,对组织的期望也不相同,如何激励这些多样化的员工无疑是当前激励理论所面临的巨大挑战。

本章思考题

1. 什么是激励?激励的具体过程是怎样的?
2. 阐述马斯洛的需要层次理论和阿尔德福的ERG理论的关系。
3. 什么是内部激励?什么是外部激励?试比较两者的重要性,并说明理由。
4. 结合所学内容和企业实践,谈谈激励理论给你带来了哪些启示。
5. 试比较波特和劳勒的综合激励模型与罗宾斯的综合激励模型的异同点。
6. 结合目标设置理论和目标管理谈谈该如何进行员工绩效管理。
7. 根据所学内容,假设你是部门主管,该如何解决部门员工经常迟到的问题?

课后案例

联邦快递的管理原则

联邦快递(NYSE:FDX)是一家国际性速递集团,提供隔夜快递、地面快递、重型货物运送、文件复印及物流服务,总部设于美国田纳西州。2013年联邦快递位列财富世界500强第245位。联邦快递的成功与其精心设计管理原则是密不可分的。下面介绍联邦快递的四个管理原则。

1. 建立开放式平台

联邦快递公司创始人、主席兼行政总监弗雷德创建的扁平式管理结构,不仅得以向员工授权赋能,而且扩大了员工的职责范围。与很多公司不同的是,联邦快递的员工敢于向管理层提出质疑,例如,员工可以根据公司的"公平待遇保证程序"(guaranteed fair treatment procedure)来处理与经理之间的争执;联邦快递公司还耗资数百万美元建立了一个联邦快递电视网络(FXTV),使世界各地的管理层和员工可建立即时联系,这充分体现了公司快速、坦诚、全面、交互式的交流方式。

2. 注重员工的培训和生涯设计

联邦快递的员工都有良好的职业生涯设计。公司坚持认为:要使员工有良好的发展机会就必须为其提供升迁机会,同时还要不断提升其素质。对于每一个进入公司的新员工,公司都会为他们提供很多培训。以中国为例,一位递送员在正式投入工作之前会得到40个小时的课堂培训,主要目的是让他们了解整个服务的过程,怎样满足客户的需求。

联邦快递公司为每位员工每年提供约2 500美元的培训经费。以联邦快递(中国)公司为例,公司制定了一个详细的经理培训计划,每年大概有15名一线员工会获得为期15个月的培训。在这15个月内他们需要在不同的岗位上开展工作,以此来全面了解整个公司的业务流程。同时,公司还为他们提供很多课堂培训,使他们不仅具备实际工作经验,还具备一定的理论基础。此外,公司还把员工送到不同的地方进行培训,比如美国、新加坡等,使他们具备一定的国际视野。

3. 奖励至关重要

联邦快递经常让员工和客户对工作做评估，以便恰当表彰员工的卓越业绩。其中几种比较主要的奖励有：祖鲁奖（bravo zulu），奖励超出标准的卓越表现；开拓奖（finders keepers），给每日与客户接触、给公司带来新客户的员工以额外奖金；最佳业绩奖（best practice pays），对贡献超出公司目标的团队进行现金奖励；金鹰奖（golden falcon awards），奖给客户和公司管理层提名表彰的员工；明星/超级明星奖（the star/superstar awards），这是公司的最佳工作表现奖，获奖员工将获得相当于自身薪水2%～3%的支票。

4. 激励胜于控制

联邦快递的经理会领导下属按工作要求做出适当个人调整，创造一流业绩。正如公司的一位领导在报告中所说："我们需要加强地面运作。我想，如果让每个员工专注于单一目标，就能整体达到一定水平。正因为此，我们才引入最佳业绩奖。它使我们能把50 000名员工专注于提高生产效率和服务客户。我们达到了以前从没想过能实现的另一个高峰，工作绩效接近100%，而成本却降到最低水平。"公司还设计了考核程序和培训计划，以确保经理知道如何做出正确的行为，这样公司的高级经理就成为了下级经理的榜样。

资料来源：http://www.chinahrd.net/article/2004/08-06/83026-1.html. 联邦快递的管理原则. 2004.08.06.

思考与讨论

1. 以上各管理原则运用了哪些激励理论与激励方法？
2. 试讨论联邦快递公司成功的原因。

第七章

群体行为概述

引例

F有限公司是一家生产服装的中型企业，一部分产品是自产自销，而绝大部分产品是按照国外订单生产然后出口到国外。公司一直都保持着稳定的发展。自从公司的前厂长离开后，整个形势就开始慢慢地变化。老总开始物色具有丰富服装生产和出口经验的管理者，结果前后来了三任厂长都改变不了车间混乱的状况，生产的服装几乎每批都被外贸公司退回返工，产品的质量达不到要求，一方面让公司大幅亏损，另一方面由于公司采取的是计件工资制，也导致员工的工资锐减。一时间公司内部流传着各种消息，如：又要换厂长了；刚做的一单又要返工；这个月的工资老板会压着不发；老板准备放弃这家企业；等等。

而这时公司的老总正在和深圳的一家贸易公司谈判，希望能获得一个100万元的海外订单，在离开公司之前虽然他也知道公司内部人心不稳，但他认为只要能签到大额的订单就可以稳住员工的心，然后生产也会走向正常。结果，当他给员工发了上个月的工资，回到车间却发现已经有40%的员工在领到工资后就直接辞职。而这些一起离开的员工大多是来自同一个省份，或者以前在同一家公司工作过。

资料来源：http://www.docin.com/p-116803861.html. 管理心理学案例分析. 2011.01.11.

思考

试结合群体行为理论分析上述情况并总结该老总管理中的失误。

第一节　群体的概念及分类

一、群体的概念

（一）群体的定义

群体是指为了实现某个特定目标，由两个或者两个以上的相互影响、相互依赖、相互作用的个体形成的集体。

关于群体的概念，存在几种不同的观点。第一种观点认为，社会群体是一个广义的概念，包括国家、政党、城市、乡村、家庭乃至人类各种不同类型的社会结合。第二种观点认为群体仅仅指人际关系亲密的初级群体或小群体，如家庭、邻里、朋友群体等。第三种观点比较折中，认为社会群体是人们通过一定的社会关系结合起来的进行共同活动的集体，是人们社会活动的具体单位。如以血缘关系结合起来的集体是氏族、家庭群体，以业缘关系结合起来的则是各种职业群体。

（二）群体的特征

（1）群体成员有共同的目标，目标是群体形成和存在的基础。

（2）群体成员遵循一定的行为规范，群体成员的行为受到这些规范的制约。

（3）群体成员相互影响、相互依赖、相互作用，形成一个整体。群体成员彼此意识到对方的存在，有明显的群体意识和归属感。

二、群体的类型

为了更好地识别群体，了解群体成员的心理活动，我们根据不同的标准将群体分为不同的种类。

（一）正式群体和非正式群体

根据群体构成的原则和方式，群体可以分为两种：正式群体和非正式群体。

（1）正式群体是指有明文规定的群体，在企业中往往是根据组织结构或有关的规章制度建立起来的职责权利明确、组织地位确定的群体。如车间、班组、科室等。

（2）非正式群体是指个体基于社会交往的需要在活动中自然形成的群体，它既没有正式的结构，也没有明文规定的条文规范。

（二）职能群体和任务群体

根据群体目标的不同，群体又可以划分为两类：职能群体和任务群体。

（1）职能群体是指组织结构规定的群体，其目标是组织的长远目标，由直接向某个主管人员报告工作的下属组成。如公司中的部门、工厂中的车间、学校中的班级等。一般来说，职能群体是组织中的主要群体。

（2）任务群体是指根据特殊工作任务而建立起来的群体，其目标往往是组织的短期目标。如检查团、评比委员会、攻关小组、协调小组等。在企业中适当地建立一些任务群体是必要的，但过多的任务群体会干扰职能群体的正常运作。

（三）利益群体和友谊群体

根据群体形成的动机，群体可分为利益群体和友谊群体。

（1）利益群体是指为了实现每一个成员都有切身利益的共同目标而走到一起的一群人。如组织中的员工为了抗议加班或者加薪而结合在一起以实现共同利益而形成的群体。

（2）友谊群体是指员工在工作环境之外因为具有共同的或者相近的兴趣爱好、观点、信仰而形成的群体。如大学里的社团、书法协会、科考协会等。

（四）紧密群体和松散群体

根据成员之间联系的紧密程度，群体可以分为两种：紧密群体和松散群体。

(1) 紧密群体是指成员之间关系相当紧密的群体。在紧密群体中,各成员之间相互之间高度信任、有深厚的感情、有共同的价值观、互动频繁。

(2) 松散群体是指成员之间关系不太紧密的群体。在松散群体中,由于成员之间相识时间较短,或者群体成员之间差异性较大,从而群体活动不频繁,成员间交往较少。如面试时无领导小组讨论环节被随机分配在一起的应聘者,同一车厢的乘客等。

此外,根据群体成员的多少,可以分为大群体和小群体。大群体一般是指成员人数超过12 人的群体,小群体一般是指成员人数少于或等于 12 人的群体。根据群体维持时间的长短,又可以分为长期群体和临时群体。长期群体是指维持时间超过一周的群体。企业中大部分正式群体是长期群体。短期群体是指维持时间在一周之内的群体。

三、非正式群体

某公司下班后,人都走了,如果追踪一下的话,就会发现一个有趣的现象:

小赵、小征、小吴是江西老乡,下班后去宿舍打牌聊天;小周、小黄、小何是复旦大学的校友,下班后一起去打保龄球;小贺、小林、小张是集邮迷,下班后相约去逛邮票市场……这类非正式群体随处可见。

非正式群体最早是由梅奥在霍桑实验中发现的,虽然非正式群体在现代企业中不占主体地位,但是由于它对员工的心理活动影响颇大,因此应引起管理者的高度重视。

(一) 非正式群体的作用

非正式群体的存在是客观的,从其作用来看,既有积极作用,又有消极作用。

从积极方面来看,非正式群体作为正式群体的补充,可以满足群体成员对于交往、归属、友谊等的心理需要,有利于群体成员间信息的沟通、良好人际关系的建立,同时非正式群体都有自己的"群体领袖"。"群体领袖"的影响力往往比规章制度更容易被成员认可,因此组织合理利用这种影响力可以增强组织的凝聚力。当群体目标与组织目标一致时,非正式群体能够促进组织目标的实现。

从消极方面来看,当非正式群体的领头人行为不良时,容易引起成员不健康的心理活动或者行为;当非正式群体的规范有严重问题时,或者其目标与组织目标差距很大时又会干扰正式群体的活动,影响工作效率;另外,非正式群体之间还容易传播小道消息,甚至制造谣言,不利于组织团结,稀释组织的凝聚力。

(二) 非正式群体的形成基础

组织中的正式群体是指依据组织结构形成的,有确定的工作安排和工作任务的群体。员工之间除了工作上的联系,还会依照好恶感、心理相容与不相容等情感性关系形成一些"小圈子"、"小集体",这些小集体可以满足成员对于情感、社交的需要。员工形成非正式群体主要基于以下几点:

(1) 共同的利益。这是一个很重要的基础。员工有各自的利益,但一些员工的利益会趋于一致,这些利益一致的员工为了自身的利益往往会形成非正式群体。

(2) 相同的兴趣爱好。人们的交往在一定程度上是基于兴趣爱好开始的。兴趣爱好一致的员工会经常聚在一起,久而久之则形成非正式群体。

(3) 价值观一致。俗话说:"酒逢知己千杯少,话不投机半句多。"员工在交往中,如果价值观一致，会使双方的心理距离迅速缩短，这样很容易形成非正式群体。

(4) 背景相似。背景相似的人有许多共同语言，相互交往比较容易。背景包括很多内容，主要指以往经历、受教育程度、家庭出身、年龄、性别、职业、父母的地位、生活的地点等。

(5) 个性相似。人们在与个性相似的他人交往中发现自己的影子，于是喜欢与对方交往，时间长了就渐渐形成非正式群体。

(6) 个性互补。有时外向的人喜欢与内向的人交朋友；善于讲的人喜欢和善于听的人结成伙伴。这就是性格互补的现象。由于个体不太喜欢自己的个性，希望在对方的个性中找到自己喜欢的个性，因此愿意与跟自己个性相反的人交往，也较容易形成非正式群体。

（三）管理者该如何对待非正式群体

在管理中，如何对待非正式群体是衡量一位管理者管理水平高低的标准之一。

1. 像重视正式群体一样重视非正式群体

非正式群体是正式群体的“孪生兄弟”，只要正式群体一成立，非正式群体几乎同时伴随着产生。因此，对于非正式群体，管理者首先要认识到它的存在，承认其重要性，不能回避、拒绝，不能让其自生自灭，更不能简单地将其禁止、取缔。

2. 区别对待各种非正式群体

对于积极型的群体，组织要有意识地对其进行方向性的引导，使得群体目标与组织目标高度一致、群体内部的规范与企业文化接轨；对于兴趣型的群体，组织应该为其提供支持与帮助，为其成员提供自我表现和发展的机会，使他们在兴趣群体中缓解压力，获得荣誉感和安全感；对于消极型群体，组织应高度重视此类群体领袖的影响力，积极谋求与他们在各个层面上进行有效沟通，使其理解和接受组织的目标；对于破坏型非正式群体，坚决清除极具破坏性的人物，触犯法律的要由司法机关依法惩治。

3. 重视非正式群体的领袖

非正式组织的领袖一般具有较强的感召力和权威性，这种权威是一种“个人魅力型权威”，它的形成源于领袖个性气质、品格以及感情力量等内在的、非制度性的因素，其特点是没有强制性，对成员的影响具有自然性，成员对此在行为上、心理上更易于服从。有时他们的实际影响力甚至远远超过那些正式组织任命的管理者，他们的思想和行动直接影响着非正式组织的思想和行动。因此，管理者应对非正式组织中的领袖的影响给予高度重视，积极与他们进行交流，肯定他们的地位和威信，并在理性和合作的基础上解决问题。

第二节　群体的属性

工作群体并非一群无组织的乌合之众。工作群体是有属性的，这些属性能够塑造群体的行为并且预测群体内的个体行为以及群体绩效。群体的一些属性包括凝聚力、角色、规范、地位和规模。

一、凝聚力

群体凝聚力指其成员相互间吸引以及愿意留在该群体中的程度。凝聚力与群体效率之间的关系是一个复杂的问题，在一些情况下，高凝聚力有助于群体目标的实现；而在另一些情况下，凝聚力可能会阻碍组织目标。因此管理者有必要了解凝聚力的形成原因与可能后果。

（一）凝聚力产生的原因

导致凝聚力大小的原因是什么？管理者在群体中增强与组织目标一致的凝聚力方面能做些什么呢？对一般群体来说，有下述因素影响着群体凝聚力的水平。

（1）成员间的相似性。相同的态度和价值观是促进凝聚力的重要原因，相比较，性别、年龄和受教育程度等因素则显得并不重要。

（2）信息沟通的程度。群体内部信息沟通的程度会影响到组织的凝聚力，一般来说，信息沟通越顺畅，成员间交流越多，凝聚力就会越强。

（3）群体规模。较小的群体有利于成员之间的直接沟通，缺乏自信心的成员也能感觉到自己在群体中的存在，而在较大的群体中，则易于形成帮派，容易忽略个人的存在。

（4）群体受外界的威胁程度。外部的威胁加大时，内部的争执会搁置在一边，而达成更多的一致。研究表明，来自群体外部的压力，无论是积极的还是消极的，都会显著地提高群体的凝聚力。

（5）群体的领导。民主型领导能提高凝聚力，而专制型的领导会降低凝聚力。领导素质高、能力强，能给其成员带来希望与成功。

（6）参与决策。成员参与和工作有关的决策有助于强化与组织目标一致的群体凝聚力。参与决策能促进成员间的沟通和增加成员的责任感。

（二）凝聚力的作用

凝聚力并不总是有利于组织的发展，那么凝聚力在什么情况下能发挥积极作用，什么情况下产生消极的后果呢？这主要取决于群体目标与组织目标是否一致。目标一致时，高凝聚力能发挥积极的作用；而目标不一致时，则会产生消极的后果，如图 7-1 所示。

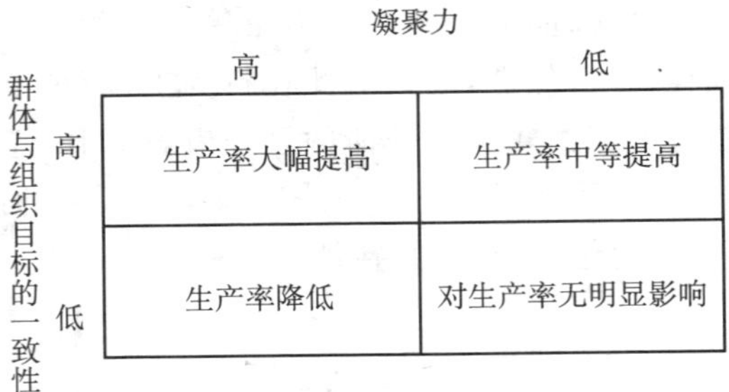

图 7-1 群体凝聚力与生产率的关系

凝聚力的作用主要体现在它对群体成员的态度和行为有重要影响。

1. 凝聚力的积极作用

在群体中，高凝聚力可以产生高满意度。凝聚力是成员获得满意感的重要源泉。同时，凝聚力强的群体中成员对群体的利益更有责任心。他们对群体活动更有干劲，更多地参与群体的会议，以群体的成功为喜，以群体的失败为悲。而缺少凝聚力的群体的成员则不太关注群体的成败。高凝聚力群体，不仅其成员对群体有着归属感、责任感、荣誉感、自豪感，而且成员之间关系融洽和谐，也能遵循群体的规范和目标。如果得到恰当引导，就能充分发挥成员的积极性，使组织活动效率得到提高。

2. 凝聚力的消极作用

群体的凝聚力强可能产生的消极影响主要是造成它所在的组织中的功能失调。高凝聚力群体会将自己群体的利益或功能看得比其所在组织的目标更重要，例如，产品设计部门可能更关心设计的成功和产品的改进，而不顾其成本。凝聚力强的群体可能会对其成员产生较大的压力，使他们更多地注意观点保持一致，而这可能并不是必要的。高凝聚力群体会将群体内外造成“我们”、“你们”之分。高凝聚力群体还可能产生对组织变革的抵制，因为变革可能打破群体。

二、群体规范

（一）规范的含义

所谓群体规范指群体成员共同接受的一些行为标准。规范让群体成员知道自己在特定的情境下应该做什么、不应该做什么。规范可能是正式的，如写入组织手册中的规则和程序；也可能是非正式的，如“在上司面前不要干私活”。大多数群体规范是非正式的。规范并不规定成员的一举一动，而是规定一个行为准则。一旦群体规范为成员认可并接受，它们就能够影响群体成员的行为，而且只需要最低限度的外部控制。

（二）规范的作用

对于组织环境中的行为，不论是个体行为还是群体行为，规范均起着极其重要的作用，这种影响往往超出了我们的估计。只要有人群存在，很快就会形成规范；在正式组织中，管理的手段也主要发挥规范的作用。在群体中规范的作用主要是：

(1) 增加群体成员行为的可预测性。规范可以方便成员相互预测彼此的行为，使自己做出适当反应。

(2) 调整群体中人际关系。规范能够保证群体成员的满意感，防止人际摩擦，减少令人尴尬的人际关系。

(3) 促进群体的生存。行为上某种程度的一致对于群体的存在以及群体目标的实现是必要的。标准或规范一旦建立，就产生了要求群体成员服从它的压力。规范对成员的行为起着控制和协调的作用，维持群体的发展，并促进它的目标实现。群体通过强化那些使群体成功的行为规范，来保证自己的生存。

(4) 体现群体身份的标准。群体成员共同认可的价值观，使他们能够感觉到身份感，感觉到与非群体成员的区别，这有助于强化和维持群体的存在。

（三）规范的机制

规范之所以能对群体环境中的个体产生影响，是因为作为社会成员的个体具有从众的倾向。在社会心理学中，有两个经典实验揭示了群体中的从众现象，它们是谢里夫实验和阿希实验。

谢里夫实验研究了群体环境中其他人对一个人的判断力的影响。实验让被试坐在一间黑屋子里，一次一人。被试凝视着一盏昏暗的灯，实验者让他们说出这只灯什么时候开始移动，移动了多远。谢里夫发现，每个人在接受单独测试时对灯移动多远有非常独特的印象，可是，当还能听到其他的意见时，他就会因为这些人的意见而产生动摇。谢里夫实验显示出，个人对社会观点的判断力很脆弱。

阿希实验研究了关于知觉方面的从众现象。实验材料是 18 套卡片，每套两张，分标准线段与比较线段（如图 7-2 所示），要求被试比较判断 A、B、C 三条线段中，哪一条线段与标准线段等长，并要求被试大声说出他所选择的线段。被试共有 7 名，其中 6 人是阿希的助手，只有 1 人是真正的被试，而且总是安排在倒数第二个回答。18 套卡片共显示 18 次，前 6 次大家都做出正确的选择。从第 7 次开始，假被试故意做出错误的选择，这时可以观察被试的反应是独立的还是从众的。

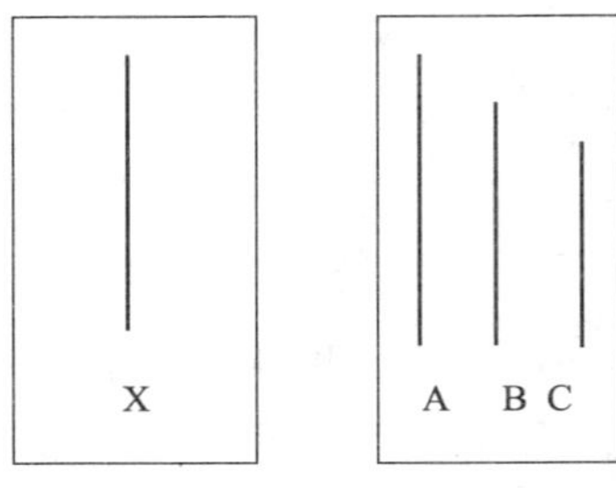

图 7-2　阿希实验

阿希通过多次的实验，得到的结果是，所有被试平均从众行为是 34％ 。实验后，通过询问被试发生错误选择的原因，发现有三种类型的错误：

(1) 知觉歪曲。被试确实把多数人的错误判断看成是正确的，以他人的判断作为自己判断的标准。当错误十分明确时，很少有人发生知觉错误。

(2) 判断歪曲。被试对自己的判断缺乏信心，虽然意识到自己看到的与别人回答的不一样，但以为多数人总会比自己更正确一些，从而采取从众。属于这类情况的人最多。

(3) 行为歪曲。被试确认自己是对的，而别人是错的，但不愿被群体视为越轨者，所以表面上采取相符行为。

谢里夫实验和阿希实验揭示，我们作为个体，不论愿意还是不愿意，确实很易受到周围人行为的影响，特别是规范对我们形成了压力，迫使我们的反应趋向一致。在管理实践中，组织正是通过制定种种组织规范来导向其成员的行为，以达到消除个体行为差异性的目的。

（四）群体规范造成的后果

就像群体目标的实现并不一定有利于组织一样，群体规范也有可能造成组织的功能失调。表 7-1 列举了不同的群体规范会造成的积极后果和消极后果，规范具有稳定性，有时形成规范的条件或者环境发生了变化，但规范可能还继续存在。

表 7-1　积极规范和消极规范造成的不同后果

项　目	积极的规范	消极的规范
组织自豪感	当公司被不公正地批评时，成员会站出来维护公司	成员不关心公司问题
工作表现	尽管已干得很好，成员们试图再改进	成员只满足于起码的业绩表现
沟通	成员倾听并接受其他人的观点和意见	成员私下议论别人，而不是公开地、建设性地处理问题

续表

项　目	积极的规范	消极的规范
领导关系	成员在需要时会要求帮助	成员隐藏问题并避开领导
同事关系	成员拒绝占同事的便宜	成员不关心同事的利益
与顾客的关系	成员都关心为顾客服务	成员对顾客冷漠，甚至抱有敌意
对组织忠诚	成员将不诚实和偷窃视为严重问题	成员总想偷些什么，只在需要的时候才表现诚实
发展与提高	成员渴望受到培训和得到提高	只是口头上说说，没有人认真对待
创新与变革	成员总想寻求更好的方法做事	成员坚持用老办法做他们的工作

三、角色

（一）角色的概念

角色是帮助我们了解个体在群体环境中的行为的另一个重要概念。我们常说："人是社会性的动物。"人又是如何组成社会的呢？从前戏园中常用一副对联："舞台小天地，天地大舞台。"人正是通过扮演各种角色来组成社会的，当然不是舞台上的角色，而是社会的角色。在各种工作的活动类型与生活的活动类型中，我们要与不同社会关系的人交往，这些交往的性质是不同的。我们在商场与营业员的交往不同于我们与上司的交往，更不同于家庭中的交往。我们在这些不同的交往中扮演着特定的角色。

与规范一样，角色往往是自发形成的。随着群体的发展，有些人比别人对群体目标贡献更大，这些人会感到自己对群体目标更有责任。同时，每个人也有从事某种职能的相对优势。这时，角色出现了。所谓角色是指群体中个体的一套行为模式，这种模式是标准化并事先已经社会规定的。模式也可以说是一种规范，但角色与规范的作用不一样。角色在不同的参与者之间互有差别，所以交往的双方在行为上的共同期望导致顺利和有效的交往。而规范却是要使参与者产生更一致的整合。

（二）角色知觉

角色知觉是指个体对于自己在特定情境中应该如何表现的认识和了解。我们在认为自己应该如何表现的基础上实施特定的行为。2003 年，美国心理学家艾尔森对世界 100 名各领域的杰出人物做了一项问卷调查，结果让他十分惊讶——其中 61.9%的人承认，他们所从事的职业，并非他们最喜欢的，至少不是最理想的。艾尔森问这些人"你不喜欢你的专业，为何又做得那么优秀?"得到的回答是："因为我在那个位置上，那里有我应尽的职责，我必须认真对待。对工作负责，也是对自己负责。"

（三）角色期望

角色期望是指别人认为你在某个特定情境中应该如何行事。在工作场所中，我们从心理契约的视角来考察角色期望。心理契约是雇主与员工之间存在的一种不成文的协议。此协议确定了管理层对员工的期望以及员工对管理层的期望。一般来说。管理层被期望能够公平、公正地对待员工，给员工提供可接受的工作环境和工作待遇等，向他们明确传达合理的日工作量，向他们提供绩效反馈以使他们了解自己的工作表现，另外，员工被期望能够保持良好的工作态度，对组织忠诚，服从组织安排。

（四）角色冲突

每个人都在扮演着多种角色。当我们面临多种角色期待时，就可能产生角色冲突。这时，如果我们服从一个角色的要求，就很难服从另一个角色的要求。角色冲突有以下三种类型。

(1) 角色内部冲突：对同一个角色有不同的要求标准，这些标准之间产生了矛盾。例如，生产经理的工作目标，既有产量指标、质量指标，还有品种指标和交货期指标。

(2) 角色之间冲突：个体同时扮演的不同角色之间发生冲突。例如，中层经理要执行一个上级制定但又不受下级欢迎的政策。

(3) 角色—人之间的冲突：角色行为与个体价值观之间发生矛盾。例如，受命发布虚假广告的营销经理，当他本人的道德观反对这样做的时候，他便处在这种冲突之中。

（五）服从实验

社会心理学的实验向我们揭示角色对人的行为具有十分重大的影响。米尔格莱姆关于服从权威的实验是其中著名的一例，耶鲁大学的社会心理学家米尔格莱姆在报上刊登广告，公开招聘被试者。结果有40名不同年龄、不同职业的成年男性应召入选。实验者告诉他们将参加一项研究针对学习的惩罚效果的实验。被试两人一组，抽签决定一人当老师，一人当学生。老师的任务是朗读配对的关联词，学生则需要记住这些词，然后在给定的四个词中选择一个正确的词，如果选错了，老师就按电钮电击学生以示惩罚。实际上，每组被试中只有一个人是真被试，另外一人是实验者的助手，抽签时，总是巧妙地让真被试抽到当老师的签，而让假被试充当学生。

实验者将两位被试带到一个小房间里，“学生”坐在一张桌子前，他的双臂被绑起来，电极接在手腕上。他说，他希望电击不会太重，他有心脏病。然后，“老师”被带到另一个邻近的房间，他可以在这里向“学生”说话，也可以听到“学生”的声音，但看不到他。桌子上有一个大金属盒，告知里面有一个电击发生器，桌上有30个电钮，每个电钮标有电压数，从15伏依次增强到450伏。首先，实验者请“老师”接受一次45伏的示范电击，虽然实验者说是很轻微的，但“老师”已经感到难以忍受。“学生”通过面前的按钮来选择答案。每当“学生”选择了错误答案，“老师”就按下电钮，给他一个电击。从最低水平开始，每当“学生”犯下一个错误，“老师”就给他一个更高级别的电击。

一开始，实验进行得很容易。“学生”会给出一些对的答案，也有一些错答案，“老师”在每个错误答案之后给“学生”一个电击。可是，随着“学生”犯的错误越来越多，电击的程度也越来越高——当然，这些仪器都是假摆设，实际上没有任何电流从里面出来——情况是越来越糟糕了。到75伏的时候，“学生”发出听得见的呻吟声；到120伏的时候，他喊出声来，说电击已经弄得他很疼了；到150伏时，他叫出声来放我走，我不想试了！每当“老师”动摇时，站在他旁边的实验者都说：“请继续下去。”到180伏时，“学生”喊叫起来：“我疼得受不了啦！”到270伏时，他嚎叫起来。当“老师”犹豫不决时，实验者说：“实验要求你进行下去。”后来，当“学生”开始撞墙，或者他尖声大叫时，实验者严肃地说：“你得进行下去，这是绝对必需的。”超过330伏时，隔壁只有沉静——这被视为选择了错误答案。实验者说：“你没有别的选择，你必须进行下去。”

令人万分惊讶的是，有63%的“老师”当真进行下去了，一直进行到底。这不是因为他们是些施虐狂，相反的情况是，他们当中的许多人在遵照实验者的命令进行下去时体会到了很严重的痛苦。

米尔格莱姆对这些结果的解释是，这种情况是利用文化上的期待产生了对权威服从的现象。志愿者进入实验时是要扮演合作者和被试者的角色，而研究者是扮演的权威角色。在我们的社会里，孩子们从小就被教导着要遵守权威。在实验中，"老师"感觉到有必要执行命令；他们可以对一个无辜的人施加痛苦和伤害，就是因为他们感觉到实验者而不是他们自己应对其行为负责任。

四、群体地位

（一）地位的概念

地位指的是他人对于群体或群体成员的位置或层级进行的一种社会界定。它渗透到社会的各个角落。即使是最小的群体也会形成一系列角色、权利和仪式来区分其成员，当个体感觉到对自己地位的看法与其他人对自己地位的看法存在差异时，地位就会成为一项重要的激励因素，而且会产生显著的行为后果。

地位有正式地位和非正式地位的区分。前者是组织正式给予的，如组织授予的正式头衔或某种优于他人的待遇。地位也可以通过教育、年龄、性别、技能、经验等特征而非正式获得。任何东西只要被其成员认为与地位有关，它就具有地位或身份价值。非正式地位不一定不如正式地位重要。在不同的组织中，作为认定地位的因素是有区别的。在传统的工作群体中，可能正式的头衔是地位的主要标志；而在知识型群体中，学术或技术权威更可能是地位的主要标志。

（二）地位的决定因素

根据地位特征理论，地位主要有以下三个来源：

(1) 驾驭他人的权利。权利越大的人，能够控制的群体的资源更多，因此更能够控制结果，而能够控制结果的人通常被认为是具有更高的地位。

(2) 对群体目标作出贡献的能力。那些对组织成功做出重要贡献的人通常具有更高的地位。比如 NBA 球星科比·布莱恩特在球队决策方面比他的教练更具有发言权。

(3) 个人特征。那些具有群体所看中的个人特征（如相貌出众、聪明、有钱或者个性友善）的人，其地位通常会高于那些此类特征很弱的人。

（三）地位与规范

研究表明，地位会对群体规范的影响力以及从众压力产生一些有趣的影响，与其他成员相比，地位较高的群体成员常常享有比其他成员更大的自由来偏离群体规范。高地位的人（如医生、管理人员、教师）往往会对低工作地位的人施加的社会压力持消极态度。例如，内科医生通常会积极抵制保险公司的低级别员工做出的决定。地位高的成员比地位低的成员更能抵制从众压力。如果一名成员很受群体器重，而他又不需要或者不在乎群体给他提供的社会性奖励，那么他尤其可能漠视从众规范。因此我们认为，只要高地位者的活动不会严重妨碍群体目标的实现，那么他们通常就会获得更大的自主权。

五、群体规模

群体规模即群体成员的数量对群体行为存在着影响。

德国心理学家林格尔曼研究发现，群体绩效并不等于个人绩效的总和，3人群体产生的拉力只是1人的2.5倍，8人群体产生的拉力还不到1人拉力的4倍，即群体规模越大，群体成员的生产力却降低了。这种现象被称为社会惰化，即一个人在群体中工作不如单独一个人工作时更努力。当然，这一现象要受到文化因素的影响，在个人主义文化与集体主义文化中是有差别的。

一般地说，小群体完成任务的速度比大群体快；但在群体参与解决问题过程中，大群体则比小群体表现得好。如果群体成员要面对面交流，规模最多为12人。我们在设定群体规模时，往往要参照一定的管理要素。群体规模与管理要素之间的关系可见表7-2。

表7-2　群体规模与管理要素之间的关系

维　　度	群体规模		
	2～7人	8～12人	13～16人
1. 对领导的要求	低	中等	高
2. 成员对领导指挥的容忍性	低到中等	中等	中到高
3. 成员心理障碍	低	中等	高
4. 规章制度的应用	低	中等	中到高
5. 做出决策的时间	少	中等	多

有几种方法可以用来防止社会惰化：①设立群体目标，使得群体具有为之努力的共同目标；②在群体间引入竞争机制，使各群体更关注自己的绩效；③施行同事互评机制，让每个人对其他成员的贡献进行评估；④组建群体时，有意识地挑选愿意在群体中工作、拥有较高集体工作积极性的人；⑤奖励对群体作出贡献的人。尽管这些方法的任何一种都不是避免社会惰化的灵丹妙药，但是它们可以更大程度地降低社会惰化的影响。

第三节　群体发展过程

一、群体的形成

是什么动力促使个体加入某个群体呢？对个人来说，一般可以解释为群体可以为其成员创造利益，满足成员不同的需要。一般来说，个体加入群体可以满足这样一些需要：安全需要、自尊需要、情感需要、地位需要、权利需要、实现目标的需要。

个人基于各种需要加入群体，但人们是如何形成群体的？为什么一个群体中有甲和乙，却没有丙和丁呢？人们常说“物以类聚，人以群分”，这又说明了什么道理呢？下面的一些具体理论可以帮助我们解释这些现象。

（一）相近性理论

相近理论实际上不是一种理论，只能算一个简单的解释。它提出，人们相互亲近是因为他们在精神上或空间上的接近。比如，在公司里，有相同兴趣和爱好的人更容易形成“小圈子”，一个办公室里的同事比办公室相隔较远的同事之间更容易形成群体。

（二）霍曼斯三要素理论

霍曼斯的理论建立在活动、交往和感情之上。这三个要素互相联系：人们共同进行的活动越多，他们交往的次数就会越多，他们之间的相互情感（喜欢或者不喜欢的程度）也会越强烈，而相互间喜欢的情感越强烈，又会导致他们之间共同活动和交往的次数增多。而在一个群体中，相互的交往也是合作和解决问题以实现组织目标的基础。

（三）平衡理论

古人说"道不同，不与为谋"，我们换个说法，就是"与之为谋者，同道也"。说明人们组成群体，是有某种共同基础的。国外有学者的研究证明了这个道理，纽科姆的群体平衡理论认为，人们之间相互吸引是基于他们对与双方都相关的目标具有相似的态度。

如图 7-3 所示，个体 X 与个体 Y 交往，并建立关系形成群体，因为他们有共同的态度和价值观 Z。一旦这种关系形成，参与者将努力在吸引和共同态度之间保持对称的平衡。如果不平衡出现，将会付出努力恢复平衡。如果平衡不能被重建，这个关系将瓦解。

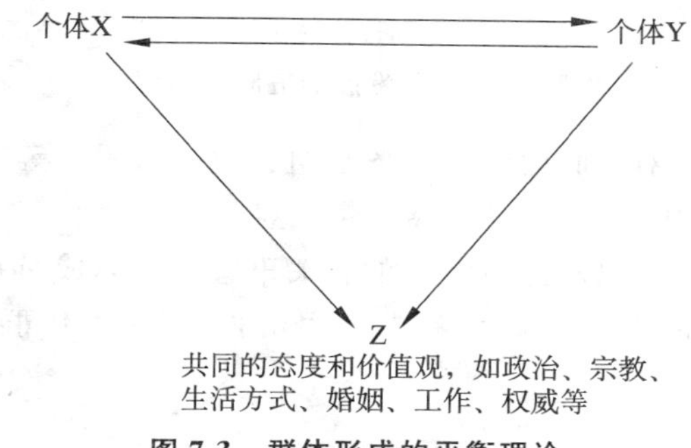

图 7-3　群体形成的平衡理论

二、群体发展阶段

（一）群体发展的五阶段模型

虽然并非所有的群体都遵循一定的发展模式，但是总体而言，都遵循一定的顺序发展，即群体发展要经历五个阶段的程序：形成阶段、震荡阶段、规范化阶段、执行任务阶段、解体阶段。这被称为群体发展的五阶段模型（见图 7-4）。

第一阶段：形成。形成阶段的特点是不确定性，甚至是混乱。群体成员不确定群体的目标、结构任务和领导权，各自摸索群体可以接受的行为规范。当群体成员开始把自己看作群体的一员来思考问题时，这个阶段就结束了。

第二阶段：震荡。此阶段群体内部冲突开始凸显，群体成员虽然接受了群体的存在，但仍然抵制群体施加给他们的约束。而且，对于成员的角色、责任、控制权也还存在大量的争执。当群体内部出现比较明确的领导层次时，这个阶段就结束了。

第三阶段：规范化。经过震荡期后的调整，规范期群体内部成员之间开始形成亲密的关系，群体表现出一定的凝聚力，成员之间有强烈的志同道合的感觉，并开始进行合作和协作。当群体结构稳定下来、群体对于什么是正确的成员行为达成共识时，该阶段结束。

第四阶段：执行任务。在这个阶段中，群体结构已经成熟运转，并且为群体成员所接受。群体成员的注意力从相互认识和理解转移到完成当前的群体任务上。对于长期性群体而言，该阶段则是最后阶段。

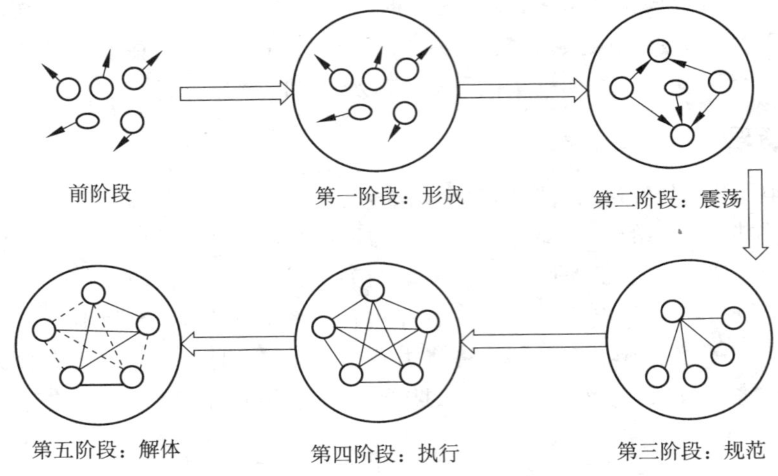

图 7-4　群体发展的五阶段模型

第五阶段：解体阶段。对于临时性的任务小组、委员会、团队等工作群体而言，还存在一个解体阶段。在这个阶段中，群体开始准备解散，这时高绩效地工作已经不是当前阶段的主要目标，群体成员关注的焦点已转向解散后的相关事宜。群体成员在这时的反应差异很大，有的很乐观，为群体取得的成就而欣喜；有的则很沮丧，因为工作群体中建立的友谊关系可能不能延续下去。

（二）间断—平衡模型

20 世纪 90 年代图什曼提出来的"间断—平衡模型"也称为"点状均衡模型"。研究人员在对十多个任务型群体进行了现场和实验室研究之后发现群体的发展不会经历完全相同的阶段，但是群体的形成和变革运作方式的时间阶段是高度一致的：①群体成员的第一次会议决定群体的发展方向；②第一阶段的群体活动依惯性进行；③在第一阶段结束时，群体发生一次转变，这个转变正好发生在群体寿命周期的中间阶段；④这个转变会激起群体的重大变革；⑤在转变之后，群体的活动又会依惯性进行；⑥群体的最后一次会议的特点是，活动速度明显加快。这个过程如图 7-5 所示。

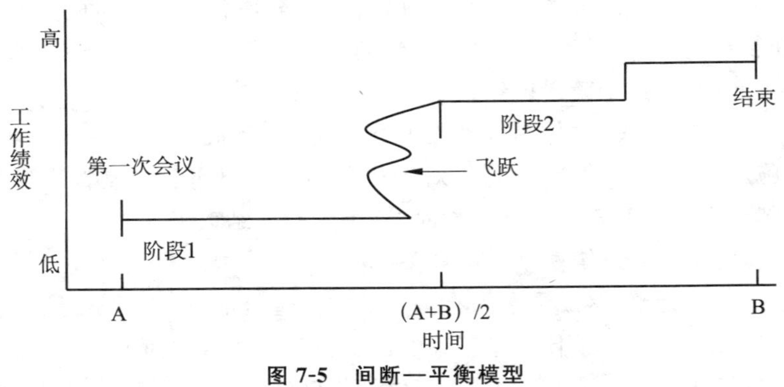

图 7-5　间断—平衡模型

第一次会议是群体发展的开始，此时，成员们一起确定群体发展的方向、群体的基本规范和未来的行为模式。这些内容则成为群体发展方向的大框架，在群体发展的前半阶段会基本维持不变。在这个阶段中,群体按惯性保持最初的一种活动模式,一般不会轻易改变。

在这些研究中,出现了一个共同的现象引起了研究者的兴趣。研究发现每个群体都在其寿命周期的同一时间点上发生转变——正好在群体的第一次会议和正式结束的中间阶段——尽管这些群体完成任务的时间并不相同,有的几个小时,有的可能几个月。但是,存在一个普遍的现象,似乎每个群体在其存在时间的中间阶段都要经历中年危机。这个危机点促使群体成员认识到,时间紧任务重,必须迅速行动。这个危机点成为第一阶段结束的标志。成员们认识到必须开始变革,抛弃旧的模式,采纳新的观点。

如果这种认识转化为实际行动,转变调整后的群体就进入了发展的第二阶段。这一转变对于群体来说是一次提升和促进,群体开始在新的水平上发展。第二阶段是一个新的平衡阶段,或者说又是一个依惯性运行的阶段。在这个阶段中,群体开始实施在其转变时期创造出来的新计划。

当群体完成工作任务后,最后一次会议会成为一个总结,标志着群体任务的结束。总之,群体的间断—平衡模型强调的是群体发展中期的转折点,群体在其长期的依惯性运行的存在过程中,会有一个短暂的变革时期,这一时期的到来,主要是由于群体成员意识到他们完成任务的时间期限和紧迫感而引发的。如果能利用好这一特殊时期对群体进行变革提升,就能改善群体绩效,使群体发展上升一个台阶。

（三）群体动力模型

群体动力论模型(见图 7-6)是管理心理学家摩海德和格里芬根据卢因的观点在 1995 年创立的。在这个模型中,群体的成长分为三个阶段。

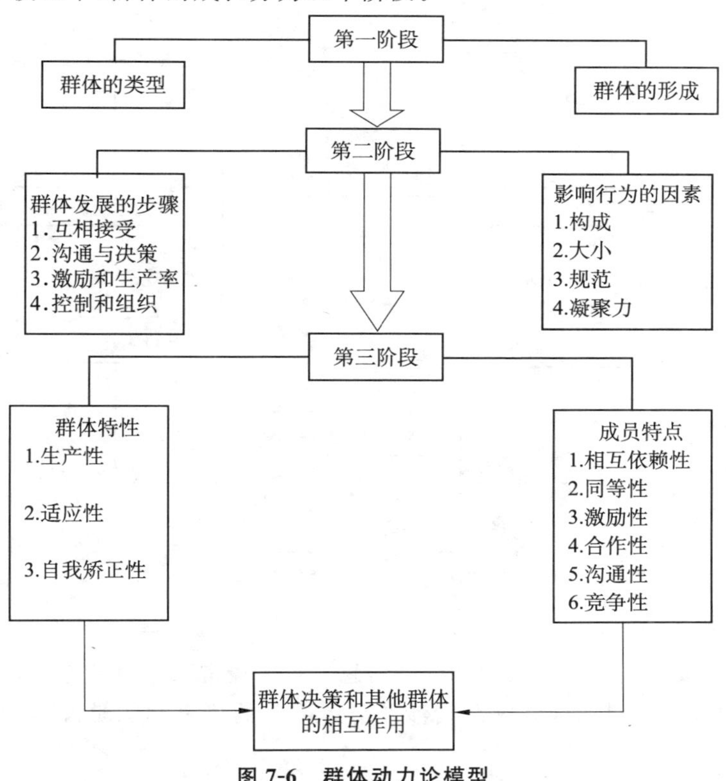

图 7-6　群体动力论模型

在第一阶段中，主要涉及群体形成的原因和形成群体的类型。这可以看作一个群体的诞生阶段。

在第二阶段中，一方面涉及群体发展的四个步骤，另一方面涉及影响成员行为的四个主要因素。这可以看作一个群体的发育阶段。

在第三阶段中，群体有 3 个鲜明特点，成员也有 6 个鲜明特点。在此阶段中，群体决策和与其他群体相互作用这两方面都比较成熟。因此，这可以看作一个群体的成熟阶段。

我们认为，根据群体发展的一般规律，群体的成长应该还有两个阶段：

第四阶段（衰老阶段）。在这个阶段中，群体和群体成员出现许多消极特点，如冲动性、不适应性、盲目性、保守性、冲突型、嫉妒性、封闭性、斗争性等。

第五阶段（死亡阶段）。在这个阶段中，群体成员各自的目标差异越来越明显，这最终破坏了共同规范而导致群体解体。

三、群体发展的步骤

群体并非静止不动，而是不断地发展变化。我们认为，群体的发展有四个步骤：相互接受；沟通与决策；激励和生产率；控制和组织。并不是所有群体都要经过这四个步骤，有的群体只能停留在前几个步骤中，有些群体可能在发展中跳过某个步骤，还有些群体在进入最后一个步骤后就消失了，具体内容见图 7-7。

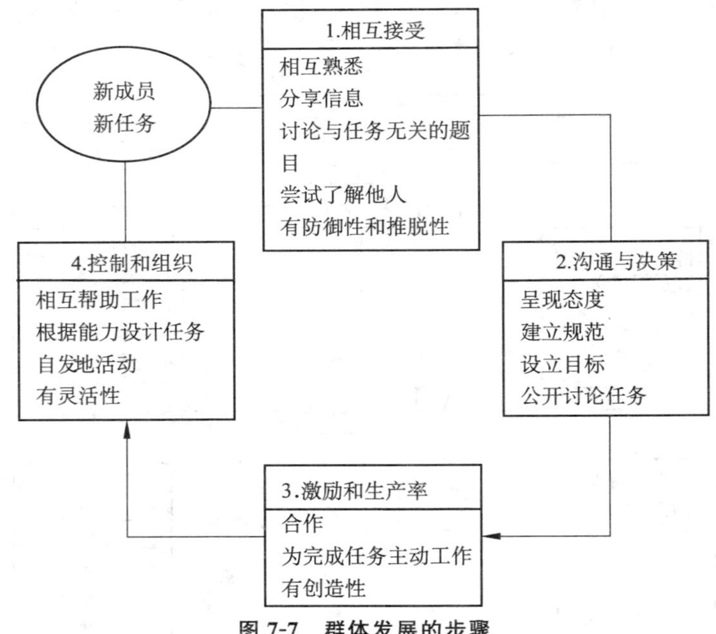

图 7-7　群体发展的步骤

1. 相互接受

在该步骤中，成员之间相互熟悉和分享信息。人们经常会通过谈论新闻、天气或体育等来尝试着了解他人。当讨论的问题开始涉及群体内部的严肃问题时，群体发展便进入下一个步骤。

2. 沟通与决策

这时群体成员已经同意自己在群体中的角色，也赞成群体的目标，成员公开地讨论他们的感受，发表自己的观点，也会对反对意见表现出更大的宽容性，对面临的问题共同探索不同的解决方法。

3. 激励和生产率

在该步骤中，群体成员强调个人利益服从群体目标，群体成员有高度的自觉性和创造性，而且成员之间团结互助，齐心协力，共同朝着群体目标奋进。

4. 控制和组织

在该步骤中，群体已经非常成熟，成员的活动自发而又灵活，成员为目标有效工作，群体则根据成员的能力设计任务，如果有必要，群体会对自身的活动和未来的结果做出评价，并矫正偏离群体目标的活动。如果有新成员加入或新任务出现，群体有可能再进入“相互接受”这一步骤，开始新的循环。

本章思考题

1. 什么是群体？群体的主要特点是什么？试举例来加以分析。
2. 举例说明各群体类型。
3. 在管理中，你作为管理者应该如何对待非正式群体？
4. 凝聚力对群体具有什么样的作用？
5. 在管理中，你认为应该如何对待从众？
6. 用你熟悉的群体例子来说明群体动力模型。
7. 群体发展的五个阶段分别是什么？

课后案例

群　体　一

数据通用公司有一个集团叫爱克利浦斯，它有一个奇特的加入仪式，该集团计算机设计小组的每个人几乎都以种种方式经历了这种仪式，老员工称这种仪式为“签约参加工作仪式”。通过这种“签约”活动，使每个工程人员愿意在必要情况下牺牲个人及家庭的利益。从经理的观点来看，这种加入方式的长处是多方面的，员工不再是被强制工作，而是自愿参加工作。一旦他们签约参加了工作，那么就等于宣誓：“我愿意做这项工作，并将全心全意地做好。”

该集团会给年轻的计算机工程人员提供一些非常具有吸引力的项目。一位经理曾这样描述过：“工程学校是准备培养大型工程项目的人才，但许多年轻人最后却变成变压器的设计者，我认为这件事非常令人遗憾……相反，成为一名新型计算机的制造者，在硬件工程人员的同行中被认为是一件好事……你可以把合同签到任何时候，并得到最好的人选。”

对于申请成为群体成员的人进行口头审查的理想方式可以按以下这样的操作进行。

审查员：这件事很麻烦，如果我们雇佣了你，你在工作中会遇到很多难题。你将与一帮难相处的人一起工作。

新成员：这吓不住我。

审查员：这个组有许多出色的人，工作确实很艰苦，而且常常要花时间。我的意思是花费很长时间。

新成员：不，那正是我想要做的，我要在新的组织中取得有利的地位，我要做一件大项目的工作，我会付诸行动的。

审查员：我们可能只招收今年最好的毕业生，我们已经招收了一些非常出色的人，我们将让你认识他们。

这些问题谈完以后，项目经理说："这就像招收你去执行一项自杀任务一样，你将要去死，但你将是光荣地死去。"

小组成员被招进来以后，对他们的工作有一种自豪感，感到自己的工作很受数据综合管理部门的重视，因此，小组成员非常勤奋努力，按时完成设计任务，并通宵达旦地工作，甚至牺牲周末的休息时间。在这里，群体的凝聚力提高了生产率。

群　体　二

有一家具厂实行了计件工资制，其中一个生产班组是一个凝聚力很强的群体。由于他们认为每生产一件产品能得到可观的报酬，这使他们常常感到，如果他们每小时生产太多的产品，管理部门就会降低每件产品的报酬，而其成员就会在生产更多的产品中得到与原来相同的报酬。在这样的情况威胁下，他们私下建立了一种非正式的产量标准而强烈地排斥任何拒绝遵守定额的"高效率者"。

刘某是刚加入这一生产班组的员工。一天，当他清理锯木屑时，在锯木屑里、木堆后面或者是机床下面发现了一些家具木料。最初几次，他总是非常高兴地告诉李某："我在角落里发现了一些可用的东西。"然而，李某并不在乎他的发现，刘某似乎觉得有什么问题。老张是个老实人，从不大声说话，只是埋头干自己的工作。可是这次，当刘某把他在铣床后面清理出来的一堆木料给他看时，他喊道："把它们放回去，不许你到小李的机床后面去，小李会告诉你该清理些什么……"

刘某很疑惑、委屈，不知道做错了什么，又该怎么做。他一个人回到操作台，十分气愤。这时，李某走了过来，说："小刘，别生气。老张是想让你与我们保持一致，让我来告诉你这里的'规矩'。我们周围开机床的工人经过协商规定了一个协议产量来应付老板，不多生产也不少生产。现在，有的人有时生产的产量稍微少了一点，所以我们总是保留加工完的木料藏起来以备不时之需。"听完李某的解释，刘某恍然大悟，接着向他道歉。李某继续说："老板总是想要更多的东西，而一旦我们拼命为他生产了那么多产品，他也不会在乎，所以我们商定了这个标准，一点也不给他多干，你明白吗？如果一直在这儿运送木料，老板就会明白发生什么事了。所以，你应该算出你运送多少木料才不会超过我们的产量，你懂吗？"刘某连忙说道："当然，我明白了。"

这时，刘某才完全明白这其中的奥妙，也得到了这个教训：除非绝对需要，不要做更多的工作。

资料来源：http://www.doc88.com/p-1902200073426.html. 群体一和群体二. 2014.07.12.

思考与讨论

1. 群体一和群体二都有很强的凝聚力，为什么前者会产生很高的生产率，而后者的生产率反而下降？

2. 是什么因素影响着凝聚力和群体绩效的高低？

3. 从对这两个群体的比较中，你发现了什么？

第八章

群体冲突与人际关系

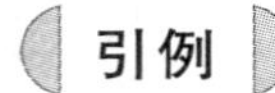

爱通公司里的员工关系

明娟不再和阿苏说话了。自从明娟第一天到爱通公司上班，她就注意到了阿苏，阿苏总是表现得冷漠疏远。开始，她认为阿苏是嫉妒她的工商管理硕士学位、她在公司的快速提升或者是她的雄心壮志。虽然如此，明娟还是下决心同办公室里的每一位同事都处好关系，因此她邀请他出去吃午饭，一有可能就表扬他的工作，甚至还同他的儿子保持联络。

但随着中西部地区营销主管的任命，所有这一切都结束了。明娟一直盯着这个职位，并认为自己有很大的可能得到这个职位。但马德最后得到了提升去了陕西，明娟十分失望。她未能得到提升就够糟的了，使她无法忍受的是选中的竟然是马德。她和阿苏曾戏称马德为："讨厌先生"，因为他们都受不了马德的狂妄自大。

办公室里的关系冷了下来，持续了一个多月。阿苏也很快放弃了试图同明娟修复关系的行动，他们之间开始互不交流，仅用不署名的小便条进行交流。最后，他们的顶头上司韦恩再也无法忍受这种冷战气氛，把他们两人召集到一起开了一个会，"我们要待在这，直到你们重新成为朋友为止。"韦恩说道："至少我要知道你们究竟有什么别扭。"

明娟开始不承认，她否认同阿苏之间的关系有任何变化。后来她看到韦恩是严肃认真、誓不罢休的，只得说道："阿苏似乎更喜欢和马德打交道。"阿苏惊讶地张大了嘴，吭哧了半天，却什么也说不出来。

韦恩告诉明娟："部分是由于阿苏的功劳，马德被安全地踢走了，而且以后你们谁也不用再想法对付他了。但如果你是对那个提升感到不满的话，你应该知道阿苏说了许多你的好话，并指出如果我们把你埋没到中西部去，这个部门会变得有多糟。加上分红的话，你的收入仍然与马德一样多。如果你在这儿的工作继续很出色的话，你就可以去负责一个比中西部地区好得多的地方。"

第二天，办公室里又恢复了正常。但是一项新的惯例建立起来了：明娟和阿苏在每天的十点钟一起去喝杯咖啡休息一下。他们的友好状态使在他们周围工作的同事们从高度紧张中松弛下来了。

资料来源：关培兰．组织行为学．第三版．北京：中国人民大学出版社，2011.

思考

1. 明娟和阿苏之间产生矛盾的原因是什么？
2. 韦恩作为公司领导解决矛盾的方法是否可行？
3. 本案例对如何处理群体人际关系有何启发？

第一节　群体冲突概述

一、群体冲突

（一）群体冲突的概念

在个体之间或者群体之间的互动中，都会产生意见分歧、争论甚至对抗，这种现象就称为“冲突”。冲突是社会生活中普遍存在的各种矛盾的反映，指两个或两个以上的社会单元在目标、利益和认识上互不相容或互相排斥，产生心理或行为上的矛盾，从而导致抵触、争执或攻击事件。

（二）对群体冲突的不同看法

对群体冲突主要有三种不同的看法。第一种观点是传统的冲突观点，他们认为冲突是有害的，会对组织造成不利影响。并且冲突会对组织产生消极和破坏作用。因为，冲突意味着意见分歧和对抗，势必造成组织、团体、个人之间的不和，破坏良好关系，影响组织目标实现。第二种观点被称为冲突的人际关系观点，他们认为对于所有群体和组织来说，冲突是无法避免的，组织应采纳冲突，使它的存在合理化。第三种观点是新近产生的冲突的互动作用观点。与人际关系观点只是被动地接纳冲突不同，互动作用观点强调管理者要鼓励有益的冲突。这种观点认为冲突是任何组织所不可避免的，既有消极的一面，又有积极的一面；既有破坏性冲突，又有建设性冲突。美国社会学家刘易斯·科塞指出让冲突表露出来，可以使对抗的成员采取合适的方式发泄心中的不满。而且群体间冲突会增加群体内部的内聚力。因此应该鼓励管理者维持适当的冲突水平，使群体保持旺盛的生命力，善于自我批评和不断创新。

二、冲突的特点

(1) 冲突客体的多元性。冲突既可以发生在个体内部之间，也可以发生在个体与个体之间，还可以发生在群体与群体之间。

(2) 冲突起因的多样性。冲突可以由多种原因引起，如目标的不兼容、认识的不相容和情感的不认同等。冲突的起因不仅包括这些表面的起因，还有许多深层的心理起因。

(3) 冲突发生的随机性。实践表明，冲突是一种客观存在的、不可避免的、正常的社会现象。不论是大型化的跨国公司，还是小型化的民营企业，任何由人所组成的组织中都会存在“冲突”。冲突无处不在，只是不同的组织之间冲突的程度可能有高低之分。因此，冲突是组织心理和行为研究必不可少的一部分。

三、冲突的种类

根据冲突发生的范围,可以将其分为以下三种类型。

(一) 个人心理冲突

个人心理冲突是指当一个人面临两种互不相容的目标时,感到左右为难的一种心理体验。勒温按照接近和回避这两种倾向的不同组合,又把个人心理冲突划分为四种类型。

(1) 接近—接近型冲突。这是指一个人同时想达到两个相反的互相排斥的目标。由于这两个目标本身背道而驰、不可兼得,所以它们不可能同时实现,这就会引起内心的矛盾。这种冲突的基本模式如图 8-1 所示。例如鱼和熊掌不可兼得。

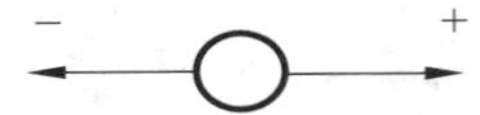

图 8-1 接近—接近型冲突

说明:"○"代表个人;"+"、"−"代表目标;箭头表示一个人想达到或接近目标的方向。

(2) 回避—回避型冲突。当一个人面临两个需要同时回避的目标时,会产生回避—回避型冲突。在这种情况下,这个人认为两种目标都是他人或社会强加的,都不愿接受。这种冲突的基本模式如图 8-2 所示。例如,由于公司绩效不好,职工小李现在面临两种选择:要么选择降薪,要么被辞退。这时小李就会产生回避—回避型冲突。

(3) 接近—回避型冲突。当一个人想要接近一个目标,而同时又想回避这一目标时,即产生这种冲突,即既希望获得,又担心遇到风险,害怕承担责任或付出代价。这种冲突的基本模式如图 8-3 所示。例如考试期间复习累了,很想休息,但是又没复习完,所以又不敢休息。这就产生了接近—回避型冲突。

(4) 双重接近—回避型冲突。它是两种接近—回避型冲突混合而成的一种复模式,如图 8-4 所示。例如,小王毕业前面临两种选择:一种是去国有企业工作,另一种是去外资企业工作。可能前者工作更稳定,后者工资更高些。此时个体需要对多种利弊和得失进行综合考虑,每一个因素都很难取舍。这时,小王就可能产生双重接近—回避型冲突。

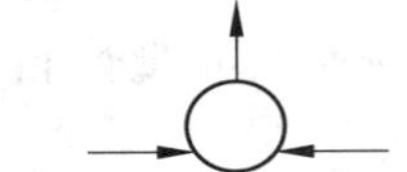

图 8-2 回避—回避型冲突

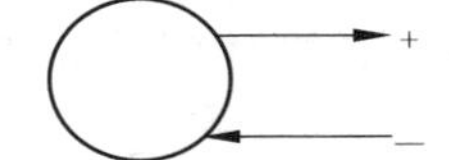

图 8-3 接近—回避型冲突

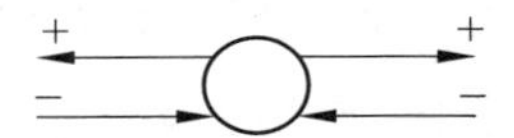

图 8-4 双重接近—回避型冲突

(二) 个体间的冲突

由于群体成员在知识、水平、经验、经历等方面都存在着差别,对同一问题的认识不一致是常有的情况,这就可能导致冲突的发生。比如对工作任务的分配、目标的设计意见不一致都会造成冲突。

当群体成员的价值观不同时,也会产生冲突。例如,有的成员注重荣誉地位,有的注重工作成绩,有的以经济实惠为重。不同的价值观可能导致在如何处理某个问题上发生意见分歧和冲突。

在同一群体内由于信息来源不同也会引起冲突。由于信息来源不同,掌握信息的多寡不同，对信息的理解不同，这就可能引起冲突。比如，主管掌握的信息一般多于其他成员，在做出决策时由于掌握信息的程度不同，可能造成做出的判断和决策不一致。

思想意识不同也可能引起冲突。群体成员由于思想观念、生活方式、自身地位和职责、所关心的利益、兴趣各不相同而会产生意见分歧甚至冲突。

心理行为习惯的不同也会引起冲突。人的心理习惯是多种多样的，每个群体成员都有独特的心理习惯，有的内向，有的外向，有的性格暴躁，有的性格温和，有的爱静，有的好动。他们之间难免会引起冲突。

因此，群体中个人之间的冲突内容多种多样，冲突方式不尽相同，形成的原因错综复杂。

（三）群体间的冲突

各部门、各群体由于任务不清、职责不明、奖惩不公等原因，常常引起互相牵制、埋怨和扯皮，会导致群体之间的冲突。

四、冲突的过程

关于冲突的过程，罗宾斯提出了五阶段模型。

（一）阶段1：潜在的对立或不一致

冲突发生的第一个阶段是存在可能产生冲突的条件，主要分为三类：沟通、结构和个人因素。

(1) 沟通。在组织中由于信息交流的不够充分以及沟通渠道的不通畅都会成为产生冲突的潜在条件。有时过度的沟通也会增加冲突发生的可能性。因此，从冲突避免的角度来看，沟通应该保持在一个充分且合理的水平。

(2) 结构。组织结构沿着水平和垂直等方面的分化程度越大，群体规模越大，工作分工越专业化，管理制度和范围越模糊，组织内不同群体之间目标的负相关性越大，领导风格越专制等，就越易产生冲突。

(3) 个人因素。这包括个人的价值观和个性，这些方面差别越大，就越易产生冲突。

（二）阶段2：认知和个性化

在这一阶段，阶段1中各因素造成的对立或不一致被双方感知到，并对个人的情绪和情感产生影响。此时，双方都有了情感上的卷入，都体验到焦虑、紧张、挫折或敌对等消极情绪。这时才意味着双方真正产生了冲突。

（三）阶段3：行为意向

冲突被双方感知后，人们就会产生解决冲突的行为意向。根据合作程度（一方愿意满足对方愿望的程度）和肯定程度（一方愿意满足自己愿望的程度），可以将行为意向划分为五种不同的类型：竞争（自我肯定但不合作）、协作（自我肯定且合作）、回避（自我不肯定且不合作）、迁就（自我不肯定但合作）、折中（合作性与自我肯定性均处于中等程度）。

（四）阶段4：行为

这一阶段，双方对于冲突会表现出某些行为。我们按照行为的轻重程度分为六个水平：轻度意见分歧或误解，公开的质问或怀疑，武断的言语攻击，威胁和最后通牒，挑衅性的身体攻击，摧毁对方的公开努力。学生在课堂上针对教师所讲的内容提出问题就是轻度的意见分歧或误解。而罢工、骚乱和战争等行为就是双方做出摧毁对方的公开努力。一般来说，越接近最高形式的冲突常常是功能失调的，即会降低群体工作的绩效。一般来说，功能正常的冲突位于冲突的较低水平上。

（五）阶段5:结果

当冲突发生后，就会产生最后的结果，这些结果既可能提高了群体的工作绩效，也可能降低了群体的工作绩效。

第二节　群体的人际行为

一、人际关系及其重要性

生活在社会中的每一个人不可避免地会与他人发生各种各样的关系，这种关系经常受到各自的职务、心理特征的制约，并伴随一定的心理体验和反应。这种群体成员之间相互交往和联系的状态，称为人际关系。人际关系本质上是一种社会关系，这种特殊的社会关系不仅影响人们的心理状态，而且对社会群体的实践具有重大作用。正确处理人际关系，对于缓解紧张情绪、提高群体士气和工作效率具有重要意义。

（一）对群体的影响

群体内成员之间、成员与领导之间以及领导与领导之间的人际关系越好，这个群体的内聚力就强；相反，人际关系紧张，矛盾重重，摩擦不断，群体就会涣散。

（二）对工作效率的影响

人际关系好，人与人之间感情融洽，心情舒畅，群体士气就能提高，成员就能发挥工作的积极性和创造性，从而提高工作效率。相反，工作关系不好，人与人之间关系紧张，互相猜疑，彼此戒备，就会影响工作效率。

（三）对身心健康的影响

随着生产力的发展，社会组织结构层次增多，人际关系复杂，人们的体力智力不仅要适应工作环境，心理也要适应社会环境，所以，人们的心理疾病也越来越多。好的人际关系使人心情舒畅，身体健康，工作效率大增。管理人员必须重视改善人际关系，为群体成员创造一个轻松愉快的人际环境，这既有利于提高工作绩效，又有利于员工身心健康和自我发展与提高。

二、影响人际关系的因素

（一）人际因素

人与人之间的距离、交往频率及相似性等是人际因素的主要方面。人与人之间的地理位置越接近，越容易发生人际关系。例如在同一地区居住，在同一个学校读书，在同一个单位工作，彼此之间就容易认识和了解，感情上也容易接近。人与人之间交往的次数越频繁，越便于信息的沟通、思想的交流，进而相互之间联络感情，增进友谊，协调关系。如果“鸡犬之声相闻，老死不相往来”，自然不能建立亲密的人际关系。当然，不必要的交往也会使人感到厌烦。此外，人与人之间如果有着共同的理想、信念、信仰、喜好，或有相同的经历、遭遇、兴趣和对事物的态度，或双方可以满足对方的需要，也可以形成良好的人际关系。

（二）社会因素

影响人际关系的客观外在因素主要由社会因素构成。例如社会经济的发展水平、人们的生活方式及价值观念、社会风气、道德风尚等都会直接或间接地影响人际关系。一般来说，社会经济文化繁荣，人民生活富足，社会风气好，人际关系就密切；相反，如果社会动荡，人心不稳，金钱至上，道德沦丧，你争我夺，则人际关系就会恶化。

（三）组织文化因素

在不同的组织文化中，员工的人际关系也会发生变化。一个组织是“工作型”还是“关系型”；是强调做好工作，实现组织目标，还是强调搞好关系，形成和气的团体；是重视政绩和能力，鼓励通过扎实工作、勤劳创新来获得组织认可，实现自我价值，还是重视处理人际关系，靠拉票联系感情来获得认可，都会对人际关系产生不同的导向作用，也直接影响人们处理人际关系的方式。

（四）个人因素

在群体中，个人因素对于人际关系也具有显著的影响。若一个人性格开朗、活泼，心胸开阔、坦荡，性情和善、宽厚，富有同情心，能体谅他人，则很容易受到其他成员的欢迎，因而也易与他人建立良好的人际关系。相反，一个性格孤僻、古怪、固执、高傲自大、目空一切，或敏感多疑，或感情贫乏、麻木不仁的人，就难以与人相处，难以形成良好的人际关系。

三、人际关系对个体行为的影响

个人与他人交往可以通过彼此的交互作用来影响对方的态度，改变对方的行为以符合自己的愿望，从而满足个人的种种需要。美国芝加哥大学行为科学家莱维特研究指出，人际关系可分为多种类型，且每种类型对行为的影响也不同。

（一）长期与短期的人际关系对个体行为的影响

根据交往时间的长短，可以将人际关系分为长期和短期的人际关系。例如父母与子女、老师与学生、领导与群众的关系等就是长期的人际关系。而商品推销员与顾客、交通警察与违反交通规则者的关系等则是短期的人际关系。一般来说，在长期的人际关系中，彼此之间的影响作用，出自彼此的依附关系和相互影响的结果，这种人际关系可以在长期的交互过程中随时得到反馈。因此，其影响的效果既深入又持久。比如父母对子女行为的影响，正像俗话所说，“有其父必有其子”；老师的治学态度，可能会影响学生的一生，这叫“师承效应”。短期人际关系的影响作用，则多来源于外在因素，如法律、契约等，只能改变表面行为，不能影响其基本的态度。因此，在商业关系中，老客户总比新客户对市场的开发和稳定更有利。

（二）交互双方力量的大小对个体行为的影响

人们在交往的过程中是互相依赖的，但是其依赖的程度会有所不同。如果 A 满足 B 需求的程度大于B能满足A，那么A对B就会有较大的影响。比如，子女小时候，其对父母的依赖较多，因此，父母对其子女的影响力就大。现实中，为什么又说“近墨者黑”、“出淤泥而不染”呢？这就是交互双方的影响力孰大孰小的问题。

（三）行为的规则对个体行为的影响

如果交互的双方具有明确的行为规范，如契约或法律明文规定，则对行为的影响就大。比如，一个人和某用人单位签订了合同，这个人的行为就要受到该单位规则的限制。夫妻之间有法律上的婚姻关系，对彼此的行为影响的程度就高于只有订婚关系的男女。在一间教室里的老师和学生如果没有共同遵守的规则，如老师没有按时上课、学生没有认真听课等，相互之间行为影响的效果就会很差。

（四）社会角色对个体行为的影响

个体在社会中的角色的不同，很大程度上决定了谁对谁有较大的影响作用。比如，父母影响子女，老师影响学生，领导影响群众，一般都被认为是适当和合理的。因此，一旦个体的角色发生改变，其影响的关系也会随之改变。

（五）个人与非个人的关系对个体行为的影响

根据交往双方的中心不同，可以将交互双方的人际关系分为以个人为中心的私人关系和以非个人为中心的工作关系。个人与非个人的关系的不同对于彼此有不同的影响作用。比如，以工作为中心的人际关系，若不加入个人的感情，从工作出发，事情就好办；而一旦加入个人关系，事情就会变得复杂起来。但如果一方具有较强的影响力，则有时也使事态顺遂，让对方信服。

四、改善群体人际关系的方法

群体成员之间良好的人际关系可以增进团体的效率，而良好人际关系的建立则有利于人的心理和行为的洞察。特别是对于领导者来说，如果想建立团体内良好的人际关系，就必须学会洞察团体成员之间的真正需求与感情。洞察别人的需求与情感的能力，是可以通过训练培养的。下面简单介绍几种有效的训练方法。

（一）感受性训练法

感受性训练法是经由无结构性的团体互助，以改变行为的一种方式。一般是把受训者十二三人集中到远离日常工作场所的某个地方，配一名指导者，但他和一般的教师角色不同，他要经常保持缄默，让参与者在没有地位高低的情况下能自由地讨论，时间通常为两周。对受训者不布置特别的任务，没有一定的议程，只让他们自由交谈有关此时此地所发生的事，但不涉及工作上以及思想观念上的问题或自我差距。

（二）角色扮演法

这种方法是要人们设身处地地去体会别人。在人际交往的过程中，假如每一个人都能站在别人的立场上多替别人着想，势必可以减少很多不必要的误会与不愉快的冲突，而维持彼此和谐的人际关系。角色扮演法就是模拟某些现实的问题场面，让一个人扮演各种不同的角色，站在不同的立场处理事情，以期了解别人的需求和感受，从而改变待人的态度。

（三）会谈训练法

会谈训练法即我们常说的对话，是指会谈者双方面对面意见沟通所形成的双向沟通系统。通过会谈，会谈者对对方的语言、行为、态度、反映的问题有所了解，为进一步开展工作提供依据，又协调了双方的人际关系。

第三节 群际关系

群体是人们生存所必须依托的载体，我们每天都会与自身所在的群体成员或其他群体和群体成员发生各种各样的联系。

一、群际关系的定义和分类

（一）群际关系的定义

群际关系是指群体与群体之间的关系，是人们将自己看成不同群体中的成员而与其他群体发生的相互作用。它能够连接两个不同的独立的群体。群际关系具有易冲突性的特点，其关系好坏能够显著影响到群体成员的工作态度和两个群体的工作绩效。因此，除了研究群体内部的关系之外，对于群际关系的研究也是十分必要的。

（二）群际关系的类型

按照群际关系作用的方向，可分为纵向群际关系和横向群际关系两类。其中，纵向群际关系是指管理者当局与员工群体之间的关系。横向群际关系是指两个或两个以上相互独立、相互依赖，地位上处于平级的群体之间的关系。

二、群际关系的影响因素

影响群际关系的因素众多，明确这些因素，是改善群际关系的基础，也是解决群际冲突的前提。群际关系的影响因素主要包括以下几种。

（一）目标差异

群体的性质和内容不同，其目标也不相同。不同群体的目标对群际关系有着非常大的影响。每一个群体或部门都有各自的目标，而这些目标也是为组织实现更远大的目标所服务的，每个群体要实现自身的目标，需要其他群体或者部门的配合。如果某一群体或部门与组织的总体目标、其他部门或群体的目标完全一致，那么各个群体之间就会互相合作、互相配合，共同完成任务，这种情况对每个群体都十分有利。但事实上，目标之间很少能出现完全一致的情况。例如，营销部门为了吸引消费者，就要求商品质量达到最高要求，但作为生产部门，他们的目标是尽可能地降低成本，那么产品的质量就不能得到保障。因此，生产部门和营销部门之间就产生了目标冲突。

（二）相互依赖

每一个部门之间、群体与其他部门之间和群体之间都是相互依赖的。没有一个群体能够不依赖于其他部门或群体而单独存在，只不过这种依赖的程度不同而已。相互依赖性要求群体、部门之间相互配合，相互理解和相互支持，以免发生冲突。例如，生产部门为了在生产时能够及时获得生产材料，就希望采购部门尽可能地多储存货物，以免出现原材料紧缺甚至中断的风险；但是采购部门为了尽可能降低储存费用和成本，会尽量地减少库存。

（三）资源分配

在一个组织中，为了降低成本，减少开支，群体和部门不可能单独拥有所有资源，很多资源都是共享的。公共资源会根据每个部门的需要进行分配，但资源共享时不可避免地会出现先后顺序和数量上的矛盾。因为每一个部门都是站在自身的立场上强调利益的重要性，而在资源有限的情况下，往往不能保证在同一时间分配给所有需要的部门所必需的资源。这时，如何分配以及分配给哪个部门就成了棘手的问题。类似的问题还有很多，如果不加以谨慎处理，就会危害到群际关系。

三、管理群际关系的基本方法

对于纵向群体的管理方法，主要有选举工会代表进行交涉、成立行政主管接待日、实行共同或者集体协商方式等。

对平行群际关系的管理难度更大，主要方法有：

(1) 制定规则。处理群际关系涉及很多程序方面的问题，对于这类问题，需要遵循事先制定的各项规则，按照程序进行处理。这种方法不仅能够提高处理效率，还能够降低处理费用，节约时间。但是这种方法也存在一定的缺陷，往往无法有效应对突发性的问题。

(2) 层级管理。这是指通过上级或者主管来调节两个及两个以上群体之间的关系。当运用规则难以处理群体之间的关系时，可以将问题向上级主管汇报，由行政领导进行协调。这种办法虽然能够节约处理时间，但增加了上级行政主管的负担。因此，必须要求行政主管自身具有较高的协调能力和素质。

(3) 制定规划。要求对各群体和部门的工作内容和工作目的进行系统的规划，按照步骤和计划执行，并且需要及时地反馈。群体按照规划进行工作，可以减少群际冲突，保持群体间的协调与配合。

(4) 设立协调员。协调员或者说联络员，其主要职责是促进两个或两个以上相互依赖的群体之间进行交往和解决问题。协调员的存在，有利于同时了解两个群体或部门的情况，站在公正客观的立场上做出双方都比较满意的决策。但是这种管理方法对于联络员自身的能力和素质要求很高。

(5) 成立工作组。这种工作组是针对出现的问题，由部门或群体双方推选出代表组成一个暂时性的群体。这个临时性的群体只用于解决涉及多个群体的综合性问题，相互传递信息，共同探讨解决方案，在问题解决之后，工作组也面临解散，其成员回到各自的工作岗位。这种方式适用于解决复杂的、需要共同解决的综合性问题。

(6) 成立综合协调部门。综合协调部门是一个常设性的机构，如果群体之间的关系十分复杂，上述几种管理方法难以奏效，此时就需要综合协调部门来处理群体冲突。但是，这种部门的设立费用比较高，通常只用于群体或部门较多的组织，用于解决相对比较棘手的问题。

第四节　群体冲突的管理

一、群体冲突的原因

在组织中，群体内部和群体之间发生冲突往往源于各种各样的原因，有些原因是表面的、可察觉的，有些原因是深层的、难以预见的。因此，在处理冲突之前，要谨慎判断冲突产生的原因。在寻求冲突产生的原因时，可从以下几个方面着手。

（一）人类的本性

人类作为一种特殊动物，也有侵犯的本性，比如比赛、打架和战争等都是侵犯的表现，这是造成某些冲突的原因。当人们在组织或群体中表现出侵犯的本性时，就会导致冲突的产生。这种侵犯本性通常表现在一些群体内部或者群体之间的有形冲突中，如相互争吵、谩骂、打架、斗殴等。

（二）对有限资源的争夺

组织内部或群体内部的资源是有限的，任何一个单位在资源分配问题上都无法保证"按需分配"的水平，部门之间在资源分配，如预算分配、人力资源分配等方面，都难免会产生分歧和矛盾。因此，在争夺有限的资源时，个体与个体、群体与群体之间就可能产生冲突。

在企业中，竞争的资源主要有以下几种：

(1) 金钱。如工资、奖金、福利等。

(2) 物资。如设备、原材料等。

(3) 空间。如厂房、办公室、住房等。

(4) 人才。这是企业未来争夺的重点，谁拥有人才，谁就在竞争中处于优势地位。但是人才作为有限资源的一种，也很难达到"按需分配"的水平。

（三）角色差异

组织中不同的角色有不同的任务，而不同的任务往往是引发冲突的根源。角色不同导致的冲突主要包括，一方在工作中出现问题会影响到另一方的工作进程；或者一方的工作绩效会影响到另一方的工作质量；或者由于职责不清晰造成扯皮、推诿甚至敌视的情况；或者因为双方的工作目标不同而造成群体内部或群体之间不能有效合作，从而引起冲突。

在一般组织中，较易引起冲突的角色有：

(1) 生产—销售。生产部门和销售部门之间的角色差异会引发很多矛盾与冲突。生产部门为了降低成本，难以保证产品的质量达到所有顾客最为满意的水平，导致产品销售不出去，受到销售部门的指责；而生产部门又会指责销售部门销售不力，产品销不掉，或者要货时不提前通知。这两种角色之间势必存在着冲突。

(2) 财务—其他。财务部门在许多组织中都扮演着重要的角色，当一些部门成本花费太多、预算不合理或者报销不符合程序时，财务部门都会提出警告，或者直接抵制。因此，财务部门和其他部门很容易发生冲突。

(3) 生产—质检。生产部门和质量检验部门之间也存在着难以缓和的矛盾。生产部门指责质检部门太挑剔，故意难为自己；而质检部门又指责生产部门只重视产量，不重视产品质量。

(4) 销售—市场。销售部门和市场部门关系虽然密切，但冲突也很多。销售部门经常责怪市场部门的工作对于销售没有一点帮助；而市场部门则指责销售部门员工素质太低，掌握不了销售技巧。

(5) 一线—后勤。一线部门和后勤部门之间也容易发生冲突。一线部门认为后勤部门工作太轻松，而且对其他部门服务不到位；后勤部门又责怪一线部门要求太过苛刻。

(四) 价值观与利益的差异

在企业中，由于价值观与利益的差异而引发的冲突也非常多。这些差异主要发生在以下群体之间：

(1) 职能部门之间。工程部门希望有高质量的产品，而生产部门主要出于降低成本的考虑来制造产品；生产部门希望有高质量的原材料，而采购部门又需要将预算控制在一定范围内；销售部门希望有优秀的产品使顾客满意，而产品设计部门主要考虑设计的成本。

(2) 管理层与员工之间。管理层希望生产更多的优质产品、增加销售量、提高利润率，使公司的股票获得增值，从而吸引更多的股东来投资；而员工又希望提高工资、增加福利待遇、降低劳动强度。

(3) 员工之间。这种冲突主要表现在员工的年龄、性别、学历、层级差异等方面，不同类型的员工在价值观和利益方面存在着许多差异，因而容易产生矛盾和冲突。

(五) 职责不清

在许多企业中，由于工作界限不是十分清晰，问题发生时，常常出现职责不清的现象，这时就容易产生冲突。

(1) 互相推诿。由于职责不明确，很多工作没有得到落实，一旦出现问题则互相推诿。

(2) 互相插手。职责不清晰的另一个结果是，人们会做一些重复性的工作，此时，就形成了互相插手的情况。

(六) 争权夺利

群体内部以及群体之间由于争权夺利而引起的冲突十分常见。争权夺利者有时会凭借看似合理的借口，但是其实质都是将自己的利益放在组织整体的利益之上。例如，在组织中培植亲信、拉帮结派、排斥异己、制造混乱、夺取权利等。争权夺利引起的冲突后果非常严重，组织中应尽量避免这种冲突的产生。

(七) 组织变革

组织在变革期间会带来很多不安定因素，这些不安定因素引发的冲突是不可避免的。组织变革主要包括：

(1) 组织兼并。这里的组织兼并是指一个公司兼并其他公司，或者一个公司被其他公司兼并。在这种情况下，企业内部的员工流动会加大，组织结构也会发生重大变化，权力分配也将重新开始，因此很容易引发冲突。

(2) 组织整改。当一个组织需要整改时，组织结构一定会发生明显的变化，各部门也会重组，新的领导与原有的部属之间可能因价值观不一致等产生矛盾，因此也容易发生冲突。

(3) 组织扩张。由于种种原因，需要扩大组织规模时，在短时间内会有大量员工加入组织，由于存在目标、认识、情感上的差异，新旧员工之间往往存在着很多冲突。

(4) 组织缩小。由于某些原因，组织需要缩小规模。这时，会出现大量裁员的情况，员工为了能继续留在组织中，往往需要竞争、互相猜忌、互相攻击，从而引发冲突。

二、群体冲突的作用

在一个组织中，冲突的作用十分复杂，下面分别从积极影响和消极影响两个方面进行分析。

(一) 冲突的积极作用

(1) 激发员工的干劲。冲突往往伴随着竞争，而一定程度的竞争能够有效激励员工和群体为实现组织目标而付出更多的努力。竞争双方因都想努力表现自己，证明自己的实力，从而产生了良好的“增益”效果。

(2) 员工宣泄不满情绪。在冲突的过程中，员工也会宣泄自己的负面情绪。如果员工的负面情绪不发泄出来，长期处于压抑的情况下，对于其身心健康是相当有害的。

(3) 促进变革。个体之间或群体之间出现的冲突，表明在某些方面出现了一定的问题，有可能达到了必须改革的地步，因此，冲突有利于组织领导者察觉群体中或者群体间存在的问题，进而下定决心进行变革。

(4) 获取真实的信息。在冲突过程中，双方传递的信息通常都是真实的，上级在处理冲突时，会获取很多之前不易了解到的真实信息，有利于掌握全面的信息，从而做出正确的决策。

(5) 完善组织制度。组织内制度的不完善极易引起各种冲突，冲突的引发又能够暴露组织制度存在的缺陷，从而引起管理者的重视，采取措施加以完善。

(二) 冲突的消极影响

(1) 引起负面的情绪。在冲突中，双方都会出现情绪激烈波动的情况，往往会带来很大的精神压力。这种负面的情绪状态和精神压力有可能使员工产生一些不理智的行为，有可能伤人伤己。

(2) 对组织造成损失。组织中的资源分配不协调是引起冲突的一个原因，但冲突也可能使资源分配更加不公平，而且持续时间越长，对组织会造成越大的浪费。如果冲突长期存在，会极大地打击员工在工作中的积极性，使他们认为没有必要继续留在组织中，从而选择离职，使组织面临人才流失的风险。

(3) 破坏组织结构和秩序。当冲突爆发时，面对组织的指示和命令，部分员工会显得茫然，不知道该听谁的。有的甚至会把组织的指示、命令当作“儿戏”，不受上级主管的约束，这就严重地破坏了组织的结构和秩序。

(4) 导致员工人际关系恶化。如果对冲突处理不恰当，群体中的人际关系就会不断恶化。有可能出现恶意攻击和人身侵犯等行为，甚至会导致群体分离等严重后果。

三、群体冲突的管理和处理

（一）群体冲突管理的三个阶段

冲突不是静止的，而是一个循序渐进的变化过程。群体冲突的形成是一个从潜在形成到矛盾的激化，直至冲突爆发、事件结束及后续作用的过程，因此对冲突的管理首先应该是一个阶段管理的问题。群体冲突的管理过程可分为三个阶段：事前管理、事中管理和事后管理。

1. 群体冲突的事前管理

对冲突爆发之前管理，是一种隐性的管理过程。在冲突发生前，对矛盾的各个方面，按照一定的规则进行计划、监督和实施，对可能发生的群体冲突需要准备相应的应对方案。在一个组织或群体中，冲突过少会使组织缺乏活力，抑制创新潜力和减少工作绩效，冲突过多又会导致组织或群体处于混乱的局面，只有合理适当的冲突才会充分激发人们的潜能和工作效率。

在制定预防冲突的具体措施时，要从群体本身和群体成员两方面入手。具体而言：第一，群体成员的选择要合理，优化结构；第二，建立群体成员共同利益导向，致力于共同提高组织利润；第三，建设组织文化，形成良好的组织风气；第四，加强群体成员之间的交流，尽量做到信息共享；第五，责权利之间的界定要清晰；第六，加强教育培训，提高人际关系处理能力。

2. 群体冲突的事中和事后管理

由于冲突具有突发性，无法事先预测，因此，在大多数情况下，人们是在冲突发生之后采取相应的措施进行补救。在群体冲突发生后直至冲突造成的一系列后果出现之后，组织需要不断进行追踪、监督，并根据冲突的性质和内容提出相应的解决方案，这可以看作动态的显性的管理过程。

对于已发生的破坏性冲突，可以采取以下几种处理方法：①要求冲突双方顾全大局，相互做出让步；②通过第三方或高层领导人出面调解，进行仲裁，但是仲裁者必须具有一定的权威性；③由上级主管部门按“下级服从上级”的原则强迫冲突的双方执行；④对于直接影响管理运行和工作效率的冲突，可果断将该群体解散，重新组织。

对于建设性冲突的把握相对比较困难。对于已经发生的冲突，如果还没有发展到会产生破坏的程度，则可以将其视为“适度冲突”。即在其他条件具备的情况下，能够使组织内部充满动力使组织目标顺利实现的冲突，通过它来刺激群体内部的活力和创造力。当然，在这个过程中也要求管理者时刻注意冲突发展的程度，并在适当的时候做出调解。

（二）群体冲突处理的二维模式

托马斯以沟通者潜在意向为基础，通过调查研究，认为冲突发生后，参与者有两种可能的策略可供选择：关心自己和关心他人，进而提出人们处理冲突的二维模式。其中，“关心自己”表示在追求个人利益过程中的武断程度，作为纵坐标；“关心他人”表示在追求个人利益过程中与他人合作的程度，作为横坐标。于是，出现了五种不同的冲突处理方案，即强制、回避、妥协、克制和合作，如8-5图所示。下面分别对这五种策略进行介绍。

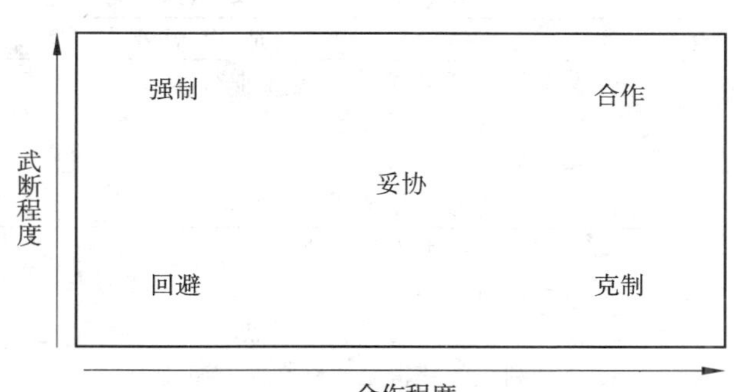

图 8-5　群体冲突处理的二维模式

1. 强制型方式

这一方式也称为竞争型方式，是指冲突主体为了争取自身的利益而不顾他人的利益。在这个过程中，他们的合作程度很低，武断性很高。双方竞争十分激烈，丝毫不愿退让。这种方式一般出现于比较紧急的情况，而且矛盾主体认为自己完全正确，自身的利益不能受到侵犯。

2. 回避型方式

当冲突主体在矛盾过程中，合作性和武断程度都很低，对自身和他人的利益都不感兴趣时，会采取回避型的方式处理冲突。这种方式既不会成全对方也不成全自己的利益。当对方能够有效地解决问题，冲突的解决难以满足自身的利益，甚至会带来更严重的后果时，人们通常会采用这种方法来处理冲突。

3. 妥协型方式

这是一种中庸式的处理方法，冲突主体的合作程度和武断程度都处于中等水平。矛盾双方相互传递信息，在问题的解决上有商有量，共同作出让步，尽量使双方的利益得到最大限度的满足。当冲突双方的能力相当，自身的利益虽然重要但不至于重要到寸步不让，或者矛盾主体出于时间方面的考虑，会选用此种方法。

4. 克制型方式

这种方式的合作程度非常高，武断性很低，矛盾主体通常会牺牲自身的利益以成全对方的利益，希望通过克制自己而息事宁人。当冲突主体发现自身确实存在错误的地方，察觉到自身处于相对弱势的一方，或者对方的利益比自己更重要时，可采用这种方式。这种方式虽然使自己难以获得暂时性的利益，但可以为自己赢取较好的声誉。

5. 合作型方式

这种方式要求冲突双方坦诚相对，共同分享资源和信息，从而以最优的方式解决问题，使双方的利益都达到最大化，其特点是合作程度和武断性都很高。在这个过程中，冲突双方既坚持自身的利益，也考虑到对方的利益，希望与对方合作，共同面对矛盾，提出双方都较为满意的处理方案。

针对不同的冲突，这五种处理方式的适用性也具有差异，表 8-1 列出了每种方式适用的情况。

表 8-1　不同冲突处理方式的适用情况

冲突的处理模式	适用情况
强制	1. 情况比较紧急，需要立即采取行动 2. 对组织的利益至关重要 3. 需要遵循重要的纪律 4. 当对方能够非强制地获取利益时
合作	1. 双方的利益都十分重要 2. 希望向对方学习时 3. 需要掌握更多的信息和观点时 4. 自身利益的获得是建立在对方身上时 5. 希望与对方保持良好的感情
妥协	1. 利益虽然重要，但不至于与对方关系变得僵化时 2. 当对方的能力与自己差不多时 3. 希望暂时解决复杂的问题 4. 出于节约时间的考虑 5. 对方不愿合作，且自身能力不够，无法取得优势时
回避	1. 问题不是很严重或者利益不是很重要时 2. 当察觉到自己的利益难以实现时 3. 为了争取利益而当付出的代价大于利益本身时 4. 当对方可以更有效地解决问题时
克制	1. 当察觉到自己存在错误的地方时 2. 当对方的利益大于自身，希望与他人保持合作关系时 3. 为建立良好的名声 4. 当和谐比利益本身更重要时

（三）群体冲突管理应注意的问题与冲突解决的常见方法

在管理实践中，群体冲突是不可避免的，而且冲突的结果具有二重性。所以，如何管理和解决好冲突至关重要，在处理冲突的过程中，应当注意以下几点：

第一，要分清群体冲突的性质。对于建设性的冲突，应当适当地加以引导，使冲突双方尽可能地合作，相互配合，相互帮助，将冲突转化为工作中的动力。而对于破坏性冲突，往往需要谨慎处理，避免冲突给组织带来严重的后果。

第二，要对症下药。对于群体中的冲突，要给内部成员提供相互交流、相互沟通的机会，以保证信息的畅通，便于彼此之间相互理解，从而缓和和解决冲突。对于群体之间的冲突，要制定一定的规则，向群体灌输为实现组织目标而共同努力的思想；另外，在任务和资源分配上，要尽可能地考虑到各群体，尽可能地保证公平；同时，要加强群体之间的沟通，保证群体之间相互理解与支持。在冲突发生时，也可以请求第三方出面协调和处理问题。

此外，如果发现组织中人员流动慢，缺乏竞争意识和活力时，管理人员也应当主动地引发冲突。例如，容忍反对意见的存在，适当地鼓励竞争；进行组织重组和人事调动等。

所以，管理者需要具体问题具体分析，针对不同性质和内容的冲突，采取不同的解决方法。关于冲突的常见处理方法有以下几种：

（1）妥协。这是很多组织中最为常见的一种方法。由于冲突双方看待问题的角度和利益出发点不同，在双方实力相当的情况下，管理者会要求双方采取妥协的方式，尽量满足对方的要求。

(2) 仲裁。仲裁方法首先要求冲突双方各自阐述己方的观点、立场，然后由第三方（通常是双方的上级）遵循公平公正的原则进行仲裁，从而解决冲突。

(3) 拖延。面对不会造成重大损害的冲突，管理者通常会采取拖延回避的方式，等待冲突自然消失，但需要注意的是，如果有些冲突在当前看起来微不足道，但是一经累积会造成重大损失的，就应该及时解决。

(4) 和谐相处。和谐相处要求冲突双方求同存异，在这个过程中，管理者可以协助双方分析问题产生的原因，鼓励双方通过协商来处理冲突。

(5) 重组。如果群体内的冲突过于激烈又长期得不到有效解决，使得群体作用无法正常发挥时，可以考虑对群体进行重组。

(6) 压制。在冲突产生后，可以由管理者使用行政命令限制冲突。但是，这种方法只能暂时停止冲突，不能解决冲突产生的根源，一旦时机成熟又会引发冲突，甚至产生更严重的后果。所以，在管理实践中，需要谨慎使用此种处理方法。

本章思考题

1. 什么是群体冲突？群体冲突的主要特点是什么？试举出一些群体冲突的例子来加以分析。

2. 群体冲突有哪些种类？试举例说明。

3. 群体冲突的影响有哪些？

4. 冲突管理方法有哪些？试举例说明。

5. 组织行为学为什么要重视人际关系的研究？影响人际关系的因素有哪些？

6. 如何改善和应用人际关系？

7. 简述杜林的二维冲突模型。

课后案例

第五设计院

第五设计院是一个大型综合设计单位，建院很早，兵强马壮，专门承包冶金系统各公司、厂、矿的大、中型项目设计，以一贯的高质量设计博得本行业的普遍赞誉和尊敬。高级工程师马凯宁是该院现任第一设计室主任，担任现职已有七年之久，业务能力强，管理经验也颇丰富，被视为本院骨干，前程不可限量。本室内的第七课题组由八名男工程师组成，他们共同在该组工作多年，彼此感情融洽，关系密切。该组原组长数月前调升另一设计室任副主任，组长一职暂告缺，目前先由组内资历最深的贾克乐工程师代理。

不久前，室内分配来一位新人苏黛薇，是刚从一所名牌工科大学毕业的研究生，是本院首批分来的硕士之一，年方 26 岁，出身高级知识分子家庭，朝气蓬勃，大方直爽。老马派她到七组，立即参加了某矿山机修厂扩建工程的设计工作。同时参与这项任务的，还有同组的另三位工程师：代组长贾克乐（38 岁，在本院已工作了 15 年）、萨本柱（40 岁，来本院也有 10 年之久）和蓝狄承（32 岁，来本院已 8 年）。小苏初来乍到，但能分到五院工作，很高兴。她很喜欢分配给她的设计任务，觉得担子虽不轻，但却是很好的锻炼机会，提高快，也表现了对她的器重，能充分运用她刚从学校学来的新知识，一展抱负。她在工作中埋头苦干，全身心都投入设计任务中。她跟同组同事的关系很友好，不过无论上班时还是下班后，她很少跟他们有什么工作以外的非正式交往。

小苏对工作很认真，碰上困难、问题，她会自动加班到深夜，查文献，翻资料，上计算机室，总要尽快搞个水落石出。因为她这样坚韧不拔，再加上基础扎实，所学的知识又新，所以总是比别的同事早好几天就完成了分派给她的那部分设计任务。她是闲不住的，总说："我有使不完的劲。"任务一完，就坐立不安，总是又去找马主任要新任务干。有时，她就问贾工、萨工或蓝工，能不能把手头的活分点给她，好帮他们加快进度。但每回都被断然回绝了。

她来院工作五个月后，有一回老贾来找马主任，说是谈谈组里的一件事。他们的对话如下：

马：有啥事？请坐下来谈谈。

贾：好，马主任。我本来不想打扰您，可组里好几位同志都非让我来找您谈谈小苏的事不可。小苏，苏黛薇，就是才来不久的那个什么硕士，她把咱组的人全得罪遍了，总是一副狂妄自大、不可一世的样子，好像就她是"万能博士"，啥事都懂。我们可不爱跟这种人共事。

马：老贾，这我可有点不懂了。她干得很不错嘛。设计任务总是完成得很好，没出啥差错。布置的活全都干了，还要她咋的？

贾：可谁也没布置过她搞乱组里的气氛啊？谁允许她有权指手画脚来教导我们该怎么干活来的？我大小是代组长，也没这么干过。组里怨气挺大，再这么下去，我看全组的工作都要受影响。反正您看着办吧？

马：那好，我看就这样吧。下星期她就干满半年了，我正要找她谈谈，给她讲评一下她这半年来的表现。我一定记住你刚才讲的，可我不敢保证你们说的她那种目空一切的态度能改得了。现在的年青人，难呀！

贾：我们也没指望她马上全改，可是她当众去指点别人该这样干，那样干，真叫人受不了。人家还以为她是在那儿做什么高级报告，用上那么一大堆什么高阶高次多变量方程，全是吓唬人的废话，有啥用？她最好收敛点，不然真有人要打报告调走了。

事后，老马把该怎么跟小苏谈，仔细地琢磨了一下。他知道，这老贾虽说只是代组长，实际上他早就是大伙的"头"，这是代表组里其他人来谈的。到了下礼拜四下午，老马把小苏叫到了自己的办公室。下面一段话就是他俩谈话的后半段：

马：关于你这半年来的表现，还有一方面我得提醒你一下。我刚才已经说了，你在技术方面的工作，领导很满意；不过你跟组内其他同事的关系可有点问题。

苏：我不明白，您这指的什么问题？

马：好嘛，说具体点，你们设计组里有些人，对你那种"万事通"的态度，和总想告诉人家该怎么去干自己的活方面很有些意见。你对人家得克制点，不要公开去评论人家的工作。这一组的工程师们都挺强的，多年来工作一直属于优秀的一类。我可不愿意你把他们搅得不能安心，影响工作质量。

苏：听我说几句行不行，主任？首先，我从来没公开批评过他们的工作，也没向您汇报过。起先，我把活先干完了，总要求帮他们干一点，这本是好心嘛，是不是？可次次都叫我"少管闲事"，以后我就光埋头干自己的活了，"休管他人瓦上霜"吗？

马：这对嘛！这我明白。

苏：你不明白的是，在这个组干了这几个月，我可看出来了，他们明明在磨洋工嘛。这些工程师们故意定一种很慢的工作节奏，远远低于他们的能力。哪能拼命干"四化"呀，明明是"力争下游"！他们感兴趣的是上班的时候听老萨那个半导体放的音乐，谈足球比赛，商量着"谢天谢地又是礼拜天"了，该怎么一块去看电影，逛商店；尽谈那些庸俗不堪的爱情电视连续剧。我很遗憾，让我跟他们一块那样混日子，没门！我从家里到学校，可不是这样受的教育。还有一点，他们压根儿就没正眼瞧过我，以为我不过是来破坏他们那个"快乐俱乐部"的"黄毛丫头"。

马：你别胡说！给工程师做鉴定，写评语，是领导的事。你的任务就是做好本职设计工作，别干扰人家干活。你要好好干下去，在这儿还是很有前途的；可你得光管你的技术活，管理方面是我的职责。

小苏离开老马的办公室时，觉得很伤心，也挺寒心。她知道自己一直干得很不错，而那些工程师们却远未发挥出他们的潜力。这是明摆着的嘛。她不知道该咋办？有点想哭，但马上忍住了。把头一抬，她又挺胸阔步朝设计室走去。

资料来源：http://www.doc88.com/p-27945031718.html. 行为学案例分析：第五冶金设计院 .2011.05.19.

思考与讨论

1. 小苏和大伙之间产生矛盾的原因是什么？
2. 小苏应如何处理好与同事之间的人际关系？
3. 老马作为设计院主任解决矛盾的方法是否可行？
4. 老马作为领导应如何帮助小苏解决人际冲突？
5. 本案例对如何处理人际关系有何启发？

第九章

沟　　通

引例

1990年1月25日，由于阿维安卡52航班飞行员与纽约肯尼迪机场航空交通管理员之间的沟通障碍，导致了一起空难事故，机上73名人员全部遇难。

1月25日晚7点40分，阿维安卡52航班飞行在南新泽西海岸上空11 277.7米的高空。机上的油量可维持近2个小时的航程，在正常情况下飞机降落至纽约肯尼迪机场仅需不到半小时的时间，这一缓冲保护措施可以说十分安全。然而，此后发生了一系列耽搁。晚上8点整，机场管理人员通知52航班由于严重的交通问题他们必须在机场上空盘旋待命。晚上8点45分，52航班的副驾驶员向肯尼迪机场报告他们的“燃料快用完了”。管理员收到这一信息，但在晚上9点24分之前，没有批准飞机降落。在此之前，阿维安卡机组成员再没有向肯尼迪机场传递任何情况十分危急的信息。晚上9点24分，由于飞行高度太低以及能见度太差，飞机第一次试降失败。当机场指示飞机进行第二次试降时，机组成员再次提醒燃料将要用尽，但飞行员却告诉管理员新分配的跑道“可行”。晚上9点32分，飞机的两个引擎失灵，1分钟后，另外两个引擎也停止了工作，耗尽燃料的飞机于晚上9点34分坠毁于长岛。

当调查人员考察飞机座舱中的磁带并与当事的管理员交谈之后，他们发现导致这场悲剧的原因是沟通障碍：首先，飞行员一直说他们“燃料不足”，交通管理员告诉调查者这是飞行员们经常使用的一句话。当被延误时，管理员认为每架飞机都存在燃料问题。但是，如果飞行员发出“燃料危急”的呼声，管理员有义务优先为其导航，并尽可能地允许其着陆。遗憾的是，52航班的飞行员从未说过“情况紧急”，所以肯尼迪机场的管理员一直未能理解到飞行员所面对的是真正的困境。其次，飞行员的语调也并未向管理员传递燃料紧急的严重信息。许多管理员接受过专门的训练，可以在各种情境下捕捉到飞行员声音中极细的语调变化。尽管机组成员相互间表现出对燃料问题的极大忧虑，但他们向机场传达信息的语调却是冷静而职业化的。最后，飞行员的文化、传统以及机场的职权也使飞行员不愿意声明情况紧急。如正式报告紧急情况之后，飞行员需要写出大量的书面汇报；同时，如果发现飞行员在计算飞行油量方面疏忽大意，联邦飞行管理局就会吊销其驾驶执照。这些消极措施极大地阻碍了飞行员发出紧急呼救的念头。在这种情况下，飞行员的专业技能和荣誉感变成了赌注。

资料来源：http://www.docin.com/p-609353309.html. 阿维安卡52航班的悲剧. 2013.03.07.

思考

1. 沟通失误会导致什么后果？
2. 良好的沟通对组织的发展会起到什么作用？
3. 阻碍群体工作绩效的最大障碍在于缺乏有效的沟通，这样说是否有道理？

第一节　沟通概述

一、沟通的定义

沟通是人们传递信息、思想和情感的过程。在组织行为中，沟通可以定义为通过一套公共符号系统进行思想交流的过程。在这个过程中，信息的发送者有目的地将信息通过一定的渠道传递给信息的接收者，以期待引起信息接收者特定的反应或行为。

二、沟通的功能

1. 控制作用

沟通可以通过指派任务、设定目标、明晰权责等方式控制员工的行为。比如，员工必须遵守组织中的规章和制度；员工对工作产生不满和抱怨，应首先和直接主管沟通；要按照工作说明书的要求工作；要遵守公司的政策法规等。除了组织内的正式沟通可以实现控制功能，非正式沟通有时也起到控制员工行为的作用。比如，当组织中某个员工工作过于勤奋而使其他员工感到很大的压力以致产生不满的时候，就会通过非正式沟通控制该员工的行为。

2. 传递信息

在组织活动中，需要人与人之间的配合，沟通就成为不可或缺的重要手段。上级将指示或命令传达到下级，下级将困难、进展和需求汇报给上级，都需要通过沟通来实现。

3. 交流感情

人是社会人，彼此之间是需要进行情感交流的。对大多数员工来说，工作群体是主要的社交场所，他们可以通过群体内的沟通来表达自己的挫折感和满足感，传递自己的喜怒哀乐，让人们相互理解对方，帮助对方。因此，沟通提供了一种释放情感的情绪表达机制，并在一定程度上满足了员工的社会需要。

4. 激励作用

沟通还是激励的重要手段和途径。比如，沟通可以通过以下的途径来激励员工：明确告诉员工该做什么；如何去做；未达到绩效目标时应该如何改进；向员工展示战略愿景，促进合作，以唤起员工的责任感等。组织中具体目标的设置、实现目标过程中的持续反馈以及对理想行为的强化过程都有激励作用，而这些过程都离不开沟通。

三、沟通的过程

沟通是信息、思想或情感的传递与接收。沟通过程是信息的发送者对自己想要表达的信息进行编码，通过一定的媒介传递给信息的接收者，信息的接收者对所获得的信息进行解码，并做出反应反馈给信息的发送者。在信息传递过程中，只要有一个环节出现问题，都可能导致信息的失真，出现沟通错误。具体的沟通过程如图 9-1 所示。

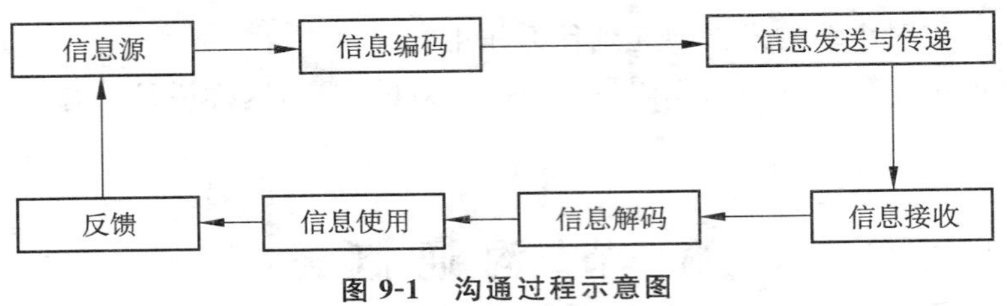

图 9-1　沟通过程示意图

(1) 信息源。在进行沟通之前，信息发送者在脑海中一定产生了某些想法并且希望把这种想法传达给别人。这些想法就是沟通的信息源，它是沟通所要传输的本质内容，也是衡量沟通是否有效的最重要指标，即看接收者是否准确无误地接收到了这些本质的信息。

(2) 信息编码。即用适当的方式对上述的想法进行组织，编译成适当的文字、图像或其他的传输符号，它是待传输信息的物质载体。编码的目的是把我们想要表达的信息以别人能够理解的形式呈现出来。它受发送者的技能、态度、知识和社会文化系统的影响。

(3) 信息发送和传递。完成编码之后，接下来就是传输渠道的选择。口头传达还是书面传达？通过正式渠道还是非正式渠道？在什么时间、什么场合比较合适，等等。信息发送者要设法确保沟通渠道的畅通，使信息有充分的机会传递给接收者。

(4) 信息接收。信息被发送之后，无法保证一定能被信息接收者接收。可能因为时间上的差距，接收者没有接收到该信息；也有可能因为传递方式选择不佳，影响了信息传递的质量；还可能因为接收者的心情不好而拒绝接收。无论哪种情形，接收者是否接收到信息将直接决定沟通能否继续进行。

(5) 信息解码。接收者接收到信息之后，需要对其中加载的信息进行解读，以自己理解的方式翻译出来，这就是对信息的解码。解码的过程同样受到信息接收者的知识水平、文化背景以及兴趣爱好的影响。如果这些因素和信息发送者的差异过大，就极有可能产生对信息的曲解或误读。在组织管理中，管理者往往忽视了这一点，他们认为只要下达通知或命令就一切顺利了，却没有意识到只有信息的接收者理解了信息才算传递了信息，才算完成了沟通的流程。

(6) 信息使用。单向沟通的最后一个环节就是信息接收者对信息的使用，比如接收命令或指示开展工作、对不足之处进行改进、受到鼓励而充满干劲等，一项简单的沟通至此完成。

(7) 反馈。反馈在组织中扮演着越来越重要的角色。因为很多人已经意识到，沟通在更多的时候是一个双向的过程。通过反馈，信息发送者可以了解和掌握信息接收者对所传递的信息的理解程度和使用程度；是否有重要信息在传递过程中遗失了，必须再次予以补充说明；提醒自己把握好沟通的时机，并对沟通的方式进行改进。同时，信息接收者也可以通过反馈加深对信息的理解。此外，反馈还能促进信息发送者和接收者之间的情感交流。

四、沟通的方向

在组织中，沟通的方向可以是水平的也可以是垂直的，垂直维度还可以进一步划分为自上而下和自下而上两种。

（一）自上而下的沟通

自上而下的沟通是指信息从组织上级向下级传递，主要表现为上级对下级的通知、指示、命令以及绩效评价等。这种模式的沟通广泛地应用于管理者和下属之间的沟通，是管理者行使职权的重要手段。著名的快餐企业麦当劳创始人雷·克罗克提出的"把所有经理的椅子靠背锯掉"，以加强管理者与员工的交流和沟通，就是一种典型的自上而下的沟通。

相对来说，这种沟通形式在等级制度森严的组织中居多。古典管理理论学家比较重视这种形式的沟通，卡兹和卡恩曾指出这种沟通方式大体有五个目的：一是有关工作方面的指示；二是加强对工作及其他任务的关系的了解；三是为下级提供有关程序和实务的资料；四是向下级反馈工作绩效；五是向员工阐明组织的目标，使员工增强"任务感"。自上而下的沟通可以是口头形式的，也可以是面对面的接触。上级通过布告栏发布一项命令或政策也属于自上而下的沟通。

当信息从上级向下级传递的时候，往往伴随着权力和权威，因此它会在很大程度上影响到员工对上级的忠诚和信任度。如果员工从上级那里得不到所需的信息或是得到的信息是虚假的，他们就会对上级甚至整个组织产生怀疑：他们为什么不告诉我们真实的情况，他们到底想隐瞒什么，这样做的目的是什么？所以对于每一条自上而下的沟通信息，管理者都必须慎重对待，首先要了解相关的信息，其次要采取积极的态度向下沟通，确保信息不仅仅是传达下去了，而是真正为员工们所接收到了。

此外，信息本身在传递过程中可能会逐级丢失，这一点在自上而下的沟通中体现得尤为明显。层级越多，沟通的节点数目越多，信息的损失也会随之加剧。为了弥补这一不足，很多组织同时采取了自下而上的沟通方式。

（二）自下而上的沟通

和自上而下的沟通相对应，自下而上的沟通指的是信息从下级向上级传输的过程，比如下级向上级请示工作、汇报工作进展、进行申诉等。自下而上的沟通是对自上而下的沟通的必要补充。首先，管理者如果不了解员工的需求，对下属情况一无所知就无法做出科学的决策。其次，管理者可以通过自下而上的沟通了解下属对有关的政策或命令的理解是否到位、在执行过程中是否遇到什么困难等。更重要的是，自下而上的沟通给员工提供了一个表达意见、释放情绪的机会，让员工感觉到上级或组织对自己的重视，可以极大地提高员工的工作积极性，同时也可以增进员工和上级的情感交流，为以后更顺畅地沟通奠定基础。但是，如果没有管理者积极的鼓励，自下而上的沟通就很容易受阻，尤其是在规模较大、层级较多的组织中，信息很容易被层层过滤并延误，因为各级管理人员从自身利益考虑，都不愿意把问题往上报，这样就等于承认自己管理不善，所以他们往往是"报喜不报忧"，在下级反馈的信息中，很自然地选择对自己有利的信息向上传递，忽略对自己不利的信息，当信息最终传递到上级管理者那里很可能早已面目全非了。而下级看到自己反馈的信息毫无回应时，就会产生挫败感，也就没动力继续进行自下而上的沟通了。因此，要实现有效的自下而上的沟通，一方面要采取灵活多变的沟通渠道，比如职工大会、意见箱等，打消员工与上级之间的心理距离，鼓励员工积极向上沟通；另一方面，管理人员必须"调准"员工，如同人们使用收音机调准频道（戴维斯，1989）。"调频"要求管理人员对来自不同渠道的员工信息有灵活的适应能力，要求对来自员工的信号甚至是微弱的信号都要有敏锐的洞察力，并且能始终如一地意识到下情上达的重要性。

（三）水平沟通

水平沟通通常发生在同一群体的成员之间、不同群体但同一层级的成员之间、同一层级的管理者之间或任何等级相同的人员之间。这种平行的沟通能够促进部门协作，培养员工之间的合作精神，同时还能大大节约时间。和纵向的沟通方式相比，水平沟通能够提高效率，并能在一定程度上减少信息的丢失。但是它也有不利的一面，虽然经常性的交流可以促使组织成员之间的关系变得更加密切，但也容易形成小群体，一旦这个群体有意越过或避开他们的领导做事时，就会破坏垂直的沟通渠道，从而产生不利的后果。

五、沟通的类型

沟通，可以是人与人之间面对面的交谈，也可以是人与人之间借助工具进行的交流，如借助电话或 QQ 等通信工具进行的沟通。沟通的形式或类型是多种多样的，可以按照不同的依据从不同的角度进行分类。

1. 正式沟通和非正式沟通

正式沟通是按照公司的规章制度进行的与工作相关的信息的传递和交流，是依组织结构而形成的沟通。如组织与组织之间的公函往来，组织中上级的命令、指示逐级向下级传达，下级的情况逐级向上级报告等。正式沟通强调组织成员作为一定的角色来进行沟通，组织系统是正式沟通的主要渠道。其沟通内容主要围绕组织的目标、组织的决策、组织的经营管理困难以及解决办法等展开。正式沟通的优点是效果较好，有较强的约束力，易于保密，重要的信息一般都采用这种沟通方式。其缺点是：由于依靠组织系统层层传递，如果组织层级较多会导致信息传递的速度较慢，且灵活性较差。

非正式沟通指在正式沟通渠道以外进行的信息传递和交流。它不受团体监督的约束，自行选择沟通的渠道和内容，一般建立在团队成员的人际关系上，通过人际关系的亲密程度来决定沟通的形式和内容，具有不稳定性、随机性和不负责任等特点。非正式沟通中较多的是“小道消息”。而“小道消息”可能是真实的，也可能是杜撰的。这种沟通方式的优点是沟通迅速、内容丰富、方式灵活，而且在这种沟通中易于表露情绪和思想，因而能提供一些正式沟通中难以获得的信息。缺点是信息的可靠性和准确性较差，容易歪曲事实，对组织产生不利的影响。

2. 语言沟通和非语言沟通

语言是人类特有的现象，是人类思维的最高形式。正是因为语言的概括性和抽象性，使人类的思维具有严密性和完整性，使人类从动物界中进化出来。应该说，使用语言的沟通是沟通最重要的形式，具有表达严谨、清晰的特点。

语言沟通指借助语言符号系统进行的沟通，包括口头语言、书面语言等。在面对面的交往中，通常使用的是口头语言，由“说”和“听”构成语言交流语境。

非语言沟通指借助于非语言符号系统进行的沟通。非语言沟通是语言沟通的重要补充或辅助手段，帮助传递信息。有时候，语言和非语言沟通传递的信息是一致的，非语言信息使得语言信息更加生动、更容易被理解；有时候非语言沟通和语言沟通传递的信息不一致，由于非语言信息更多受到无意识的支配，传递的信息更加符合沟通者的真实心里内容。如果沟通的对方能够把握非语言信息中的真谛，就能更好地控制自己的行为，达到沟通的目的。

非语言沟通包括如下几个方面：①副语言，即语音、语调、语气；②面部表情，即目光、面部的变化所传递的信息；③身体语言，包括静态姿势、动态姿势、双方接触姿势传递的信息；④身体距离，沟通双方的身体距离可以反映出人们之间的关系，哪些处于密切的关系中，哪些处于更为正式的关系中。

3. 书面沟通和口头沟通

书面沟通指用书面形式进行的信息传递和交流，它使口头商定的内容成为正式的文本形式，尤其是大量口头商定无法表现的复杂细节进行书面化之后会使双方都有安全感。如文件、简报、信函、布告、会议记录等。其优点是具有准确性，信息可以长期保存，比较正式，便于查看核对，可减少因不断传递、解释造成的信息失真。其缺点是不够灵活，很难及时获得反馈，不便于随时修改。通常用于传递重要的、需要长期保存的信息。

口头沟通指运用口头表达的方式进行的信息传递和交流。如谈话、讨论、对话、汇报、电话等。其优点是比较灵活、简便易行、速度快、有亲切感，双方可以自由交换意见，便于双向沟通，而且在交谈时可借助肢体语言和面部表情表达情感，有利于对方更好地理解信息。其缺点是受时间和空间的限制，人数众多的大群体无法直接对话，沟通过后保留下来的信息较少。通常用于传递一般性、暂时性的信息。

第二节 沟通网络

组织中存在各种可利用的人际沟通渠道，由不同的沟通渠道所结成的构架可称为沟通网络。组织成员的人际沟通常常受到可利用的沟通渠道的限制，因此不同结构和性质的沟通网络，决定着信息交流的去向和质量。不同类型的沟通网络的集中化程度和信息交流的自由度都不同。在组织内部建立良好的沟通网络，有利于组成成员的有效交流和组织工作的开展。

一、正式沟通网络

正式沟通是在组织内部按照组织设计的规定程序，传递或交流与工作相关的信息。正式沟通网络明确规定了每一组织成员的沟通路线，沟通路线是直接的，沟通信息是准确可靠的。A. Bavelas 和 H. J. Leavitt 在 20 世纪 50 年代通过实验提出了 5 种正式沟通网络，分别是链式、轮式、Y 式、圆周式和全通道式，如图 9-2 所示。该模式是假设由五个人组成的群体进行沟通的方式，图中圆圈代表信息的传递者，箭头表示信息传递的方向。值得一提的是，现实生活中组织内的正式沟通网络可能是以下这五种基本形式的变体或者综合。

1. 链式沟通网络

链式沟通网络的信息传递遵循正式的命令系统，往往以逐级传递的方式进行。在这种单线串连的沟通网络中，居于两端的成员只能与其内侧的一个人联系，居中的成员则可分别与两侧的两个人联系。对位于两端的成员而言，这种方式经过的层次多，花费的时间多，信

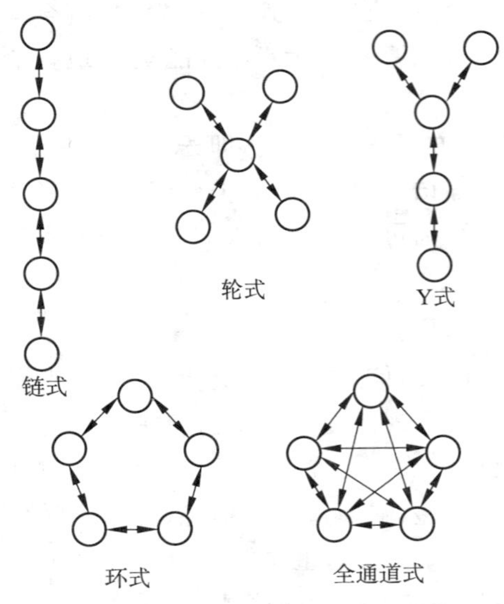

图 9-2　五种不同的信息沟通网络

息失真的可能性也大。并且,成员之间的联系面很窄,平均满意度较低。在军队和政府中,各级组织成员依照严格的上下级直线职权关系逐级传递信息,这是链式沟通网络的典型现实应用。

2. 轮式沟通网络

轮式沟通网络呈现一种以中心向四周发散式的形态。信息沟通的关键是中心人物,所有的信息由他向周围多线传递,信息汇集和传递到中心人物这一点,中心人物一般是组织中最高级别的领导。在这种沟通网络中,其他成员可以便捷有效地与中心人物取得沟通,但他们相互之间缺少交流。这种沟通网络的优点是信息准确度高,解决问题速度快,领导者能够强有力地控制下属;缺点是其他成员满意度低。在现实中。轮式网络是着眼于加强组织控制而采取的一种沟通结构形式。在轮式网络中,领导者是信息交流和控制的中心,所以可能面临着信息超载的问题。一般来说,轮式网络强调领导的作用,当组织接受紧急任务,时间和速度有限,需要对成员进行严密控制的情形下这种沟通网络能发挥极大的作用。

3. Y 式沟通网络

Y 式沟通网络是由轮式与链式两种沟通网络相结合的一种纵向沟通网络。Y 式沟通网络也有处于沟通网络中心的关键人物,但并不是组织中的最高级别领导。该关键人物是沟通网络中心,会因为拥有信息而具有权威感和满足感,一些成员按照类似链式沟通网络的形式,层层沟通,将信息汇总到中心人物那里,然后由中心人物将信息传达到上级。主管、秘书和几位下属构成的沟通网络就是 Y 式沟通网络在现实中的典型应用,因为秘书通常处于沟通网络中心地位,因此在一个组织中担任秘书的人虽然职位不高却拥有相当大的权力。与轮式网络相比较,Y 式沟通网络因为增加了一个中间的信息过滤和中转环节,信息可能被曲解,因此准确性也有所减弱。

4. 环式沟通网络

环式沟通网络可以看作将链式沟通网络的两端沟通节点相联结而形成的一种封闭式沟通网络结构,在这种沟通网络中,组织成员间可以不分彼此地依次联络和传递信息。组织成员地位平等,不存在信息沟通中的领导或中心人物,成员的士气和满意度都比较高。但是对于非相邻成员的沟通,必须通过多级的中转,传送的速度以及信息的可靠性都会随之降低。而且,环式沟通网络的渠道窄、环节多,信息沟通的速度和准确性都有所降低。

5. 全通道式沟通网络

全通道式沟通网络是一种所有组织成员可以不受任何限制地,相互进行沟通,没有中间环节的沟通网络形式。全通道式沟通网络利于形成集中化程度低,成员地位平等的组织,在这种组织中,成员士气较高,合作精神较强。同时,这种沟通网络中,信息沟通渠道较宽阔,成员可以自由而充分地发表意见,较为民主。但是,全通道式沟通网络讨论过程通常耗费时间,会影响到工作的效率。现实中,以委员会方式来运作的组织就运用全通道式沟通网络。

不同类型的沟通网络各有利弊,其差异如表 9-1 所示。

表 9-1 五种沟通网络的效能比较

形态 评价标准	链式	轮式	Y 式	环式	全通道式
信息准确度	较低	高	较高	低	最高
解决问题的速度	慢	快	较快	较慢	最快
组织化	稳定	较稳定	稳定	不稳定	不稳定
领导人的产生	最容易	容易	较容易	不容易	很不容易
士气	低	一般	较低	高	很高
示例	命令链锁	主管对四个部属	领导任务繁重	工作任务小组	非正式沟通（秘密消息）

如表 9-1 所示,如果管理者看重解决问题的速度,那么使用轮式和全通道式沟通网络是最好的;如果看重信息传递的精确度,那么链式、Y 式和轮式是最好的;如果看重领导者的产生,则需要用轮式沟通网络;如果看重通过信息沟通来增加员工的满足感,则最好使用环式和全通道式沟通网络。

二、非正式沟通渠道和网络

除了正式沟通,组织中还存在着大量的非正式沟通。非正式沟通渠道是指与组织内部明文规章制度无关而是以一定社会关系为基础的沟通渠道。这种沟通不受组织监督,无须经过批准或认可,也没有等级结构上的限制,它的沟通对象、时间以及内容等方面都是未经计划和难以提前预知的,是由组织成员自行选择进行的。如组织成员之间的交谈,议论某人某事,传播小道消息、流言等。

非正式沟通可以真实地表露或反映人们的思想动机,而且提供了正式沟通难以获得或不便获得的信息,但是难以追踪信息的来源,而且夹杂着大量的谣言,会对组织产生不利影响。

相比较于正式沟通,非正式沟通有以下基本特征:

(1) 非正式沟通渠道具有随意性、灵活性和松散性的特点。由一点可以任意通向沟通网络的另一点,信息具有自由流动的性质。因此产生的信息沟通的模式和方法也不固定。

(2) 非正式沟通的内容范围广,更容易表露真实想法。非正式沟通的内容较多涉及情感和情绪，感情色彩较强，容易被动机不良的人利用。因此，非正式沟通的信息是不完整的，无规律可循，不能作为决策的依据。

(3) 非正式沟通的建立依赖于沟通成员个性的相似性，相似个性的人沟通起来更容易和顺畅，因此“趣味相投”者更易形成凝聚力强的小团体。

(4) 非正式沟通传播速度较快，并且如果信息与传播者本人或其较亲密的人有关，则传递的速度更快。

(5) 非正式沟通对正式沟通的不足存在弥补作用。一般来讲，在企业内正式沟通不畅时，非正式沟通才会丰富起来，活跃起来。

与正式沟通渠道一样，非正式沟通渠道也形成了不同的沟通网络。非正式沟通网络主要有单串式、饶舌式、集合式和随机式四种形态，如图 9-3 所示。

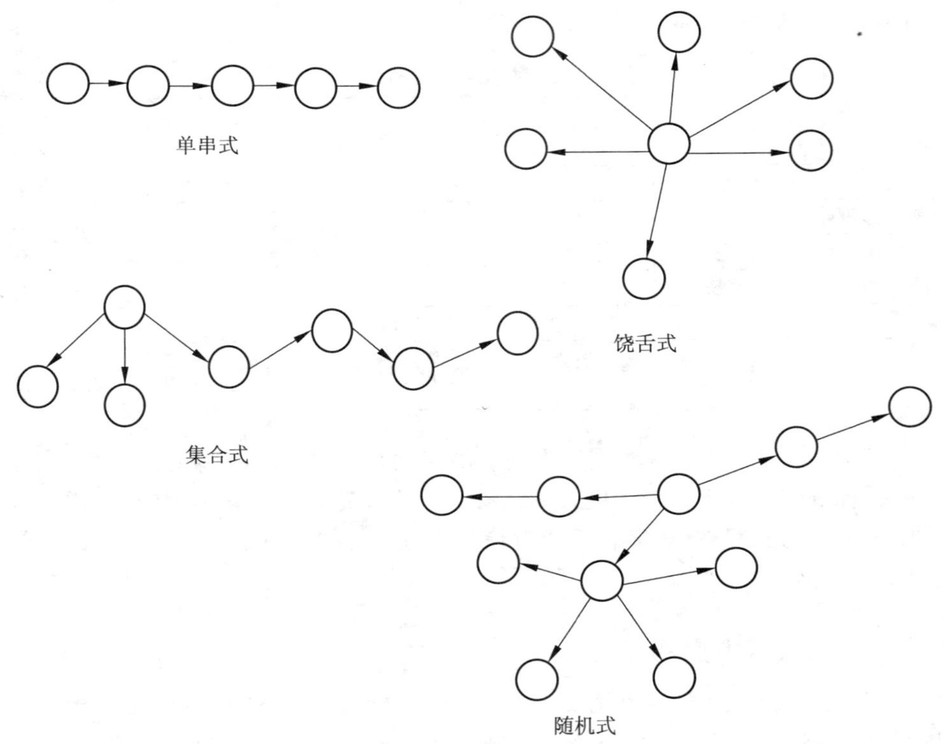

图 9-3　四种不同的非正式沟通网络

(1) 单串式：信息在每个成员之间相互依次传递，最终到达最后的接收者。

(2) 饶舌式：某人把信息传递给其他人。信息由某个中心人物传递给各人，中心人物是非正式渠道中的关键人物，他主动把信息传播给其他很多人。这是传播小道消息的普遍形式，由于这种非正式沟通网络的中心人物通常是喜欢饶舌、多话的人，所以称之为饶舌式。

(3) 集合式：一些人有选择性地转告他人。信息由某人有选择地传递到一群人，然后这些人再把信息传递给他们所熟悉或与信息有关联的人，信息以这种模式依次传递。

(4) 随机式：个人之间随机地相互转告消息。信息由某人随机地传递给其他人，某些人再随机地将信息传递给另一些人。消息会在不断传递的过程中发生扭曲。

第三节　沟通障碍分析及沟通有效性的开发

一、沟通障碍

沟通障碍可以从两方面进行分析：一是从沟通的过程来分析，因为信息沟通是一个连续的过程，在这个过程中，任何一个环节出现问题都会影响信息的有效沟通，如信息发送者在编码过程中出现问题或信息接收者对信息的解码出现问题，都会影响沟通的效果；二是从造成沟通障碍的各种因素进行分析，如个人障碍、物理障碍和语言障碍。

（一）按沟通过程进行分析

沟通过程的每个环节都可能出现障碍，这些沟通障碍轻则降低沟通效果，使信息歪曲或失真，重则使沟通中断，导致难以预料的后果。

1. 编码阶段

在编码阶段，语言和非语言沟通手段的选择、信息发送者的语言表达能力、双方知识经验的局限以及发送者对接收者信仰和价值观的了解等都是在编码环节导致沟通障碍的主要因素。

（1）语言的选择。语言选择是否恰当会对沟通的质量产生影响。语言作为一种符号，是对客观事物的抽象描述，是用来传递信息的载体。由于语言的抽象性，使得它很容易被歪曲或是误解；使用不同地区的方言、俚语或是过于专业化的语言也很容易被曲解；同一词语的不同语义也会使沟通双方形成不同的理解，从而造成沟通上的问题。可见，选择合适的语言对于有效的沟通是至关重要的。

（2）非语言性的沟通手段。有时，除了使用语言进行沟通外，还需要借助肢体语言或是面部表情等手段对语言沟通给予必要的辅助。非语言沟通可以对语言沟通传递的信息进行必要的补充、肯定或是否定。如得到恰当的运用，非语言的沟通手段可使语言沟通更迅速和准确；如运用不当，非语言的沟通手段会对语言沟通所传递的信息形成曲解或是误解，从而造成沟通的障碍。此外，非语言沟通还受到文化传统的影响，如不同的文化传统对同一个手势会有不同的理解，对此如无一定的了解，必定会影响有效的沟通。

（3）信息发送者的语言表达能力。语言表达能力是信息发送者借助语言来表达自己的想法、情感和信息的能力。信息发送者在沟通过程中是首要的沟通者，因此，其能否运用恰当的语言表达自己的思想是实现有效沟通的关键。

（4）沟通双方知识经验的局限。信息沟通的双方在知识经验方面会存在一定的差异，发送者在对信息进行编译时，只能在其知识经验的范围内进行；同理，接收者对信息的解码也只能在自己的知识经验范围内进行。如两者的知识经验差距过大，势必会造成沟通的障碍。

（5）对接收者信仰和价值观的了解。每个人的成长环境和背景都会存在一定的差异，这些不同的成长经历会使人们形成不尽相同的人生观、世界观和价值观。对于外界传递的信息，每个人都会运用暗含着自己价值观的方式对其进行理解。因此，如果发送者对接收者的价值观和信仰有一定的了解，运用与接收者价值观一致的方式传递信息，沟通就会很顺畅;如与之相反,就很难实现有效的沟通。

2. 传递阶段

(1) 媒介(渠道)的选择。组织中有多种媒介可以选择,除口头性的面谈、演讲外,还可以选择书面性的媒介,如信件、报告等。电话、视频等电子通信媒介也是不错的选择。为保障沟通的有效性,要根据不同的情况选择适当的媒介。如沟通的内容很复杂,很难明确地表述清楚,就需要选择比较丰富的媒介(如面谈),以便传达更多的信息;反之,则可以选择比较简单的媒介(如信件)。

(2) 信息量负载。沟通的信息应该以适度为宜,信息量过多或是过少都是不利的。信息量的多少会对沟通的质量和效果产生影响。

(3) 不当的时机。时机的选择很重要,在适当的时机传递信息会增加沟通的价值;反之,将会使沟通效果大打折扣。时间上的耽误也会使信息失去应有的价值。

(4) 缺失和错传。在信息传递过程中,信息内容的缺失、错传,都会造成沟通障碍。

(5) 干扰。信息传递过程中若受到外界的干扰,也会对信息的准确传递产生影响。

3. 解码阶段

(1) 有效的倾听。解码的质量主要取决于是否为有效的倾听。有效的倾听不仅意味着理解对方语言中传递的信息,更要对对方传达的情感、看法和观点进行判断。只有这样,才能比较全面而准确地掌握所需的信息,并做出正确的回应。倾听者的关注点不能仅仅局限于对方语言中传达的信息,还要留意非语言的沟通,看看是否支持对方语言沟通传递的信息。否则,就会顾此失彼,影响沟通的效果。

(2) 知觉的选择。在信息化的世界里,人无时无刻不在接受信息刺激,大量的信息使得我们不可能对所有的信息都做出回应,只会有选择地进行回应。由于这种知觉选择性,人们往往习惯于接受某一种信息,而忽略其他信息,影响人的这种选择性的因素包括:

① 信息刺激的因素。主要包括信息的强度、新鲜度、对比度等。如事物越新颖,越容易引起人们的注意。

② 人的信念、价值、需求等内在因素。当发送者发出的信息与接收者的价值观、信念等一致时,就比较容易被接受;反之则容易被排斥。

③ 接收者对信息的"过滤"。接收者在接收信息时,有时会按照自己的需要或因情绪问题对信息进行"过滤",可能会选择有利于自己的信息,"过滤"对自己不利的信息。

(3) 接收者的理解差异和曲解。接收者往往会根据自己的立场和认知来诠释得到的信息,由于每个人的生活环境和对事物评价的不同,对相同的信息也会产生不同的解释。即使是同一个人在不同的时间或不同的心情时对同一信息的解释也会有所差距。因此,接收者可能会由于个人的原因而对信息的某一方面加以强调,或者对信息原有的含义进行曲解。

4. 反馈阶段

在反馈阶段对有效沟通造成影响的因素主要包括两个方面:上级对下级的态度、下级对上级的态度。

(1) 上级对下级的态度。作为上级要倾听下级对所接收信息的理解,如若不然,就无法得到下级的反馈,从而降低了沟通的有效性;与之相反,若上级能给予下级充分的信任,积极倾听下级对信息的理解和反馈,就会提高双向沟通的质量。

(2) 下级对上级的态度。有时,下级为了维持在上级心中形成的好印象,会对信息进行选择,隐瞒对自己不利的信息,或是不向上级表达自己的诉求,这都会造成后天的障碍;反之,如果下级对上级有充分的信任,就会积极利用反馈的机会向上级表明自己的诉求和进展,这会极大地提升沟通的有效性。

(二) 造成沟通障碍的因素分析

1. 个人障碍

个人障碍指的是由于个人原因引起的沟通障碍,比如个人的感情或情绪波动、理解接受能力、信仰和价值观等方面的差异引起的沟通障碍,也包括受教育程度、种族、社会政治经济地位等方面的差异造成的沟通障碍。在沟通过程中,感情的作用就是对所接收到的信息进行"过滤",接收者所看到和听到的都是在情感上得到认可的东西。因此,沟通是由期望引导的。与此同时,个人障碍还与每个人之间的心理距离有关,如果一个人对另一个人的言谈举止很反感,就会对他说的话心不在焉,由此导致两人的心理距离加大。此外,沟通的实质是对客观事实的理解或解释,而不是客观事实本身。如若双方有相似的知觉,沟通效果会更好。

2. 物理障碍

物理障碍指在沟通过程中由于环境问题引起的沟通障碍。一个典型的例子就是在沟通过程中突然出现的噪音使得沟通双方的声音被盖过。在出现物理障碍时,人们一般会采取积极的措施进行补救。通过对环境的控制,可以把消极的阻碍因素变成积极因素,比如信息发送者通过对环境的改变来影响信息接收者的知觉。

在沟通过程中,要注意保持适当的物理距离。每个人都有一定的私人空间,贸然地闯入别人的私人空间会引起对方的反感,从而对沟通的效果产生消极的影响。物理距离对于每个人来说各不相同,它主要受不同文化背景下人际空间的不同行为感受影响。因此,对不同的空间距离进行了解和观察对于认识人与人之间的不同关系是十分重要的。

3. 语义障碍

任何形式的沟通都是借助特定含义的符号实现的。接收者要想获得信息就必须对符号进行解码和解释。沟通过程中的语义障碍主要是由符号本身的局限性引起的。一般情况下,符号存在着多种含义,沟通双方通常只会选择其中的一种含义。如果沟通双方选择的含义不一致,就会导致对信息的误解,这样不仅会引起沟通障碍,还很有可能会造成感情障碍,使沟通变得更加困难。

当沟通双方处于不同的文化背景下时,语义障碍造成的沟通问题就会更加严重。此时,沟通双方不仅要理解对方语言的字面含义,还要在特定的情境下对词语以及它们被表达的方式进行理解,如语调、语音等。当前正在形成的全球经济一体化就对管理者跨文化领域的沟通提出了更大的挑战。

二、有效沟通的开发

有效的沟通需要排除沟通的每个环节可能出现的障碍,保证每个环节都畅通无阻。比如,对于信息发送者来说,要明白自己发送信息的目的和对象,考虑接收者对信息的感知和理解能力,并选择适当的方式和语言去传递信息。对于信息的接收者来说,需要时刻关注发送者的信息，积极倾听；如果有需要，应请求复述或解释，以确保对信息的正确理解，并注意和信息发送者保持联系。对于信息的发送者和接收者双方来说，沟通过程中的误解是在所难免的。因此，为了使信息正确地被传递、接收和理解，沟通双方都应该积极努力地消除或是减少沟通过程中的误解。

从组织角度出发，设计和建立一个有效的沟通制度对于组织管理者来说是一个促进组织沟通的好方法。大多数组织机构具有复杂性，因而有必要建立企业内部畅通的沟通渠道和有效的沟通制度。很多组织通过设置布告栏、召开会议等沟通方式来促进组织的内部沟通，但是效果往往不尽如人意。究其原因可能是高层管理者对沟通的重要性认识不足或是处理的方式失当，打消了下属沟通的积极性。比如，高层管理者很少对自下而上的沟通予以鼓励和强化，对下属的反馈的信息不够重视，甚至以这些信息为把柄对下属进行惩戒，极大地打击了下属沟通的积极性，同时也挫伤了下属的自尊心。长此以往，高层管理者将得不到有用的信息，对组织运行过程中存在的问题也无从得知，最终会给组织的发展带来不利的影响甚至招来灭顶之灾。因此，组织管理者应该在沟通中起到表率作用，以善于沟通、善于倾听、鼓励沟通的形象来营造和维持积极、健康的沟通氛围，从而带动下属沟通的积极性，促进组织内部有效的沟通。

下面一些举措可以促进有效的沟通：

(1) 利用反馈。很多沟通问题是由于误解或信息不准确造成的，利用反馈可以有效地降低这种障碍。反馈要有利于沟通的持续进行，其基本的原则是：①反馈应建立在沟通双方彼此信任的基础上；②在接收者准备反馈的时候应提前把重点问题反馈给接收者；③反馈内容应具体明确，切记泛泛而论；④避免先入为主、主观臆断、过早地评价或判断对方的观点，这样只会引起矛盾或反馈的中断；⑤认真倾听，同时观察对方的非语言信息，很多时候这些非语言信息可以判断反馈的真实性。

(2) 坦诚。信任是双方进行沟通的基础，如果双方互相不信任，在沟通中就会隐瞒各自的真实意图和想法，这样就很难做到有效的沟通。相反，如果双方相互信任、开诚布公，就会真实地说出各自的想法和观点，信息就是明晰的，沟通的目的也是明确的，这样只要存在合作的可能，一般都会有很好的沟通效果。

(3) 有效的倾听。在面对面的沟通场合中，倾听不仅指一般所熟悉的“耳到”即运用听觉器官去接收信息，它还包括眼到、心到和脑到。

眼到：观察对方的面部表情、眼睛、手势等肢体语言或非语言信息，以判断他的口头语言的真实性和隐藏的含义；心到：通过换位思考的方法，设身处地地站在沟通对象的立场和角度进行思考，去体会对方的感受和处境；脑到：通过运用大脑去分析沟通对象的语言信息和非语言信息，以进一步探查对方的口头语言是否话中有话或隐藏别的含义。唯有同时做到耳到、眼到、心到和脑到才能获得良好的沟通效果，实现沟通双方愉悦的情感交流。

(4) 语言的使用。由于沟通双方的生活环境和文化传统可能存在很大的差别，沟通时应尽可能使用明确的、简单易懂的语言，以确保沟通双方都能理解，避免因语言的歧义造成不必要的麻烦，从而保证沟通达到理想的效果。

(5) 合理利用小道消息。小道消息有三个特点：一是它不受管理层的控制；二是大多数员工会认为它比从正式渠道得来的消息更可靠；三是它在很大程度上有利于传播者自身的利益。一般情况下，当组织处于变革时期，或即将有重大的人事变更、决策变动时，小道消息的传播会更加盛行。换言之,如果某种情境对人们很重要,但是人们又没有详细完整的信息来了解具体的情况时就会产生极大的焦虑情绪。此时,小道消息会作为对情境的反应而出现。小道消息具有以下几个功能:缓解焦虑情绪、使支离破碎的信息自圆其说、表明信息发送者的地位。

对于任何组织来说,小道消息都有过滤和反馈的双重机制,都属于沟通网络的一部分。对小道消息进行必要的了解和研究,有助于管理者了解哪些东西对于员工来说是迫切需要的。此外,管理者也可以利用小道消息传播迅速的特点,预测员工对于重大的决策或人事变动可能出现的反应,进而可以为重要政策的出台起到缓解震荡的作用。但是,小道消息终究是对真实情况的一种主观揣测和选择性传播,其传播速度快,传播面积广,影响大,失真成分多,很容易引起员工思想的涣散和积极性的降低。因此,管理者还是应尽可能地利用正式的沟通渠道,确保信息及时、准确地传递给组织成员。

第四节　沟通相关理论

一、乔哈里视窗

20 世纪 50 年代,美国加州大学的 Joe Luft 和 Harry Ingham 两位学者提出了一种沟通视窗理论,通常被称作乔哈里沟通视窗理论。该理论将人际沟通中人的性格用"自己已知—自己未知"和"外界可知—外界未知"两个维度划分为四个区域,即开放区、隐蔽区、盲目区和未知区(如图 9-4 所示)。这四个区域的有机融合就形成了组织中人和人之间的有效沟通。

	自己已知	自己未知
外界可知	Ⅰ 开放区 (open area)	Ⅱ 盲目区 (blind area)
外界未知	Ⅲ 隐藏区 (hidden area)	Ⅳ 未知区 (unknown area)

图 9-4　乔哈里视窗

区域Ⅰ是开放区,该区域包括一些自己已知、外界可知的信息。例如,某人的名字、年龄、性别、爱好等一些公开信息。区域Ⅱ是盲目区,该区域包括一些自己未知、外界可知的信息盲点。例如:他人对你的行为方式的感受,自身的认知误差和习惯性动作。区域Ⅲ是隐藏区,该区域包括一些自己已知、外界未知的秘密信息。如一个人的个人感受和隐私等。区域Ⅳ是未知区,该区域包括一些自己未知,外界也未知的信息。该区域包括自己的与潜在意识和潜在行为相关的信息。

在乔哈里视窗模型中,虽然整个窗的大小不变,但是四个区域的大小是可以不断变化的。不同组织的乔哈里视窗的形态也不同,根据乔哈里视窗中哪一个区域所占的面积最大,可以将组织的沟道分成四种类型。

1. 开放型沟通组织

这种组织的乔哈里视窗模型中，开放区面积最大，自己已知、外界已知的信息占据大部分。组织成员之间的基本信息得到公开，沟通者对彼此相互了解、信任，沟通更加顺畅，消息传播速度快，渠道广，有利于决策的形成，也有利于形成积极进取的组织文化。

2. 防备型沟通组织

这种组织的乔哈里视窗模型中，盲目区的面积最大，自己未知、外界已知的信息占据绝大部分。盲目区的形成是因为组织成员将自己的利益置于组织利益之上，不愿意表达对他人真实的看法，不愿意提出善意的批评，对组织其他成员保持一种防备的状态。这种沟通也仅仅是浮于表面，没有传播真实的信息。这种沟通组织中人际斗争复杂，不利于组织目标的最终实现。

3. 专断型沟通组织

这种组织的乔哈里视窗模型中，隐藏区的面积最大，自己已知、外界未知的信息占据绝大部分。组织成员都极力隐藏自己的真实想法和态度，对他人采用一种防备的态度。在这种情形下，组织成员间缺乏沟通和信任，交流较少，决策往往得不到讨论就被执行，难免会导致决策失误，对组织的发展造成影响。为了获得理想的沟通效果，就要通过主动提高个人信息曝光率、主动征求反馈意见等手段，不断扩大自己的公开区，增强信息的真实度、透明度。

4. 封闭型沟通组织

这种组织的乔哈里视窗模型中，未知区的面积最大，自己未知、外界未知的信息占据绝大部分。在这种组织中，不仅组织成员自身缺乏对自己的认识和挖掘，成员之间也缺乏相互了解。这使得不能体现出真实状况的信息在一种消极的氛围中传播，会造成不良的影响。例如，现在的某些大型工厂，员工忽略了自身从事长期重复性劳动产生的大量消极情绪，组织又没有关心成员的心理压力，一味强调生产效率，在这种消极型沟通组织中就会发生一些集体性的不良事件。这种组织可以要求成员参加心理测评或接受深入的心理咨询，以对组织成员的真实情况有一个准确的了解。

组织成员应该努力不断扩大自身的公开区域，使群体之间和个人之间的沟通与关系更为开放和自由。使得组织的乔哈里视窗沟通模型中的公开区最大，因为公开区内能够进行真正而有效的沟通，而且组织沟通所花费的时间和资源最少，提高沟通效率，有利于决策形成和组织目标的实现。

二、相互作用分析理论

相互作用分析理论又称为PAC理论，是由加拿大博士Eric Berne于19世纪50年代在《人们玩的游戏》一书中提出的一种致力于提高人际交往能力和促进信息沟通的理论。Berne的相互作用分析理论建立了一个三部分的人格结构模型，即父母自我状态(parent-sego state)、成人自我状态(adult ego state)和儿童自我状态(child ego state)，分别用P、A、C表示。Berne认为："家长自我状态、成人自我状态和儿童自我状态不同于超我、自我和本我这样的概念，而是现象学中的真实存在。"每个人身上都存在着PAC这三种不同的自我状态，与个体的年龄、性别无关，是一种心理状态。并且随着人际沟通的内容、对象和环境的改变，自我状态也会变化。

父母自我状态(P)以权威和优越感为特征,这种状态的个体通常受到父母或权威人物的极深影响,再将这些影响内化成自己的行为表现。行为表现为时时强调自己的地位和权力,习惯统治、训斥他人,推卸责任。

成人自我状态(A)以理智和客观为特征,这种状态下的个体通常注重根据事实和理智对现实状况进行客观分析。不受"父母自我状态"和"儿童自我状态"的影响,在收集资料,充分了解情况下做出判断和决策。

儿童自我状态(C)以习惯服从和任人摆布为特征,这种状态下的个体情绪不稳定,有时听话懂事,有时任性无理。行为表现为遇事无主见,畏缩不前,感情用事,激动易怒。

在组织中,管理者要尽量以成人自我状态控制自己、以成人的语调和姿态来对待别人并善于鼓励和引导对方进入成人自我状态。因为在一般情况下,成人的刺激往往会促使对方做出"成人"的反应,从而使对话和交往关系能够持续进行。可见,成人自我状态是解决问题的主要途径。国外企业通常将相互作用分析理论应用在训练管理人员正确处理人际关系和沟通意见方面。训练的目的在于使管理人员了解人际交往和信息交流中自己和对方的行为是出自哪一种心理状态,然后尽量消除交往与沟通中的心理障碍,建立相互信任、相互帮助、相互理解的关系。

相互作用分析理论为管理者正确处理与员工的人际关系提供了一种良好的办法。以下几点可以帮助管理者更好地掌握和应用相互作用分析理论:①清楚了解相互作用分析理论中三种自我状态的表现、特点;②明确在具体的某一时刻或某一活动中员工可能所处的心理状态;③正确使用成人心理状态与员工进行平行交流沟通;④日常注重提高情商,学会控制不良情绪,学会管理自身情感状态,建立健康、良好的心理素质;⑤培养理性、冷静的问题分析能力,避免主观臆断及感情冲动,保持成熟的成人自我状态。

本章思考题

1. 什么是沟通? 沟通的功能是什么? 试举例说明。
2. 简述沟通的过程模型,并结合实践举例说明影响沟通的主要障碍。
3. 简述组织中的非正式沟通网络对组织沟通的意义。
4. 如何利用乔哈里视窗实现有效的人际沟通?
5. 试结合自身经历和组织实践,谈谈你认为应该如何开发有效的沟通。
6. 判断自己身上,哪种自我状态所占的比重最大,分析这对沟通的利弊。

课后案例

组织中的沟通:家电公司的问题

20 世纪 80 年代末,张立军借助于中国香港亲戚的帮助,在广东某地创办了一家收音机加工制造厂。因为产品的质量不错,企业很快就成长起来,几年时间内发展成为全国最大的一家收音机、录像机等同类产品的制造商,1995 年销售额达 3 亿人民币,员工 8 000 多人,以收购兼并的方式发展了 8 家加工厂。该公司在整个成长过程中,创始人保持了亲和、勤奋、敢于创新的风格,公司也形成了积极的、富有想象力和主动进取的文化。

创办初期，公司只有不到100人，每个主管和工人都认识他们的老板——张立军总经理，张总基本上能叫出其中大多数人的名字。虽然公司不断发展壮大，但员工和管理层关系相当融洽，大家没有等级和地位的差异，几乎每天都在一起，白天一起工作，晚上一起娱乐。因此，员工对公司怀有强烈的忠诚感，公司与员工的关系十分密切、和谐。

随着公司的繁荣和发展壮大，张总经理开始为一些小事而烦恼了。他觉得公司的员工不像以前那样理解他了，甚至不像以前那样与他亲近了。员工在公司碰到他好像都在有意躲避，很多员工他从来都没有见过，更不用说叫出他们的名字了。他提出的公司发展目标很多人不理解，有些人甚至不认同。公司内部也出现了以前没有的现象：部门之间开始扯皮了，出了问题大家都在推卸责任，总是在找理由为自己辩解；部门之间互相不来往，大家不知道各自在忙些什么，甚至相互之间制造问题，从而造成了大量的、无效的重复劳动，结果导致新产品的开发屡屡受挫，进展缓慢；生产车间不是出现质量问题，就是不能按时完成生产任务；销售部门则抱怨公司的人越来越缺乏市场第一的意识，没有贯彻客户是上帝的公司理念。张总经理认为，这是大公司的通病，大公司不像小公司那样灵活，是因为信息沟通不畅。员工队伍不断扩大，人员相互之间不熟悉了，信息沟通就显得更加重要了。例如，以前公司小，他自己到各车间走一趟，就知道发生什么事情了。现在自己要处理的事情多了，加工厂也多了，他走不过来了，而车间发生的事情也没有人向他汇报。各部门的主管也是尽量掩盖问题，包庇自己的员工。

为了解决信息沟通问题，张总经理聘用了两名专门负责公司信息沟通的主任，因为他听说很多国外的大公司都设有专门的首席信息官(CIO)。他让两名信息沟通主任给他报告有关情况。这两个人非常努力，他们找到了其他公司正在使用的各种信息沟通手段并加以运用，如：在每个办公室和分布全国的工厂安装广告栏；办了一份刊载大量影响各个经营点的公司新闻和个人新闻的生气勃勃的公司报；发给每个员工《公司概况》一书，提供关于公司的重要信息和与员工有关的各种规章制度；定期公布公司的有关财务数据；请专家来公司给员工讲授有效沟通的课程；在公司总部每个月举行一次由100名高级主管人员参加的例会；每年在名胜地区举办为期三天、由1 200名各层次主管参加的年会；以及为讨论公司事务而召开大量的特别委员会会议。

在付出了大量时间、精力和费用后，公司的状况依然没有好转。张总经理感到很失望。他发现公司在信息沟通中的问题没有从根本上得到解决，看起来他的计划执行结果并不理想。

资料来源：http://wenku.baidu.com/view/2df2d871f46527d3240ce026.html. 组织沟通案例：家电公司的沟通问题.2012.01.02.

思考与讨论

1. 为什么张总经理采取了那么多措施，公司的状况依然没有好转？
2. 你认为要想彻底改变公司的被动局面，应该怎样做？试提出一些具体措施。

第十章

团队管理

引例

作为全球最大也是最早创立的航空快递公司，FedEx目前正向包括中国在内的220个国家及地区提供24～48小时之内、门到门的快递运输服务。FedEx每个工作日运送的包裹超过320万个，每年运送包裹总价值达到600多亿美元，在全球拥有超过138 000名员工、50 000个投递点、671架飞机和41 000辆车辆，并且通过FedEx Ship Manager at fedex.com、FedEx Ship Manager Software等互联网络与全球100多万客户保持密切的电子通信联系。2002年，FedEx的营业额已经达到196亿美元，在《财富》杂志全球500强中排名第246位；2004年，FedEx被《财富》杂志评为2004年度"全球十大最受推崇公司"。

毫无疑问，FedEx是全球业界的典范，它的成功因素不止一个。其中，高绩效团队是一个关键的成功因素，正如它的创始人弗雷德·史密斯曾经说过的那样："能够得到尽可能多的人的合作是创业成功的第四条秘密"，因为经过战争洗礼的他深知团队的重要性与意义所在。在FedEx遍布全球的物流网络上，存在着成千上万个团队，如负责销售的Sales团队、负责收派件的Courier团队、负责分检的Service Agent团队、负责客户服务的800团队、负责调度的Dispatch团队以及负责技术的团队和负责航空运输的团队等。客户的包裹就像接力棒一样在这些团队的手里快速传递着，某个环节出现失误，都将给后续工序造成连锁并且是成倍增加的压力，甚至可能给客户造成无法挽回的损失。因此，FedEx的业务绝不是某个员工单打独斗能够完成的，而需要若干成员组成的团队以及由若干个小团队组成的更大的团队共同完成，这就需要精诚合作的团队精神，并努力追求1+1>2的团队合作效果。

FedEx主要是围绕以下这些方面来打造高绩效团队的：第一，培育以人为本的团队文化。团队是一种特殊的组织形态，也具有相应的文化，恰当的团队文化对于团队绩效的创造具有积极作用，最直接的作用就是对团队成员的吸引、鼓舞、昭示和激励。FedEx在打造团队文化时，首先是培育企业的核心价值观P—S—P，即"员工—服务—利润"，FedEx关心员工，从而令他们为客户提供专业的服务，借此确保公司可获得利润及业务得以持续发展，公司内所有活动都以此经营哲学为基础。其次，FedEx努力营造一种"平等、民主、以人为本"的文化氛围，促使价值观深入人心。第二，塑造共同的团队目标。FedEx的团队目标主要体现在两个方面：一是企业的业绩目标以及分解到团队的业绩目标，二是FedEx更注重体现在团队成员行为标准上的目标。作为世界500强企业，FedEx每年都关注财务业绩指标的实现，但是财务指标远远不能满足企业发展的要求，企业(注重)追求给员工提供良好的工作环境、对社会应负的责任等非财务目标。第三，建立系统的培训体系。在以人为本的团队文化影响下，FedEx 非常重视员工的个人发展，为此，公司建立了一整套“培训—选拔—角色转换”机制。可以这么说，参加培训是员工在 FedEx 能够获得发展的重要条件，特别是随着培训课程级别的升高，意味着公司对员工的信任与期望在提高，加上培训课程确实能让员工学到真正的技能与知识，因此，培训在 FedEx 备受员工欢迎。第四，推行有效的激励机制。在 FedEx，接近 50%的支出用于员工的薪酬及福利上。员工报酬的确定在于认同个人的努力、刺激新的构想、鼓励出色的表现及推广团队的合作。所有这些因素都在员工的整体报酬中反映出来。FedEx 的团队激励机制包括三大方面：整体报酬、名誉奖励、发展计划，整体报酬可以看作保健因素，名誉奖励和发展计划可以看作激励因素。整体报酬综合了薪金计划、福利计划及优质工作/生活计划。第五，落实有效的团队沟通机制。有效的团队沟通可以保障信息的充分交流共享，可以保障不同意见的真实表达，还可以促进团队成员之间的感情交流与思想碰撞，这些都最终促进团队绩效的产生。FedEx 有三大保障沟通的制度：自由交流政策、保证公平待遇程序、调查—反馈—行动计划。

资料来源：http://www.chinahrd.net/management-planning/enterprise-culture/2005/1114/120672.html. 联邦快递：打造高绩效团队 . 2005. 11. 14.

思考

FedEx 的团队管理有何特色值得我们借鉴？

20 世纪 70 年代，日本经济在战后迅速崛起，超越其他许多国家成为世界经济大国，与此同时，日本企业如丰田等的国际竞争力也跃居世界前列。面对日本的经济奇迹，以美国为首的西方国家对此展开了探索。美国加利福尼亚大学管理学教授威廉·大内于 1981 年出版的《Z 理论——美国企业界怎样迎接日本的挑战》就对日本式的团队模式做了大量的研究，他通过对美日两国一些典型企业的研究，认为日本企业在经营管理中形成的团队精神是其比美国许多企业要成功的原因。80 年代后，美国创造性地把团队模式发展到了一个新的阶段，团队模式也开始被更多的国家所采用。

第一节　认识团队

一、团队的定义

在当今复杂多变的社会环境中，团队的大量出现不仅提高了组织的局部效率，而且从根本上提高了组织的整体运作效率。什么是团队？不同的学者从不同的角度对团队的定义有所差别。美国学者乔恩·R. 卡曾巴赫认为：“团队是由少数有互补技能和意愿且为了共同的目的、业绩和方法而相互承担责任的人们组成的正式群体。”美国著名组织行为学家史蒂芬·P. 罗宾斯指出：“团队是指通过成员的共同努力产生积极协同作用，使团队绩效的水平远远高于个体成员绩效之和。”他从广义上对团队进行分析，说明了团队强调成员间的共同合作，比一般的组织形式或群体能更有效地完成任务。

具体来看，团队是由一定数量的具有不同专业能力的成员组成，彼此相互协作共同努力完成个体所不能或难以完成的特定的共同目标。首先，团队必须由两个或两个以上的成员组成，但成员的数量又不能过多，数量过多反而会出现一些不必要的问题而影响效果。其次，团队成员应具有不同的专业技能和知识背景，由不同性格的人员组成，这样各成员能相互取长补短，在执行不同的任务时能相互依赖充分发挥各自的优点。最后，要建立清晰的、各成员所一致同意的目标，一个没有目标的团队就如同一艘没有向导的船，只有有了一个共同的、切实可行的目标，各成员对自己的职责有了明确的认识，大家才能朝着共同的方向努力，最终达成目标。

二、团队与群体的区别

群体是指两个或两个以上的个体为了实现特定目标所组织在一起的一群人，他们之间不强调相互之间的协作与配合，而是个人绩效的简单相加。团队则是指各成员通过协调努力而产生相互之间的积极配合，他们共同的努力导致绩效水平高于个人投入的总和。在实际生活中，人们有时会把工作群体和团队看作同一概念。图 10-1 是罗宾斯对工作群体与团队所做的对比分析。

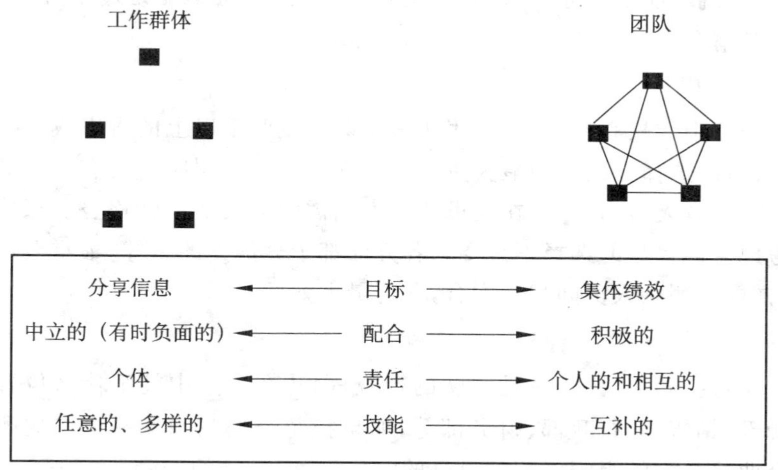

图 10-1　工作群体与团队的差异

由此可以看出，群体与团队的不同主要体现在以下几个方面：

(1) 对共同目标的认识不同，群体成员间通过分享信息使各成员能独自地承担自身的责任，而团队则是环环相扣的一个整体，以集体绩效为主要目标。

(2) 群体中不一定存在相互的配合，甚至可能会因为成员间性格、背景等的不同产生差异而造成冲突从而带来负面的效果，而团队成员积极地协作配合。

(3) 在群体中，个人只注重自身的责任，对于不在自己职责范围内的事直接采取忽视的态度，团队成员在承担个人职责的同时也把集体的责任时时放在首位。

(4) 群体成员的技能是任意多样的，这样就可能导致因某一方面专业人才的缺乏而不能有效地完成一些特殊的任务；相反，团队成员间的技能互补则能有效地解决这一问题。

三、团队的构成要素

大多数学者认为，团队有五个重要的构成要素，可以用 5P 来表示，分别是目标(purpose)、人员(person)、定位(place)、权限(power)、计划(plan)(见图 10-2)。

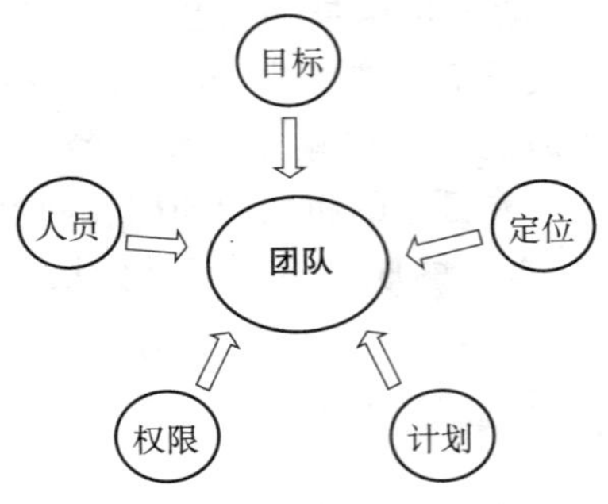

图 10-2　团队的构成要素

1. 目标

团队建立的初衷就是为了实现某个目标,目标对一个团队来说就如同出海航行的指南针,一个没有目标的团队必然人心涣散、毫无存在价值可言。团队的目标必须切实可行且被每个成员所认可,既不能虚无缥缈,让人感觉比登天还难,又不能是过于短浅而无法激发成员为之奋斗的激情。

2. 人员

人是一个团队中的核心要素,一个团队须由两个或两个以上的人组成,人是团队中完成目标的主体,人员的选择是团队中最为重要的一部分。一个团队需要有人领导做决策,有人监督,有人提建议,有人协商,因此在人员选择方面需要从人员的性格、经验、能力、技能等各方面来综合考虑。但人员的选择不是要求各方面都十分优秀的人才,最重要的是角色、技能等的互补,这样能使团队人员间相互配合,获得最大效益。

3. 定位

团队的定位包括两层含义:一是团队的定位,团队在企业中处于什么位置,如一个企业中有人力资源部、销售部、行政部、财务部等,如果把每个部门当作一个小的团队,那么每个部门就要在企业这个大的组织中找到自己的定位,认清自己的职责。二是个体的定位,同样每个人在自己的部门这个团队中又有着不同的职位,扮演着不同的角色,个体在团队中的正确定位能促进团队的有效运转。团队定位与团队目标有着密切联系,团队的目标在一定程度上决定了团队的定位。

4. 权限

团队中领导人的权力大小和团队的发展阶段相关。一般情况下,在团队的发展初期,权力较集中于领导者身上,而随着团队发展的成熟,领导者的权力会适当变小。这是因为当一个团队发展成熟壮大时,他们一般能较好地自我管理和控制。但一个团队在组织中的决定权,如财务决定权、人事决定权等,也要考虑组织的规模、业务类型等因素。

5. 计划

团队应根据组织中已有的共同目标,制定各自的计划方案。首先,团队的领导者要制定短期和长期的计划;其次,团队中的个人要根据自己的情况,在服从团队计划的前提下制定出自己的个人计划。只有按照计划实施方案,团队才能解决问题,一步步地接近目标,最终实现目标。

第二节　影响团队绩效的因素

首先，从团队本身来看，影响团队绩效的因素主要包括团队的规章制度、团队的规模等。其次，从团队成员来看，影响因素包括成员的能力、性格特点、成员间的凝聚力等。最后，从团队领导者来看，领导人在一个团队中起着至关重要的作用，领导者既要具有一定的专业知识能力，同时还要具备较高的领导才能。

下面将对影响团队绩效的各方面因素进行分析。

一、团队本身

1. 规章制度

团队中的规章制度体系是影响团队绩效的重要因素，即使是一个短期的团队组织也应该有一定的规范来约束成员的行为，否则整个团队将会混乱不堪，无法正常运转。一个团队的规章制度包括会议的安排和流程、上班作息时间、工资薪酬制度、计划的安排实施等，完备的规章制度使团队成员在处理事务时能有章可循，不乱阵脚。

有两点需要说明：首先，规章制度必须是依据实际情况制定的，必须保证切实可行。如果仅仅是做表面工作，没有人按制度来执行，那么一个团队即使拥有完美的制度，也不能对团队绩效产生促进作用，而只会带来负面的影响。其次，好的规章制度能让团队成员自觉地执行，而且没有被束缚的不自由感，失败的制度容易让人产生抵制，不仅没有成效，而且会影响整个团队的工作效率。

因此，团队管理者在制定规章制度时应考虑可行性、人性化等因素，根据具体的情况做出具体的调整，否则过于严格的制度可能导致成员的不满情绪或遏制团队的活力和创新精神，同样会给团队的绩效带来严重的不良影响。

2. 团队的规模

团队的规模也是影响团队绩效的因素之一。如果一个团队的成员过多，就可能会面临各种各样的问题，如团队成员间因性格矛盾产生冲突的几率增大，对问题的解决方案难以达成共识，容易在内部形成小团体而相互攻击等，这样团队在执行任务时就容易被其他的因素所影响，不利于任务的完成。同样，团队的成员过少也是不可取的，在面对一些重大问题或者难度较高的问题时，成员过少的团队往往难以提出好的解决方案，不能达到好的效果。

一般来说，团队成员控制在 5～12 人为宜，根据所完成任务的不同类型可以做出适当的调整。以做决策为主的团队，如一个公司的董事会，人数一般控制在 5～7 人，且最好为奇数，这样可以降低在进行投票决策时发生僵局的可能性。而其他类型的团队如科研开发团队可适当增加人员，一般也不超过 12 人。如果一个自然工作单位本身人员很多，而又希望不影响团队的绩效达到团结的效果，可以考虑把工作群体分成几个小的工作团队。

二、团队成员

1. 成员的能力

不同的团队对成员的能力需求的倾斜度不同，这些能力主要包括专业知识技能、交流能力、亲和力、组织能力、创新才能等。例如一支建筑设计团队,就需要更多具有建筑方面知识的成员,如果成员缺乏相关的专业知识,就可能难以胜任团队所分配的任务。一支推销产品的团队,则不会对成员的专业知识做非常严格的要求,而是看重成员的交流能力以及人际交往能力。一支服务型的团队会强调成员的亲和力,一支新产品的研发团队会看重成员的创新才能等。

但是在大多数情况下,一个企业或组织中的团队往往需要由具有不同能力的成员组成,这是因为团队有时会面临许多综合性的任务,这样团队内的成员就能相互协作,发挥各自的优势,共同完成任务,这也正是团队精神的体现。例如淘宝网旗下的店铺至少达到几百万家,但却不是每家都能获得较高的盈利。如果把一家规模较大的淘宝店看作一支团队,那么团队要取得较高的效益,团队中的客服人员就需要有亲和力、耐心的态度以及一定的销售才能;打包装货人员需要有熟练的技能才能迅速地完成工作;负责采购的人员需要具有独特的市场眼光,对消费者的需求进行深入的了解;网站设计人员则要具备计算机方面的专业知识以及设计才能。可谓是麻雀虽小,五脏俱全,团队中任何一个成员的能力都对团队的发展起着重要的作用。

2. 成员的性格特点

一个团队中的成员由于有不同的文化背景,来自不同的地区、不同的国家,所以在性格方面可能会有较大的差异。不同性格的人做事风格和做事态度往往差别很大,因而不同性格特征的人的行为对团队绩效所产生的影响也不同。根据前面章节对人的性格特征的分析可知,主要有五种性格因素,包括情绪稳定性、易相处性、外向性、尽责性、开放性。团队中一个充满正能量、有责任感、乐于帮助他人的人,不仅能较快地完成自己的任务,而且还能感染他周围的人,带动周围人的积极性。而一个尖酸刻薄、没有责任感、容易情绪化、不易相处的人,往往喜欢怨天尤人,整天抱怨对生活和工作的不满,不仅自己的工作难以达到好的效果,带给周围人的也都是负能量和坏心情,从而影响整个团队的绩效。

如果团队中成员性格的正能量占据优势,那么性格的多样性在一定程度上能对团队的绩效产生好的影响,这是因为团队任务的复杂性和多样性需要不同性格的人从不同的角度来考虑问题。团队中既需要有外向的人来活跃气氛,又需要有冷静的人来做出决策,需要易相处的人增强团队的凝聚力,同时又需要略带锋芒的人使整个团队在讨论问题时不失活跃。

性格的差异也可能引发冲突,从而带来不良影响。尽管说一个团队中适当的冲突能使组织成员间相互竞争从而提高组织的活力,但性格上的冲突会使彼此间水火不相容,基本上带来的都是负面的影响。若两个性格明显差异的人产生了冲突,而彼此都不顾及组织的目标,为了自己的私利不顾组织的大的利益,最终不仅会因为冲突破坏了自己的发展前途,而且会影响到组织内的其他成员,对整个组织产生危害性的后果。

3. 成员间的凝聚力

团队的凝聚力体现在团队对成员具有巨大的吸引力,团队的工作氛围、目标和任务等因素的吸引,同时,团队的凝聚力还体现在成员对团队的向心力。成员对团队的工作有极大的热情,具有强烈的意愿留在团队中工作。凝聚力的强弱是影响团队绩效的重要因素之一,凝聚力强的团队,成员间的协作配合能力也较强,在处理重大决策问题时,团队能够快速地做出决策；而如果一个团队的凝聚力很弱，那么这个团队即使面对简单的任务，也难以让团队成员相互协作起来，这样的团队将会失去它的存在价值。

三、团队的领导者

我们都听过三个和尚挑水喝的故事，为什么三个和尚就喝不到水了呢？面对这个问题，有人就提出了这样的答案，因为他们缺少一个好的领导者。如果有一个好的领导者，就会对他们进行两两分配来承担挑水的责任，这也正说明了团队中领导者的重要作用。领导者是整个团队的核心人物，对团队的发展和运作起着指导和激励作用，在很大程度上决定了团队是否能产生较高效益。

一个优秀的领导者能带领团队顺利渡过难关，提高团队绩效，使团队有效运转。优秀团队领导者应具备如下几点素质：①具有优秀的才能，对于团队决策问题能有长远的眼光和敏锐的洞察力；②具有自身独特的人格魅力，领导者能以自身的魅力激发团队其他成员对工作的激情，而不是靠监督和权威来使团队成员屈服；③具有强烈的责任感，对团队中的失误要勇于承担责任，同时，对于团队中个体成员的错误，也不能片面地看问题，要首先从自身和整个团队寻找错误的根源；④具有自我约束力，从自身做起，用团队的规章和准则严格要求自己，从而带动整个团队成员的自律能力；⑤尊重团队其他成员，尊重成员的自我个性和能力的多样性。

第三节　不同类型团队的管理

按照不同的划分标准可以把团队划分成不同的类型。按功能可分为跨职能团队和单职能团队，按时间可划分成时限性团队和长期性团队，按团队的性质可划分成政治团队、企业团队、文艺团队等。此外，按照团队的存在目的可以把团队分为四种类型：问题解决型团队、自我管理型团队、跨功能型团队和虚拟团队，如图 10-3 所示。

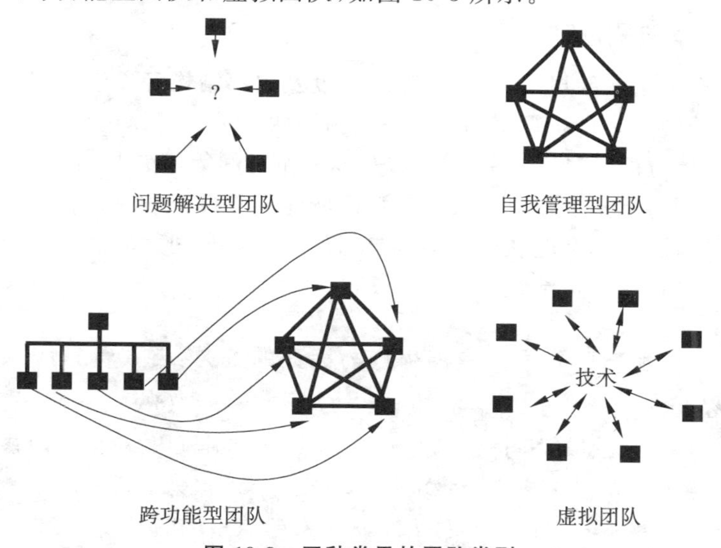

图 10-3　四种常见的团队类型

一、问题解决型团队

问题解决型团队是在团队盛行之初被许多组织所采取的普遍的团队形式。团队成员一般都来自同一个部门,他们在每周固定的时间聚集在一起,对每周出现的问题进行讨论,如怎样改善产品和服务质量,提高员工的工作积极性,提出新的疑难问题的对策等。团队成员有时也由来自不同部门的员工组成,对组织整体的问题和发展提出建议。

问题解决型团队的权力有限,他们可以针对问题提出自己的见解和看法,但是往往没有权力采取实际的措施。但是对于一些新兴的和管理较为灵活的组织,如果团队的措施不会影响公司以及其他部门的利益,或者不需要公司大量人力物力的支持,且得到了本部门团队成员的支持和认同,团队就有权把他们的想法付诸实施。

美国印刷公司是位于威斯康星州麦迪逊的一家大型商用印刷公司。与其他印刷公司一样,该公司面临激烈的市场竞争和不断增加的成本压力。许多成本的增加来自一些需要返工的工作。为了减少返工,美国印刷公司组建了一支由5人组成的问题解决型团队。该团队由校对员、估价员、工作调度员和排版专家构成。该团队负责分析潜在的问题,采取措施预防和减少返工现象。肖恩·韦尔奇是美国印刷公司的营运副总裁,他在谈到这支团队的工作及其成果时说:“我们将返工率从超过销售额的3%降至不到2%。虽然没有达到零次品率,但是已经很接近我们的目标了。”

资料来源:达恩·海瑞格尔,约翰·W. 斯洛柯姆著. 组织行为学. 第11版. 邱伟年译. 北京:北京大学出版社,2010.

但问题解决型团队具有临时性和不稳定性的特征,这是因为其成员是为了解决某个共同的问题而组建在一起,一旦问题解决整个团队就解散,第二次组建时的成员很难和第一次完全一样。问题解决型团队较适合于对某种新产品的开发或对一些科学问题的探讨,其成员需要有较强的适应能力和团队合作精神。

二、自我管理型团队

当一个公司有了一定的规模,公司的规章制度及内部结构等逐渐发展成熟时,有些问题解决型团队就自动转型为自我管理团队。它是指团队成员在工作过程中对于任务的实施计划、每个成员的职责分配、问题的解决方案、安排工作时间等问题具有独立和自行管理的权力,团队对自己的行为承担责任。自我管理型团队能强化员工的主人翁意识,使员工对自己的团队产生强烈的认同感,并能从中体会到自己的工作对公司发展的意义,由此可提高员工自身的积极性,增进员工的灵活性。

英国利洁时公司为提高生产力而开的处方:自我管理团队

通过团队合作和单调的生产练习,利洁时医疗保健公司(Reckitt Benckiser)已经成为欧洲生产力最强的药品生产公司之一。事实上,团队合作是这家公司的四大核心价值观之一。例如,在英国赫尔这个城市,该公司的每条生产线都集中由一个自我管理团队来操作。“由生产线上的员工自己决定如何安排接下来的3～4周。”一个团队的领导丽萨·亚当斯说。丽萨·亚当斯的团队主要负责用小袋或者试管将产品打包。马克·史密斯(Mark

Smith)，另一条生产线上的领导自豪地指出，他的团队已经成为“北欧最高效的生产团队之一”，因为“公司赋予了我们掌管自己生产线的机会”。当一个负责生产 Gaviscon 胃药片剂的团队要处理生产过程中出现的药片传递问题时，自我管理团队的优势就非常明显了。这个团队改变了药片传递的角度，经过一些试验后，他们终于找到了解决的办法，这条生产线再也没有遇到任何药片传递的问题，而且由于减少了停机的次数和产品的浪费，该条生产线的成本明显降低，效率明显提高。

资料来源：史蒂文 L·麦克沙恩，玛丽·安·冯·格里诺著．组织行为学．原书第 5 版．吴培冠，张璐斐等译．北京：机械工业出版社，2012.

然而并非所有的组织都能采取自我管理型团队并取得好的效果。采取自我管理的团队需要其成员具备较高的自我控制能力和高度的责任感，成员的利益与组织的整体利益具有一致性，团队成员之间相互依存，能够自由地获得组织内部资源的供给与支持等一些因素。如果自我管理型团队内的成员不够成熟，被授权自我管理的团队不仅不利于生产效率的提高以及组织的发展，而且还可能导致破坏性的后果，如团队内的成员迟到旷工现象严重，成员之间矛盾冲突激化，成员为了个人利益而破坏组织整体利益等。

因此，自我管理型团队虽然被证明是一种能够带来高效益的团队组织形式，但当组织在组建自我管理型团队时，应综合考虑各方面的因素，以免浪费过多的人力物力，最终给组织造成损失。

三、跨职能型团队

跨职能型团队由来自同一等级、不同工作领域的员工组成，他们来到一起的目的是完成一项任务。

跨职能型团队具有以下优点：第一，团队成员来自同一等级，能够避免团队协商过程中出现一方压制另外一方的不平等现象；第二，团队成员来自不同工作领域，在解决共同问题时，有利于发挥各自的专业才能，提出不同的见解。

从如下案例中，我们能很好地看出跨职能型团队在实际应用中所发挥的巨大作用。

跨职能团队的巨大产出

过去 5 年中，跨职能团队变得越来越流行——而且是出于良好的原因。研究表明通过将个体的能力和技能相结合，所有的人都可以对团队作出不同的贡献。这样就可以减少完成任务所花费的时间，同时提高生产率和利润。

惠普公司是使用有效团队的一个很好的例子。尽管该公司长期以来一直被认为是美国最好的公司之一，但它的分销组织却是二流的。平均而言，公司需要花 26 天才能将产品送到顾客手中，而且雇员必须在 70 个电脑系统间往返穿梭以获取信息。于是公司决定重建分销过程，减少运送时间。公司的两个经理负责这个项目，他们从本公司和其他公司召集了一个 35 人的团队，并开始检查工作流程。首先他们检查了现在工作完成的方式，并开始注意削减工作步骤和缩短整个过程的方式。接着，团队完成了一次两周的培训，以使团队成员熟悉现在的过程。然后，团队重新设计了整个工作过程，并让这个跨职能团队的每个人都能接受。最后,他们实施了这个过程,并改正了系统中存在的错误。在这个过程中,他们被允许向员工授权,并努力地使运送时间降到了8天。这使得公司的存货降低了20%,同时提高了对客户的服务水平。

另一个很好的例子是麻省总医院负责紧急外伤的跨职能团队。急诊病房中平均每天都会有200个急诊病人,而且其中将近1/3的人会送到外伤中心。在这个中心有一个由医生、护士和技师组成的"无缝团队"。每个人开始完成一项任务——检查伤口、操作IV、启动设备。接着某人会领导团队并决定治疗的方案。通常是由一名医生负责,但是也可能会由一名精通相关领域的实习医生或护士发出指令。正如一个参加该团队的外科医生所说的,"没有人是周围人的老板。只要是好的想法,我们都一视同仁"。工作是高强度的,但也是有回报的,人们可以享受高水平的专业化并可以运用自己的能力来处理问题情境,特别是在这种拯救生命的情境下,必须做出快速和富有技巧的决定。

资料来源:弗雷德·鲁森斯著.组织行为学.第9版.王垒等译校.北京:人民邮电出版社,2003.

但建立初期的跨职能型团队成员在默契和配合方面,可能要低于每天共同工作的其他团队形式的成员,跨职能型团队要发挥作用,需要成员间在共同信任的基础上不断磨合,因此一支真正高效的跨职能型团队需要较长的时间才能形成。

四、虚拟团队

虚拟团队是随着现代通信技术的不断发展和进步而逐渐发展起来的一种团队形式。它主要是通过网络聊天工具、电子邮件、视频会议等形式将远距离或处于不同组织的成员组织在一起,通过共同的努力完成任务。随着经济全球化和跨国公司的壮大,虚拟团队成为许多组织所必不可少的团队组织形式。

与其他的团队模式相比,虚拟团队具有如下优点:①团队成员的工作时间和工作地点不受限制。虚拟团队成员工作的时间具有很大的弹性,不受上班和下班时间的限制,团队成员也因此能通过自身的习惯合理地调节工作时间。另外,即使是身处异地,只要能连接网络,团队成员也能和其他成员很自如地进行交流。②团队成员能够进行最大程度的优化组合。由于没有时空上的限制,虚拟团队在挑选自己的成员时,可以不必只局限于本地区的人员。虚拟团队可以根据所要完成的目标和任务的不同,在不同的地区选取拥有不同技能的专业人才。③团队成员的选取可以较少地考虑性格等方面的差异。虚拟团队成员主要通过网络的形式进行交流,成员间较少长时间地相处,这也就减少了生活中一些不必要的摩擦产生的可能性,成员间更多的是技术和知识上的交流,降低了成员选取的难度。在科技高速发展的今天,虚拟团队也将随着网络沟通交流方式的日益先进而逐步提高成员间的交流与合作,虚拟团队将逐渐成为团队组织模式的主流形式。

VeriFone公司的虚拟团队

VeriFone公司是一个信用卡确认及自动付款设备供应商,15年前初创时是一个虚拟公司,今天它在业务各方面都采用虚拟团队。设施经理组成的团队负责决定如何减少办公室中的"毒素"。营销和开发团组用头脑风暴来开发新的产品。销售代表收集信息及客户的反应。

VeriFone公司的虚拟团队概念极为灵活。有的团队只包括公司员工，也有的团队包括外部人士（如客户或合作伙伴的员工）。有的团队是永久性的，如虚拟方式经营公司的营运团队。有的团队是临时性的，任何雇员都可组织一个临时的虚拟团队，以解决一个具体的问题。

尽管有这一切灵活性，VeriFone公司仍有一些严格的"规定"以确保组成团队不是任意的。雇员要完成40小时的训练计划，学习如何建设一个成功的虚拟团队。此外，团队领导人还要遵守公司高级经理拟定的书面程序。该公司为虚拟团队的成功拟出了以下指南：

(1) 确定宗旨。公司设立团队时总是先书面写出工作宗旨，这使各成员有了方向，并可防止误解。

(2) 招募团队成员。虚拟团队一般应有3～7名成员，并应由具有不同观点及经验的人参加。在不同时区选定成员，就意味着生产工作可24小时不间断。

(3) 确定团队存在时间。依团队宗旨及目标确定是搞短期的特别工作小组，还是解决问题的团队，还是长期的运营团队。

(4) 选定通信技术。公司一切成员所受的训练不仅包括如何使用通信工具，也包括何时使用它们。选择合适的工具对虚拟团队的成功有关键的意义。

VeriFone公司员工也经过训练，知道虚拟沟通中隐藏的心理危险。与面对面交流相比，用通信方式交流总会在意义理解上有失真之处，也更容易出现误解。电子邮件尤其容易导致误解，所以在遇到敏感或复杂问题时，团队成员会用电视或视频会议交流。

资料来源：理查德 L. 达夫特，雷蒙德 A. 诺伊著．组织行为学．杨宇，闫鲜宁，于维佳译．北京：机械工业出版社，2004.

第四节　塑造高效的团队

一、塑造高效团队的五个阶段

高效的团队不是一蹴而就的，要经过一定的发展阶段才能最终形成。根据布鲁斯·塔克曼所提出的团队发展阶段模型，团队发展的5个阶段分别是形成阶段、磨合阶段、规范阶段、执行阶段、休整阶段。图10-4向我们展示了这五个阶段，横轴表示五个不同的阶段，纵轴表示团队的成熟度，这五个阶段是团队的必经阶段。从图中可以看出，随着团队不断的发展，团队的成熟度也逐渐地提高，而且团队的每个发展阶段向下一个阶段过渡的过程中都会出现团队失败的可能性，因此并不是每个团队最终都会走向成功。在塑造团队过程中，团队管理者和成员要了解这些发展阶段，以较好地应对出现的问题。

1. 形成阶段

在团队的建立之初，不同的成员为了共同的目标或任务被组织在一起，他们对环境和团队成员彼此之间都比较陌生，甚至对自己应该做什么都会感到很迷茫。在这个阶段，有的团队成员可能会对新的环境感到兴奋和好奇，急于了解周围的环境；相反，有的成员则可能对新环境产生抵触，情绪低落，积极性不高。另外，团队成员间由于彼此不熟悉虽然不会产生

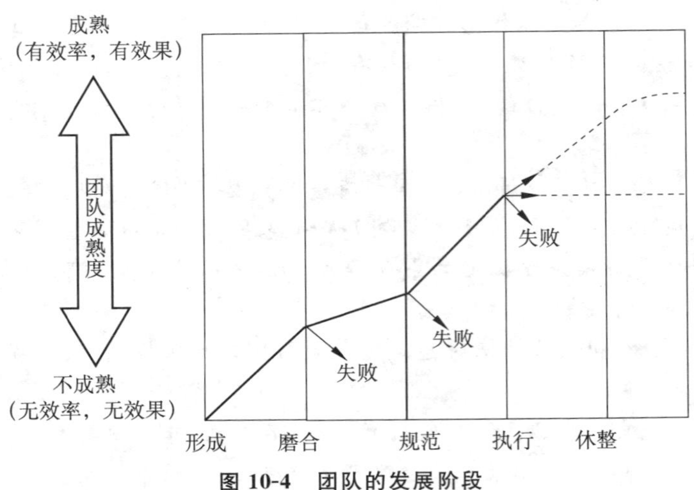

图 10-4　团队的发展阶段

冲突，但彼此间也缺乏默契和配合，团队的真正作用还没有得到发挥，团队内部也还未建立完善的规章制度。

在形成阶段，团队管理者首先要确立团队的目标，并明确每个成员的职责，使每个成员对自己在团队中的位置和目标都有清晰的认识。其次，在团队内制定规章制度，并不断进行修订以更好地适应团队的发展。此外，团队管理者要细心地观察每个成员的表现和情绪，对不适应的成员进行正确的引导，同时还可以通过组织活动来增进成员间的了解，以避免团队在建立之初就走向失败或留下隐患。

2. 磨合阶段

此时团队已基本形成，团队成员的目标和职责也已经初步确认，成员彼此之间已经比较熟悉，成员不再一味地压抑自己的想法，开始把自己的想法和意见表达出来，想要凸显自己的个性。

但随之而来的冲突也会增多，既有对团队更高职位的竞争冲突，同时还会产生性格等方面的冲突。面对冲突，有的成员会采取竞争的方式，在冲突中寻求自我利益，而不顾或损害他人的利益。也有的成员采取回避或迁就等方式，这两种方式虽然从短期来看是可行的，但不利于团队的长期发展。此时的团队管理者应该引导团队成员通过相互协作的方式来解决冲突，在强调团队成员差异的基础上，寻求相互的共同点和一致性，使成员在相处的过程中相互磨合。这一阶段，团队的成熟度提升缓慢，但只要解决了这一阶段的问题，团队顺利过渡到了下一个阶段，团队的绩效就会有很大的发展。

3. 规范阶段

进入规范阶段的团队已建立了较为完善的规章制度，团队成员能够和谐相处，接纳不同的观点，分享不同的信息，团队的作用开始真正体现出来。团队成员的凝聚力逐渐增强，开始在各方面形成共同合作的意识，这一阶段团队的成熟度有了明显的提升。但这一阶段也应从整体上考虑，留心和注意团队中由于前两个阶段没有处理好所遗留的问题，如果不认真处理这些问题，致使问题又一次进入下一阶段，则在团队执行任务过程中会产生更为严重的不良后果。

4. 执行阶段

经过磨合和规范阶段，此时的团队开始展现他们如何高效地工作，成员在团队中的角色和职责都很明确，成员间既相互合作，又彼此承担自身的责任以及团队的责任，团队优于个体和其他群体的优势体现出来。但在此阶段向下一阶段过渡中，并不是每个团队都会一直发展，取得更高的绩效，如图 10-4 中显示的，我们可以看出，团队在进入休整阶段后出现了分化，有的团队能继续发展以获得更高的绩效，有的团队则只能停留在此水平上，虽然也能发展，但难以获得更高的绩效，这与团队在之前发展阶段是否处理好了所出现的问题是息息相关的。

5. 休整阶段

任务完成后，团队进入休整阶段，有的团队在任务完成后就解散，团队成员可能会加入另外的团队，继续开始工作。有的团队则在完成任务后直接开始下一个任务，甚至有的团队会一直接受不同的任务，一直处于执行阶段，变化的只是团队老成员的离去和新成员的加入。

团队的发展阶段模型对团队的发展过程进行了很好的描述，为团队管理者在建立团队时提供了指导。在实际中，可能并不是所有的团队都会经历五个阶段，而且在某一时间也很难明确地指出一个团队处于哪个发展阶段，但这些阶段中所提出的许多问题是每个团队在建立过程中所应该防患于未然的，特别是对团队管理者在组织团队过程中有良好的启示作用。

二、塑造高效团队的必要条件

1. 设立明确的可实现的目标

从团队的构成要素可知，目标是一个团队的必要因素之一。所谓目标，是指个人或组织在完成某项任务或工作时所致力于想要达到的结果，目标对个人和组织都有着重要的影响，科学合理的目标是团队成功的前提条件。团队设立目标一般应符合 SMART 标准，SMART 一词是目标管理中制定目标准则的五要素的英文缩写。

S 即 Specific，指目标应是具体的、清晰的。具体的目标使团队成员能明确地认清自己的职责，以更加饱满的热情投入工作；而如果目标模糊，团队成员也会毫无方向感，失去工作的热情。

M 即 Measurable，指目标对任务的进展和结果能够进行评估。在这样的团队中，成员能够真切地感受到自己工作上的进步，增强实现目标的信心。

A 即 Accepted，指目标是被团队成员所共同认可和接受的。如果团队的目标不能被所有的成员共同接受，那么整个团队就不能形成强大的凝聚力，甚至还可能在团队中产生社会堕化，影响整个团队的工作效率。

R 即 Realistic，指目标是可实现的。目标不能不切实际，使成员产生巨大的压力或失去完成目标的信心；同时，目标的设立也不能过于简单，如果靠个人的努力就能实现目标，团队将会失去它的意义。

T 即 Timed，指目标的实现有时间的规定性。有了时间的规定，团队成员能更好地督促自己在规定的时间内完成任务。

此外，在一个组织中，当个人目标与团队目标发生冲突时，作为团队中的个人应与团队管理者进行及时的沟通，以达到最佳效果。团队管理者也应合理地处理好这两者的关系，否则，如果团队成员只顾个人利益而损害团队利益，则整个团队将难以维持。

2. 团队成员角色的合理定位

为了使团队成员在团队中能扬长避短，发挥自己的最大效益，首先要对团队成员的角色进行合理的定位，根据成员的角色不同，分配不同的任务，这样才有利于团队绩效的最大提高。在团队中，一般存在着 8 种角色，即实干者、协调者、推进者、创新者、信息者、监督者、凝聚者、完美者，如表 10-1 所示。

表 10-1　团队成员的角色

角　色	角色描述	典型特征	作　用	适合的工作
实干者	现实、传统甚至有点保守，崇尚努力，计划性强 喜欢系统化解决问题 有自控力，守纪律 对团队忠诚，富有自我牺牲精神	有一定的组织能力和实践经验 勤恳、吃苦耐劳 自我约束性强 没有主见，缺乏激情	高效可靠的命令执行者 具体工作的尽心完成者 能根据团队需要自觉工作	适合做方案设计等工作
协调者	成熟、自信，办事客观 有一定的个性感召力 善于发现并运用各成员的优势	冷静 自信 有控制力	擅长领导具有不同个性和技能的群体 善于协调各种关系，能平心静气解决问题	适合做项目管理工作
推进者	雷厉风行，办事效率高，自主性强 目的明确，工作热情高，成就感强 遇到困难时，能想办法解决 喜欢挑战，有时缺乏合作意识	挑战性 好交际 富有激情	行动的发起者，敢于面对并解决困难 敢于承担责任，是确保团队快速行动的最有效成员	适合做影响项目进程的工作
创新者	高度的创造力，思路开阔 观念新，富有想象力，不拘小节 爱出主意，有时较偏激，脱离实际	有创造力 个人主义 非正统	能提出新想法，开拓新思路，通常在项目刚启动或陷入困境时，能提出解决方法	适合做系统构架设计工作
信息者	具有高度热情 反应敏捷，性格外向，善于与人交往 对外界环境敏感	外向、热情、好奇、善于交际	有与人交往和发现新事物的能力，善于迎接挑战	善于做调研工作
监督者	严肃谨慎、理智，不感情用事 与群体保持一定的距离 有很强的批评能力，善于综合思考、谨慎决策	冷静、不易激动、谨慎、精确判断	善于分析和评价 善于权衡利弊选择方案	适合做绩效考核工作

续表

角　色	角 色 描 述	典 型 特 征	作　　用	适合的工作
凝聚者	善解人意，关心他人 处事灵活，容易相处 对任何人不构成威胁，受人欢迎	合作性强 性情温和 敏感	善于调和各种人际关系，信奉"和为贵"，能使团队协作更好、士气更高	适合做团队建设工作
完美者	有持之以恒的毅力 做事注重细节，力求完美 很少做没有把握的事情 喜欢事必躬亲，不愿授权 无法忍受做事随便的人	埋头苦干 遵守秩序 尽职尽责 易焦虑	对那些重要且要求精确的任务起着重要作用 在管理方面高标准、严要求，能使得任务保质保量完成	适合做一些重要的评审工作

从表10-1中可以看出，每个角色都具有自己的优势，管理者需要对每个人的不同特质进行仔细的观察和分析，把合适的工作分配给适合的人，使人才资源得到最大的发挥和利用。而且在实际生活中，尽管一个人能具有以上两种或两种以上的特质，但绝不可能占据所有的角色，这也正显示出团队合作的重要性。因此，正确的角色选取和角色定位是高绩效团队所必不可少的一步。

3. 增强成员间的信任

成员间相互合作与配合是团队的主要特征，也是提高团队绩效的重要因素，而成员间只有有了高度的信任，才会有彼此的合作，信任是团队合作的前提和基础。

罗宾斯认为信任有五种维度，这五个维度按照重要程度顺序依次是：正直、能力、一致、忠诚和公开。正直是最重要的一个维度，代表着一个人诚实的品性和良好的道德品质，只有对一个人的品格有了了解，发现某个人是一个正直、值得信任的人，才会开始对这个人产生信任。能力是指个人的专业技能，一个总是能解决疑难问题、在工作上帮助别人的人也会使人对他产生信任。一致指一个人的言行一致，能做到言出必行，这对于团队管理者来说尤其重要。如果管理者对成员做出的承诺都能一一兑现，那么团队成员就会加深对管理者的信任，同时也能激发成员的工作热情。忠诚是指愿意顾全他人的声誉。公开是信任的最后一个维度，当一个人开始对另一个人分享他的私密时，无形中双方就开始产生信任了。

4. 建立绩效评估机制和奖惩制度

绩效评估是团队检验成员的工作效率和成员对团队工作贡献的重要手段。它可以从两方面来进行：一是对成员业绩的评估，二是对成员工作态度的评估，只有把这两方面有机结合起来，才能更好地起到评估的目的。在评估过程中，应一视同仁，避免个人主观偏好的影响，真正做到公平和公正。

建立完善的绩效评估机制的目的是为了定期对团队成员的绩效进行评估，促进成员不断改进工作中的缺点和不足，同时根据评估结果对员工进行奖惩，对员工起到激励作用。因此还应根据绩效评估机制建立公平的奖惩制度。对员工的奖励方式主要有加薪、休假、津贴和福利等。进行奖惩的目的在于激发成员的工作热情，因此奖惩制度应根据员工的不同需求来建立。首先应把成员的个体需求收集起来，例如大多数年轻成员比较青睐于休假等手段，而年长一点的成员则会比较看重加薪、福利等。其次把成员的个体需求归纳汇总，最后根据此结果制定相应的奖惩制度，这样能更好地达到激励的效果。

5. 提高资源的供给和信息共享

资源供给和信息共享对于一个高效团队来说尤其重要，如果团队在做出一个有效的计划实施方案后，却得不到相关资源的有效供给，那么方案将无法实施。长此以往，整个团队将失去工作的信心和热情，团队就失去了其作用。

三、团队管理中应避免的问题

从团队的定义以及团队与群体的比较中，我们能看到团队的诸多优点，如团队中目标一致、团队成员间相互协作与配合、团队成员间的技能具有互补性等。但团队在实际运作中也有不足之处，在团队管理中要极其注意这些问题，以最大限度地避免问题的产生。

下面将对几个典型的问题加以论述：

(1) 破坏性的会议。会议是一个团队解决问题、形成方案、做出决策的重要方式，它使团队把所有成员的力量凝聚起来，从而提高了团队决策的有效性。但是，我们又看到一个死气沉沉、冗长乏味的会议对一个团队来说，却只能带来破坏性的后果。例如在会议中，成员总是迟到或者缺席，对提出的问题都表示沉默、不愿意发表见解，难以形成最终的决策等。要避免这些问题，团队就应该制定严格的规章制度，规范成员对会议的时间概念；提前分发与会议相关的资料，让成员对会议的内容提前做好准备；会议领导人适时活跃气氛，带动成员的积极性，同时采取奖励的办法鼓励成员在会议上发言；通过投票的办法最终形成决策等。

(2) 团队成员间缺乏沟通。沟通能在人与人之间架起一座桥梁，缩短两个人之间的差别和距离。有这样一个传话游戏，首先由游戏组织者把一个成语给第一个人看，第一个人不能发出声音，只能通过手势和动作来告诉下一个人是什么成语，在这过程中其他人都不能偷看，然后第二个人根据自己的理解再通过手势和动作把成语告诉第三个人，依此类推，最后由游戏的最后参与者说出这个成语。一般情况下，最后的成语和第一个人所看到的成语的意思往往是大相径庭，这个游戏正是说明了沟通的重要性，沟通不利会导致信息的错误传达，最后使问题不能顺利解决。而且一个团队中的两个成员如果不能经常及时有效地相互沟通，在长时间的相处中就可能会引起矛盾和冲突，最终影响到整个团队。因此，团队领导者要注重加强团队成员间的沟通，避免因缺乏沟通而引发的一系列问题。

(3) 团队成员的怀旧情结。留恋旧团队的人喜欢说：我参加过的关于某某项目的那个团队是世界上最好的团队，如果你想了解世界上最好的团队是什么样子，那就一定要看看我们在接手并实施某某项目时候的那个团队！这样的人在加入一个新的团队时就带着一种批判的眼光，不仅不能很快地积极融入新的团队，而且会影响团队内的其他成员，削弱其他成员对新团队的激情。团队管理者要对这样的成员进行正确的引导，给予其一定的任务，强调其在新团队中的重要位置，促使该成员能快速地融入新的团队。同时，在结束一个团队的工作，并面临解散团队的问题时，管理者要对该团队的工作进行总结，并鼓励团队成员以正确的心态去加入新的团队。

此外，在涉及团队问题时，我们还应注意的是，并不是所有的组织都适合团队形式。例如画家完成一幅作品就只能靠自己的努力完成，别人的帮助只能造成画蛇添足的效果。

本章思考题

1. 什么是团队？它与群体有何异同？
2. 团队包含哪些构成要素？
3. 团队绩效受到哪些因素的影响？
4. 团队如何分类？
5. 什么是自我管理型团队？它有何特征？
6. 什么是虚拟团队？网络时代对它有何影响？
7. 结合身边的事例，请你思考如何塑造高效团队。

课后案例

明基逐鹿：团队精神打造企业核心竞争力

企业逐渐走向国际化，营销变革战略日益发展，信息技术日新月异，这些都在改变企业的竞争形态，人才资源对竞争者彼此都能产生巨大的影响。在企业国际化发展的今天，人类进入了一个全新的时代，来自国际上的最大竞争将不是市场，也不是资源，而是团队力量的竞争。尤其是随着竞争国际化，团队的力量越来越成为企业能否成功的决定性因素。

在明基逐鹿，每一位员工都深知：团队精神就是企业整体营销核心竞争力的"灵魂"和法宝。尤其是在当下的金融风暴当中，团队精神的作用显得尤为重要，诚信专业的服务意识和丰富的客户资源，更是企业保持旺盛生命力的秘诀。古语云："千人同心，则得千人之力；万人异心，则无一人之用"，这便是明基逐鹿的团队精神与团队力量！

明基人的精神就如一只勇往直前的狮子，而团结合作、相互分享、忧患意识、尽忠职守等狮子的优秀特质，正是我们所具备的特质。对应到工作上来说，促进团队合作，凝聚团队力量，发挥最大战斗力；随时保持危机意识，勇于面对挑战，迅速解决问题；维持高昂士气与旺盛企图心，赢得激烈的企业竞争；积极主动，秉持高度工作责任感，达成所有目标与任务，以维持公司的有效运作。我们有着共同的目的，为同一个品牌奋斗，无论何时何地，明基逐鹿都是一个团队。

2008 年，在对品牌的产品结构经过前瞻性、规划性的梳理之后，一直以来致力于打造"卓越的专业产品及服务"的明基逐鹿，提出了"Service On-Demand"（服务随需而动）的一整套信息服务解决方案。以随需即用、随选即供为核心，以 IT（信息技术）为基石，从信息技术基础架构、人才管理、IT 应用管理及业务流程四个方面全面提高企业绩效，帮助中国优秀企业建立战略驱动，完成人才、信息、流程的统一与整合。

2009 年，明基逐鹿将进一步强化公司营销策略，着重强调方案制定能力、产品持续研发能力和产品创新能力，将陆续推出 IT 服务的新的行业解决方案（IT service）以及人力资源管理（eHR）、协同知识门户（greenoffice）、供应链管理（SCM）等主打产品的升级版本，在制造、高科技、能源、生物制药、汽车制造、房地产、快速消费品、连锁服务、金融服务等领域持续深耕，巩固在这些行业中的领先地位。

逐鹿人将继续秉承以客户为导向的服务理念和经营战略，有针对性地加强对行业、先进管理模式和最佳业务实践的研究和开发。团结一致、精诚合作的逐鹿人，将持续创新，为客户创造更多的价值，引领中国信息化产业之路，为 2009 年中国企业的管理升级作出更大的贡献。

资料来源：http://soft.chinabyte.com/499/8728999.shtml. 明基逐鹿 团队精神打造企业核心竞争力．姚易顺．2009.02.25.

思考与讨论

1. 为什么说团队精神对于一个企业的发展极为重要？
2. 团队应从哪些方面来塑造自身的团队精神？

第十一章

群体决策

引例

近年来，北京的高中低各档商场以多种不同的经营形式与风格出现在首都人的面前。商业网络密布致使许多零售企业的盈利下降，而此时的巴巴拉零售联盟组织的利润却大幅度上升。

巴巴拉零售联盟组织的高级管理人员将这一盈利成绩归功于其相对新型的管理方法。这种方法是从日本同行那里学来的——以“群体决策”的方式作为企业管理的中心。

现任董事长王勃先生采用协商一致的管理方法使管理人员有足够的机会参与企业的主要决策。这样做的最大好处是可以帮助管理人员了解公司组织各个层次的工作状况，同时集体管理的方法也有利于培养管理人员。例如某委员会的工作涉及诸如策略问题等政策领域，通过集体参与，许多年轻的管理人员逐渐熟悉了公司所面临的关键问题。

尽管巴巴拉零售联盟组织的大多数管理人员认为集体管理方法很成功，但也有少数人持反对态度，马骏就是其中态度最坚决的一位。他认为管理人员参加委员会会议是浪费时间，集体决策是妥协的产物而且最终产生的可能不是最佳决策。

然而他的同事们却指出集体管理方法打破了一些部门之间的壁垒，促进了部门之间的协调。他们承认集体制定计划可能是费时的，但计划的实施却很迅速。再者，他们认为集体管理方法鼓励管理人员去探索比个人决策更多的可供选择的方案，有年龄不同、观点不同的人参加是一种极佳的投入。

马骏不同意这些意见。他指出“巴巴拉”集体管理之所以行得通只是由于现任董事长的管理风格在很大程度上影响着大家。一旦他退休了，新的董事长是否会保持这一管理风格并不能肯定，到那时“巴巴拉”管理人员之间的合作也就结束了。

资料来源：http://www.docin.com/p-331731822.html. 个体决策与群体决策案例分析 . 2012.01.28.

思考

1. 基于案例，你认为群体决策有哪些优势？
2. 群体决策的效果是否优于个体决策？你认同马骏的观点吗？

第一节 决策概述

一、决策的含义

（一）决策的定义

所谓决策，就是组织或个人为了实现某一目标，而从若干个备选方案中选择一个相对满意方案的判断分析过程。

对于决策的定义，需注意把握以下要点：

(1) 要明确决策的目标，即决策需要解决的问题。之所以要进行决策，是由于当前面临的问题与期望状态存在差距。因此，我们需要通过决策来解决这一问题。

(2) 决策是从多种方案中选择一种方案，因此决策需要有多种可行的方案。决策就意味着从两种或两种以上的备选方案中进行选择，如果只存在一种方案，那也就无所谓决策。因此，决策必须是一个选择的过程。

(3) 决策所选择的方案，往往是相对满意的方案。由于决策受到各种条件的限制，不可能得到最优方案。

（二）决策的要素

管理学大师彼得·德鲁克认为，决策包含以下五个要素：

(1) 了解问题的性质。要确实了解问题的性质，判断问题是程序化的还是非程序化的，根据具体问题建立相应的决策方案。

(2) 必须满足的边界。要确实找出解决问题时必须满足的边界界限，即应找出问题的边界条件。

(3) 正确的方案并妥协。思考解决问题的正确方案是什么，以及这些方案必须满足的条件，再考虑进行妥协、适应及让步事项，以期决策方案得到接受。

(4) 执行措施。决策方案要同时兼顾执行措施，决策就是为了后续行动的准确性。

(5) 重视反馈。在决策过程中要重视进行及时反馈，以印证决策的准确性和时效性。

（三）决策的特点

(1) 目的性。目标是组织制定决策的出发点，也是未来检验决策有效性的依据。因此任何决策都含有目标的确定过程。

(2) 可行性。决策方案的选择和实施，不仅要考虑组织内部的条件，还应充分考虑组织所处的外部环境。要在组织内外部环境协调的情况下，注意实施条件的限制。

(3) 选择性。决策的关键在于比较和选择，从若干个备选方案中选择其一，没有选择也就没有决策。

(4) 满意性。决策的原则是“满意”而不是“最优”。由于受到组织内外部多种因素的干扰，决策是一个非常复杂的过程。并且决策者也只能掌握相对有限的信息。因此，决策也只能做出一个相对可行的有限理性的方案，而不是最满意的方案。

(5) 过程性。组织中的决策大多不是单项决策，而是一系列决策的综合，这一系列决策彼此相互关联，前一项决策直接对后续决策产生影响。

(6) 动态性。由于组织处于一个不断变化着的动态环境中，因此决策也是一个不断循环的过程。

二、决策的类型

(一) 按决策所面临问题的结构化程度分类

(1) 程序化决策。程序化决策所面临的问题是结构良好的问题。该类问题是组织中出现的例行问题，即常规的、反复发生的问题。该类问题的决策，大约占了组织决策的80%。处理该类问题，应事先建立起相应的规章制度，当问题再次发生时，便有章可循。

(2) 非程序化决策。非程序化决策所面临的问题是结构不良的问题。该类问题所面临的情境是模糊不清的，信息也是不完备的。因此被称为例外问题，即非常规的、很少重复发生的。对该类问题的决策，往往缺乏相应的信息，没有现成的解决方案，则需要管理者的创新思维，根据具体问题制定决策方案。

(二) 按决策中有关信息的确定性程度分类

确定性的程度可以用风险的大小来衡量，所有组织中的决策都存在一定的风险。所谓风险，就是对某个方案结果概率的估计。

(1) 确定性决策。确定性决策是指决策者对可供选择方案的结果都是已知的，或是对某种可能发生的情况的概率是已知的。

(2) 不确定性决策。不确定性决策是指决策者无从知道各种备选方案的结果，且无法准确估计各种可能结果的概率。

决策者对决策相关信息的确定程度是从完全确定到完全不确定的一个逐步变化的过程。一个决策往往是介于确定性和不确定性之间的某种状态，为了作出更好的决策，决策者们努力控制风险，收集相关信息把风险降到最低。

(三) 按决策的作用分类

(1) 战略决策。战略决策面对的是组织整体在未来较长一段时间内的活动，涉及组织整体的活动方向和内容，是根本性决策，由高层管理人员作出，对组织产生深远的影响。

(2) 管理决策。管理决策是为保证组织总体战略目标的实现而解决局部问题的重要决策，一般由中层管理人员作出。

(3) 业务决策。业务决策是指基层管理人员为解决日常工作和作业任务中所遇问题的决策。

(四) 按决策的主体分类

(1) 个人决策。个人决策是指由单个人所作出的决策。个人决策的优点在于其决策的迅速和果断性；其缺点是个人因素可能导致决策的失误和武断性。

(2) 群体决策。群体决策是指由集体共同作出的决策。群体决策的优点在于其可接受性强，决策的质量更高；其缺点在于效率相对较低，达成共识的成本较高。

（五）按决策的方法分类

（1）经验决策。经验决策指主要凭阅历、知识、经验进行的决策，决策判断依赖于重复性。它有很大的局限性，对新问题往往无能为力，往往是定性的决策。

（2）科学决策。科学决策是根据一定的科学理论，运用科学的决策技术和思维方法，对多种备选方案进行分析选择，以期达到优化目标的一种新兴的先进抉择方法。当今时代科学技术的发展为科学决策提供了可能性。

（六）按照承担决策功能的组织层次分类

（1）自上而下的决策。决策职能属于管理者，几乎所有的决策都由管理层特别是高层管理者做出，底层员工几乎没有机会做决策，这种情况在大多数企业中普遍存在。

（2）授权决策。允许员工对工作范围内的一些事情做出决策，无须请示上级，它授予了员工在工作中自行决定要干什么的权力。该做法的依据是直接从事某项工作的人对该工作的决策相关信息更为了解，因此能使做出的决策更为准确、有效。如今，这种决策方法在越来越多的组织中得到运用。

三、决策的过程

决策制定的过程通常被描述为在不同的方案中作出选择，但决策过程是一个高度复杂、动态的过程，不是仅仅局限于从不同的方案中作出选择。其中涉及的因素包括大量的偶然性，面临信息收集和筛选、信息搜索成本、不确定性、模糊性和各种冲突。

西蒙在《管理决策新科学》一书中认为，决策制定过程可以概念化为三个阶段：情报活动、设计活动和选择活动。其对整个决策过程是这样描述的：决策制定过程的第一阶段是探查环境，寻求要求决策的条件，称之为“情报活动”；第二阶段是创造、制定和分析可能采取的行动方案，称之为“设计活动”；第三阶段是从可以利用的方案中选出一条特别行动方案，称之为“抉择活动”。

以下将把决策的过程细分为6个步骤（见图11-1），以便于更为全面地了解决策制定的过程。

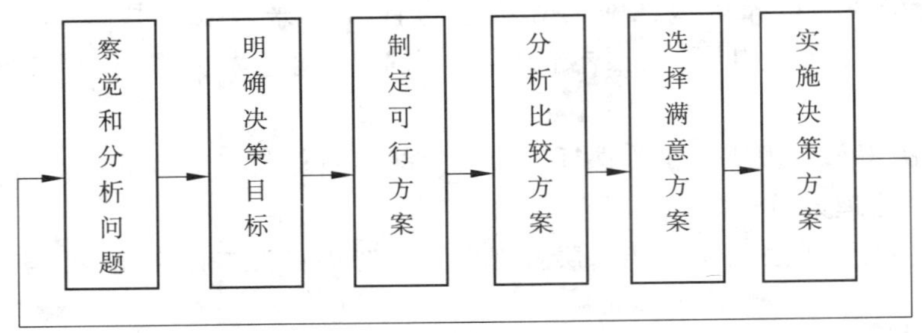

图11-1　决策过程的六个步骤

（一）察觉和分析问题

决策是为了解决现实中存在的问题，是围绕着问题展开的。认识和分析问题是决策过程中首先遇到且无法避免的环节。管理者只有在提出问题的基础上，认真分析问题，分清问题的性质，才能使管理决策立足于真正问题之源上。因此，决策的第一步就要求决策者主动深入实际，调查研究，及时发现并提出新问题。

（二）明确决策目标

明确所要解决的问题后，既要明确问题应当解决到什么程度，需要达到怎样的预期结果，也就是要明确决策的目标。所谓决策目标，就是指在一定的条件下，解决问题所期望得到的预期结果。明确的目标，不仅能为方案的制定提供依据，同时也为决策者提供了组织资源分配的标准，使决策的实施和控制有据可依。

（三）制定可行方案

为了解决现实问题，决策制定者必须寻找切合实际的各种行动方案。制定备选方案是决策过程中非常重要的阶段，它直接影响了决策的质量。方案的制定，既要遵循科学的原则，又要注重创新性。尽可能运用科学、合理的方法进行定量分析，使各个方案对问题的解决更有针对性，减少主观性。

（四）分析比较方案

一旦确定了备选方案，决策制定者必须认真分析每一种方案，对每一方案的评价是将其与决策标准进行比较，因此要事先建立起一套有助于检验和判断决策正确性的标准。决策标准应包含目标达成程度、可行性等指标。根据决策标准，对每一方案进行评价，分析其优缺点。综合考虑每一方案各种代价的承受程度、限制因素，并综合分析比较结果。

（五）选择满意方案

在对各个方案进行了理性分析和比较的基础上，从所有备选方案中选择最佳方案是很重要的。决策者要从中选择一个满意的方案并付诸实施。在选择时不要一味地追求最佳方案，由于受到动态的环境或是决策者预测能力的影响，往往决策信息是不充分的，所以只能在备选方案中选择相对满意的方案。

（六）实施决策方案

决策的实施要有广大组织成员的积极参与。决策者将决策传送给有关人员和部门，争取成员的认同，对成员予以指导和支持，并要求他们对实施结果做出承诺。想要调动成员的积极性，最好的方法是让成员参与决策，了解决策，以便更好地实施决策。

四、决策的影响因素

（一）外部环境因素

（1）环境的不确定性。环境的变化使组织面临新的问题，从而需要新的决策。在相对稳定的环境下决策会比较简单，而且准确性也比较高。

（2）环境的复杂性。在目前环境下做的决策都是很复杂的，因为面对的环境很复杂，不但要考虑企业内部情况，还要把眼光放到外部环境。

（3）竞争对手的状况。每一个行业都不可能完全垄断，竞争对手的很多情况是我们不知道的，因此在考虑一个新的决策时就很难准确把握。

（二）组织内部的因素

（1）权力配置。集权和分权在决策中是关键的，一般而言，重大战略决策会将最终决策权集中于高层管理者，而日常经营管理决策可以适当下放权力。

（2）组织结构。扁平的组织结构有利于决策，并且有利于决策结果的执行。

（3）过去战略的惯性。组织的决策都或多或少会受到过去决策的影响，过去一贯的做法很难改变，会制约目前决策的制定。

（4）资源分配。组织在制定决策时，要充分考虑公司总体资源分配情况，新的决策需要资源支持，而不是盲目决定。

（5）管理文化特性。组织文化是在一定社会背景下长期发展过程中所形成的独特的价值观，抑或是日趋稳定的行为规范、道德准则。团队氛围非常重要，它对决策的制定和执行都会产生重大的影响。

（三）决策问题本身的特征

（1）决策的紧急性。时间敏感的决策对于速度的要求远甚于对时间的要求。比如公司针对竞争对手要开发一个新产品，开发成功了会极大遏制竞争对手，该决策对时间的要求则非常严格。

（2）决策的复杂性。决策涉及人、财、物、信息等各方面，牵一发而动全身，必须综合平衡。

（3）决策的动机/推动力。决策必须和公司发展目标相一致，要有共同的愿景和目标，每个部分必须服从整体决策的需要。

（四）决策者的特征

（1）人口统计学特征。决策者不同的年龄、性别、学历、工作经历等会影响其在决策过程中的行为，比如大多数女性决策者相对于男性而言表现得优柔寡断，决策上不够理性；在行业中资历深者比年轻者在决策中考虑问题更周全；高学历者比低学历者拥有更丰富的技能和知识，在决策中对资源的整合能力更强。

（2）心理特征。决策者的个性、认知风格和价值观等心理特征对决策行为会产生影响，主要表现为决策者不同的决策风格。命令型的决策风格喜欢简单、清晰的解决方法，决策速度较快，多采用现成的决策方法。分析型的决策风格更倾向于研究较为复杂的决策方案，仔细分析研究备选方案，多采用创造性思维解决问题。概念型的决策风格是社会趋向的，倾向于运用人文、艺术思维来解决问题，从中获得更多的新思想和新理念。行为型的决策风格倾向于关注所在的组织，积极听取团队的意见，通过会议讨论来进行决策。

第二节　群体决策与个体决策

按照决策主体的不同，我们将决策分为个体决策与群体决策。当许多管理面临采取何种决策方式的问题时，首先需要了解一个基本前提：个体决策与群体决策的特征以及各自的优劣势。决策方式的自身特点决定了它所属的适用范围，因此决定了不同的管理问题需要不同的决策方式。

一、个体决策与群体决策的特点

组织中的决策既有个体决策，又包含了群体决策。一般来说，群体决策较优于个体决策，因为群体拥有更加完备的决策资源和能力。但在某些新颖问题或者紧急情况下，个体决策往往占据主导地位，发挥着其独特的优势。那么，哪种决策方式对于管理者更有效呢？我们从以下几个主要的维度对个体决策与群体决策做出了比较（见表 11-1）。

表 11-1　个体决策与群体决策的特点比较

维度	个体决策	群体决策
速度	较快	较慢
准确性	较差	较好
创造性	大（相对于新颖性、非日常性工作）	小（相对于程序性、结构明确的工作）
合法性	较低	较高
满意度	较低	较高
风险性	视个人的性格、偏好而定	视群体强势性格而定

按照不同的衡量标准，管理者选取的决策方式不尽相同。个体决策与群体决策各有其特点，对于追求速度与创造性的问题和任务，个体决策可能更适合管理者。而对于一些复杂重要的关乎组织整体的决策问题或工作，管理者选取群体决策的方式则较为适宜。因此管理者在做出选择时，应结合考虑决策问题的类型与决策所要实现的目的。

二、个体决策的固有偏差

个体决策是管理者按照个人的知识、经验、价值观、偏好以及收集到的信息资料做出的决策。个体决策在历史上是重要的决策形式，起过重要的作用，在现代社会中也占有重要的地位。在组织中，当组织规模较小或管理者属于独断性格时，个体决策在日常管理中往往占据绝大多数。个体决策具有决策速度快的特点，在面对一些紧急情况与简单常规工作时，领导者往往不会把决策问题交由决策小组，而是依靠经验、个人习惯自己处理，过去对于个人决策的理论都是基于经济人假设，但是在现实管理中个体是社会人，个体是有限理性的，因此决策也是不完美的。我们无法拥有全面的知识和能力，也不能够得到决策所需要的全部信息。不同的成长环境和受教育程度使得个人在知识结构和获得能力方面存在差异，因此个体解决问题的能力也是不尽相同的。一个学识渊博、技能丰富的专家比一个能力平凡的员工做出的决策往往更为科学。知识与能力上的不足也会影响寻找决策所需信息的质量和全面性。此外，个体决策还会受到一些固有偏差的影响。

（一）措辞效应偏差

措辞效应是指问题的不同呈现形式或者不同表述，决策者对此做出的决策也不同。研究表明当人在面对收益时会采取风险规避，而在面对损失时采取风险尝试。当一个决策问题以积极的方式呈现出来时，决策者往往选择风险规避，采取保守选择，当问题以利益受损或糟糕程度的方式呈现时，决策者会抱有期待心理，表现出风险趋向。对一个事物描述强调其消极性或不利方面往往比强调其有益方面更让人信服。而如果期待得到赞同与支持，则需要强调其有利方面和收益性。决策问题的不同展现方式对于决策者的决策结果是有重要影响的。

（二）启发式效应偏差

启发式效应是指凭借已有的认知模式简化复杂的问题情境。人们在面对决策时往往会靠直觉来判断与认知问题，这种直觉可能来自过去的经验、习惯。直觉在决策的速度和灵活性上具有一定的优势，敏锐的直觉是一个成功的决策者必须具有的特质。但是人们的直觉未必是“百发百中”的，直觉判断具有不确定性。直觉是对历史经验的一种认知模式，直觉判断是建立在某种相似情境下的演绎推测。但是情景因素是瞬息万变的，改变前提情况下的直觉认识缺乏一定的科学性。决策者在受到成就驱动力和巨大商业利益诱导的影响下常常缺乏冷静的思考，主观放大成功的概率，忽略了潜在的风险性。依靠直觉做决策，决策者容易做出错误的判断。

（三）承诺升级

人们总是认为自己的决策是正确的，也希望他人赞同自己的决策能力。当决策者做出的决策在实施阶段造成一定的损失，被发现决策是失败时，理性的做法是终止决策的实施。但是大多数情况可能并非如此，决策者认为终止决策的实施等于承认自己的失误。为了维护已有的尊严和权威，也为了能够挽回已产生的损失，决策者会继续实施原来的决策，并在此基础上投入更多的资源以证明决策的正确性。这种继续支持先前的错误决策，在一个错误之后出现更多的错误决策的现象就是承诺升级。

三、群体决策的优缺点与适用性

随着组织规模的不断扩大，组织结构越来越灵活。组织中的决策也不再仅仅是一些简单的工作。特别是一些关乎组织生存发展的重大决策，依靠个人已无法完成。管理者的领导方式也开始从传统型转向参与型。组织中各式各样的决策团队应运而生。这些决策群体总是在花费大量的时间和精力去完成一个决策，以确保决策的质量。

（一）群体决策的优点

在一个决策群体中来自各个部门、各个职位聚集在一起的每个人都有自己的优点和特长。不同的思想、不同的观点交织在一起总会产生让人意想不到的惊喜。相比较个人决策，群体决策显得更为准确合理和可靠。群体决策的这些特征源于群体决策本身的优势。

1. 获得更多的信息

一个人掌握的知识和可收集到的信息是有限的。受个人能力和感知程度的影响，个人在决策时处于相对劣势地位。而群体中的不同成员拥有不同的知识背景和经验，每个人收集到的信息也有所不同。聚集成员的知识与资源，群体将会拥有更为丰富的知识和信息。

2. 提供更多的备选方案

因为群体拥有更加全面的信息，组织群体可以从多个角度提出更多的候选方案。考虑多个备选方案，减少了对任何单一选择的过分依赖，众多的备选方案也使得决策考虑得更加全面周密。多个备选方案使高管团队成员的信心得以建立，因为有多个备选方案使得他们感觉到没有错失其他更优越方案。考虑多个备选方案可以为决策者们提供方案比较的可能性，在进行比较时，某个备选方案的优势就会表现出来，便于方案的选择。同步考虑多个备选方案为决策者提供了决策失败的补救措施，即当一个方案失败时能迅速转向另一个方案。

3. 提高决策的合法性

如果决策不经过群体磋商，而是由掌握实权的个人完成的，组织成员会产生一种压抑、排斥的感觉。组织成员的参与性得不到体现，决策结果相应的也无法得到成员认可。群体决策允许成员参与决策过程，并鼓励他们提出自己的观点和建议，成员参与感得到充分的满足。群体决策的决策结果是由全体成员共同完成的，这一决策相比个人决策更为合法，也体现了民主观念。

4. 提高决策的满意度

决策结果的衡量指标除了考虑准确性、有效性、全面性等质量指标外，还应考虑决策的满意度，即决策的可接受性。一个决策无论自身科学性与质量有多高，最终不被组织成员所接受，那么这个决策的效果也是值得质疑的。一般来说，群体做出的决策比个体做出的决策更为合理，决策的可接受性也更高。当决策的执行者或实施者同时也是决策的制定者，至少是参与者时，组织成员对决策的认可度和满意度就会有所提高，从而更加支持决策的执行。在管理实务中，管理者亦可以利用群体决策的这一优点提高决策的有效性。

（二）群体决策的缺点

当然，群体决策作为一种决策方式，既有其优势也有其缺陷，主要表现在以下几个方面。

1. 耗费更多的时间

群体决策是一个相当复杂耗时的过程，成员的个人陈述、成员间的意见交流都是相当耗费时间的。尤其是在成员间观点发生冲突时，冲突的协调会花费大量的时间成本。同时在群体工作中，由于个体的惰化会使得个人工作效率有所降低，群体工作所需要的时间也更长。

2. 群体一致性压力

决策群体成员在阐述观点时并不是完全自由的，受到群体的压力或者观点一致性的压力，某些观点会有所保留。对于一些不同的观点和新奇的观点，群体成员往往会采取漠视的态度不置评价。群体成员都不愿将自己孤立于群体之外，将自己置于讨论中心，大家都抱着多一事不如少一事的心态，因此群体决策的方案很有可能是少数人服从多数人得到的一个妥协方案。

3. 受少数人的影响

群体中的成员是具有个体差异的，这些差异可能来自各自的职位、经验、能力和性格等方面。如果个体或群体中的少数人在这些方面具有相对优势，他们在群体中则相对处于强势地位。他们的观点或意见在群体讨论中可能会干扰并主导其他成员的想法。而且出于对权威者的崇拜和自我利益的保护，处于劣势地位的成员也会选择默认强势个体的观点。因此群体决策可能代表的是少数人的决策。

4. 个体淡化

人们在群体中工作时，分工与责任的模糊不清会导致个体工作不明确，员工由此出现惰化，降低努力程度，工作效率也比单独工作更低，大家都寄托于群体完成任务。组织中的这种个体淡化对于群体决策是不利的。

(三) 群体决策的适用范围

群体决策在组织决策中的比例越来越重,但是群体决策始终无法取代个体决策。那么,在什么情况下群体决策较个体决策能制定出更优的决策方案呢?

群体决策的好坏与否取决于决策任务的性质。在解决复杂决策任务时,对一个复杂问题做出判断可能需要更多的知识、技能和思维角度,而仅仅依靠个人是无法满足的。当拥有不同成长背景、知识结构、能力的成员组成一个群体时,犹如一个巨大的智囊团,组织可以从中尽可能地找到解决决策问题所需要的各种资源。群体成员观点的多样性也是决策的一个重要优点,因此在解决复杂决策问题和任务结构不明确的工作时,群体决策显得更有优势。

此外,当某些决策问题涉及组织成员利益时,成员希望能够得到知情权和选择权。群体决策允许成员加入决策队伍,并提出不同的观点和意见。决策结果是大家共同完成的,每个人都比较满意和支持自己做出的决策。同时群体成员又是决策的执行者。在决策实施过程中,成员竭尽全力保证决策最终被实施。群体决策同时满足了决策的合法性和满意度。

四、群体决策中的典型现象

(一) 群体思维

群体思维最初由美国著名社会心理学家贾尼斯于 1972 年提出,我国学者称之为小群体思维。所谓群体思维,是指在群体决策过程中人们会过分倾向于寻求一致的意见。具有这种倾向的群体,由于人们对一致性的高度追求致使不愿对群体决策做出准确的评价,也不考虑其他备选方案,进而导致决策的失误。具体见图 11-2。

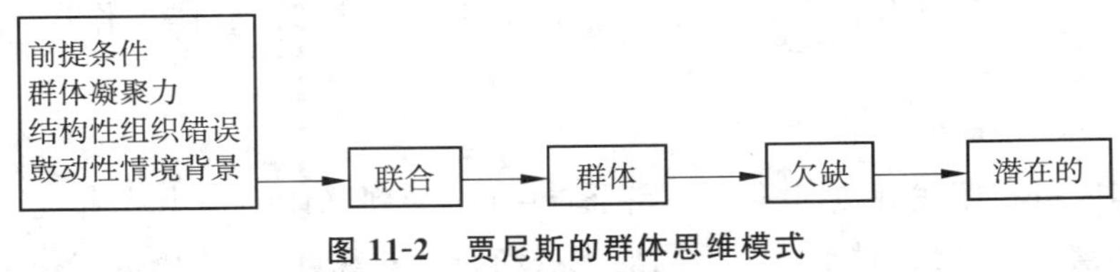

图 11-2 贾尼斯的群体思维模式

贾尼斯认为群体思维的主要前提条件是群体凝聚力达到较高的水平。决策群体成员的群体意识越强烈,保持群体内部一致性的惯性也就越大,并且可能发生影响一致性的破坏性行为。有些群体思维是有益的,而有些群体思维则会导致决策的错误。因为群体思维抑制了不同的见解,压制了成员的创新精神,忽略了潜在的更佳方案。因此,由具有高度群体思维的群体做出决策,决策过程本身就具有缺陷。

贾尼斯在《群体决策》一书中就如何有效避免群体思维的发生提出了十种具体的操作方法:

(1) 使群体成员了解群体思维现象,明确它的原因和结果;

(2) 群体中的领导者应该保持决策公正立场,不偏袒任何一方;

(3) 群体领导者应引导群体成员进行批判性批评,鼓励怀疑和反对意见;

(4) 可以指定一位或多位成员充当反对者角色,专门提出反对意见;

(5) 将群体分成子群体,分别讨论问题,然后再集中交流;

(6) 如果问题涉及与对手群体的关系,应该花时间充分研究一切警告性信息,并确认对方会采取的各种可能行为;

(7) 形成预决策后,应该召开会议,让群体成员有"第二次机会"发表自己的不同见解;

(8) 在群体决策形成之前,邀请群体外部的专家对群体决策提出意见;

(9) 每个群体成员都向可信赖的有关人士就群体决策交换意见,并将意见反馈给群体;

(10) 由几个不同的独立小群体,分别同时就有关问题进行决策,最后决策在此基础上形成。

(二) 群体极化

在群体进行决策时,不同意见轮番交换。原来赞成某种意见的人可能会变得更加支持,而反对某一意见的人则会变得更加强烈地反对。群体中的这种已存在的意见倾向性的加强就是群体极化现象。一旦决策群体发生群体极化,群体成员间的讨论则会使得群体意识朝着两个极端方向发展,不同意见间的差距会变得更大。群体获得一致性决策也会变得更加艰难,同时作出决策的成本也会加大,组织资源被浪费。

(三) 冒险转移

不管群体成员的能力有多高,考虑问题有多周密,我们都无法得出一个完美的决策方案。决策群体必须在已知的备选方案中选择一个成功概率更高的备选方案作为决策结果。那么群体就面临着一个选择的问题。在个体决策中,由于风格差异,有的人倾向于选择冒险,有的则倾向于保守。研究表明,个人在决策时愿意冒的风险比较小,多倾向于保守的选择。但当个人置于群体之中,以群体的方式作出决策时,群体决策比个体决策愿意冒更大的风险。群体决策更具有冒险性这一现象,称之为冒险转移。冒险转移是在大多数组织中普遍存在的现象。

群体决策产生冒险转移的原因,一方面是因为个体在群体中的个体淡化导致责任的分散,个体不必担心为决策失败承担责任。因此个体更愿意去尝试一些未知领域,所做的决策也更具有冒险性。而且组织整体能力优于个体能力,人们更愿意去相信群体的实力可以避免一些风险,有意识地逃避一些潜在风险。同时,过分自信也会使群体决策更具有冒险性。另一方面,人总是不甘平庸,在群体中脱颖而出,会让个体获得更多的自信与赞赏,而这种虚荣感会激发个体的冒险精神。人们知道保守、胆小、平庸只会让自己在组织中逐渐沉没,同时,良好的组织文化也鼓励成员不断去创新、探索,个体在群体中的冒险从某种程度上来说也是被组织所肯定和支持的。

当然并不是所有的群体决策都具有冒险性,群体决策有时也会比个体决策更为保守。这与群体中大多数人的决策风格和决策目标等因素有关,但是群体决策的极端化倾向确实在组织中普遍存在。

第三节　群体决策过程与结果

一、群体决策制定过程的一般分析模型

群体决策由于有多人参与,决策者之间的特征异质性使得群体决策过程区别于个体决

策过程。学者们普遍认为群体决策过程是指各个决策成员通过交互影响和分享信息，形成群体一致性偏好的行为过程。即把不同成员关于备选方案的偏好顺序按某种规则集结为决策群体的一致或妥协的群体偏好顺序，从而做出最佳或最满意方案的选择。群体决策制定过程的一般分析模型表现了群体交互影响和行为整合的特征，它能帮助我们理解群体决策制定的复杂性（见图 11-3）。

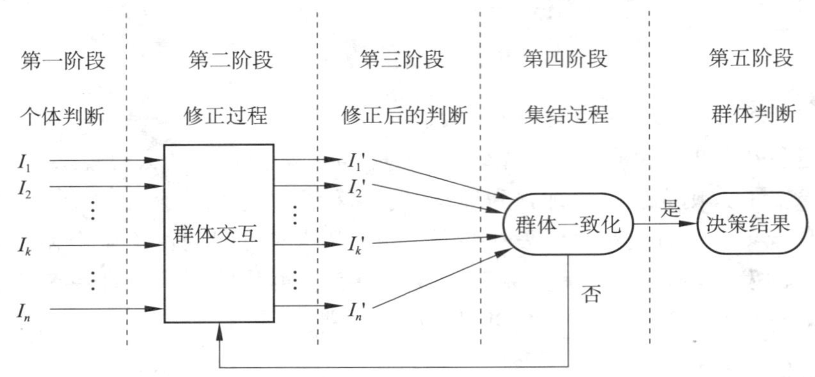

图 11-3　群体决策过程概括

这一方法突出了群体决策制定的两个过程：群体交互过程和个体偏好集结过程。并把决策划分为五个阶段，下面就对每个阶段进行具体的解释。

阶段一：个体判断。基于决策者的不同职业经历、专长和经验，决策参与者对决策问题、决策标准等可能有各自不同的看法和判断，这些由个体差异性引起的决策偏好一旦形成，就很有可能导致决策结果出现两极分化现象，比如保守型的决策者和风险型的决策者会将决策引向完全不同的结果。在个体判断阶段，每个决策参与者可以通过发表自己对决策问题的观点和看法，提供个人的决策思路和方案，一方面，使得决策成员都能够充分了解彼此的决策偏好；另一方面，避免了权威领导的群体压力，促使产生更多的决策意见和建议。

阶段二：修正过程。修正过程反映了群体交互的过程。群体交互是指群体决策成员对初始个体判断结果所进行的交流和讨论，目的在于让决策者调整或者改变其初始的个体偏好。群体决策成员通过信息沟通、意见交流和方案研讨等协同交互方式，积极主动地参与对备选方案的分析和评价。这要求个体成员分享并充分理解其他成员的意见，经过多次的群体交互过程，个体成员形成对决策问题新的意见，即修改意见。决策者之间的交互不仅能够促进决策者之间的相互沟通，促进群体偏好的一致化，而且可以加深决策者对决策问题的理解，促使产生新的更接近群体共同偏好的方案。随着计算机技术的迅速发展，交互过程和决策支持系统的结合，决策者之间的交互行为更加方便和快捷。

阶段三：修正后的判断。决策参与者在听取了彼此的意见和建议之后，受到他人的启发，重新思考和梳理对决策问题的判断和看法，修正已有方案或提出新的方案。该阶段决策成员的个体判断将发生一定程度的调整和改变，成员之间初始的偏好差异在相互博弈和心理权衡的过程中明显缩小，是决策达成一致意见和目标的重要环节。

阶段四：集结过程。集结过程是指联合修正后的个体偏好成为群体判断的群体过程。与修正过程注重调整和改变个体偏好不同，集结这一过程将重点放在如何将修正后的个体判断整合成群体共同接受和认可的一致性判断。集结是一个高度复杂的过程，在群体决策中，不仅要对群体成员意见的数量进行集结，还需要考虑群体成员的行为集结。

在决策过程中，群体成员不可避免地会相互关联、相互作用和相互影响，正是在集结这一过程中，群体的意见趋于统一，行为得到整合，使得群体决策更有效率和质量。若集结过程并未形成一致的共识，那么群体成员需要对自我偏好进行再次修正，直到目标和行动达成一致；反之，决策过程进入下一阶段，输出决策结果。

阶段五：群体判断。群体判断是群体决策过程的最后一步，也是最重要的一步。一方面，群体成员之间的分歧和意见得到最大程度的化解，群体的集体偏好代替了原先不同差异的个体偏好，从而产生最终的决策方案。另一方面，一个决策的好坏最终取决于决策者对决策结果的判断。我们知道，决策结果具有滞后性，也就是说，从决策制定和实施到决策产生效果需要一段时间，少则几个月，多则两三年，因此，在组织中对决策结果进行反馈和评价往往不受重视，但这恰恰是判断决策有效性和准确性的关键所在。

二、群体决策过程中的情绪智力与冲突

在前面的章节中，我们详细介绍了情绪作为组织成员拥有的一种认知属性对组织行为的影响。在群体决策过程中，决策成员的情绪化反映和情绪掌控能力也影响着决策制定的有效性。而接下来将要提到的情绪智力，指的是决策群体成员对群体情绪的知觉、调节、使用和控制的能力。其主要包括以下四个方面：

（1）群体成员调节他们自己情绪的能力。

（2）群体成员对其周围人情绪感知和理解的能力。

（3）群体成员理解他们自己深层次情绪以及能够自然地表达他们自己情绪的能力。

（4）群体成员使用他们自己的情绪引导群体建设性的活动和群体绩效的能力。

那么，决策群体的情绪智力又是如何影响决策过程的？现有的研究认为，情绪是形成冲突的根源，冲突本质上是情绪性的。情绪智力代表了人们管理情绪和人际关系的能力，如果决策群体的情绪智力偏低，在面对来自其他群体成员的不同观点和看法时，由于在管理自己的情绪和人际关系中的能力欠缺，群体成员之间很难获得高效的沟通和意见交流。比如那些生性耿直、性格急躁的决策者就容易耐不住性子，将原本认知上的一点点分歧演变为个人甚至派系之间的矛盾和冲突。这种由情绪引起的冲突水平加剧，致使群体决策过程陷入无法取得实质性进展的僵局。相反，在群体共同解决决策问题时，具有高情绪智力的群体成员对自己和群体其他成员的情绪非常了解，这会在一定程度上缓解情绪上的冲突。他们会更加关注任务的完成，而不去计较个人间的恩怨私仇，会尽量贡献自己的想法并采纳他人的观点。高情绪智力的群体倾向于采取更多的合作和折衷的行为，而更少地采用竞争性的冲突管理行为。

群体成员通过对他人情绪需求的识别来控制自己的情绪，利用各种激励手段尽可能达成满足各方需求的决策方案。同时，高情绪智力的群体通过有效地处理成员间的关系，更好地交换和分享决策所需的知识和信息，进而提高决策过程的有效性和决策结果的正确性。

三、群体决策过程中的领导风格

领导风格是领导者在长期的个人经历、领导实践中逐步形成的，并在领导实践中起稳定作用的行为模式。不同的领导会展现不同的领导风格，有的偏重于监督和控制，有的偏重于

表现信任和放权，有的偏重于劝服和解释，有的偏重于鼓励和建立亲和关系。在群体决策过程中，群体领导者的风格会影响到群体成员的思维和行为方式，比如：一个倡导下属参与的民主型领导者会充分调动群体成员的积极性，让他们畅所欲言，积极地提出看法和意见，然后认真权衡他们的意见后再决策；民主式的领导风格也会让群体成员充分分享信息，倡导多种渠道的沟通方式，等等。因此，领导风格直接或间接地影响着群体的行为整合，也会直接或间接地影响着群体的决策过程，进而影响到群体决策的结果。表 11-2 是独裁型领导和民主型领导对群体决策过程影响的比较。

表 11-2　独裁型领导和民主型领导对群体决策过程影响的比较

领导风格	独裁型	民主型
决策过程中的信息沟通和处理	会抑制成员间的决策信息沟通和处理，从而导致决策由于信息沟通不畅而产生失误；信息交流量小	领导愿意听取其他成员的意见，倡导成员之间观点和看法的探讨，以及决策信息的转移和分享；信息交流量大
群体决策的速度	缺乏充分信息沟通情况下群体决策过程会在领导者的强大影响之下较快达成一致；决策速度快	需要收集和分析充足的决策信息；成员之间多次交换意见和想法；决策速度相对较慢
决策过程中一致性达成效果	不经过充分讨论就仓促达成的一致，成员大都是表面接受而内心未真正接受；一致的效果并不理想	群体的一致性是在充分理性过程中达成的，成员共同决策的结果，容易接受；一致的效果理想
决策成员的参与度	由于领导不鼓励成员间的交流，并压制成员提出反对意见，因此，成员的参与受到一定抑制，参与度低	成员可以无压力地发表见解和想法，参与度高
群体思维和决策过程缺陷的表现	对决策信息处理方式及内容的掌控使得自己的观点和意见更容易左右群体成员的选择，群体讨论结果更倾向和该领导意见一致；越独裁，群体思维症状越明显	宽松氛围反而会使成员由于可以不受约束地表达自己的观点而表现出一种过分自信，产生群体很快就能达成决策一致的错觉；越民主，群体思维越得到减弱

四、群体决策过程中的文化差异

群体决策受到文化价值的影响，具有与文化价值一样的倾向。不同文化背景下的决策群体，具有一定程度的差异表现，特别是中西方差别较大的文化背景中更是如此。现今，伴随着越来越多跨国公司出现的是越来越多的跨文化团队和群体，不同的文化之间，决策风格有很大的差异，在决策过程中恰如其分地把握外来文化和本土文化的差异，提高决策有效性是群体决策面临的挑战。

荷兰学者吉尔特·霍夫施泰德提出了影响决策的许多文化因素，例如，个体主义和集体主义。在北美文化中，人们崇尚个人负责和个人自由，因此在群体决策过程中，更倾向于关注自己在群体中的地位，强调并鼓励成员提出更多的创造性设想，这种强烈的个人主义导向将群体决策行为看作个体行为的集合，个人是决策的基本单元。与之相反，集体主义导向的决策者反对个人行动之和就是集体行动的观念，强调团队协同和保持团队的和谐气氛，因此，在决策过程中可能会回避一些分歧和冲突。日本、马来西亚正是这种典型文化的范例。

文化因素中的权力差距也会影响群体决策。在权力距离大的国家里，处于组织等级链最顶端的高层管理者拥有较大的权力，决策成员的参与度非常低，基本上是老板说了算，很多东南亚国家便是如此。在丹麦等东欧国家，其权力距离小，高层管理者愿意向下级充分授权，决策成员的地位和权力相对平等，在决策过程中都拥有一定话语权，因此，群体决策的满意度和参与度都相对较高。

在一些文化背景下，对问题的不确定和模糊是正常的，于是倾向于回避冲突，求同存异，以尽快达成共识。而在其他文化中，对不确定的回避倾向较弱，人们推崇以积极的态度应对风险，希望通过决策努力改变现状，寻求变革机会。

除此之外，性别背后的文化力量也会对决策产生影响。比如男性文化崇尚迅捷、果断，女性更偏重于深思熟虑，细致入微地思考问题，这些差异都会带来不同的决策效果。

决策者的不同文化背景会使整个决策过程朝着不同的方向发展，弄清群体决策过程中的文化现象，引导决策过程并顺利达成一致判断，要求我们要在了解不同文化的基础上，更多地关注文化之间的契合部分，从而更加灵活和变通地在群体决策过程中运用和发挥文化内部的强大力量。

五、其他影响决策过程的群体因素

（一）群体规模

群体规模即组成群体的人数多少。显然，群体规模的大小对决策过程有影响。随着群体规模的增大，不但沟通变得更加复杂，而且个人参与的机会、满足感以及凝聚力都会降低。最典型的就是在群体中产生惰化现象，即群体成员共同的努力成果不及他们单独行动的总和，这是由于群体中有部分成员出现了“搭便车”行为。对于群体规模的大小，一般认为，5～11 人组成的中等规模团队的群体最为有效，能得出较为正确的决策意见；2～5 人组成的小规模群体较容易得到一致的意见；4～5 人的群体易于使成员感到满足。一般来讲，大规模群体能得到较多的意见，但是，在群体中将形成小集团，而某些小集团可能持有与群体不相一致的目标。如果以意见一致程度为考虑的重点，那么较合适的是 2～5 人的群体；如果以质量为侧重点，则 5～11 人的群体较为合适。

（二）群体构成

群体构成是指群体成员的组成成分。考察群体成员的构成可以从很多方面进行，其中群体成员的年龄、任期、信仰、性格、技能、职业背景等是群体决策研究中最受关注的。群体构成特征是各种构成的有机结合。

根据群体成员差异大小，常将群体分为同质构成和异质构成两类。一般认为，同质构成的群体可能达到较高工作效率的条件是，工作比较简单，完成工作需要大家密切配合，工作群体成员从事连锁性的工作。因此，同质性程度高的决策群体更容易达成一致，但由于对决策问题的判断和看法较为相似，这类决策群体在决策过程中不易产生创新性的点子，极少产生积极的冲突过程，决策快却容易失误。相反，异质群体在处理复杂工作，需要有创造力的工作时，常常表现得更加有效。决策成员在认知、技能、教育背景等方面的差异，使得决策能够获得更多样化的信息，产生更加多且具有创造性的备选方案。然而，异质性群体同样存在不少缺点，一方面，成员之间的差异一旦过大，容易产生过多的认知冲突，而解决这些冲突势必会花费大量的决策时间；另一方面，一定程度的异质性群体中，某些特征相近的成员容易形成小团体，这些小团体通过形成各自的利益目标，在决策制定过程中不断相互内耗，忽视了对群体共同利益的关注，也降低了决策的有效性。

（三）群体成员的位置安排

群体成员在决策过程中的位置安排对决策效果也有影响。实验研究发现，对等距离的座位排列形式和其中一个座位与其他座位有较大距离的排列形式相比，做出的决策质量较高，所用时间反而较短，并且容易达成一致意见。对于组织而言，选择不同的决策场所，给决策成员安排不同的位置，必须根据不同决策类型的要求。比如圆桌更适合于群体成员发表意见，椭圆型会议桌能够凸显群体领导者在决策中的主导地位，口字型会议桌适合于持不同观点的对立各方开展讨论。总之，决策过程中群体成员的位置安排问题对于决策工作具有实际的指导意义。

（四）群体成员的社会资本

美国学者罗纳德·伯特指出："社会资本指的是朋友、同事和更普遍的联系，通过他们你得到了使用其他形式资本的机会。"社会资本从表现形式上看就是社会关系网络，行动个体通过这种社会联系和人际关系网络以获取可用的资源。一个群体可能达到的绩效水平在很大程度上取决于群体成员给群体带来的资源。群体的绩效水平虽然不是其成员个人能力的总和，但其成员的能力使我们可以间接地判断群体成员在群体中能够做什么，工作效果如何。由于群体成员的社会资本可能影响决策群体的认知并可以促进决策成员对决策所需信息、知识和其他资源的获取，所以可能会从以下几个方面对群体决策过程产生影响：

首先，社会资本可以促使决策者更快发现决策机会，更早发起决策。每个人的社会关系网络是我们理性选择的结果，其中嵌入的信息、知识和资源一般是被我们认为是重要和有价值的，决策成员在其社会交往活动过程中会"选择性注意"那些重要和关键的内外环境信息，因此，有可能促进决策群体更早发现并识别外部机会或威胁，或者更早发现并识别内部存在或出现的战略性或战术性问题，从而促使更早发起决策活动。

其次，群体成员的社会资本可以加快决策认知过程，减少决策活动的时间。社会资本会促进决策成员认知结构中存储的相关决策信息或知识的数量、质量、多样性增加，从而促进对决策问题认知能力的提高，加速认知、分析、判断、推理和选择的过程。

最后，社会资本还可以减少决策者建立决策信心的时间。决策的过程也是一个建立决策信心的过程，这是因为社会资本越高的决策群体越有可能获取更好的信息、建议甚至资源支持，促使对决策问题进行更好的判断，更快地建立决策的信心和作出抉择。

六、群体决策结果

群体决策结果往往是用来衡量群体输入和交互过程的标准，它是一个非常宽泛的概念，可以包括群体决策过程的所有产出。任何决策都会产生或好或坏、理想或不理想的结果，决策结果受决策方向的引导，并从一定意义上取决于决策的执行，同时又反映决策者的决策水平，以检验决策方法是否得当有效，以及决策目标的完成情况。决策结果有两种表现形式：一种是存在于人体内的主观精神感受，这种感受直接支配着群体成员的未来的行为活动；另一种是与工作任务直接相关的经济结果和其他过程结果。在这些结果变量中，群体决策绩效、满意度和凝聚力三个方面受到了较多的关注。

（一）群体决策绩效

广义的群体决策绩效是指所有的群体决策结果，包括客观绩效和主观绩效两个方面。一般认为，客观绩效指的是群体任务方面的产出，如决策目标的达成率、决策质量、决策成本、决策速度等。主观绩效指的是群体情感和关系方面的产出，如群体成员对决策过程的满意度、对决策结果的认同度等。而狭义的绩效仅仅是指群体的客观绩效。

群体决策绩效是衡量群体决策结果的重要指标，群体决策绩效取决于群体决策与“正确”决策之间的相似程度，所谓“正确”决策就是根据各种决策情报信息以及对这些信息进行分析、处理和使用，从而得出的成本效益比最佳的决策。决策群体对信息搜集得越全面，规则掌握得越准确，那么群体决策也会越接近于“正确”决策。

（二）群体决策满意度

在心理学和决策理论领域，满意度作为衡量群体决策过程和结果好坏的一个重要指标受到了研究者们的广泛关注。群体决策满意度可以看作群体人际沟通结果的积极方面，包含群体成员的过程满意度和结果满意度两个方面。过程满意度包括对群体决策过程的效率、协调性、公平性以及可理解性的感知；结果满意度是指群体成员对群体方案的质量的满意程度和对群体方案正确性的自信程度等方面的感知。区分两种满意度是合理且必要的，因为现实中经常出现群体成员对群体决策结果满意，但是对决策过程不满意的情形。满意度属于情感层面的构念，是群体成员的一种主观价值判断，高满意度能够激发成员的工作热情，提高其对群体和组织的忠诚度；反之，长期处于低满意度的成员容易产生消极态度和懈怠行为，不利于成员和群体的发展。

（三）群体凝聚力

群体凝聚力是群体对成员的吸引力以及群体成员之间的相互吸引力。当这种吸引力达到一定程度，而且群体成员资格具有一定的价值时，我们就说这是一个具有高凝聚力的群体。

群体凝聚力是一种向心力，是维持群体存在的必要条件，也是实现群体目标的重要条件。作为决策过程的情感产出，凝聚力是群体内个体的归因，能够反映出个体对群体关系的评价。在个体层面，凝聚力反映了群体单个成员在群体生活中所扮演的角色。个人人际关系越融洽，凝聚力越高，同时也越能够融入群体之中。群体凝聚力是群体行为的强预测因素，有利于群体任务的完成。有高度凝聚力的群体比缺乏凝聚力的群体工作效率要高，如果一个群体丧失了凝聚力，那么它本身就失去了存在的意义。

第四节　提高组织决策有效性的方法

一、改善组织决策的传统方法

（一）头脑风暴法

头脑风暴法是20世纪三四十年代由美国广告执行人奥斯本提出的，是一种激发群体成员创造性思维的方法。它有效避免了由群体压力产生的群体思维现象。头脑风暴法旨在产生尽可能多的方案,鼓励参与者发挥想象力,甚至是一些看起来荒诞的想法。

1. 实施的基本原则

(1) 不对别人提出的观点进行评价;

(2) 相互分享自己的观点;

(3) 畅所欲言,提出尽可能多的意见;

(4) 在听取他人意见的同时构建自己的意见。

2. 实施过程

在头脑风暴法实施的过程中,主持人起到了相当重要的作用。开始阶段,主持人负责说明需讨论的问题,对问题的背景等相关情况进行描述,确保参与者了解议题。讨论期间,主持人要善于营造一种自由交换意见的氛围,激发参与者的灵感。在讨论的后续阶段,要做到适当的引导和询问。参与者们在一个给定的时间内,尽可能发挥自己的想象,提出各种解决问题的方案,畅所欲言,相互激发。任何想法或方案都会被记录下来,最后让群体成员们对所提出方案进行分析。

3. 优点

促进创造性思维的产生;营造了一种相对轻松的解决问题的环境。

4. 缺点

不能作为最后决策的方法;对参与者的素质要求高,实施成本高。

随着科技的发展,电子头脑风暴法正在逐步取代口头头脑风暴法。在口头头脑风暴法中,个体暴露在其他人的观点之下,个体还要分心思考自己的想法,会导致观点产生受阻。而他人的观点采用电子记录,参与者可以自由决定是否听取他人的意见,有效地解决了在口头方法中观点受阻的问题。

在口头方法中,个体对评价产生恐惧,害怕别人对自己的想法提出否定意见。而在电子方法中,所有的观点都是匿名的,参与者在评价他人观点时就无须担心了。

(二) 德尔菲法

德尔菲法是20世纪40年代由美国兰德公司的研究员首创的意见调查法,是一种主观、定性的方法。德尔菲法依据系统的程序,采取匿名发表意见的方式,多轮调查,系统收集、整合参与者的意见并对意见进行汇总、修改,最终形成一致的方案。在德尔菲法实施的过程中,参与者不与其他小组成员相互间有横向的接触,而只与调查人员接触,这样可以避免受到权威、情面等其他因素的影响,使决策更加有效。

1. 实施过程

(1) 确定名单。首先根据问题的需要,组成专家小组,人数大约在20人。

(2) 阐明问题。由组织者准备好相关问题和要求的书面材料,并向专家小组寄发问卷。

(3) 提出意见。专家小组成员以匿名的形式分别独立完成问卷,提出自己的意见。

(4) 汇总意见。由组织者汇总整理寄回的意见。

(5) 反馈意见。组织者将首轮意见汇总寄发成员,小组成员可以看到他人对该问题的意见,并对其作出自己的评价。

(6) 修改意见。针对意见反馈,小组成员受之启发,修改自己的意见,并再次寄回。

(7) 形成方案。如果在寄回的意见中，专家小组成员意见达成一致，则形成最终方案。若未达成一致，组织者将不同意见反馈给小组成员继续修改，直到达成一致意见为止。

2. 优点

(1) 参与决策者能独立思考，避免思想被人左右。

(2) 无须费心协调面对面会议的时间。

3. 缺点

(1) 过程复杂，整个决策周期时间较长。

(2) 不适用于实效性强及危机情境下的决策。

(三) 名义群体法

名义群体技术就像召开传统会议一样，召集小规模的群体成员出席会议，在决策过程中对群体成员的讨论或相互沟通加以限制，群体成员独立地思考，首先阐明个体决策方案。之所以称为名义群体，是因为参与者要首先进行个体决策，表达自己的观点，再进行群体讨论，并且参与者可以反对群体讨论中的任何方案，只需投票表决即可。

1. 实施过程

(1) 召开会议。首先召开群体会议，阐明需要讨论的议题。

(2) 个体决策。每位参与者首先写下自己的解决方案。

(3) 逐一陈述。每个参与者分别陈述自己的观点，并由会议组织者整理大家的观点。

(4) 群体讨论。群体成员对每位参与者提出的议题展开讨论。

(5) 方案排序。每位群体成员按照自己的认可程度对每一方案进行排序。

(6) 形成方案。排名最靠前的方案即为最终方案。

2. 优点

(1) 速度较快，能在短时间内解决问题。

(2) 无记名投票。可消除与权威保持一致的压力

3. 缺点

(1) 适合比较简单的问题。

(2) 若遇到复杂问题，需要将这个问题分解，进行多次名义群体决策。

(四) 阶梯法

阶梯法是为了避免群体成员迫于群体压力，不愿直接表达自己观点而采用的一种决策方法。阶梯法首先是由两位群体成员分别作出个体方案后，进行讨论，形成决策。然后每次逐步增加一个，新增加的人在对群体决策的讨论结果一无所知的情况下，独立发表自己的见解，而后参与群体讨论，形成新的决策。如此进行意见的不断叠加，个体思想也不会受到群体的束缚，不断为群体注入新的思想。

1. 实施过程

(1) 在开始群体决策前，将问题事先告知参与者，让所有参与者有充足的时间来思考自己解决问题的方案。

(2) 选出两位成员讨论各自观点并最终达成统一意见。

(3) 在小组中增加第三人，首先由新人向小组成员陈述个人观点，而后与现有成员观点达成共识。

(4) 重复第三步直到所有成员加入了小组，最终获得所有人一致认可的最终方案。

2. 优点

(1) 可以获得较高的绩效；

(2) 形成一种愉快积极的工作氛围；

(3) 弱化成员不愿表达自己意见的倾向。

二、基于计算机技术的组织决策方法

现代社会处于一个信息爆炸的时代，各种复杂变化的信息充斥着我们的生活。组织环境瞬息万变，管理者面临的问题越来越复杂，管理决策的难度也越来越大。传统的管理决策方法已无法满足决策制定者对决策更高质量的追求。如何有效地利用科学的方法制定出高质量的决策已迫在眉睫。现代信息技术，特别是互联网技术的突飞猛进使得我们获得信息、筛选信息和做出决策的速度大大提高。基于计算机技术提高组织决策有效性已经成为了一个重要的研究领域。

(一) 电子会议

电子会议是指使用电子辅助手段将传统会议与高端信息技术相结合的会议系统，是一种新的群体决策方法。它是通过互联网或局域网使得会议参与者可以在半虚拟的空间里共享信息、讨论议题。每个人都有一个与中心计算机相连接的终端，群体成员可以从大屏幕上看到他人的分享信息，也可以将自己的意见或观点输入终端在大屏幕上显示。

在传统面对面会议中，每个人都毫无保留地暴露在大家面前。成员在发表看法和意见时会顾及到其他成员的反应，因此某些观点会得不到完全的表达。如果有些成员的思考过程比较长，会被反应较快的人占据表达的时间，得不到表达的机会。与此相反，电子会议具有匿名性，决策参与者可以自由地将个人的想法输入终端，通过大屏幕展现在大家面前。电子会议的优势大大提高了决策的效率。

不过电子会议也有其缺陷。成员在终端输入时，需要有较好的计算机技能，而这对于那些口头表达快速却不精于计算机的人是不利的。此外，因为观点表达的匿名性，在考核与会人员参与度和贡献度时缺乏一定的标准。未来电子会议还会朝着深度虚拟方向发展，并不断完善其缺点，提高其应用性。

(二) 群体决策支持系统

群体决策支持系统(group decision support system，GDSS)是一种通过计算机技术将计算机和决策技术结合在一起的互动系统，用来提高群体决策的效果。群体决策支持系统由决策支持系统(DSS)发展而来，由于决策参与者的增加使得信息的来源更加广泛。通过了解决策制定的障碍有效地避免了传统决策的不足和缺陷。

研究表明群体决策支持系统大大提高了决策的速度。在群体决策支持系统中，成员之间的交流仅仅围绕着会议的议题，而且人们在发表见解时不受干扰，所有观点都可以快速得到展现。群体决策支持系统能避免人们因不能自由表达而压抑不受欢迎的观点，匿名记录使得人们更愿意分享自己的见解，也更容易使人产生新的想法。

群体决策支持系统包括以下类型：

(1) 决策室。决策室是解决决策群体极化问题的重要工具。决策室提供尽可能多的计算机和通信设备，并将与会者聚集起来，会议内容被快速地记录保留下来以供日后研究。与会者可以将自己的想法和观点公布在大屏幕上，GDSS 会自动整理出与会者认为最重要的数个观点，大家在决策过程中始终可以充分交换意见。

(2) 决策网。GDSS 可以通过建立局域网和广域网使处于不同地点的决策者对同一问题做出决策。其实质和决策室相同，但是克服了空间距离的限制。

（三）智能决策支持系统

智能决策支持系统(IDSS)是基于决策支持系统(DSS)融入人工智能专家系统(ES)发展而成，通过逻辑推理来帮助决策者解决复杂决策问题的辅助决策系统。IDSS 依靠智能系统克服决策问题的复杂性、动态性与信息匮乏等不足，有效提高决策者完成一些非结构化决策的能力。

决策支持系统主要包括问题处理与人机交互系统、模型库系统和数据库系统。专家系统由知识库、推理机和知识管理系统组成。IDSS 利用决策支持系统和专家系统不仅可以处理定量问题，还能有效解决定性问题，充分做到了定量分析和定性分析的有机整合，使得决策者的决策水平得到很大的提高。

IDSS 的主要任务可包括以下几个方面：

(1) 识别和分析问题；

(2) 寻找解决问题所需要的知识、数据；

(3) 构造决策问题的模型(如分析模型、程序模型、经验模型等)；

(4) 形成多个备选解决方案；

(5) 综合分析方案可能产生的作用和影响，选出最佳方案。

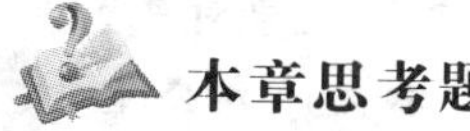

本章思考题

1. 简述决策的含义及其影响因素。

2. 假设你是某一家公司的总经理，更倾向于采取个人决策还是群体决策？试说明理由。

3. 群体决策过程包括哪些步骤？决策过程中需要注意哪些问题？

4. 在一个由来自不同国家的成员组成的群体中，且每个人都在群体中担任重要工作，彼此不可或缺。谈一谈这样的群体构成如何影响决策过程？

5. 中国人一向好面子，保住自己在公开场合的面子比什么都重要。面对群体决策过程中的不同意见和分歧，决策领导者该如何正确处理又使各成员不失面子？

6. 在群体决策过程中，一些善于言辞的成员往往压制其他成员，决策被少数人主导，你认为该如何避免这样的情况？

7. 试述如何避免群体决策中的冒险转移。

课后案例

2000年，时代华纳正在与沃尔特·迪士尼公司重新谈判，确定华纳公司使用迪士尼有线电视的3个频道需要支付多少费用，以及迪士尼公司是否会更新时代华纳转播ABC新闻网的权利(ABC隶属于迪士尼公司)。谈判一直没有结果，期限多次延迟，导致双方之间的仇恨越来越深，相互之间的沟通也仅仅通过传真方式来进行。

4月26日，离最后一次谈判的截止日期仅差5天，也是时代华纳在ABC拥有转播权的到期日，ABC向时代华纳公司发了一份传真，通报说，截止日期之后，迪士尼公司希望时代华纳在1个月的扫描时段里继续转播ABC；节目直到5月24日，这段时间电台测查观众的意见以决定要选择的广告公司的类型。时代华纳公司过去一直坚持的是8个月的延长期，这封传真的口气使时代华纳公司的一些高层经营者火冒三丈。他们感到ABC公司以一种命令的口吻在进行谈判。

在时代华纳内部，高层经营者们开始考虑在他们提供有线电视服务的350万用户中终止ABC节目。一些人认为终止节目相当冒险。由于有线电视公司并不十分普及，而且常被视为实行价格垄断，所以，一些时代华纳的高层人士担心，受到指责的会是他们自己而不是迪士尼公司。其他人则认为，迪士尼公司是问题的导火索。如果时代华纳公司能有效地传达这一信息的话，迪士尼应该会受到更多的指责，至少也会受到同样程度的指责。他们盘算着，对ABC信号的封锁，可能会最终使迪士尼公司同意时代华纳的谈判条款。

4月30日，依然没有达成协议，两家公司之间越来越多的是简短传真，没有一方改变他们的要求。迪士尼的高层察觉到，时代华纳采用ABC节目对他们进行威胁将会成为现实，尽管他们感到难以置信。同时，时代华纳的高层人士也相信迪士尼注意到了这一点。“显然他们并不认为我们会妥协，我们也不认为他们会让我们妥协。”身为时代华纳公司副总裁，谈判小组领导人的弗雷德·德斯勒(Fred·Dessler)如是说。

最后，由于没有收到迪士尼方面的妥协协议，时代华纳终止了ABC信号。5月1日中午12点01分，ABC的屏幕出现了静止状态，而且，在蓝色屏幕上打出了一行黄色亮字：“迪士尼公司将ABC讯号移走”。24小时之内，纽约市长对时代华纳公司这种挤垮竞争对手的垄断行为进行了抨击。迪士尼公司急派公司律师至联邦通信委员会(FCC)华盛顿办公室，要求委员会出面强制时代华纳公司转接信号。事件的情况很快明了，在辩论过程中，FCC站在迪士尼一边。而时代华纳正在失去公众的关系和支持。在ABC信号终止了39小时之后，时代华纳公司召开了一个新闻会议，并通报说它给迪士尼公司提供6个月的延长谈判期。第二天，FCC指出，时代华纳在扫描时段终止ABC信号是违反法律的。

资料来源：http://www.doc88.com/p-893241442919.html. 群体心理和群体行为案例. 2012.09.18.

思考与讨论

1. 情绪在决策中具有什么样的作用？
2. “群体的力量”如何影响到决策？

第十二章

领　　导

引例

潜在领导者的识别与开发

企业常自觉不自觉地将员工区分为两类:追随者和潜在的领导者。追随者常被沉没于芸芸众生或很少被给予关注,他们很难或基本不会获得有助于发展其潜能的培训和开发举措。潜在领导者的范围通常比较小,公司也经常会利用标准化的、专业化的模式来识别更具有发展前景的个人。在这样的模式中,往往会用到简洁易用的、具有高预测力的个性特征量表,这些特征包括自信、充满能量、擅长社会交往、具有战略型思维、能制定并满足要求很高的目标等。尽管大多数高层主管知道有效地识别潜在领导者的模式还有很多,而且各不相同,但人们仍习惯于这么做。

另一方面,使每个员工都具备领导素质的培训开发政策能有力地影响士气。组织相信每个人都可以而且必须成为一位领导者,这有助于形成强烈的集体自豪感,并在成员之间建立起相互信任。

资料来源:http://www.hbrchina.org/2013-02-28/112539292.html. 哈佛商业评论:潜在领导者的识别与开发.2013.02.28.

思考

1. 根据自己对企业的观察和了解,阐述现代企业在培养下属具备领导素质的过程中会遇到什么样的挑战。

2. 详细说明当每一个一线员工都具备领导素质后,可能会给企业带来怎样的优势。

第一节　领导概述

一、领导的含义

领导在组织行为学中是一个重要和具有吸引力的概念。人们从20世纪初就开始对领导进行研究。斯多格迪尔曾说过有多少人对领导进行界定,就会有多少种领导的定义。因为每个人都会按照个人见解和他感兴趣的方面去对领导进行理解。虽然对领导的定义各不相同,但是关于领导有三点是人们都比较赞同的:首先,领导能对组织中的他人产生影响;其次,领导能维系组织成员关系;最后,领导能帮助组织达到目标。因此,可以将其定义为:领导是一个过程,在这个过程中,某群体或某组织内的某个体成员影响事件的解释说明、目标和策略的选择、工作活动的组织、人员的目标激励、合作关系的维持、技能和知识的发展,以及争取该群体或组织外部人员的支持和合作等。当然,领导的对象可以是个人,也可以是群体,其主要类型有两种:正式领导和非正式领导。

正式领导者是组织赋予其一定的权力去影响其他组织成员的个体。在领导过程中,他处于一定的职位,掌握一定的职权和担负一定的职责。但领导并非仅限于管理层级,组织中的任何人都可以以不同的方式在不同的时间成为一个领导者。非正式领导者没有正式的权力,但能凭借自己的技能或者个人魅力来对组织成员施加影响。所以说无论是正式的领导者还是非正式的领导者都可以对组织成员产生影响,其影响力的来源是领导者拥有的职位权力、技能、天分和魅力等。

二、领导与管理的对比

领导和管理存在什么样的差异一直是人们比较热衷去探寻的问题。迄今为止,人们已在某种程度上达成如下共识:领导在于其能巧妙应付变化多端的事物,通过对愿景的勾勒来建立团队或组织的发展方向,然后再与人们沟通并激励其克服障碍和进行团结合作。管理主要在于其能妥善处理错综复杂的事物,良好的管理通过拟订正式的计划、设计严谨的组织结构和监督计划的执行结果等来产生有序、一致的状态。管理者通过固有的职权来下达指令、指派任务、进行奖惩等,从而获取组织成员的顺从与承诺。

领导和管理可从以下五个方面进行对比,分别是提供指导、团结追随者、建立关系、培养个人素养、创造成果。具体见表 12-1。

表 12-1　领导和管理的对比

方　　面	管　　理	领　　导
提供指导	制定计划标准和预算 关注利润	设定愿景和战略标准,把握方向
团队追随者	组织和人员分配 导向和控制 设定界限	形成共享的文化和价值观 帮助他人成长,个人魅力 减少界限
建立关系	关注目标——生产销售指标 权力基础是所在职位 角色是老板	关注员工——启发和激励下属 权力基础是个人影响力 角色是老师、帮手和公仆
培养个人素养	感情上与人保持距离 专家思维 善于交谈 作风保持一致 能洞察组织事物	与员工交心 开放式思维 善于交流 喜欢改变 能洞察自己
创造成果	保持稳定 形成高效的组织文化	带来变化 形成追求完美的组织文化

三、领导理论的变迁

从 20 世纪初到现在，领导理论一直在向前发展。在此过程中，有几种理论受到广泛的认可或关注，被人们认为可以代表领导理论过去近百年来的发展轨迹。

最早的领导理论是领导特质理论，其研究的重点是领导者的性格和品质。它引导人们探究领导者与被领导者、有效领导与无效领导、高层领导与基层领导之间是否存在某些个人特质的差别。后来，人们开始关注领导者采取的行为对领导有效性的影响。这就是领导行为理论。弄清楚有效领导的行为模式，对于培训和发展组织的领导十分重要。接下来是领导权变理论，关注的重点是领导发生的情境因素与领导行为有效性的关系。因为人们发现，同一种行为模式在不同的情境因素下得到的效果是有显著差异的。领导权变理论可以很好地帮助领导者在不同情况下选择领导模式，从而提高领导有效性。最近一些学者结合时代背景提出了一些新颖的领导观点，称之为新兴领导理论。它对于我们理解和把握当下的领导研究方向具有指引性的意义。

第二节　领导特质理论

一、领导特质理论概述

很长一段时间，人们都习惯于对具有强大影响力的领导者和一般领导者或普通人的特点和特质进行区别。例如，外界对美国苹果公司联合创始人史蒂夫·乔布斯的评价就是自信、果断、坚毅、雄心、魅力等。不少研究者都进行了关于领导特质的探究，但是仅有个别领导特质是在很多研究中都共同存在的。这样的情况使得领导特质研究进入了一个混乱的阶段，缺乏分类和梳理的有效框架。后来有人将大五人格和领导特质联系在一起，发现研究中出现的领导特质大多都可以被归纳到大五人格的五个维度之下，并发现外向性是有效领导最重要的特质。

当用特质理论来看待领导时，我们需要清楚到底是领导者拥有这些特质才成为领导者的，还是由于个人处于领导职位上而培养了这些特质。因此，依据领导特质来源的不同，我们将领导特质理论分为传统特质理论和现代特质理论。此外，近十几年关于领导胜任素质的研究得到了较多的支持。组织可以根据优秀领导的知识、技能、才能、性格等多方面的因素来对未来的领导进行选拔和培训。

二、领导特质理论的主要观点

（一）传统特质理论和现代特质理论

传统特质理论认为领导者的品质和特性是先天俱有的，由遗传决定的，领导者只有具备这些特性才能成为有效的领导者。正如亚里士多德所说，一个人从出生时就注定了是治人还是治于人。所以，有些学者会从优秀领导者小时候的爱好、脾气，以及长大后的长相、身高、体魄等方面来比较、分析和归纳领导特质。随着研究的不断深入，传统特质理论受到了不少异议，主要有三个方面：①关于优秀领导者的个人特质说法众多，但各特质间的相关性很小，甚至还存在矛盾；②领导者与被领导者、优秀的领导者与普通的领导者特质只是量的差别，不存在质的差异；③尽管有些人被认为具有卓越领导特质，但是他们并没有成为领导者。

现代特质理论认为领导的品质和特性是在实践中逐渐形成的，可以通过后天训练培养。现代特质理论比传统特质理论更具有科学基础，在现代管理学基础之上它详细分析了成功的领导者应该具有的个性、能力、品质等。比如，美国普林斯顿大学教授鲍莫尔提出了企业的领导者应具备10项特质：合作精神、决策才能、组织能力、精于授权、善于应变、敢于负责、勇于求新、敢冒风险、尊重他人和品德高尚等。这些新的特质更加符合现代领导者的素质和能力需求。

（二）领导胜任素质

领导胜任素质是从组织战略角度出发，采用行为事件访谈、内容分析等规范研究程序、方法对优秀领导者不同于一般领导者的知识、技能、能力、态度、动机、价值观和人格特质等进行研究，而归纳出的和领导绩效有显著因果关联的潜在深层次特征。近年来，研究得到了关于有效领导者的七种胜任素质，分别是情绪智力、正直、动力、领导动机、自信、智力和业务知识等。

高水平的领导者往往具有高的情绪智力。情绪智力的主要表现是领导者更加善于表达和感知情感，并积极地去感受他人的需求，理解他人的反应，有效调节自己和别人之间的人际关系。正直是指领导者具有诚信的品质，言行一致。大量的研究表明正直是最重要的领导品质，对于领导绩效有重大的影响。动力是指领导者追求目标实现的内在动机，它常表现为领导者对成就有强烈的需求，并愿意努力学习和适应。领导动机是指高水平领导者往往更加努力地去获取权力，希望能影响和带领他人，完成组织的任务，达到公司的目标。自信指的是领导者确信自己能影响他人、达成目标。智力是指领导者具有高出一般水平的认知能力，善于分析问题，找出解决方案。业务知识是指领导者熟悉业务环境，对产品市场有准确的定位，能把握重要的业务机会。

三、对领导特质理论的评价

虽然领导特质理论可以在一定程度上帮助我们对领导者进行选拔、培养和考核，但是特质理论还是存在很大的局限性。因为，在现实世界中，有很多卓越的企业领导者并不具有很多研究中所列出的特质，而且具有很多领导特质的人也没有成为优秀的领导者。因此，领导特质理论并不是全面的，还存在一些缺陷。第一，特质理论没有清晰阐明成功的领导者具备的特质要达到何种程度。第二，特质理论没有考虑到领导的行为、领导发生的情境因素等条件。随着对领导的研究越来越深入，人们意识到任何结果都是出于人的行为，因而关于领导理论的研究逐渐向领导行为进行转变。

第三节　领导行为理论

一、领导行为理论的重要模型

（一）勒温的领导风格类型理论

美国著名心理学家勒温等人提出，组织中的领导者会使用不同的领导风格来表现他们的领导角色。不同类型的领导风格会影响团队的氛围和团队效率，进而影响团体成员的工作绩效和工作满意度。勒温等人重点关注三种领导风格，分别为专制型、民主型和放任型的领导风格，具体内容如表 12-2 所示。勒温等人试图寻找出最有效的领导风格，其研究结果表明，不同情况下，专制型、民主型和放任型的领导风格带来的工作绩效是有差别的。另外，民主型领导风格下的团队成员的工作满意度相对其他两种领导风格都是较高的。

表 12-2　三种领导风格类型

比较项目	专　制　型	民　主　型	放　任　型
权力分配	领导者个人独享权力	团队分享权力	每个员工都享有权力，采取无为而治的态度
决策方式	领导者独裁，所有决策均由领导自己来做，忽略下属成员的意见	决策由团队来定，每个决策都由集体讨论来定，领导者给予指导、鼓励和协助	团队的每位成员都有完全的决策自由，领导者几乎不参与
对待下属的方式	领导者事必躬亲，对员工在工作中的组合加以干预，不让下属指导工作的全过程和最终目标	员工可自由组合合作伙伴，任务分工亦有团队来决定。下属员工完全了解整体目标	为员工提供必要信息和材料，答复员工疑问
影响力	领导者以地位、权力等因素强制性地影响下属	领导者以自身能力、魅力、个性等心理品质影响被领导者，被领导者愿意听从领导者的指挥和领导	领导者对被领导者缺乏影响力
对员工评价和反馈的方式	采取“个人化”的方式，依据个人的情感对员工的工作进行评价。反馈方式采用惩罚性	依据客观事实对员工进行评价。将反馈作为对员工训练的机会	不对员工的工作进行评价和反馈

（二）领导行为连续体理论

坦南鲍姆和施密特提出，按照领导者运用职权和下属拥有自主权的程度可以把领导模式看作一个连续变化的分布带，以高度专权、严密控制为其左端，以高度放手、间接控制为其右端，从高度专权的左端到高度放手的右端，划分七种具有代表性的典型领导模式，如图 12-1所示。最左端是以领导为中心，强调独裁；最右端是以员工为中心，强调民主。一个独裁的领导者掌握完全的权威，决定所有的一切，不会授权给下属；而一位民主的领导者在进行决策过程中会给下属很大的权力。独裁与民主是两种极端的情况，这两者中间还存在着许多种领导行为。

领导行为连续体的“定位”主要取决于三个因素：第一是领导者的特征，包括领导者的教育背景、知识、经验、价值观、个人期望等；第二是员工的特征，包括员工的知识技能、经验、目标、人格等；第三是环境特征，包括环境复杂程度、组织结构、组织氛围、技术力量、时间压力等。从长期发展而言，领导模式应该向更以员工为中心的风格迈进，这样对员工的工作动机、决策质量、团队工作士气以及员工发展等都具有正面影响。

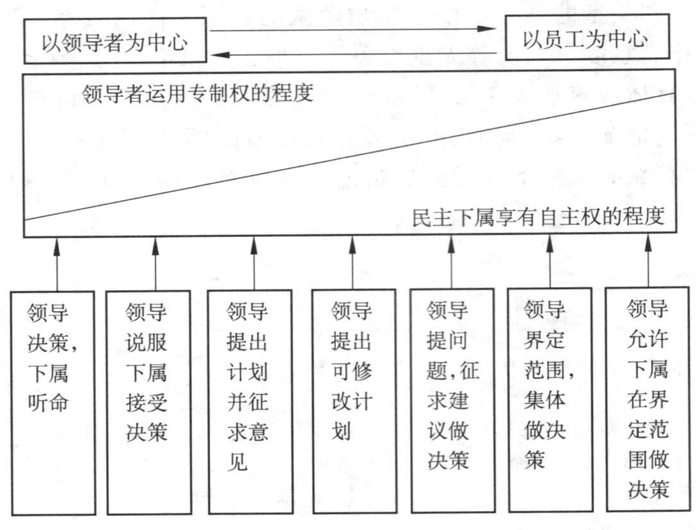

图 12-1　领导行为连续体模型

（三）领导双维理论

1945 年起,美国俄亥俄州立大学开始对领导行为进行大量的研究,研究目标是确定领导行为在实现群体和组织目标过程中的重要性。他们收集了大量的下属对领导的行为描述,归纳结果后提出可以用两个维度来描述领导行为:结构维度和关怀维度。

结构维度是指领导者在追求目标达成的过程中,为定义和建构自己和下属的角色所产生的与确定工作目标、制定工作计划、分配工作任务、定义工作关系等有关的行为。关怀维度是指领导者尊重下属意见、注重下属感受,采取切实的行动与其进行沟通、交流并提供支持,建立友好和信任的关系。

俄亥俄州立大学的双维理论又称领导双因素模式,领导行为可以利用结构和关怀两个维度加以描述,两个维度均有高低之分,因此领导双维理论可以构成一个领导行为坐标,该坐标中包含四种领导方式。

四种领导方式及各自的领导行为特点如下。

1. 低结构、低关怀的领导者

这种领导者不注意关心下属,不与下属交流思想、交换信息,与下属的关系不太融洽,也不注意执行规章制度,效率低下,是一个不合格的领导者。

2. 高结构、低关怀的领导者

这种领导者注意严格执行规章制度,建立良好的工作秩序和责任制,但是不注意关心爱护下属,不与下属交流思想、交换信息,与下属关系不融洽,是一个较为严厉的领导者。

3. 低结构、高关怀的领导者

这种领导者注意关心爱护下属,经常与下属交换思想、交流信息,与下属感情融洽,但组织内部规章制度不严,工作秩序不佳,不太强调员工的工作要求,是一个较仁慈的领导者。

4. 高结构、高关怀的领导者

这种领导注意严格执行规章制度,建立良好的工作秩序和责任制,与此同时注重关心爱护下属，经常与下属交流信息，注重员工需求和愿望的满足，是一个高效成功的领导者。

研究结果发现，高结构且高关怀的领导者更能使下属产生较高的绩效与工作满意度。

另外，密歇根大学社会研究中心也进行了类似的研究。他们提出了与俄亥俄州立大学相类似的两种领导风格：员工导向和生产导向。

员工导向的领导者会试图了解下属的需求，并接受成员间的个别差异，关心领导与下属之间的关系、建立双方之间的信任感及关注员工的个人发展等。生产导向的领导者比较倾向强调工作的技术或作业层面，主要关心的是团体任务的达成，而团体成员在这种类型的领导者眼中更像是达成目标的工具。

他们的研究结果表明：对群体的生产率和员工工作满意度最为重要的是员工导向的领导行为，而生产寻向的领导行为与低群体生产率和低工作满意度是相关的。

（四）领导行为方格理论

美国管理学者布莱克和莫顿于 20 世纪 60 年代在俄亥俄州立大学的领导双维模型的基础上，进一步研究后提出领导行为方格论，认为领导者的管理风格可以分为两类，分别是“关心生产”和“关心人”。领导方格有两个维度，横坐标表示关心生产，纵坐标表示关心人，两个维度都分成更细的九等份，纵横交错便形成 81 种领导风格，如图 12-2 所示。他们形象地定义了其中五种有代表性的领导方式，具体的领导行为特点如下：

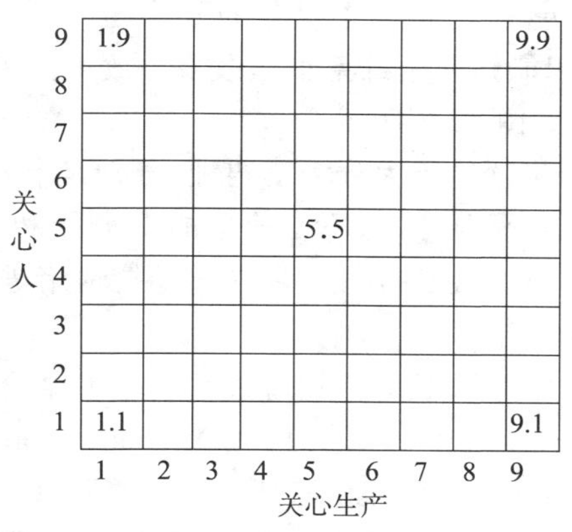

图 12-2 领导行为方格

贫乏型领导(1.1)：这是最极端的情况，领导者既不关心生产，又不关心人的情感与福利，缺乏主见，逃避责任，只用最小的努力以完成任务的最低要求。

乡村俱乐部型领导(1.9)：这种领导对员工的需求表现出较高的关注，保持令人满意的关系，而对生产却缺乏足够的管理，能够引领一个舒适而友善的组织气氛和工作步调，但是这种领导行为在竞争激烈的现代社会中很难立足，因为它不利于生产效率的提高。

任务型领导(9.1)：这种领导只关心目标、任务和方法，注重计划、指导和控制员工的工作生活，但不太关心员工的心理、情感和士气等因素。他们主要借助权力等组织人们完成任务，独断专行，压制不同意见。这种领导者在短期内可能会提高生产效率，但由于不关心人，不注意提高职工的士气，因而生产效率不能持久。

团队型管理(9.9)：这种类型的领导者既关心生产又关心员工成长，他们努力寻找解决问题的优化方法，使得关心生产与关心人协调一致。由忠诚的下属完成工作，借由组织内共同目标促使员工互帮互助，通过严密的工作计划并加以实施，从而顺利达到目标。这种领导行为是比较有效的，因为关心生产与关心人两个方面会相互影响、相互促进。

中庸型领导(5.5)：这种领导者对员工和生产的关心都在中等水平，推崇"折中"，在处理生产与人的需要矛盾上，不去寻求对生产和人都有利的优化策略，而是寻找两者可以妥协的地方，如将生产目标降到人们乐于接受的程度。因此，这种领导行为只追求正常的工作成绩和员工士气，借由平衡完成工作需要，达成适当的组织绩效，工作效率与人们的积极性都有很大的局限性。

（五）PM理论和CPM理论

20世纪60年代，日本心理学家三隅二不二在前人研究成果的基础上，通过实验室研究和大规模现场研究，提出了领导行为PM理论。该理论从整体角度对群体进行研究，从两个维度来分析领导行为。PM理论认为，群体具有两种功能，分别是：实现群体的特定目标，即绩效(performance，用P表示)，强调领导者进行工作规划，为组织目标的达成进行努力；改善群体自身的运转，即维持(maintain，用M表示)，强调领导者在努力维持及强化团体关系中起到的作用。P职能是完成工作任务的效率与效果，是外在的，可量化；M职能指的是维系工作效率与效果而表现出来的多方面的努力，是内在的，不可量化，理论模型如图12-3所示。

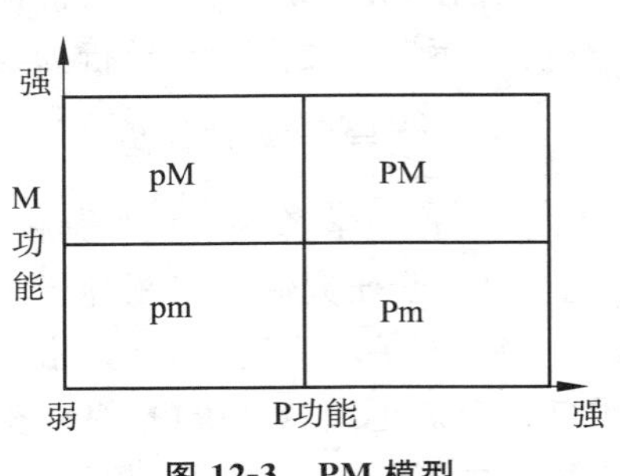

图12-3　PM模型

PM理论依据两种职能，将领导行为分为了四种，分别是pM、PM、pm、Pm。PM型的效果比其他任何一种类型的效果都要好，它不是简单的P职能和M职能的简单相加，而是在P职能最大化的基础上，通过M职能对压力、紧张和抵抗情绪进行舒缓，从而使得员工从内心激发工作的动机，达到组织目标。

CPM是国内学者徐联仓和凌文辁等人研究所得。他们结合中国国情，在将PM量表标准化的过程中，发现除了P(performance，绩效)和M(maintenance，维持)两种因素外，中国人对领导者的期望还包括一个重要的方面：德，即个人品德C(character and moral)，用来表示对待公与私的态度、处理公与私的关系。根据该理论，P机能和M机能是领导者执行领导职能过程中的直接影响力，而C机能是间接影响力。CPM的研究结果表明，由于文化差异等原因，在领导行为评价上，中国与西方是存在一定的差别的。CPM理论更具有中国特色，因为C因素可以解释中国背景下领导行为的80%。基于该理论开发的量表，目前已经广泛应用于政府和企业单位的领导班子配备和考核，并取得良好的效果。

（六）领导行为三维模型

雷迪恩在领导方格理论的基础上，提出了领导行为三维模型。传统的领导方格理论只包含了关心生产和关心人两个维度，而雷迪恩的三维模型包括以下三个方面，分别是任务导向(关系生产)、关系导向(关心人)和效率。

任务导向是指领导者指示并引导下属去完成工作目标的程度。领导行为表现为计划、组织、控制等。

关系导向是指领导者关心下属情感的程度。领导行为表现为与下属充分交流、相互信赖、尊重他人想法以及关注他人情感。

效率是指领导者达到岗位要求的目标成果的程度。领导行为表现为积极保持组织的高产能。

根据领导者在三个维度程度的不同，可以将领导风格分为八种，分别是三个倾向都很少的背弃者、只重视成效的官僚主义者、只有关系倾向的传教士、注重成效和关系的开发者、只有任务倾向的独裁者、注重成效和任务的仁慈的独裁者、注重任务和关系的折中主义者、三种倾向都有的经理人。

二、对领导行为理论的评价

领导行为理论增加了我们对于领导有效性的认识，也对不同的领导行为有了一定的了解。那么，领导的行为到底应该以员工为主还是以任务为主？怎么样的领导行为才能带来成功的领导？类似这样的问题，领导行为理论不能给我们最确切的答复。因为领导行为理论和领导特质理论一样，都缺乏对领导情境因素的考虑。毫无疑问，组织结构、下属的能力、下属的个性特点、任务复杂性等都会影响领导效能的发挥。所以，我们应该把情境因素纳入考察范围来研究领导的有效性。

第四节　领导权变理论

一、费德勒的领导权变理论

费德勒认为领导风格是持久的个人特性，是不会轻易改变的。他指出有两种类型的领导风格，即任务导向型领导风格和关系导向型领导风格，并且所有的领导者都会表现出其中的一种领导风格。任务型的领导者倾向于要求下属高效地、按时地完成工作任务，而与员工的关系建立则是他们第二位的责任；关系型的领导者更重视与员工建立良好的关系，而确保按时完成工作则是他们第二位的责任。

费德勒还设计了一个量表来测量领导风格，即最难共事者问卷。领导者需要在一系列维度上对最难共事者进行评定。如果最不喜欢共事的同事被赋予了正面、积极的词来形容，那么该领导风格就是关系导向型。如果最不喜欢共事的同事被负面、消极的词来形容，那么该领导风格就是任务导向型。

费德勒指出在任何一种环境中，领导者的领导风格都不会发生变化，但是不一样的情境因素会影响领导效用的发挥。哪种领导风格更加有效取决于领导者所处的情境。有三种情境因素会决定领导情境是否有利，分别是领导者与下属关系、任务结构和岗位权力。

领导者与下属关系是指下属是否对领导充满信心、充分信任和尊重领导。若领导者和下属关系好，这样的情境有利于领导者。任务结构是指组织成员是否清楚知道任务如何完成，是否有明确的目标。若任务结构高，这样的情境有利于领导者。岗位权力是指领导者是否在选拔、解雇、培训、升迁和加薪等方面具有大的影响力。若岗位权力大，这样的情境有利于领导者。

领导者与下属关系的好坏、任务结构的高低、岗位权力的大小，三种不同的情境因素组合就能得到八种领导情境，具体见图 12-4。在非常有利和非常不利的情境下，领导者采用任务型的领导风格会有较好的效果，处于中间状态时，领导者采用关系型的领导风格会有较好的效果。

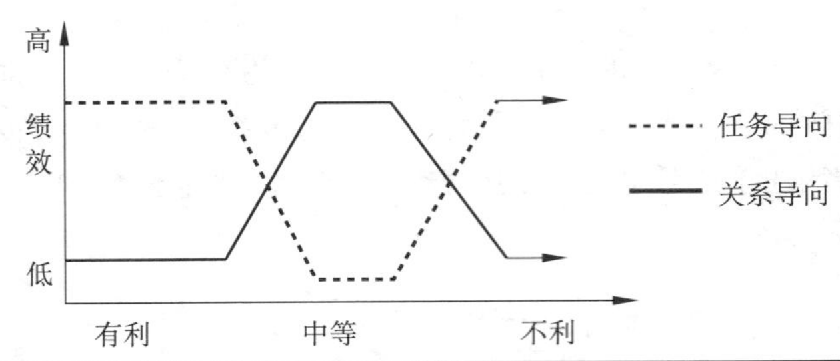

类别	一	二	三	四	五	六	七	八
领导者—成员关系	好	好	好	好	坏	坏	坏	坏
任务结构	高	高	低	低	高	高	低	低
职位权力	大	小	大	小	大	小	大	小

图 12-4 费德勒的领导权变模型

二、情境领导理论

情境领导理论是一个充分考虑下属特征的权变理论，由保罗·赫塞和肯·布兰查德提出。不少 500 强企业都在领导培训方案中采用了情境领导理论。保罗·赫塞等人认为领导者要依据下属的成熟度来确定领导风格。成熟度是指个体对自己行为负责的能力和意愿，包括心理成熟度和工作成熟度。心理成熟度是指一个人愿意做事的意愿和动机高低。当个体具备高的心理成熟度时，则表示其不需要很多外在的鼓励和催促，会自发地去做事情。工作成熟度是指一个人的知识和技术水平。当个体具备高的工作成熟度时，则表示其具有足够的知识、能力和技能来完成工作，不需要外在很多的指导。

下属的成熟度可以分为低成熟度(M1)、中低成熟度(M2)、中高成熟度(M3)和高成熟度(M4)四个级别。低成熟度的个体既没有能力，也没有意愿对工作负责；中低成熟度的个体虽然能力不足，缺乏一定的技能，但是有从事必要工作的意愿，需要被进一步激励；中高成熟度的个体有能力，但是缺乏意愿从事领导安排的任务；高成熟度的个体既有能力又有意愿从事工作任务。

当下属的成熟度低时，适宜采取告知式(高工作—低关系)领导风格，即由领导者界定角色职责，告诉员工做什么、怎么做、何时做、哪里做等，强调指导性行为。

当下属的成熟度中低时，适宜采取推销式(高工作—高关系)领导风格，即领导者不仅采取指导式行为，也采取支持性行为。

当下属的成熟度中高时，适宜采取参与式(低工作—高关系)领导风格，即领导者与下属共同做决策，领导者主要帮助决策和促进沟通。

当下属的成熟度高时，适宜采取授权式领导风格，即领导者不需要做太多事情，不需要给予下属较多支持和较多指导。

三、路径—目标领导理论

豪斯认为大多数的领导者都努力激励下属完成任务，达到目标。他的路径—目标领导理论的主要观点就是领导风格需要弥补下属个人和工作环境对完成工作不足的部分，帮助下属达成目标并提供支持和指导。路径—目标理论的含义就是领导者为下属指明到达目标的道路，并清理道路中存在的障碍。

豪斯提出了四种领导风格，分别是指导型领导风格、支持型领导风格、参与型领导风格、成就型领导风格。

指导型领导风格是指领导者让下属知道上级对他的期望，并对如何完成工作任务有指导；支持型领导风格是指领导者对下属十分友善，对下属的需求表示强烈的关心；参与型领导风格是指领导者做决策之前会咨询下属的意见并接受其建议；成就型领导风格是指设定挑战目标，期望发挥下属最大的潜能。

路径—目标领导理论提出了两类权变因素，即下属的权变因素和工作的权变因素。其中下属的权变因素有技能、工作经验、控制点等，工作的权变因素有任务结构、团队动力、工作权利系统等。四种领导风格的每一种都只在某些情境下有效。领导者要视情况选择最合适的领导风格，或者在同一种情境下选择多种领导风格。

当任务内容很具体明确，而且员工也有足够的能力和经验处理任务时，领导者还花费大量的时间去解说，那就形成了无效领导，此时领导者更适合采用支持型领导风格。但是当任务非常模糊，下属不知道如何着手操作时，这时候希望领导能对任务做出明确安排和指导，所以此时采用指导型领导更好。当下属属于内控型的人，那么参与型领导会让他更加有满足感。当下属是外控型的人，那么更加适合指导型领导。当工作结构模糊不清，不过通过努力还是可以获得高绩效时，成就型领导更能帮助下属提升期望。

路径—目标领导理论可以启示领导者：在激励下属时，需要考虑到下属的特点和工作的特点。与其他权变理论相比，路径—目标领导理论的确受到了相对更多的研究支持。它的模型较好地解释了领导在不同情境下是如何影响下属的。具体内容如图 12-5 所示。

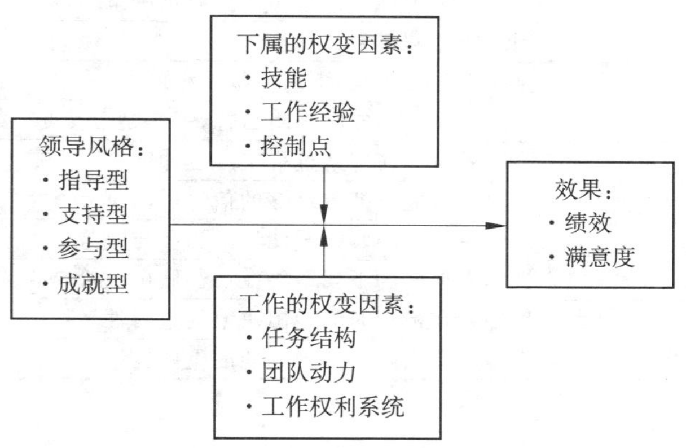

图 12-5　路径—目标领导理论模型

四、领导者—参与模型

维克多・费鲁姆和菲利普・耶顿提出了领导者—参与模型，主要目的是为管理者提供一套如何在不同情境中确定参与决策形式和规模的标准。该模型将领导行为和参与决策联系在一起，为下属参与决策制定的程度提供指导。不少研究者都指出让下属参与决策制定能够使下属更加容易接受制定的决策，并为决策实施提供支持。同时让下属参与到整个决策制定过程中,能帮助他更加深入了解任务的细节,有助于其获得更高的工作绩效和工作满意感。不过,下属参与决策可能会使决策制定需要更多的时间,并在决策中产生矛盾和冲突。

费鲁姆和耶顿的领导者—参与模型非常规范化,领导风格决策是一个选择的过程,共包括7个描述情境的权变因素和5种领导风格。在选择时,需要每一步都对一个权变因素进行两类判断(是或否)。其中5种领导风格主要包括独裁(AI)、独裁(AII)、磋商(CI)、磋商(CII)、群体决策(GII)。

独裁(AI)是指使用自己手头现有的资料独立解决问题或做出决策;独裁(AII):从下属那里获得必要的信息,然后独立做出决策;磋商(CI)是指与下属个别进行讨论,获得他们的建议和意见,然后做出的决策可能受到或不受到他们的影响;磋商(CII)是指与下属集体讨论相关问题,收集他们的意见和建议,然后做出的决策可能受到或不受到他们的影响;群体决策(GII)是指与下属们集体讨论问题,一起提出和评估可信性方案,并努力获得一致的解决方法。

后来,费鲁姆和加戈对该模型进行了进一步的修订,领导风格仍然是原先的5种风格,但将权变因素增加到了12个,而且采用5级量表评分。表12-3列出了12个权变因素。从操作层面分析,该模型比较复杂,领导者很难根据那么多权变因素确定领导风格。而且,该模型认为领导者的能力都是相同的,这是不合理的假设。所以,在实践过程中,较少有组织采用领导者—参与模型。

表12-3　修订版领导者—参与模型12种权变因素

名　称	含　义
QR——质量要求	决策的技术质量有多重要
CR——承诺要求	下属对决策的承诺有多重要
LI——领导者信息	领导者是否拥有信息做出高质量决策
ST——问题结构	问题的结构是否清楚
CP——承诺的可能性	领导者独自决策,下属的接受程度
GC——目标一致性	问题解决后达成的组织目标,下属是否接受
CO——下属的冲突	下属是否会在决策过程中产生冲突
SI——下属的信息	下属是否能够拥有足够的信息做出决策
TC——时间限制	是否由于时间紧张不能让下属参与决策
CP——地域分布	把不同地域的下属聚集在一起做出决策是否成本太高
MT——激励(时间)	领导者在最短时间做出决策的重要性
MD——激励(发展)	为下属提供发展决策技能的重要性

五、领导的替代和抵消

通常我们认为领导是组织中非常重要的因素,能够带领组织创造高绩效,实现组织的目标。但如今,逐渐有人开始质疑领导是否真的那么重要。一些研究者指出存在一些"替代品"、"无效因素"使得领导不再是必需的,有时甚至是起反作用的。这些替代品和无效因素往往可以在下属、任务特性和组织中找到。例如,当员工具备了完成工作的技能和知识时,任务导向型领导就不重要了,因为员工自身就能非常优秀地完成组织布置的任务。

领导的抵消是指存在一些因素阻止领导者发挥作用,甚至使得领导者所有的努力都会白费。例如，当下属出于工资太低而缺乏工作的动机，而他的直接领导根本没有权力为其增加薪酬，这样的情况下，无论其领导对下属进行任何其他的激励，也很难调动下属的积极性。

领导的替代是指存在一些因素使得领导者的影响力不仅无法发挥，而且没有存在的必要。自我领导是指组织员工以一种负责任的姿态对自己施行领导。这也是一种领导替代的方式。自我领导能力强的员工能很好地进行自我管理，为自己设定目标，制定工作计划，保持积极的思考，不断追求进步。此时，他们不需要外界的监督也能对自己的工作保持一种专注与热情。自我领导的要素有个人目标设置、构建思维模式、设计自我奖项、自我监控和自我强化。

虽然存在领导的替代和抵消因素，但是不得不承认，领导者对组织的确有突出贡献，能激励下属，帮助组织达成目标。

第五节　领导理论的新发展

一、新发展的领导理论

（一）领导—成员交换理论

领导—成员交换理论起源于 20 世纪 70 年代中期，由乔治·格里奥和尤·比安提出。它的基本假设就是领导者与每一位下属都建立了独特的交换关系。领导者会依据个人的兼容性、对下属能力的认识、下属的开放性和可信性等因素与下属建立不同类型的关系，其中领导者会与一小部分下属建立特殊的关系，而这个小团体构成了“内部集团”，受到领导更多的信任与关注，并享受不少的特权；而落在“外部集团”的大部分下属与领导的关系建立在正式权威上，享受较少的领导者时间。当然，处于“内部集团”的下属虽然能得到较多的支持和认可，但是领导者会对他们提出更高的要求，寄予更高的期望，希望他们承担更多责任，付出更多努力和牺牲更多的个人时间。

领导—成员交换理论较少关注影响交换过程的情境变量，例如，工作的特征、工作单位的特征和组织的结构。每个因素都可能会影响个人对组织的影响、潜在的交换过程等。当下研究的观点是，领导者要与不同特征的下属建立不一样的关系，积极给予他们工作中所需要的支持和认可，使每一位组织成员都能发挥出自己最大的潜能，获得最高的绩效水平，从而帮助组织达成组织目标。

（二）魅力型领导

关于魅力型领导有各种不同的理论版本，其中最著名的是康吉鳗和卡依格的领导魅力归因理论、豪斯的领导魅力自我概念理论。领导魅力归因理论认为，追随者的魅力归因依赖于以下几种类型的领导行为：①倡导高于现实又可以接受的愿景；②以非常规方式达成愿景；③做出自我牺牲，愿意承担个人风险或花费很大代价去实现所提出的愿景；④对所提出的建议表现出自信和热情；⑤运用有想象力、说服力的呼吁而不是权力或参与决策过程。领导魅力自我概念理论认为，领导者影响追随者态度和行为的领导行为包括以下几个方面：①描绘吸引人的愿景；②在描绘愿景时采用强烈的、富于表现的沟通形式；③适当的个人冒险和自我牺牲；④表达高期望；⑤充分信任追随者；⑥行为的角色示范和愿景一致；⑦管理追随者对领导者的印象；⑧建立团队和组织认同；⑨向追随者授权。

巴斯提出魅力型领导具有优秀的辩论和说服技巧，他们能促使下属产生强烈的忠诚感和奉献精神，使得追随者义无反顾、充满热情地"盲目"服从领导者。魅力型领导的研究必须关注领导者所处的情境，比如剧烈变革的危机、对现状不满意的追随者等。魅力不是单独存在于领导者身上，也不是由环境完全决定，它是存在于领导者和追随者之间的相互关系中。

魅力型领导可以依据价值观和人性，区分为负面魅力型领导和正面魅力型领导。负面的魅力型领导者具有强烈的个人主义倾向，强调个人的认同，寻求对他们自己的忠诚。这些领导者的决策往往反映对权力的掌控和对自我利益的关心。而正面的魅力型领导者具有社会化的权力倾向，强调对意识形态的认同，寻求对理想的忠诚。这些领导者鼓励参与决策，注重与组织使命和愿景一致的行为。魅力型领导往往与组织的绩效水平、跟随者的满意度高度相关。

（三）交易型领导和变革型领导

美国社会学家伯恩斯提出领导是一个连续体，连续体的一端是交易型领导，另一端是变革型领导。巴斯发展了伯恩斯的理论，指出变革型领导和交易型领导是两种类型的领导风格。

交易型领导通过明确任务要求和角色要求来指导、鼓励下属完成既定的工作。交易型领导有三个维度，分别是权变奖励、积极例外管理、消极例外管理。权变奖励是指领导者和下属对绩效目标进行明确规定，当下属达到或没达到目标时，领导者给予规定的奖励或惩罚。积极例外管理是指领导者主动关注员工的行为，并及时纠正其工作中的失误和问题，从而确保任务的有效完成。消极例外管理是指领导者不干涉下属的工作，直到问题出现了才进行补救。

变革型领导是向下属灌输准则和价值观、激励员工的过程，通过让员工认识到承担任务的重要意义，激发员工的高层次需求，建立一种相互信任的工作氛围，从而促使下属为了团队和组织的利益牺牲自己的利益。变革型领导有五个维度，分别是理想化影响（品质）、理想化影响（行为）、动机鼓舞、智能激发和个性化关怀。理想化影响（品质）是指能获得下属的尊敬与认同。理想化影响（行为）是指为下属做出诚信和充满活力的榜样。动机鼓舞是指形成和阐述愿景，展现乐观精神和工作热情等。智能激发是指激发下属找到解决既有问题的新方案。个性化关怀是指了解每个下属的需要和能力，并发展和授权个体员工。很多研究都指出变革型领导与领导有效性有显著的正向关系。

组织既需要交易型领导，也需要变革型领导。有效的领导者综合运用两种类型的领导方式。交易型领导能保证组织的发展按照正规的流程进行，提高组织效率，而变革型领导能带领组织开展变革活动。与交易型领导相比，变革型领导通常能带来更高水平的组织绩效、下属的满意感与组织承诺。

（四）道德领导

道德是领导过程的核心，领导者有责任尊重追随者的人格尊严，并建立和强化组织的价值观。提升道德意识，是领导者帮助下属解决价值冲突时的一个主要功能。道德领导即管理者通过个人行为和人际联系展现出合乎规范的、适当的德行，并通过双向沟通、强化和决策提升下属的德行。随着商业丑闻的爆出，人们逐渐加强了对道德领导的关注。巴斯提出了判断领导者道德的8个建议标准，包括服务于追随者和组织、尽可能平衡和整合各利益相关者的利益、基于追随者而非个人的需要/价值/思想形成组织愿景、以与公开价值相一致的方式行事、为实现使命或达成意愿承担个人决策和行动风险、对任务/行动/事态的进展进行完整和及时的信息发布和沟通说明、鼓励批评性评价和不同意见以发现更好的问题解决方案、大量使用教寻/指导和训练来发展追随者的技能和自信。布朗和特维诺在对道德领导的相关研究进行综述时发现，道德的领导者具有以下几个特征，分别是正直、诚实、可信赖、人道、公平而平衡的决策、与追随者频繁沟通道德话题、设定清晰道德标准并设定奖惩机制。

道德领导者会将其魅力发挥在社会服务上以服务大众。不道德的领导者可能使用他们的魅力来加强对跟随者的权力，以达到自私的目的。道德领导者在追随者的价值观、需要的基础上发展一个愿景，并愿意采取个人的冒险和行为来实现愿景。在此过程中，他们鼓励批评性评价来发现问题，从而提出更好的解决方案，并对行动信息及时做出披露和解释。在评判任何领导者是否有道德之前，应该考虑领导者为达成目的所使用的方法以及这些目标的道德内容。

然而，对道德的判断在不同文化中有一些差异。中西方文化的差异会导致人们对同一个领导行为的道德判断存在不同意见。因而，在中国文化背景下道德领导的研究一定要基于我国的实际情况，形成具有中国特色的道德领导的内涵。

诚实：扶持后继者的最好方式

马云，阿里巴巴集团的创建者和任期最长的CEO，近期宣布卸任CEO一职，陆兆禧将于5月继任。阿里巴巴公司成立于1999年，13年之后，其崛起已成为一段令人瞩目的商业传奇。

我个人对马云是怀有敬意的，我也相信他是一位杰出的领导者。那些曾与之并肩工作的人无疑是幸运的，但他们也即将面临挑战：当巨星谢幕后，继承者能否扛起重担？

一般而言，CEO职位的交接已经形成了一定的套路，是公司事务的例行程序之一：雇佣一个知名的咨询公司，按照一定的要求，选定一位新的领导者。但即便交接团队和尽职调查工作都无可挑剔，绝大部分“走程序”的交接最后仍难以尽如人意。而且，一旦前任是像马云这样的传奇人物，交接过程就会更加复杂和棘手。在这种情况下，只有卸任者才能以自己独一无二的方式助新CEO一臂之力。

马云对此心知肚明，而且已预料到难为之处。他在给公司员工的公开邮件中说：“出任阿里巴巴集团CEO是个极具挑战和艰难的工作，特别是接任我这么一位创始人CEO的班，陆兆禧身上肩负的职责和各方压力可想而知……”有人将此解读为成功人士的极度自负。也有些人认为这是一位卓越领导者毫无忌惮的坦诚胸怀，毕竟他说的百分之百是事实。

我对马云的个人领导和管理方式有着长期的跟踪，我觉得第二种解读方式较为可靠：直率和开诚布公。因此，我们得出一个重要的结论。

我们希望自己的领导者能以诚相待，但巧舌如簧的政客和口若悬河的市场公关，已经让我们疑心重重了。这类言辞往往没有多大正面效果，毫无激励意义，也无法让我们设身处地理解领导者的处境。而相反，卓越领导者则能以坦率和诚恳的交流消除员工的顾虑。

这种能力正是领导者优秀品质之一，在变革的不确定时期尤为不可或缺，比如说在CEO交接的过渡时期，开诚布公能让继任者的接替阶段更加平坦和顺畅。

阿里巴巴能做到么？希望如此。仰仗其备受尊敬的地位和权威，马云把现实的情况放在了台面上，明确阐述了挑战和期望。

有了马云的背书，我认为阿里集团的员工将拥戴陆兆禧，而不是抱着看好戏的心态，静待继任者自证其能力水平，或把新任CEO当做茶余饭后的谈资。他们将在紧迫感和危机感的驱使下倾力协助，若真能如此，阿里的竞争者们，你们要小心了！

资料来源：http://review.cnfol.com/130329/436，1703，14744699，00.shtml. 诚实：扶持后继者的最好方式.2013.03.29.

（五）诚信型领导

从积极组织行为学的角度来看，诚信型领导是非常重要的概念。诚信型领导又称真实领导，它是从积极心理能力和高度发达的组织环境中抽离出的一种概念。这种领导方式会促进领导和下属产生更多的自我意识和自我调整行为，进而促进自身的发展。阿沃利奥等人认为，诚信领导者拥有高水平的诚信，清楚了解自己的思想、情绪、信念和价值观，他们的行动以自己的信仰和价值观为基础，并保持自己的行动能够开放式地与他人互动。诚信型领导是自信、乐观、积极、充满希望、有韧性的，注重道德发展和长远发展。诚信型领导的发展取向是注重自身和他人积极面的发掘，进而产生积极心理资本和规范道德的行为。

国内知名企业家柳传志是一位将诚信看得非常重的人，他认为诚信比金钱要重要。他在与组织员工或组织外的成员交往时，都十分坦诚与真诚。柳传志曾这样告诫员工："联想用三十年的时间，打造了一个品牌，这个品牌的核心就是诚信，有了诚信这两个字，联想今天真的是受益无穷。而真要做到诚信，做到透明，那肯定是要承受很大压力的。"

（六）内隐领导

内隐领导是由洛德提出，强调的是领导过程潜在的认知加工。它是追随者个体对理想的领导者具有的特质和能力的预期和信念。内隐领导理论存在于下属的脑海中，是下属期望的领导特质和行为的认知结构或者图式。这些图式为追随者对领导行为的理解提供了认知基础，即使这些认知可能不一定是正确的。一些研究表明，父母特质和儿童时期的经历会影响内隐领导的形成。此外，领导—成员交换关系会影响追随者对领导者的感知和认识，内隐领导模型很可能会随着追随者与领导者关系的变化而发生改变。关于内隐领导的认知模型的研究中，以奥弗曼等人的研究最为著名。他们通过研究发现了内隐领导特质的8个维度，分别是敏感性、贡献、专制、感召力、吸引力、男性化、智力和力量。

组织中的领导者要善于发现不同下属的内隐领导信息，从而调整自己的领导方式，加强领导的有效性。基于认知心理学角度的内隐领导理论为我们今后开展领导理论的研究提供了新的方向。

（七）战略领导

战略领导是指用战略的思维进行重大的、全局性的规划和谋划，制定长远的发展目标，对未来的风险具有一定的判断和分析。在复杂多变和竞争日益激烈的环境下，战略领导在企业成长与发展过程中所起的作用越发重要。战略领导者的主要职责就是战略的制定与实施。战略领导需要站在组织的高层次上全局性地看待问题，并且在认识问题上要具有前瞻性，以宏观的思维状态进行战略思考。戴尔公司的CEO迈克尔·戴尔、宝洁公司的雷富礼都被认为是优秀的战略领导者。

很多领导理论没有提升到战略层次，更多地将目光放在一般日常事务的处理和员工关系等方面。处理常规性的活动对于领导者来说比较容易，而且他们也可以看见即时效果。现如今许多组织的领导者就被工作中大量的消息和琐事所影响。而战略领导不仅是对复杂环境做出应变，还要从已经发生的事件中得到信息，从而对未来可能发生的事情做出预先的反应。有研究表明，当今组织中的高级管理者平均花不足3%的时间在组织未来发展的规划上，有些甚至更低。环境的复杂性和未来发展的不确定性会使一个组织处在机遇和挑战并存的境地，此时组织的领导者有责任去明确他们的组织未来发展的清晰框架，从而才能带领组织长期繁荣发展。因此，战略领导会是未来关于领导理论的研究的重点和热点之一。

（八）愿景式领导

愿景的重要性在于它是组织战略的基础。愿景式领导它可以为组织或组织中的单位建立并表达现实的、可信的、美好的未来美景。而该愿景又以现在为根基，并着眼于积极改进现状，若适当地运用并实施，将会极大地鼓舞大家和凝聚人心。传统的组织行为学研究中，领导理论较多地关注中层或基层管理者，更多地研究个人与团队成员之间的关系，很少关注领导者作为组织高层在愿景设定、战略形成和实施中起到的作用。

愿景式领导需要满足三个条件，分别是清晰而振奋人心地描述愿景、能够将愿景延伸到不同的领导情境、身体力行地践行愿景。国内学者通过调查发现中国愿景式领导的关键特征主要有六点，分别是：分析决断、学习总结、机会意识、战略前瞻、勤奋务实和关注现实。其中，勤奋务实代表了中国文化背景下的企业领导者所应具备的独特素质。

（九）复杂领导

在当今复杂的组织环境下，领导者要在无数的权变因素中与各种各样的人或组织打交道，需要采取一定的行为来平衡各方的要求，并能够根据环境的复杂性要求做出合适反应，也就是说需要实行复杂领导。复杂科学理论要求我们要从孤立地看待一件事物的角度转向对互动关系的动态过程进行分析。因此，复杂领导不能简单地将其理解为任务的复杂性、领导环境的复杂性或者领导行为的复杂性，它强调的是一种不同部门、组织、环境之间相互影响的动态过程。

随着知识经济时代的到来，技术变革越来越迅速，这给组织和管理者都带来了巨大的挑战。因此，领导不单单代表着权威，更是一种与环境互动的动态适应过程。领导者需要带领组织增强学习能力和适应能力。学习能力能帮助组织更快速地掌握最新的科技发展知识，在激烈的市场竞争环境中优先获得市场份额；适应能力有助于组织对未知的外部环境进行快速了解与适应，从而与环境保持一种和谐的状态。马里恩等提出复杂领导的三种功能，分别是行政领导、适应性领导和使能领导。行政领导指的是依据所拥有的权力，为实现组织目标进行管理、决策和指挥等。适应性领导产生于组织与其他事物进行互动的过程中，重点在于形成新的想法和变革。使能领导的重点则在于负责调解行政领导和适应性领导的关系。

（十）女性领导者

现如今，女性领导者在领导者队伍中占据的比例越来越大。通常男性领导者与下属打交道时更加依靠权威，而女性领导者更加注重关系建设，更多地使用参与式的领导风格。由于刻板印象和性别歧视，在领导情境中，女性比各方面差不多的男性获得的喜欢程度要低。

在很长的时间里，领导者的角色往往被认定为自信、竞争、果断坚决等更多体现阳刚的特征。但最近不断有研究指出，男性的影响力正在逐渐减少，而女性的影响力正逐渐扩大，她们的影响力源于人际关系而不是职权与权威。随着组织多元化的发展，女性更能适应多元化的环境，更懂得包容与理解。鲍威尔客观地指出，在每个性别中都存在优异的、一般的和较差的领导者，在高度竞争的市场环境下，能使组织以最佳状态不断发展的领导者才是组织所期望的，而不论性别。在中国，正不断涌现出像海尔的杨绵绵、格力的董明珠这样优秀的女性领导者。

如果你的上司是一位女性

领导者有性别差异吗？如果你的上司是一位女性领导者，你必须认识到性别差异——请注意，你的目的是包容理解，而不是夸大不同。

在我们接触的女性领导者（包括企业家和职业经理）身上至少看到了如下女性独有的特点：

1. 情绪化

女性领导者很多日常表现是非常理性和系统的，特别在遇到重大决策时，她们比男性更加冷静和果敢。但在日常生活（不得不承认，女性在当今家庭中承担了更多家庭责任）或工作的一些情绪累积时，特别是在女性特殊的生理周期时，有时候会出现特殊的情绪。这些情绪会影响她们日常工作的微小决策，这些非理性的小事件无关重大管理决策，但会严重影响女性领导者的人际关系和印象。当然，有些时候，女性领导者的情绪化也会让其他人感觉更易沟通和更有人情味，成为一种优势。

2. 关注细节

即使表面看上去大大咧咧的女性也常常会非常在意一些细小行为，这些细腻的感觉会造成很多女性管理者有外在的完美主义的倾向。实际我们看到的女性领导者并不是如此，由于女性希望稳定的心理特点，她们实际不是那么吹毛求疵，而只是更愿意表达，说出自己的感受而已。

3. 面貌偏见

女性领导者的成功往往带来很多花边新闻，八卦经常围绕在漂亮的女性领导者身边。这很大应归因于男性失败者的“酸葡萄”原理，对于此，女性领导者只能依靠更强的心理承受力来应对了。

必须注意到，许多女性领导者对此是不自知的，有时候在女性领导者的上下级那里，这些特点被有意无意地强化，反而成了偏见。例如，在对男性职业经理的调查中，超过半数的人明确表示如果可以选择，自己的理想上级希望是男士。这些聚集在一起形成了围绕在女性领导者身边的管理困扰。

在中国，文化历史的延续更让女性领导者承担了更多来自家庭和社会的压力，我们不管是男性还是女性都应更包容这些性别差异，更多地利用这些性别差异来进行团队搭建和配合，更多关注性别之外的方面，如情商、能力等。而且由于人性格的差异，现实中的女性领导者风格更是非常多样化。如果恰好你的上司是一位女性，希望你可以用更客观包容的心态来和她沟通，这有利于你也有利于她的发展。

资料来源：http://bbs.hrsalon.org/forum.php?mod=viewthread&tid=373027. HR沙龙论坛：如果你的上司是一位女性.2012.11.16.

二、领导发展的总结与展望

领导这一概念是随着时间不断演变和发展的，其发展进程又是与社会环境的发展所一致的。领导的概念已经渗入了组织理论与实践的众多领域。一个运行良好的组织正反映了其组织内部领导的有效性。最近，在经典领导理论仍"长盛未衰"的同时，新兴领导理论受到了越来越多的关注，这为我们更为深刻地认识和探索新形势下领导的本质提供了非常好的基础和方向导引，尤其是战略领导、复杂领导等，更是可能成为今后一段时间内领导理论研究和实践应用的重点。

本章思考题

1. 什么是领导？怎样看待领导与管理之间的关系？
2. 传统领导特质理论和现代领导特质理论有什么区别？
3. 领导行为理论的主要模型有哪些？不同模型的主要观点是什么？
4. 领导权变理论的主要模型有哪些？不同模型的主要观点是什么？
5. 领导理论的新发展有哪些？不同新兴领导理论的主要观点是什么？
6.《道德经》第17章：太上，不知有之；其次，亲而誉之；其次，畏之；其次，侮之。信不足也，有不信焉。悠兮，其贵言。功成事遂，百姓皆谓"我自然"。请结合所学的领导学理论谈谈对这句话的理解。

课后案例

领导者为何需要魅力

新一代领导者与企业家，除了要拥有具发展潜力的构想，还要有一项共同特质：强烈的领导魅力。

保罗·李(Paul Lee，化名)擅长吸引人们认同他的愿景，对他产生信赖感。他对人兴趣盎然，因此总是孜孜不倦地经营人脉；他只要花30分钟搭乘一班通勤班机，就可能交到新朋友。对于有意愿的投资人以及运动界和娱乐圈的名人，他会使出浑身解数，提供贴心的服务，例如，帮他们的孩子拿到运动比赛的门票，或者立即用手机介绍别人认识对方。保罗的吸引力不在于他说的故事，而在于他会全神贯注聆听其他人诉说的故事，再促使他们加入能够联系自身故事的活动中。保罗离开一家大公司两年之后，在纽约与洛杉矶建立了一家小型企业集团，他得到资金支持与名人代言，并为慈善捐款，而这一切的基础就是他能够让人们加入他的行列，并且不断培养耕耘这些人际关系。

保罗采用的模式是先以一家市场营销公司为核心，再投资成立周边的公司，然后充分利用核心公司的能力来实现成长的潜能。至于他的领导模式，主要就是让人们能够感觉到自己的独特性，自己的特殊需求可以得到满足，但同时又有共同的参与感，从人际联合中得到力量。对于主持慈善活动，保罗和妻子会选择自己真正关切的主题，让 CEO 与他的童年好友、摇滚歌手打成一片。保罗的世界非常积极正向，因此很吸引人，几乎没有任何的对手与敌意（虽然我知道，如果他想要丑化打击对手，他是能够做到的）。

领导魅力靠的不是口才或修辞，保罗并不是熟练卓越的演说家或作家。领导魅力也不能脱离实质内涵，保罗・李现在的成绩单一定很漂亮，实际上也真的是如此，因为他能够招揽最优秀的人才，再让这些人去吸引其他精英。保罗刚刚踏上领导之路，但是已经能够得到人们的信赖。或者更确切地说，信赖来自个人吸引力所组成的团队。这才是领导魅力的精髓。

近年来领导魅力被蒙上负面印象，领导力专家目前的趋势是质疑“伟大男性”的理论（女性领导者还不够多，因此还没有“伟大女性”的理论可供质疑），转而强调多重领导者、跟随者行为（followership）、分布式领导（distributed leadership）、团队等概念。的确，单打独斗难以成功，就算是所谓的“水上行走者”，他们之所以能走过水面，靠的仍是脚下的石头，也就是台面下的支持体系（水上行走者，water walker，名称取自宗教人物，也是我在《信心》（Confidence）一书中最喜欢运用的形象之一）。另外，领导魅力沾染的宗教色彩，的确会营造出盲目信仰的形象，或者相信新 CEO 能够只手挽救公司失败的命运。然而，完全排斥领导魅力的因素也是因噎废食，轻视了成为领导者必备的个人吸引力。

历届美国总统选举也有类似的问题，经常被批评为过度强调人格特质，而非实质问题。社会心理学家将好感度（likeability）与能力视为截然不同的变量，这么做显得好像领导者无法兼具两者。每逢选举季节，权威人士会衡量好感度的因素，但同时又提出质疑，将它丑化为只是选择啤酒酒伴的条件。然而，站在另一阵营：如果其他条件都差不多，民众应该选择较具领导魅力的候选人；因为一位领导者如果能让人们着迷、引领人们参与反映自身美好特质的行动，他也就比较能够运用这种吸引力，在争斗不休的政治环境中做出一番成绩。比尔・克林顿（Bill Clinton）与罗纳德・里根（Ronald Reagan）两位总统都拥有非凡的领导魅力。领导者如果不会做 Excel 表格，可以请人帮忙，然而人际关系技巧却不能外包。

有些人，比如克林顿总统或保罗，似乎天生就具备高度领导魅力，不过领导魅力中还是有一些要素是可以后天培养：对人的真诚兴趣；倾听人们的需求与关切，让他们知道你会帮助他们完成目标；把每一个人都当成特别的、值得关注的对象；记住每一个人的相关细节。

在今天这个多灾多难的世界，创业精神有时会被视为一种新的宗教，可以拯救经济、缔造世界和平。用宗教的类比很恰当，因为创新与创业永远都带有信仰的成分。正因如此，创业者的基本原则就是要将赌注下在领导人身上，而不是构想上。领导魅力可以是决定性的要素。

资料来源：http://www.chinahrd.net/article/2013/12-23/92516-1.html. 领导者：要有强烈的领袖魅力. 2013.12.23.

思考与讨论

1. 保罗・李的哪些特质使他具有强烈的领导魅力？
2. 应怎样正确看待和评价领导魅力的两面性？

第十三章

组织理论与组织设计

引例

张经理的困惑

宏达公司是上海市的一家中型企业，主要业务是为企业用户设计和制作商品目录手册。公司在浦东开发区和市区内各设有一个业务中心，简称为A中心和B中心。

A中心内设有采购部和目录部。采购部的职责是接受用户的订单，并选择和定购制作商品目录所需要的材料；目录部则负责设计用户定制的商品目录。宏达公司要求每个采购员独立开展工作，而目录部的设计人员则须服从采购员提出的要求。B中心专门负责商品目录的制作。张强是宏达公司负责业务经营的主管，他经常听到设计人员抱怨自己受到的约束过大，从而无法实现艺术上的创新与完美。最近，张强在听取有关人员的建议后，根据公司发展的需要，决定在B中心成立一个市场部，专门负责分析市场需求和挖掘市场潜力，并向采购员提出建议。市场部成立不久，张强听到了各种不同意见。如采购员和设计员强烈反映说，市场部不但多余，而且还干涉了他们的工作。关于此，市场部人员则认为，采购员和设计员太墨守成规、缺乏远见。张强作为公司的业务经营主管，虽然做了大量的说服工作并先后调换了有关人员，但效果仍不理想。他很纳闷：公司的问题究竟出在什么地方？

资料来源：http://wenku.baidu.com/view/b42d946c783e0912a2162a09.html. 组织设计 .2012.11.30.

思考

1. 宏达公司权责角色的分配和部门的划分是否合理？
2. 如何看待组织与各个部门之间的关系？

第一节　组织及组织理论

一、组织的概念

从词义上来讲，“组织”有两种含义，一是作为动态活动，指管理职能中协调资源的活动，及按照一定的目的、任务和形式，对做事的人进行编制并形成工作秩序；二是作为静态机构，指通过组织活动而形成的功能相关的群体集合，体现分工、协作以及相应责权利关系的机构。因此，组织是静态机构及其动态运行的统一，是为达成一定的目标而设计的集合体。例如，工厂、商店、社会团体、学校、医院等都是组织。组织具有以下特征：①拥有资源；②明确的目标；③精细的结构。

二、组织的基本要素

在组织行为学中，现代组织必备的四大要素为：人、财、物、信息。组织的各项活动往往是在一定的时间与空间内将四大要素进行配合的过程。

(1) 人。又称人力资源，是四大要素中最主要的要素。组织活动资源的配置是通过人来完成，正是由于人的存在，才使得组织具有生命的意义，没有人便没有了组织。其他三种要素(财、物、信息)相互替代、转换，或许可能会弥补一些人的作用，但不可能完全取代人的作用。严格来说，所有的财、物、信息都是人创造出来的。越来越多的组织把人才看作自己最重要的资产。

(2) 财。又称资金，是企业经营和生产的重要保证，是推动企业各项活动的重要动力。资金就像人身体的血液一样，缺少它企业就无法运转。充足的资金是企业生产经营活动顺利进行的重要保障，可以帮助企业提升自身利润，还可以提高企业的核心竞争力。但不是拥有足够的资金，企业就一定会成功，如果缺乏良好的资金管理，那么就会给企业带来很大的风险。

(3) 物。又称物资，主要指用于生产消费的生产资料，如土地、厂房、商场、机器、设备、原材料等，是企业生产中必不可少的条件。一般而言，企业可以根据市场供需情况将物和财进行转换。在绝大多数情况下，财要换成物才能进入组织活动。

(4) 信息。又称资讯。在信息时代，企业的经济活动基本上都是围绕信息来展开的。它可以促使企业的资金和物资朝着合理方向流动，进而更大程度节约社会资源。虽然在如今的时代，信息发挥着重大的作用，得到很高程度的重视，但在以前，信息往往被企业所忽视。随着科学技术的进步、人类社会的发展，信息在企业中的地位越来越重要，有时一条有用的信息就可以为组织带来巨大的价值。

三、组织理论

"组织理论"的概念最早是由厄威克与古利克提出的，它作为管理理论的重要内容，对研究组织结构、组织职能以及管理主体都具有重要的意义。从 20 世纪初，组织理论大致经历了三次发展：古典组织理论、行为组织理论、现代组织理论。

(一) 古典组织理论

古典组织理论对于组织理论的发展具有重要的影响，它是在资本主义企业有了一定的发展，积累了初步管理经验的基础上产生的。其主要代表人物有泰勒、法约尔、韦伯等人。

泰勒在 1911 年出版了《科学管理原理》一书，创立了科学管理理论。科学管理理论主要研究的是如何提高工人的劳动生产率以及如何管理组织工作。当时的西方社会正处于发展阶段，由于缺乏管理方法，生产中普遍存在各种资源浪费现象，造成生产效率低下。因此，科学管理理论被提出后得到了广泛的应用，其主要的思想体现在以下几个方面。第一，企业要单独设立计划职能部门，使计划工作与执行工作分开进行。同时企业还要实行有差别的工资制度。第二,实行职能工长制。这种制度可以把工作分成若干个较小的管理职能,每个管理者只负责其中的一小部分,从而有利于提高工作效率。第三,科学管理理论还提出了“例外原则”,即主管人员应把日常例行事务授权给下级管理,那么自己则可以集中精力考虑较重大的问题,为后来的分权化和事业部制等组织原则提供了理论基础。

1916年,法约尔以管理过程和管理组织为研究重点首先提出了行政程序理论,该理论对企业管理具有重要的作用。在该理论中法约尔提出了管理的五个职能,即计划、组织、指挥、协调、控制,其中企业的组织职能非常重要,主要包括设计组织结构、确定相互关系和行为规范以及进行员工的招聘评价和培训等。其次,他提出了管理的14条一般原则:劳动分工、权限与责任相符、纪律、命令同一性、指挥同一性、雇员利益与整体利益的一致、合理的报酬、集权制、等级链、建立秩序、公平、保持人员稳定、发扬首创精神、团结就是力量。在这些原则中,实行劳动分工、权限与责任相符、命令同一性、指挥同一性、集权制、等级链等。这14条原则对组织的结构和模式以及对组织的管理都产生了很深远的影响。此外,法约尔还指出要协调控制管理幅度和管理层次之间的关系,尽量把管理幅度控制在较小的范围内。最后,考虑高层领导的精力、时间以及能力的有限性,他提出组织应该设立参谋部门来辅助直线领导,减轻他们的负担。

德国社会学家马克斯·韦伯于1910年创立了行政组织理论,他认为,任何组织都必须以某种形式的权力作为基础,没有某种形式的权力,任何组织都不能达到自己的目标,而权力主要有三种类型:传统的权力、神授的权力、法定的权力。其中,法定的权力才是行政组织体系构造的基础。韦伯提出的行政组织具有以下特点:①有明确的分工,专业化程度较强;②组织会明确划分各种职务和权力等级;③有明确的规章制度,如严格的升迁制度、考核制度和奖惩制度等,不受个人情感因素影响;④组织内人员的任用都通过公开考试,合格后予以使用;⑤成员之间的关系都是对事不对人。韦伯的行政组织理论展现出了管理原理和原则的理性化。

古典组织理论形成之后也受到一些人的批评。首先,它把组织管理的重点放在组织的内容上,着重研究如何有效地利用已有的资源,提高生产效率,获得更多的利润,而忽视了人的价值。其次,古典组织理论只重视正式组织,而忽略了非正式组织。因此,随着社会的变化加剧,技术进步加快,人们对服务要求的质量提高,完全靠原来的办法可能无法很好地解决所有的问题,如何重新看待组织,学者们又提出了一些新的思想。

(二)行为组织理论

行为组织理论是20世纪30—60年代形成的,它主要的贡献是对古典组织理论做了一定的修改和补充。其主要代表人物有梅奥、麦格雷戈、巴纳德、西蒙等。行为组织理论对组织理论的贡献主要表现在两个方面:一是对古典组织理论的修正和补充;二是系统地研究了非正式组织形态。

1. 对古典组织理论进行了修正和补充

第一,鼓励企业采取新型的领导方法。通过霍桑实验,发现企业要采取措施,比如,一些激励策略来提高士气,促进协作,使企业员工能与领导真诚持久地合作,促进组织高效完成任务。

第二,行为组织理论对古典组织理论在组织结构方面进行了补充。古典理论中提出要设立参谋部来辅助直线领导，但是对于参谋和直线领导之间的矛盾和冲突如何解决并没有进行阐述。因此行为组织理论对组织结构中不同职能之间、直线与参谋之间产生的摩擦进行了研究，提出了一系列消除冲突的方法和措施，如参与管理、初级董事会、联合委员会、承认人的尊严以及良好的人际关系等。

第三，对于古典理论在管理幅度和组织类型方面进行了修改。法约尔的行政程序理论认为整个组织应该保持较小的管理幅度，但是管理幅度的确定要受到管理能力、监督职能、人的品格和交往的有效程度等许多因素的制约。因此，组织行为理论对此进行了深入的研究。此外，行为管理理论就组织类型也进行了探讨，认为组织类型的确定要依据情况而定，由于组织所处情景不同，具备的条件不同，不能一概而论。

2. 对非正式组织的研究

行为组织理论认为组织中存在非正式组织，它是在工作过程中自然形成的，并且与正式组织相互依存。这些非正式组织也有一些特点：成员往往是具有共同的准则和价值观，如地理上相邻、职业上相近或者利益相同等；非正式组织要求成员之间保持稳定而持续的关系，如果有人破坏这种关系，就会遭到成员的抵触；非正式组织一般会有自发产生的领导者；有特殊的交往关系。非正式组织一般会通过影响员工的工作态度进而影响组织的效率和组织目标的实现。一般来说，如果非正式组织是为了特殊问题而自愿组合起来的，它的存在比较短暂，一旦问题解决了，非正式组织也就解体了。

行为组织理论最积极的作用，就在于强调组织中人的因素，它认为组织中的人是“社会人”，而不是“经济人”。组织应该尽量满足人的各种需要，并且由于这种需求会引起行为动机，因而满足这种需求就能够提高组织的生产率。但由于它过分强调人际关系和满足人们的社会心理需要，因此降低了专业化的优越性，使工作效率受到一定的影响。

（三）现代组织理论

现代组织理论是 20 世纪 60 年代以来形成和发展起来的。这一时期涌现出各种不同观点的组织理论。人们把这一时期的组织理论概括为现代组织理论。其中具有代表性的有巴纳德的组织理论、西蒙的组织理论、伯恩斯与史托克的组织理论、霍曼斯的组织理论、利克特的“交叠群体”组织理论、菲德勒的权变理论。

1. 巴纳德的组织理论

巴纳德被称为现代组织理论的鼻祖，他凭借自己多年从事高层管理的经验，创立了一套重要的组织理论。他在《经理人员的职能》一书中指出组织是一个协作的系统而不是高度集权的系统。巴纳德对组织理论的贡献主要体现在以下几个方面：其一，提出了诱因和贡献平衡的理论，强调组织成员对组织作出贡献，组织就必须提供适当的报酬。其二，指出应根据员工的不同需求采取不同的激励模式，即激励的多重性。其三，重视组织中信息沟通的重要性。其四，构建了权威接受论。认为权威不是靠下达命令来取得的，得让员工理解并且乐意接受。其五，应该把组织看成一个整体的系统，成员之间要相互协作。

2. 西蒙的组织理论

西蒙是决策学派的代表人物，他认为管理就是决策，决策应该贯穿整个管理过程。他强调决策和决策者在组织中的作用，建立了有关决策过程、决策的准则、程序化决策和非程序化决策、组织机构的建立与决策过程的联系等原则。西蒙还进一步对古典理论中的直线与参谋的关系提出了改进，他认为下级是可以接受多个上级的命令的。但是如果上级的命令发生了冲突，下级就只能执行其中一个。

3. 伯恩斯与史托克的组织理论

处在迅速变化环境中的组织结构与处在稳定环境中的组织结构是有很大差别的。组织应该根据环境和组织的特点设计不同的组织结构。伯恩斯与史托克以英国 20 多家工业企业为样本进行了研究，他们发现适应于不同环境的不同组织结构可以划分为两类：机械的组织和有机的组织。机械的组织专业化人才高度集中，权力大多数集中在高层领导手中，并且上下级之间的沟通方式都是垂直的。在这种组织中，每个职务的角色权利、义务和技术方法都有明确规定。高层领导独占知识信息，通过发表指示和决定来管理下层员工，并且，组织的控制、职权和沟通都是分等级和层次来实施的。此外，它还强调员工要绝对服从上级指示。因此，处于稳定环境中的企业具有"机械组织"的特征。而有机的组织更加具有弹性。它的特点是：工作没有明确界定、自我控制、横向沟通；个人的任务由整个公司的总任务和目标来规定；个人的任务通过同其他人的共同协商和活动不断地调整和重新确定；由一个控制、职权与沟通组成的网状结构来协调；将专门的知识经验都用来为实现公司共同目标服务；组织内注意横向沟通，地位不同的成员之间沟通采取协商而不是命令方式进行；沟通的内容主要是信息和劝告，而不是指示和决策；重视对公司任务的完成和技术经济的发展，承担义务超过忠诚与服从。因此，处于迅速变化环境中的组织应该更具有弹性，通过设计不同的方案来应对变化的环境。

4. 霍曼斯的组织理论

社会学家霍曼斯把系统理论应用于组织问题的研究，创立了一个社会系统的模式。他认为任何社会组织都处于物理环境（如工作场所、设施的布局和环境气候等）、文化环境（如社会和组织的价值观、目标、规范等）、技术环境（如知识、技术手段等）中。这些环境在社会系统中影响决定着社会组织中人们的活动和相互作用。而在这些相互作用和活动的过程中，人们之间以及对环境也会产生一定的情感。这些活动、相互作用和情感就是霍曼斯所说的外部系统，即社会系统。

霍曼斯认为，活动、相互作用和感情这三方面是相互依赖的。其中一个因素发生变化，其他两个因素也相应地发生变化。例如，人们彼此之间交往越频繁，感情就会越密切，感情越亲密，交往也会越经常。同时，随着人们交往和相互作用的加强，不仅会产生新的情感，还会产生新的行为规范、新的态度以及新的活动方式，这种行为规范、态度和新的活动方式不是由外界环境引起的，而是由组织内部系统所影响。组织的内外部系统也是相互依赖的，其中一个发生变化，另一个也会发生变化。

5. 利克特的"交叠群体"组织理论

利克特认为组织是由互相关联发生重叠关系的群体组成的系统，这些互相关联的群体是由位于几个群体交叠处的个人来连接的。连接这些关联群体的人可以是单位的领导也可以是上级领导成员。利克特的"交叠群体"理论打破了古典组织理论提出的一人一个职位，各部门之间严格划分界限的观念，他强调不仅要对自身工作承担责任，还要在各部门之间、人与人之间起协调的作用，特别是在上下级之间起联络的作用，以增强沟通和协调，提高组织效率。

6. 菲德勒的权变组织理论

权变组织理论的代表人物是菲德勒，它是在20世纪70年代形成的一种管理理论。该理论强调组织自身的设计是可变的，并不存在一种简单的普遍适用的组织设计，一切都依情况而定。组织应根据组织所处的内外部环境随机应变，针对不同的具体条件寻求不同的最合适的管理模式、方案或方法。比如，学校、医院等机构面临一个相对稳定的环境，其结构设计就比较稳定；而企业中的研发部门和营销部门面对的环境可预测性很弱，其结构不易确定。可见，权变理论实质上就是主张从实际出发，具体问题具体对待，然后找出合适的办法来解决问题。因此，正确的管理方法应根据组织的具体情况来定，以便应对外部复杂的环境变化和内部的冲突，从而增强组织的适应力。

第二节　组织结构

一、组织结构的概念

一场演出要获得成功，不仅需要演员精湛的演技，而且需要有优秀的剧本；相应地，一个管理者要想使组织运行良好，则必须设计一个合理的组织结构来适应内外部环境的变化。在同一个组织中，如果设计不同的组织结构，就会形成不同的协作关系和权责结构，那么也就可能产生不同的效果。

组织结构是指组织成员如何对任务进行分工、分组和协调合作来实现组织目标的结构系统。也就是说，组织的管理者需要确定在组织成员和任务之间搭建什么样的联系。通常，一个组织的结构会反映在其结构图上。组织结构图是对一个组织的一整套基本活动和过程的可视化描述。

二、影响组织结构设计的关键因素

组织设计是对组织结构和组织活动的设计过程，是把任务、权力、责任和利益进行有效地组织协调的过程，使组织保持灵活性和适应性，以实现组织目标的过程。管理者在设计组织结构时，要考虑六个关键因素，即工作专门化、部门化、指挥链、管理幅度、集权与分权、正规化。

（一）工作专门化

在组织中，一个人不可能完成全部的工作，也不可能所有成员都去做同一件事。这就需要将组织的工作任务分解成若干个步骤，每个员工分别完成其中的一个步骤。亚当·斯密在《国富论》中首次提到劳动分工的概念，他认为劳动分工可以提高组织的效率，也就是说工作任务分工越精细，员工完成任务的效率也越高。20世纪初，亨利·福特的生产流水线例子就生动地阐释了劳动分工的重要性。他给每位技能相对有限的工人分配较小的、标准化的任务，使他们能重复完成同一种操作。这种分工方法使得福特公司的生产效率大大提高，达到每隔10秒就能生产出一辆汽车。通过福特汽车的例子，我们可以发现如果让员工从事专门化的工作，可以提高他们的生产效率。

如今，不管是服务性企业还是生产性企业，人们都会把工作任务分成若干个细小的部分，每个人完成其中一部分。因此，工作专门化这个术语就被引入进来，用来描述组织中的活动被划分为若干个步骤的细化程度。其实质就是每个人专门从事工作活动中一部分，而不是全部。

20 世纪 50 年代以前，管理者一直采用工作专门化的方式来提高生产效率。他们认为工作专门化是提高生产力的不竭之源。因为，员工从事的都是简单重复性的工作，不仅可以节约时间，还可以降低人力资本。在当时这种方法总是能提高效率的。但是到了 20 世纪 60 年代以后，随着社会的发展进步，员工已经不再只关注经济方面的因素了，开始往生活质量以及休闲娱乐等方面考虑，因此，一些组织出现了劳动生产率下降的情况。这表明工作专门化并不能持续地提高生产力。因为，过分的生产专门化会导致员工出现疲惫感、压力感，产生厌恶情绪进而导致生产效率和生产质量的降低，最终造成员工的流失。这种人的非经济因素带来的负面影响已经超过经济性因素的优势，如图 13-1 所示。一些研究表明，如果让员工的工作任务多样化、复杂化，则可以提高员工的工作满意度，从而提高工作效率和工作投入。

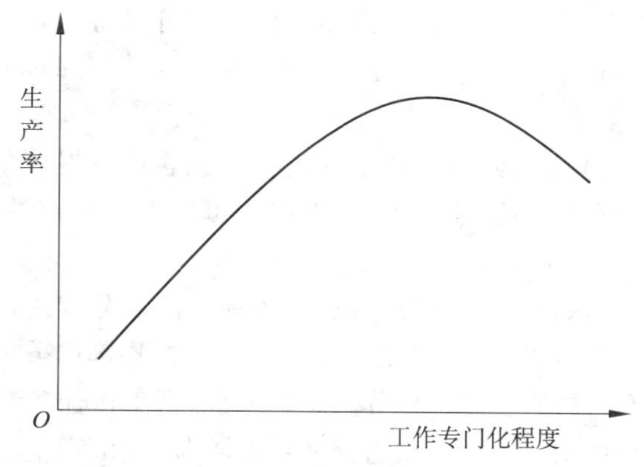

图 13-1　工作专门化的经济性和非经济性

（二）部门化

部门化被称为工作分类组织的基础。当工作专业化将任务细分完成之后，就需要按照类别对它们进行组合，以便协调具有共同性的工作。因为随着组织的不断扩大，组织中的专业化岗位也越来越多，需要对这些具有相同性质的岗位进行组合，将这些岗位组合成部门。常用的划分部门的方法主要有以下几种：按照职能划分，按照地域划分，按照产品和服务划分，按照流程划分，按照顾客划分。

在组织中最常用的方式是按照职能对各项活动进行划分。例如，制造业的领导者通过把工程、会计、制造、人事、采购等方面的专家划分为常设的部门来组织工厂；而一个学校可能设有教务处、学生处、财务处、人事处等。职能部门通常是把专业技术、研究方向等接近的同类专业人才集中在一起，方便他们互相交流和学习而提高工作效率，实现规模经济。但是这种划分方法也有一定的缺点，例如由于专注于特定的领域部门的专业人士可能更关注部门目标的实现而不是组织目标实现，会犯“只见树木，不见森林”的错误。

按照地域进行部门划分是指一个公司按照地理位置、销售地域进行部门设置。例如某个销售公司可以按照东南西北四个片区来划分管理。每个片区可以指派一个经理负责管理该区的经营活动。这种划分的优势在于可以针对每个区域的环境和需求偏好，制定相应的应对策略。如可口可乐、雀巢以及其他很多食品和饮料企业主要按照区域划分事业部。

也可以根据组织生产的产品和提供的服务来进行部门划分。当组织的规模不断扩大，产品或者服务的样式也越来越多时，就需要根据产品和服务的类别进行划分。例如飞利浦公司因为全世界消费者的消费偏好大致相似，因此采用了产品事业部式组织结构。因为不同的产品和服务有不同的特点，需要将某一类重要的产品和服务都归于某一个高层管理人员的管理之下。例如，保洁公司旗下的汰渍洗衣粉、帮宝适纸尿裤等一些重要产品，他们的高层管理人员在全球都有负责。这种方式的优势在于一个管理者就可以指挥所有的与该产品相似的活动，能够有效提高绩效。当然这种部门划分方法也存在一定的缺陷。因为每个产品分部都有一定的自主经营权，总部对其缺乏一定的控制力度。此外，当各个产品所涉及的产业领域差距较大时，公司需要花费大量的人、财、物等去深入了解，具有一定的风险性。

还可以按照流程来划分部门，它是生产制造业划分部门的一种常见方式。在生产过程中，由于不同的生产环节需要不同的技术，按照这种方式可以将专业技术相同的人才集中起来，更加便于培训和沟通，能够提高生产效率。如某饮料生产车间设有水处理部、配料部、灌装部、贴标包装部等。

按照顾客类型对部门进行划分可以对不同类型的顾客进行专业的管理。这种划分方法是假设每一类顾客都有相似的问题和需求，那么组织可以安排特定的专业人员进行指导，可以更加了解顾客需求，维系客户关系。

大型的组织在进行部门划分时，可以综合运用各种部门划分方式，以取得较好的效果。可以按照职能类型来组织各个分部，也可以根据地域特点将销售部门分成几个销售业务单位，还可以根据生产过程按照不同的流程进行划分。总的来说，当工作任务越来越复杂时，要完成这一任务需要更多更复杂的技能，因此，现在的管理者也逐渐采用跨职能的团队工作方式。

（三）管理幅度

管理幅度指在组织中一个管理者能够直接有效控制多少个下属。对于组织来说，管理幅度非常重要。它关系到组织要设计多少个层级，每个层级配备多少个管理人员。一个组织的管理层级多少，表明组织结构的纵向复杂程度。大企业从总经理到基层员工可能有5～6个层级；小企业可能只有2～3个层级。例如，纽柯公司在20世纪60年代中期处于刚起步阶段公司只有三个层级，但是如今纽柯作为产量最大的炼钢企业，拥有20 000名员工，在全世界超过48个工厂。所以现任的CEO丹・迪米科不得不增加管理层级。管理幅度说明一名上级直接领导的下级人数。管理幅度少则3～4人，多则10多人。一般来说，管理幅度和管理层级是成反比例关系的。当组织规模一定时，管理幅度越大，管理层级越少；反之，管理层级越多。

当然管理幅度设置不当也有一定的缺陷。当管理幅度过窄时，虽然管理者可以给予下属充足的指导，但也有一定的弊端。第一，会造成管理成本的增加；第二，垂直方向的信息交流不畅，导致信息在传递过程中失真，降低下属的积极性；第三，容易造成对下属的控制太严，使下属不能自由发挥。当管理幅度过宽时，虽然上下级之间的信息传递比较方便，但是上级无法保证给予每个下属足够的支持和指导，对下属的自信心有一定的打击。

（四）集权和分权

集权是指组织的决策权主要集中在高层管理者手中。分权是指组织的决策权分散到多个管理层次或主体之间的程度。集权和分权是相对的概念，没有绝对集权的组织，也没有绝对分权的组织，只是根据集权和分权的程度对组织进行决策时采用的风格进行界定。

一般来说，组织在进行决策时可以采用不同形式的风格，当组织的经营决策和管理权主要集中在高层管理者手中，管理者不考虑或者很少考虑低层管理人员的意见时，表明这种组织结构的集权程度较高；如果把许多权力分给较低的管理层，让他们参与组织的决策或者自行作出决策，那么这个组织的分权化程度较高。

集权的组织要求高层管理者往往拥有更多的组织信息，更能够把握组织当前的战略重点，制定决策时能够考虑得比较全面。虽然决策的速度比较快，但是也存在很大的风险性。近年来，随着组织规模的扩大以及组织朝着扁平化发展，分权决策的趋势比较突出。分权式的组织在解决问题上反映更加迅速，有更多的基层管理者参与到决策当中提供意见，虽然决策速度较慢，但是可以有效降低决策风险。

（五）指挥链

指挥链是一条从组织最高层级贯穿到组织最低层级的不会断裂的权力线条。它明确指出每位员工的上级是谁、下级是谁，并且可以解答员工提出的“有问题时，我要找谁解决”、“我应该向谁负责”等问题。

在命令链中，职权和统一指挥是两个非常重要的概念。其中，职权是指管理者因为所占有一定的职位而拥有发布命令并且使他人服从和执行的权利，而不是因为个人特点而拥有一定的权利。在命令链中，每位管理者都有自己的位置，他们为完成自己的职责和任务，都要被授予一定的职权。统一指挥是指下属只能由一名主管对其直接负责，也就是说，下属不会接受其他领导的命令。如果统一指挥遭到破坏，下属可能会面对多个领导的指示，会使下属感到困惑，无所适从，同时也增加了他们的工作量，那么组织就会陷于混乱中，经营效率下降。因此，统一指挥有助于保持命令链的连续性和高效性。

随着信息化时代的到来，在互联网世界中任何员工都可以及时地沟通交流，获取即时信息。如今一名基层员工可以在几秒钟内就能得到原先只有高层管理者才能得到的信息。因此，信息技术的发展使得自我管理团队、交叉功能团队和新型组织结构设计思想得以盛行，管理者的权利以及统一指挥在组织设计中的重要性大大削弱了。但是，在组织设计中还应考虑命令链的作用。

（六）正规化

正规化是指在组织内部实现标准化的程度。主要就是指组织中采用书面文件的数量，既包括组织中各项管理工作的程序、方法、要求等规章制度，也包括传递信息的各种书面文件（如计划、指示、通知、备忘录等）。

在正规化程度较高的组织中，有更多明确的工作说明，有大量规章制度，需要员工按照流程来办事，这使得员工在工作内容、工作时间以及工作方式上的自主性降低。例如，会计岗位就要求员工严格按照会计准则和财务制度来完成记账工作，会计科目和记账方式都是具有标准化的流程和说明的，会计人员基本上没有自主抉择的权利。相反，在正规化程度较低的组织中，员工对自己的工作有更宽的处理权限。例如销售行业的营销人员，组织很少会规定他们在什么时间，采用什么方式来完成任务。他们可以根据自己的时间来安排工作流程和工作方式，具有很高的自主性。

三、组织结构的模式

组织结构多种多样，但并没有统一的最好"模式"。不同的公司有不同的组织结构模式，同一个公司在不同的发展阶段也会根据需要不断调整组织结构模式。例如戴尔公司在2009年为了应对业绩下滑对公司的整体结构进行了调整，以应对经济危机。因此，组织结构的模式不是一成不变的，会随着环境以及公司的发展不断调整。常见的六种组织结构是直线制组织结构、职能制组织结构、直线职能制组织结构、事业部制组织结构、矩阵型组织结构、混合式组织结构。

（一）直线制结构

直线制结构是指每位员工都只听从一个上级的指示并且严格执行这个指示。它是被最早提出并且形式最简单的一种结构。直线制结构的主要特征是：高层管理者拥有决策权，集权化程度较高，只设立直线部门，不设其他职能部门，可以达到决策迅速、命令统一、权责分明、节约管理成本的效果。但是这种结构要求高层管理人员能够正确掌握企业的信息和动态，并且具有完备的才能。因此，直线制适合规模比较小、业务活动简单、稳定的企业组织。例如，现如今，乐百氏（广东）食品饮料有限公司是中国饮料工业十强之一，是居于世界食品行业领先地位的法国达能集团成员。而在早期（1989—2001）乐百氏一直采用直线职能制架构模式。因为该公司在创业伊始，公司规模小，组织层级比较简单，这种直线职能制结构模式使得乐百氏在创业初期得到快速稳定的发展。但是随着乐百氏规模的不断扩大，直线职能制逐渐失效。直线制组织结构如图13-2所示。

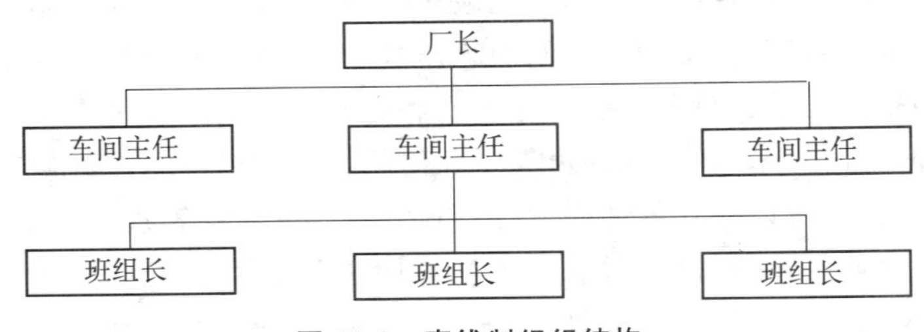

图13-2　直线制组织结构

（二）职能制组织结构

泰勒最早提出了职能制的组织结构，他认为，在整个管理领域内，必须用"职能式"的组织来代替军队式组织。因为当组织人员越来越多，任务越来越复杂时，需要管理层处理和决策的事情就越多，如果还沿用直线制组织结构就会占用领导大量的时间和精力，降低决策的效率。而职能制结构可以使组织中的活动从上至下按照相同的职能组合起来，将专业技能紧密联系的业务活动归类组合到一个单位内部。这种组织结构可以减轻高层领导者的工作任务，提高管理决策的水平；将同一种类的业务划分到同一个部门，责任分工更加明确，更加适合组织规模中等、技术复杂、管理工作比较精细的组织。同时，职能制结构有利于员工在一个固定领域内的技能不断提升。但缺点也比较明显，例如不利于集中领导和统一指挥，容易形成多头领导，造成下属在执行命令时无所适从，影响工作效率。所以现代的企业组织一般不采用职能制组织形式。职能制组织结构如图 13-3 所示。

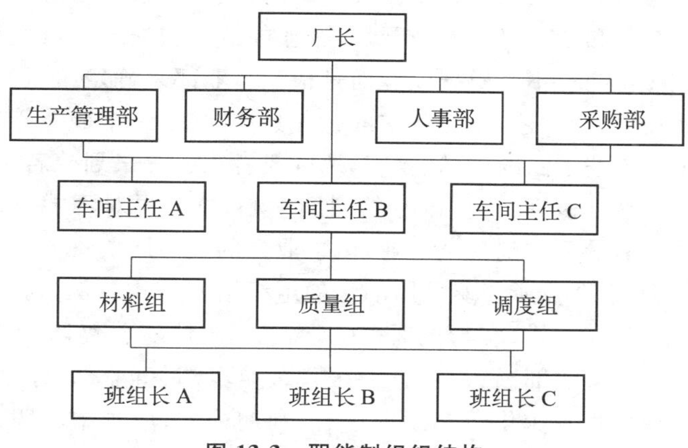

图 13-3　职能制组织结构

（三）直线职能制组织结构

直线职能制组织结构在现代企业中运用得比较广泛，应用的时间也比较长。它是把"直线制"和"职能制"结合合起来，摒弃了二者的缺点，结合它们的优点而设计形成的。直线职能制组织结构既克服了职能制结构多头领导的问题，又解决了领导精力和技术有限的难题，因此，直线职能制保留了职能机构，又设立了参谋机构，这样可以削弱职能机构的指挥权力，发挥参谋人员的作用。例如，假如上级要对下级下达命令，行使监督权时，需要征求主要行政负责人的同意，形成统一的意志和思想。这种组织结构的优势在于便于统一领导和指挥，各部门分工明确，职能人员的专业才能也能得到充分发挥。缺点就是各部门之间的交流较少，直线部门和职能部门之间容易产生矛盾，领导层的协调工作量较大，难以培养全面的管理人才。对于一些外部环境比较稳定的中小企业，使用直线职能制组织结构比较有效。但是对于组织规模较大，决策时需要考虑更多更复杂问题的企业不太适用。直线职能制组织结构如图 13-4 所示。

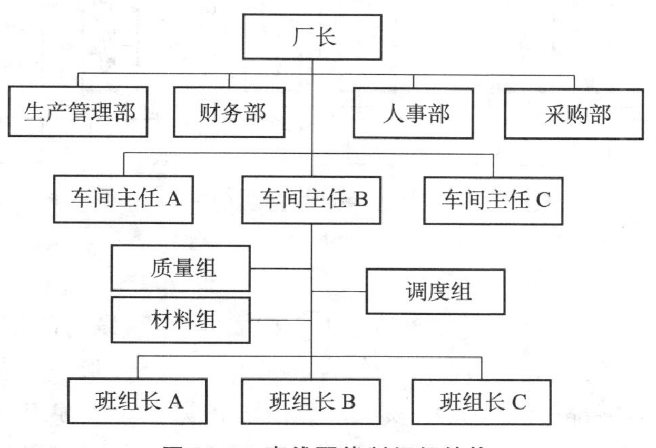

图 13-4　直线职能制组织结构

（四）事业部制组织结构

事业部制组织结构也称分权制结构，是由美国管理学家斯隆最先提出的。它遵循“集中决策，分散经营”的原则，即高层领导集中决策，各个事业部分散经营的管理模式。因为随着组织的不断扩大，新产品和新项目的不断开发，企业的战略与战术决策变得更为复杂和难以预测。在这种情况下，管理者不能根据职能而是根据事业部来确定组织的结构。例如，大量的产品需要采用不同的生产工艺，而对其中的各种具体问题，一个职能管理者是根本无法解决的。因此，总公司需要按不同的产品、顾客、地区或者渠道等来划分若干个不同的事业部，使它们成为自主经营、独立核算、自负盈亏的利润中心，总部再对不同的事业部进行集中管理和决策，其他的权力尽量下放到各个事业，由事业部的领导层负责。

事业部制是许多大型企业所普遍采用的一种组织结构形式。例如，海尔集团在 20 世纪 80 年代的时候同其他企业一样，实行的是“工厂制”。但是随着集团的成立以及业务的发展，从 1996 年开始实行“事业部制”，集团由总部、事业本部、事业部、分厂四层次组成，分别承担战略决策和投资中心、专业化经营发展中心、利润中心、成本中心职能。事业部制的主要优点在于组织中的高层管理人员有更多的精力和时间集中制定组织的战略规划，对组织的重大事项进行决策，有利于组织的长远发展；组织的专业化分工更加明确，员工各司其职，更能发挥自身能力，提高他们的主动性和积极性；更有利于组织灵活面对环境的变化，增强其适应性。但是事业部制组织结构容易造成机构重复设置，管理人员膨胀，同时各事业部之间的协调会出现障碍，增加协调成本，而且会以各自事业部的利益为主，忽略公司的总体利益。因此，在设置事业部组织结构时应权衡考虑，尽量弥补其缺点，使之发挥更大的作用。图 13-5 是事业部制组织结构。

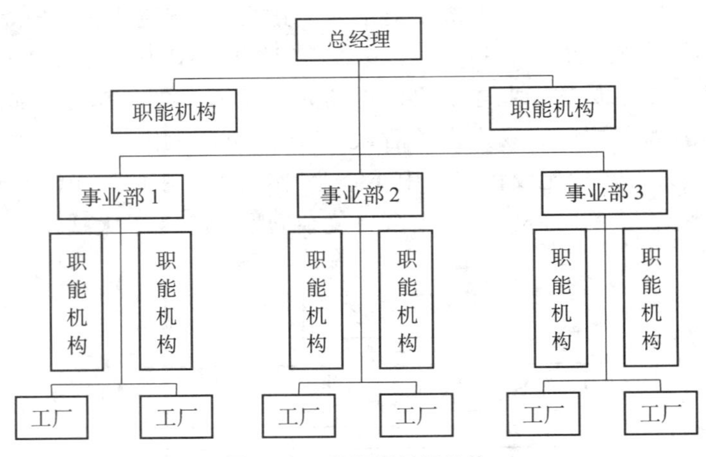

图 13-5　事业部组织结构

（五）矩阵制组织结构

矩阵式组织是把一个以项目或者产品为中心构成的组织（横向的项目系统）与按照职能组合业务活动的组织（纵向职能管理系统）结合起来的一种组织形式。它通常是组织为了完成某一特定任务，各职能部门派送完成该项目所需的各类专业人才组成项目工作来完成任务。这些被派送来的人员，在行政关系上仍归属于原所在的职能部门，但工作过程中要接受项目负责人的领导。当项目完成之后，部门派出的专业人员重新回到原来的职能部门继续完成该部门分配的其他任务。因此，矩阵制结构比较适合那些较多以项目形式开展工作的组织，而且这些项目富有创新性，管理起来比较复杂。例如花旗集团、BioWare公司等采用的结构形式就是矩阵式组织机构。其结构如图13-6所示。

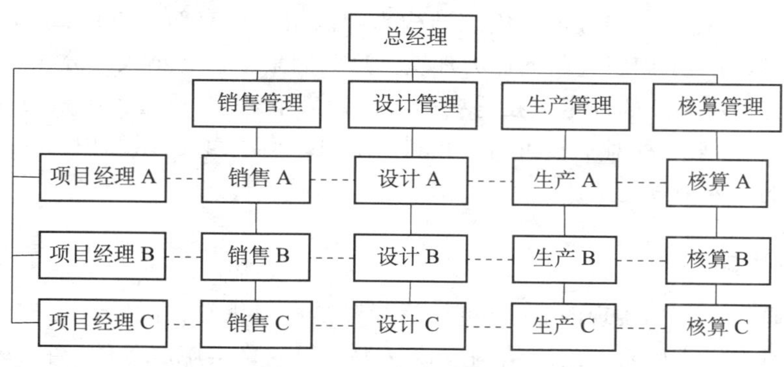

图13-6　矩阵制组织结构

如图13-6所示，在纵向上，行使的是职能组织的职责权限，通过纵向的职能部门，使各类专业人员能够发挥自身技能和才能，实现专业化分工；在横向上，行使的则是项目职权，由项目经理负责协调各方面的观点和决定，将最终的项目成果向总经理报告。当然这种结构形式也有其优缺点。其优点主要表现在：把各种专业人才聚集到一起可以集思广益，发挥不同的才能，使项目快速顺利地完成；增强组织的灵活性和弹性，可以根据项目需求随时抽到不同的人才。其缺点主要是会造成多头领导，增加员工的业务量；按项目临时组成的项目组不稳定、比较短暂，员工经常调动，造成人事关系不稳定。

（六）混合式组织结构

混合式结构就是根据组织的需要综合运用以上各种结构。因此，大型的跨国公司通常会采用混合式组织结构来应对多变复杂的环境。例如，一家大型公司拥有多个产品线或市场，通常会综合职能式、事业部式结构而组织若干自主经营的单位，同时，有些职能也集中在总部控制，以获得规模经济和深度专门化。但混合式组织结构也存在缺陷，首先，机构比较庞大，管理起来比较困难；其次，费用相对较高，而且各个部门之间也不易协调。图13-7显示了这种结构。

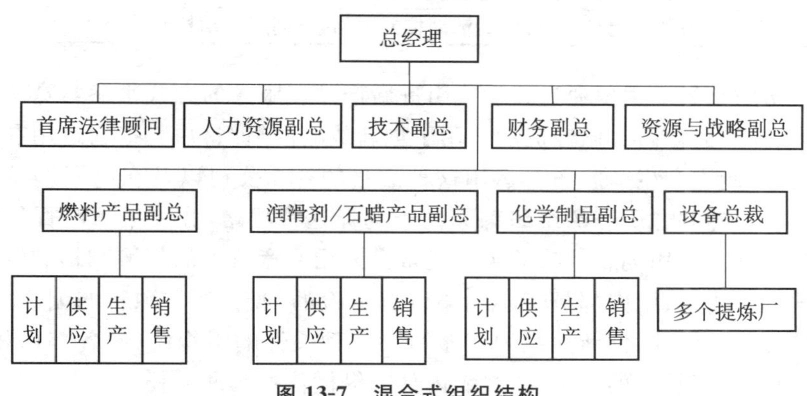

图13-7　混合式组织结构

第三节　影响组织结构的因素

前面已经介绍了组织结构的主要模式，现在我们需要关注如上提及的结构模式的影响因素。到目前为止，受到普遍认可的组织结构影响因素主要有四大方面：组织战略、组织规模、组织的技术能力和组织所处的商业大环境。这些因素影响着集权与分权、职能化与部门化以及专业化与控制幅度的确定。在这些因素的约束下，组织通过各种权力控制集团的斗争和平衡，最终选定某一种对本集团利益有利的组织结构。因此，组织中的权力与控制也是影响组织结构的重要因素之一。

一、组织战略

组织结构是组织目标实现的载体，组织目标又是由组织总体战略决定的，因此，组织结构和组织战略具有紧密联系。组织结构应该是为组织战略实施服务的，当组织的战略发生变化时，组织结构也应该做出相应的调整，以便更有效地配合组织战略的变动。组织战略与组织结构的主从关系表现在以下四个方面：组织战略使组织结构更加规范；合适的组织结构，才能配合组织战略实现组织目标；与组织战略不一致的组织结构阻碍组织目标的实现；组织结构改变才能在实质上改变组织战略。

早在 1962 年，美国学者钱德勒就在《战略与结构：美国工业企业历史的篇章》一书中提出了结构随着战略而定的著名论断，认为单一的经营战略多是与简单和职能化的组织结构相伴随；而复杂的经营战略则是与多部门的组织结构紧密相联系的。钱德勒关于组织战略概念的阐述是简单抽象的。按照迈克尔·波特的观点，组织需要将它们自己和竞争对手区分开来，并放在一个不同的地位以构建和保持竞争优势。现在组织有很多方法来构建自己的竞争优势，但是大多数组织的基本战略主要有三种：创新战略、成本最小化战略和模仿战略，与之相应的是不同的组织结构设计。

表 13-1 列举了三类竞争战略与其对应的组织结构的特点。

表 13-1　组织战略—组织结构

组织战略	组织结构特点
创新战略	结构松散，工作专门化程度低，正规化程度低，分权化
成本最小化战略	控制严密，工作专门化程度高，正规化程度高，高度集权化
模仿战略	松散搭配，对于目前的活动控制严格，对创新活动控制较松

创新战略指的是组织主要通过开发或引进新产品和服务的方式来参与竞争。创新战略注重有意义的、独特的创新。已经成功运用了创新战略的组织包括：把它运用在许多生产线上的保洁公司、在制衣和生产胶布时运用这种战略的 3M 公司以及在电子产品研发领域著名的苹果公司。显然并非所有的组织都倾向于选择这种战略，像英国玛莎百货这样的传统型零售商就是例外。采用创新战略的组织通常会采用有竞争力的薪酬和福利制度来吸引外部有创新意识的人才，激励内部员工不断尝试有风险的创新，注重独特的创新能力，关注外部不断变化的环境。因此，创新性组织战略需要一种柔性的组织结构，各部门相对分权，制度约束较低，员工享有较高的自主性，组织内部的纵横信息沟通顺畅。

成本最小化战略指的是组织对生产或服务成本进行非常严格的控制，限制不必要的发明创新和营销费用，并且尽量降低产品的售价。选择成本最小化战略的组织寻求一种相对竞争对手的显著成本优势，让一部分利益给消费者，从而获得一个更大的市场份额。生产圆珠笔的 BIC 公司和沃尔玛公司追求的就是成本最小化战略。很显然，为了达到成本最小化的目标，工作专门化、标准的程序设计、高度集中化和严格的控制体系显得非常必要。

模仿战略指的是组织试图充分发挥上述两种战略的优势，既不断地推出新产品和服务，又追求风险最小化和利润最大化。在一种新产品或新服务的开发潜力被创新组织证明之后，这种组织通过积极模仿形成自己的新产品，然后利用标准化的组织积极降低生产成本，迅速扩大市场份额。这种战略要求组织既具有灵活的组织结构保证创新能力，又要有高度专门化、正规化的组织结构保证低成本。惠普公司和卡特皮勒公司就是这样做的，这两家公司追寻那些较小的、富有创新精神的竞争者的步伐，但只有在竞争者证明了市场的确存在后，才以优质产品争夺市场。

二、组织规模

组织规模一般指的是组织内的员工总数，在组织发展初期对组织结构的影响程度要远大于组织发展到在扩大时期的作用。管理者控制员工的活动和行为的方式主要有两种：一种是直接的监督，即增加管理人员和减小管理幅度；另外一种是采用正规化的原则。当企业组织规模扩大时，往往会带动其组织结构上的水平分化及垂直分化，同时会增加规则和程序以取代直接监督成为协调的主要手段，此外，亦会带动组织做适度的授权，以利于庞大组织的运作。因此，当组织规模逐渐变大时就会出现分权式管理的趋势。

表 13-2 比较了大规模组织和小型组织在组织结构中的不同之处。

表 13-2　大规模组织与小规模组织的组织结构特点比较

比较项目	大规模组织	小规模组织
管理层级数量	多	少
工种和部门数量	较多	较少
技能和功能专业化程度	高	低
分权化程度	较高	较低
规范化程度	较高	较低
高层管理人员百分比	较小	较大
技术与专业人员百分比	较大	较小
办事与维修人员百分比	较大	较小
书面沟通和文件	较多	较少

研究表明，组织结构存在很多困境。加强员工的工作参与性本来是件好事，但是需要控制活动的科层体系却趋向于减少员工参与，这样导致了潜在机会的浪费。另一个困境来自工作流程标准化的使用，它并不是对员工提出贡献要求后让其自己决定怎么做，这样可能会降低员工满意度和工作绩效。第三种困境就是如何协调专业化和整体目标问题，因为专业人员们喜欢按照自己的目标而不是组织的整体目标行事。随着组织规模的不断壮大，这些组织结构困境也将越发的明显。

Meijaard 等人通过对荷兰 SMEs(中小型企业)的研究，界定了九种组织结构，他们发现跨部门研究中涉及不同的结构，其中有些结构就组织绩效来讲要比其他结构更适合于某个部门。但没有证据表明某类型的组织结构在总体上要好于另一种。

三、组织技术能力

技术指的是组织把自己的人、财、物等资源转化为产品或服务的方式，福特汽车公司主要应用装配线流程来生产汽车，而高校则可能运用授课法、案例分析法等教学与指导技术。

技术对组织影响的一个经典研究来自琼·伍德沃德。她对 92 家英国公司按照生产方式和技术（单件生产、大规模生产或流水线生产）进行分组时发现，生产系统碰巧对应着特殊的组织形式。伍德沃德的主要发现是：

(1) 随着技术复杂程度的提高，管理层级的数量从 3 上升到了 6。

(2) 在大规模生产中，一线管理者的控制幅度（41～50）要高于单件生产中的控制幅度（21～30），而后又高于在流水线生产中的控制幅度（11～20）。

(3) 管理者和监督者占全体员工的比率在流水线生产中要高于大规模生产，后者又高于单件生产。

在伍德沃德的研究之后世界一直在变化，但该研究的重要之处在于引起了人们对技术与组织之间关系的持续兴趣。奥尔德里奇重新检验了阿斯顿研究组在组织结构方面的早期研究，结论认为技术可以作为一个自变量，这意味着“它对组织结构的很多方面产生了因果影响”。

后来，查尔斯·佩罗打破了只在制造业内研究技术与组织之间的局限性，把注意力从生产技术转向知识技术上。他设计了一个方法，可以根据任务多变性及任务的可分析性的程度，构建一个如图 13-8 的 2×2 矩阵，将技术划分为四种不同的类型：常规技术、工程技术、工艺技术和非常规技术。同时，佩罗指出控制和协调方法必须因技术类型而异：

常规的技术——高度正规化和集权化的结构。

非常规的技术——分权化，低程度的正规化。

手艺技术——相对常规技术需要分权化。

工程技术——适当分散决策权，以低正规化来保持组织的灵活性。

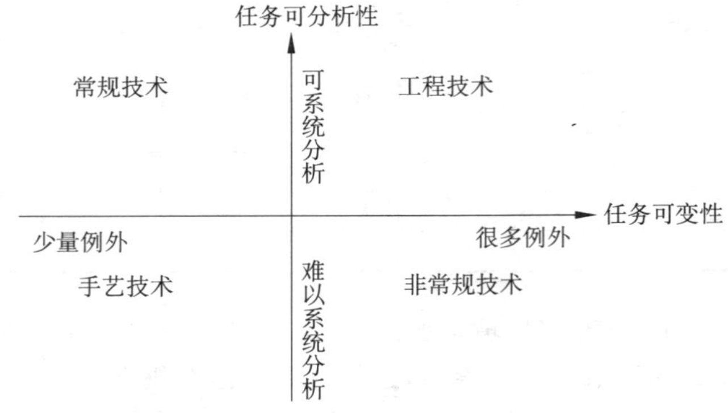

图 13-8　佩罗的技术分类

四、组织环境

组织所处的环境包括在组织外部可能对组织绩效造成潜在影响的各种机构和力量，其中典型的有供应商、客户、竞争者、政府管理机构和公众压力群体等。环境的不确定性程度极大地影响着组织结构。对于环境因素，管理者和员工需要思考的是：①组织目前所处环境的特性和未来环境的变化趋势；②这些环境要求是怎样影响组织处理信息、应对市场和技术领域的变化以及达到分工与合作的理想水平能力的。

1. 环境的基本特征与类型

为了进一步理解环境的不确定性，首先需要分析组织所处环境的特征，判断出组织环境的类型。不同环境的特征主要在复杂性和动态性方面存在差异。

复杂性是指环境各要素之间的异质性和集中化的状况。简单的环境是同质的和集中的，比如烟草行业内的经营者较少，竞争者之间很容易观察和注意到彼此之间的动态和举措。复杂环境是相对异质性和分散性的，比如在与网络相关的行业中，几乎每一天都有新的竞争对手出现，使得同为网络产品提供者的公司不得不作出应对措施。

动态性是指环境各要素在一段时间内的稳定程度。当环境中存在着大量不可预测的因素时，这个环境就是不稳定的、动态的；环境的动态性也要求组织能够对顾客和其他利益相关者的需求做出迅速反应。动态的环境需要组织管理者综合各种信息，运用多方面的决策技术，迅速做出有利于组织利益的决策。与此相对的是稳定的环境，但是在当今社会这种环境很少存在了。

根据上述环境特征的两个维度，图 13-9 将环境不确定性分成四种基本类型。

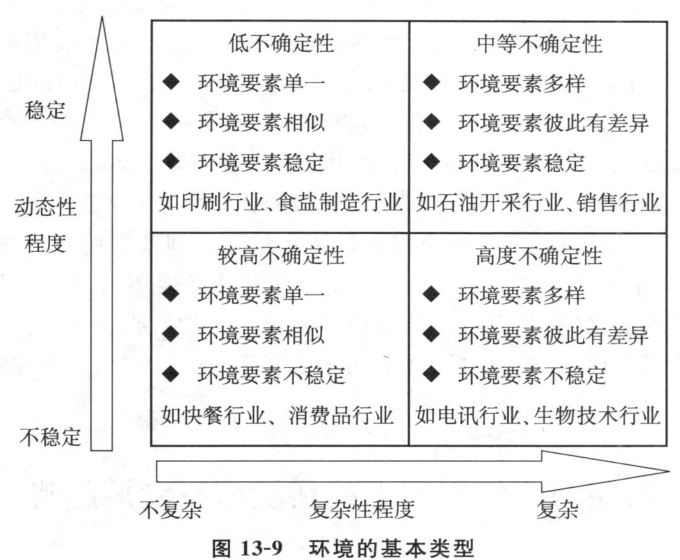

图 13-9　环境的基本类型

2. 环境与组织结构

环境不确定性对组织有三大影响。第一，它导致各部门之间的意见分歧增多。每个部门（如营销、制造等）只注意环境中它负责的某一部分，以便应对不确定性。因此，在目标、任务方向及时间水平等方面与其他部门意见不同。部门是有工作自治权的，这一因素会造成部门之间的壁垒。第二，为使各部门进行合作，公司需加强协调以打破部门间水平壁垒。第三，公司应有灵活及反应性的态势，以适应环境的变化，而这种适应也需要更大的水平协调。

面对不同的环境类型，组织管理者需要设计不同的组织结构与之相适应。

(1) 同质稳定环境(图 13-9 左上格)。处于此类型环境中的组织很少出现意外情况,管理者只需要保证员工持续地按照组织既定的程序和方法工作就能维持组织的不断生存发展。管理者和员工在这样的组织环境比在其他环境下所需要用的技巧、正规培训和工作经验都要少。

(2) 异质稳定环境(图 13-9 右上格)。处于此类型环境中的组织面临复杂多样的环境,管理者和员工经常会遇到不同的风险。管理者需要设计相对灵活的组织结构去适应异质的环境,但是环境状况是相对稳定的,因此正规的培训和固定的工作程序就能保证组织运行正常展开。

(3) 同质不稳定环境(图 13-9 左下格)。处于此类型环境中的组织面临的环境要素单一、变动性较大,管理者、员工和组织结构都要有弹性。经常变动的环境可以用合理的技术和适当的分权决策去适应。

(4) 异质不稳定环境(图 13-9 右下格)。处于此类型环境的组织面临的条件最困难,组织面临众多的不确定性。这种环境要求组织管理者和员工具有较强的经验、洞察力和解决问题的能力,标准的工作程序和技术方法只能起到辅助作用,更多时候靠人去灵活地应对。

组织结构和环境的不确定性有关。具体来说,越是稳定的操作环境,就越是应该用机械式的结构;越是动荡和多变的环境,越是应该用有机式的结构。

五、权力与控制

权力是指个人、群体诱导和影响别人或其他群体的信念、行动的能力。组织中存在着不同的权力主体,他们对企业组织的生产活动都有自己的一定的影响力,也就有了一定的权力。这些主体包括股东、经营者、工人、技术人员、服务人员还有企业中的参谋顾问人员。有了不同的权力主体也就会有不同的利益目标,因此,各个权力团体都试图对组织中的决策过程施加尽可能大的影响力,以使决策对自己的权力团体有利,至少也不会损害到其利益。决策者对战略、规模、技术和环境等因素有更大的决定权。管理者在所处的领域中有多种战略方案,他们可以选择某一战略来满足自己的要求;也有选择使用技术的决策权,管理者还能主动影响其所处的环境,特别是大规模的公司,可以通过并吞、联合、广告等策略来减少环境带来的风险。因此可以说,战略、规模、技术和环境不是对组织结构起决定作用的因素,而是管理者的决策起着决定作用。

第四节　组织形态的新类型及发展趋势

随着全球化和知识经济的发展,组织结构形式朝着更加灵活的方向发展,使得组织能够更加迅速地应对外部环境的变化。其中,一个比较重要的变化趋势是组织中纵向的层级减少,横向的整合更加强大,组织呈现出扁平化和横向化的特征;另一个比较重要的趋势是组织的内部部门之间以及组织与组织之间的边界变得模糊,呈现出网络化和虚拟化的趋势。

一、横向型组织

横向型的组织结构弱化了纵向的层级,打破了刻板的部门边界,注重横向的合作与协调。这种组织结构具有以下特征:

(1) 组织结构是围绕工作流程或者过程建立起来的,而不是围绕部门职能建立起来的,传统的部门边界被打破。

(2) 减少纵向的组织层级,使组织扁平化。

(3) 管理者更多地授权给较低层级的员工,员工经常运用自我管理的团队形式工作。

(4) 体现出顾客和市场导向,经常围绕顾客和市场的需求组织工作流程,建立相应的横向联系。

在横向型的组织中,自我管理团队成为组织中的基本构件。这些自我管理团队被授权可以获得完成整个任务所需的资源,包括原材料、信息、设备等;团队中包括各个职能的员工,如工程、生产、财务和营销等;团队被赋予了决策权,可以自主地进行计划、解决问题、决策优先次序、支配资金和监督结果等。过程协调者是专门从事协调不同团队活动的人或团队。

横向型组织的优势在于使组织适应迅速变化的外部环境要求,并且提高顾客满意度,不同职能之间能够无障碍地沟通,员工的工作热情和士气会比较高。但是,横向型组织对管理者和员工的素质要求都比较高。管理者需要懂得参与式管理,需要具备教练式管理者的技能,而员工则需要适应在团队中自主工作的要求。

二、无边界组织

在传统的组织结构形式中,无论采取哪种形式,一个组织与另一个组织的界线以及组织内部不同部门之间的界线都是清晰的。由于人们能够清楚地将责任区分开来,你就会经常听到这样的话"这不是我的事情"或者"这件事不归我管"。每个人、每个部门、每个组织都被明确地划分了自己该做什么,这样的安排是非常不灵活的,难以适应迅速变化的环境。

组织内外的边界常常使创造性受到制约,浪费时间,降低效率,限制了组织发展的速度。考虑到传统组织结构形式的这种局限性,通用电气的CEO杰克·韦尔奇提出了无边界组织的概念。在无边界组织中,指挥链减弱了,控制范围减小了,僵化的部门划分让位于得到授权的团队。组织中个体的职责也不像原来那么固定不变,而是成为带有流动性、没有清晰界定的角色。在韦尔奇看来,通用电气并没有完全成为无边界组织,但它已经朝着这个方向作出了很多努力。

在无边界组织中,例如在一个制造业的企业里,人们再也不像传统的组织那样依次完成某些工作,比如先设计产品,继而生产,然后再进入市场和进行销售;而是由来自不同专业领域的人们(如研发、设计、生产、市场、销售等,甚至包括供应商和客户)形成团队,大家协调努力,更好更快地完成工作。消除了传统的组织内外边界的限制,人们再也不用受到狭隘的角色限制,能够更充分地发挥创造力,以更高的效率进行工作。

无边界组织要想有效运作,必须满足一些条件,这些条件与成功的团队运作的条件大体相同,包括彼此之间充分的信任;各方都拥有较高的技能,这样就不需要太多的管理者指导;管理者必须愿意放弃自己的一部分权力等。

无边界的概念既包括打破企业内部的边界,也包括打破企业外部的边界。打破企业内部边界主要是在企业内部形成多功能团队,代替传统上割裂开的职能块或部门。打破企业的外部边界则是与外部的供应商、客户包括竞争对手进行战略合作,建立合作联盟,因为这种合作会使双方都获得自己单独无法获得的利益。

三、组织的网络化与虚拟化

从打破外部边界的角度来讲，无边界组织的基本表现就是网络化和虚拟化。

（一）组织的网络化

组织的网络化是针对某一企业组织而言，以该企业为核心，由相关企业组织联合而成的一种企业组织网络。在组织网络中有主次之分，网络中其他企业可以看作核心企业组织边界的扩展，或者看作核心企业组织边界的模糊。

网络化的一种表现形式是模块化组织，模块化组织的典型特征是将自己的非核心业务外包给周边的其他组织。例如，世界著名的运动服装和运动鞋公司锐步本身并不拥有厂房，它将自己的生产业务都外包给东亚等地的一些工厂。一方面这些工厂的劳动力成本比较低廉；另一方面，锐步就可以更专注地进行消费者偏好的研究，不断提高产品的市场竞争力。

组织的网络化主要包括以下三种类型。

1. 稳定的网络

稳定的网络可以看作传统职能型企业组织的扩展，它以成品企业组织为核心，把沿价值链分布的上下游企业连接起来。每个企业是独立的，通过契约与核心企业连接。这种网络化组织在制造业中比较常见。

2. 内部网络

内部网络是指在企业组织之间创造一种内部市场。它以经纪人组织为核心把产品或服务价值链上的有关企业连接起来。在内部网络结构中，网络成员之间以市场上公开价格购买彼此的产品和服务，通过内部市场机制和经纪人组织进行协调运作。内部网络的目的是通过稀缺资产的效用共享及管理和技术的持续发展和交换而获得竞争优势。

3. 动态网络

动态网络是以经纪人组织为核心，把产品或服务价值链上的有关企业连接起来。与内部网络不同的是，各类相关企业不是一个而是多个，经纪人可根据需要不断组合，同时可组合多个网络，完成使命后即解体。

（二）组织的虚拟化

我们先了解个概念即虚拟组织，它的首次提出是在 1991 年普赖斯等人向美国国会提交的一份报告《21 世纪的生产企业研究：工业决定未来》中。报告认为，虚拟公司是由独立公司形成的临时性网络，这些公司包括供应商、顾客甚至是以前的竞争对手，他们通过信息技术被连接起来共同分享技能，共同承担成本，共同利用相互的市场。虚拟组织是一种高度灵活化的组织结构形式，由具有共同目标、共享资源的组织形成一个网络，因此虚拟组织也是网络型组织结构。组织的虚拟化是组织的网络化的极端形式，是依赖网络技术而实现的企业组织转型。虚拟化和网络化的区别之一在于它们对网络技术的依赖程度不同。

虚拟组织是利用现代信息技术手段而建立和发展起来的一种新型组织结构。现代信息技术使企业与外界的联系加强了，利用这一有利条件，企业可以重新考虑自身机构的边界，不断缩小内部生产经营活动的范围，相应地扩大与外部单位之间的分工协作。虚拟组织只保留很精干的中心机构，以契约关系的建立和维持为基础，通过一种互惠互利、相互协作、相互信任和支持的机制来进行密切的合作。虚拟组织往往是在某个项目上与另外几个组织合作,暂时性地形成一个新组织,项目结束之后合作就结束了,在其他的项目中可能又与其他组织进行合作。组织的这种网络化结构大大提高了效率。例如,IBM公司能在不到一年的时间内开发PC成功,依靠的是微软公司为其提供软件,英特尔公司为其提供芯片。

组织的虚拟化有两个层次:第一个层次是单体组织虚拟化,即组织从传统运作方式改为以互联网络为基础的运作方式;第二个层次是组织之间关系层面的虚拟化,即地域分散的组织捕捉共同的市场机会,在电子空间结合,形成临时合作团体。

组织的虚拟化可以分为两种类型:一种是创造虚拟办公空间,即统一组织的员工置身不同地点,但是通过电子手段使他们如同在同一办公大厦中一样;另一种是虚拟经营,即不同企业的员工通过互联网络的连接,使他们暂时如同属于同一企业一样。

四、无老板的"点阵式"管理

在没有把握的情况下,你觉得自己仍然能把工作处理好吗?现在有许多公司开始尝试这一模式。这种无老板的组织架构理顺后,员工们的配合和执行都更流畅。在这种公司,只有一样东西是不配备的——老板。

Valve Corp是美国华盛顿州贝尔维市的一家游戏开发商。公司1996年成立以来就保持着"无老板"状态。公司没有经理和公司点名指定的项目。员工自己负责招聘同事,从事自认为值得投入的项目。很多公司十分强调办公的移动性,连办公桌都装上了轮子,可以很方便地滚动到选定的地方,形成一个工作区。这里也没有上下级关系,收入由同事决定,工作时间由员工自己说了算。

在无老板公司,没有职位升迁的说法,只有新项目的出现。为决定薪酬水平,员工给其他同事排名(不给自己打分),把票投给他们认为能够创造最大价值的人。每个员工都可以参与人员招聘的过程,并由团队集体做出决策。解聘发生的情形相对较少,但流程是一样的:由团队共同决定是否将表现不好的成员解聘掉。每个项目一般都会出现一个没有名分的项目经理;如果没人站出来挑头,那通常意味着这个项目不值得继续做下去。当小组成员无法就是否保留某个产品达成共识时,那么就由市场来决定。"如果我们真的谁也说服不了谁——当然这种情况很少见——我们就把产品放到市场上,看看到底谁是对的。"

无老板公司形成了"点阵式"的管理结构,依靠团队而非老板及传统的上下级管理链条来运营公司。团队中的领头人角色是根据员工"获取他人尊重"的能力来决定的。即使不当领头人,员工的价值依然得到认可。

无老板管理的好处很多,而且非常适合当前复杂多变的经济环境。无老板管理,能鼓励人们发挥创造力,大量研究表明,人类确实拥有自治的内在需求。他们不喜欢接受贴身的、严苛的管理。在上下等级明显的组织结构中,创新的动力往往受到抑制。公司的扁平化管理结构让公司能够持续创新,因为每个员工的新想法都能自由表达出来,不受职位或任职时间长短的限制。员工被称为"伙伴",每个新员工都有一名导师,以协助他们在公司成长,帮他们理解公司的文化。

没有老板的工作环境还能提高工作效能。如美国西南航空公司让行李管理员在现场自行决定如何解决旅客的投诉,而不是告诉旅客:"等一会儿,我要向老板请示。"在服务导向型的环境中,这种管理方式能大大提高客户满意度。

此外,更扁平的组织还有利于激发员工的内在动机。如果员工有自我管理的权力,那么,他们就会有更强的责任感。这意味着他们的积极性并不是源于他们与经理或者老饭之间的身份差异,而在于他们对自己所从事工作的认同。

无老板的公司也有一些弊端。由于缺乏传统意义上的管理者,把表现欠佳的员工找出来会更困难。这类公司会有一本解释公司经营理念和工作流程的员工手册,上面明确写着:“用人不当可能要花很长时间才能被发现。”

如果没有管理层级,职业升迁可能会变得有些困难。很多员工觉得,没有多层级的管理台阶,自己的职业成长反而会更容易一些。每个项目的优先次序由团队来决定。每个员工都能自主选择想参与的项目以及所负责的职能。“你有权把自己放在最能发挥作用的地方”。这种无老板的组织架构有时候会显得有些杂乱,但“你能感到成员彼此之间的信任,以及自己当家做主的自由感,这种感觉让你情不自禁地想去做更多的事情”。近期,对扁平化组织价值何在的研究结果可谓好坏参半。研究发现,在工厂里,自我管理的工人小组往往要比实施传统上下级管理的小组表现更好,前提是小组成员的关系融洽。“组员自己承担了绝大多数的管理职能,他们共同扮演了一个好经理的角色。”然而,另一些研究发现,上下级管理有时能提高团队的有效性。团队中有一个清晰的管理者职位有助于提升团队成员的工作效率。研究结果差异的原因很可能是员工的适应性问题:只有主动性强的员工才能适应无老板的组织系统。然而,对于无老板管理很多公司开始在小范围内小规模尝试。调查显示,1980 年,在“《财富》1000”公司中,拥有团队组织结构的公司还不到 20%,而在 1990 年和 2000 年,拥有这类组织结构的公司比例,已经分别上升到了 50%和 80%。

本章思考题

1. 组织的内涵是什么?我们对组织进行研究具有怎样的意义?
2. 组织结构模式有哪些?各具有什么优缺点?
3. 企业对组织结构模式的选择应该重点考虑哪些因素?
4. 大规模组织与小规模组织在结构方面存在什么差异?
5. 环境的不确定性对组织结构有什么影响?
6. 论述组织结构未来的发展趋势及其差异性。

课后案例

超事业部制——美国通用电气公司的组织管理

美国通用电气公司于 1979 年 1 月开始实行“执行部制”,本质就是“超事业部”管理体制的一种形式。

1. 公司的基本情况

美国通用电气公司是美国,也是世界上最大的电器和电子设备制造公司,它的产值占美国电工行业全部产值的四分之一左右。这家公司的电工产品技术比较成熟,产品品种繁多,据称有 25 万多种规格。它除了生产消费电器、工业电器设备外,还是一个巨大的军火承包商,制造宇宙航空仪表、喷气式飞机引航导航系统、多弹头弹道导弹系统、雷达和宇宙飞行系统等。

闻名于世的可载原子弹和氢弹弹头的阿特拉斯火箭、雷神号火箭就是这家公司生产的。

这家电气公司是由老摩根在1892年出资把爱迪生通用电气公司和汤姆逊—豪斯登国际电气公司合并组成。在两次世界大战中，这家公司大发战争财，获得了迅速发展。第一次世界大战后，该公司在新兴的电工技术部门——无线电方面居于统治地位，1919年成立了一个子公司，即美国无线电公司，几乎独占了美国的无线电工业。第二在世界大战又使通用电气公司的产量和利润额急剧增长。

通用电气公司在成立后的80多年中，以各种方式吞并了国内外许多企业，攫取了许多企业的股份。1939年国内所辖工厂只有三十几家，到1947年就增加到125家，1976年年底在国内35个州共拥有224家制造厂。在国外，它逐步合并了意大利、法国、德国、比利时、瑞士、英国、西班牙等国的电工企业。1972年该公司在国外的子公司计有：欧洲33家、加拿大10家、拉丁美洲24家、亚洲11家、澳大利亚3家、非洲1家。到1976年年底，它在24个国家共拥有113家制造厂，成为一个庞大的跨国公司。

2. 不断改革管理体制

由于通用电气公司经营多样化，品种规格繁杂，市场竞争激烈，它在企业组织管理方面也积极从事改革。20世纪50年代初，该公司就完全采用了“分权的事业部制”。当时，整个公司一共分为20个事业部。每个事业部各自独立经营，单独核算。以后随着时间的推移和企业经营的需要，该公司对组织机构不断进行调整。1963年，当Boych接任董事长时，公司的组织机构共分为5个集团组、25个分部和110个部门。当时公司销售正处于停滞时期，五年内销售额大约只有50亿美元。到1967年以后，公司的经营业务增长迅速，几乎每一个集团组的销售额都达到16亿美元。Boych认为业务扩大之后，原有的组织结构已不能适应。于是把5个集团组扩充到10个，把25个分部扩充到50个，110个部门扩充到170个。他还改组了领导机构的成员，指派了8个新的集团总经理、33个分部经理和100个新的部门领导。同时还成立了由5人组成的董事会，他们的职责是监督整个公司，并为公司制定比较长期的基本战略。

3. 新措施——战略事业单位

在20世纪60年代末，通用电气公司在市场上遭到威斯汀豪斯电气公司的激烈竞争，公司财政一直在赤字上摇摆。公司的最高领导为力挽危机，于1971年在企业管理体制上采取了一种新的战略性措施，即在事业部内设立“战略事业单位”。这种“战略事业单位”是独立的组织部门，可以在事业部内有选择地对某些产品进行单独管理，以便事业部将人力、物力能够机动、有效地集中分配使用，对各种产品、销售、设备和组织编制出严密的、有预见性的战略计划。这种“战略性事业单位”可以和集团组相平；也就是相当于分部的水平，如医疗系统、装置组成部分和化学与冶金等；还有些是相当于部门的水平，如碳化钨工具和工程用塑料。通用电气公司的领导集团很重视建立“战略事业单位”，认为它是“十分有意义的步骤”，对公司的发展是一个“重要的途径”。1971年，该公司在销售额和利润额方面都创出了纪录。从该公司60年代到70年代中迅速的发展情况看，这项措施似乎的确起了很大的作用。从1966到1976年的11年中，通用电气公司的销售额增长了一倍，由71.77亿美元增加到156.97亿美元；纯利润由3.39亿美元增加到9.31亿美元。

4. 重新集权化——执行部制

20世纪70年代中期，美国经济又出现停滞，通用电气公司于1972年接任为董事长的琼斯担心到80年代可能会出现比较长期的经济不景气，到1977年年底他又进一步改组公司的管理体制，从1978年1月实行“执行部制”，也就是“超事业部制”。这种体制就是在各个事业部上再建立一些“超事业部”，来统携和协调各事业部的活动，也就是在事业部的上面又多了一级管理。这样，一方面可以使最高管理机构减轻日常事实工作，便于集中力量掌握有关企业发展的决策性战略计划；另一方面也增强了企业的灵活性。在改组后的体制中，董事长琼斯和两名副董事长组成最高领导机构执行局，专管长期战略计划，负责和政府打交道，以及研究税制等问题。执行局下面设5个“执行部”(即“超事业部”，包括消费类产品服务执行部、工业产品零件执行部、电力设备执行部、国际执行部、技术设备材料执行部)，每个执行部由一名副总经理负责。执行部下共设有9个总部(集团)、50个事业部、49个战略事业单位。各事业部的日常事务，以至有关市场、产品、技术、顾客等方面的战略决策，以前都必须向公司最高领导机构报告，而现在则分别向各执行部报告就行了。这5个执行部加上其他国际公司，分别由两位副董事长领导。此外，财务、人事和法律3个参谋部门直接由董事长领导。

5. 建立网络系统

通用电气公司在企业管理中广泛应用电子计算机后，建立了一个网络系统，大大加速了工作效率。这个网络系统把分布在49个州的65个销售部门、分布在11个州的18个产品仓库，以及分布在21个州的40个制造部门(共53个制造厂)统统连接起来。在顾客打电话来订货时，销售人员就把数据输入这个网络系统，它就自动进行下一系列工作：如查询顾客的信用状况，并查询就近的仓库有无这种产品的存货，在这两点得到肯定的回答以后，这个网络系统就同时办理接受订货、开发票、登记仓库账目；如果必要，还同时向工厂发出补充仓库存货的生产调度命令，然后通知销售人员顾客所需货物已经发货。全部过程在不到15秒钟的时间内即可完成。还有一点值得注意的是，除了办事速度快以外，这个网络系统实际上已把销售、存货管理、生产调度等不同的职能结合在一起了。

6. 科研组织体制

同样，美国通用电气公司也非常重视科研工作，而且已有悠久的历史。从公司成立后的第二年，就有一位德国青年数学家斯坦梅兹搞科研工作，1900年成立实验室。据1970年《美国工业研究所》报道，该公司共有207个研究部门，其中包括一个研究与发展中心、206个产品研究部门。共有科研人员17 200余人，占公司职工总人数的4%。1973年通用电气公司共有3 100名获得技术学位的专业人员，其中半数以上从事研究与发展工作。1972年，公司科研总费需超过8亿美元，其中3亿美元由本公司承担，5亿美元主要用于和美国政府订立合同的研究与发展工作上。

通用电气公司的科研工作分为基础理论和应用研究两个方面。它的研究与发展中心从事于这两方面的工作，而着重于基础理论研究，为全公司服务，同时对各行业共性的一些课题进行联合研究。这个研究与发展中心的前身是该公司在1900年成立的一个实验室，也是美国从事基础研究的第一家工业实验室。它的创始人是美国麻省理工学院的一位青年化学家怀特纳和通用电气公司的两名技术人员。这个实验室的早期研究工作主要是在电灯泡、X射线管、闸流管及有关的化学、冶金方面进行基础研究。在两次世界大战中，这个研究实验室研究战争中使用的通信和雷达装置。第二次世界大战末期，研究实验室的研究人员扩充到600多人。1968年，这个研究实验室正式命名为研究与发展中心，到1973年共有工作人员 17 000 人，其中 325 人是物理学博士。目前，由公司的一名副总经理兼任研究与发展中心的主任。

这个研究与发展中心下面设两个研究部：材料学与工程部（分四个研究室）以及物理科学与工程部（分 5 个研究室）。此外还有 3 个行政管理部：①研究应用部，下设对外联络、计划分析、人事研究、情报研究四个科室，负责将研究成果迅速推广到公司的各个生产部门，并在通用电气公司以外建立广泛的技术联系；②研究管理部，负责管理实验工厂及服务站，领导财务会计、设备科和福利科；③法律顾问部，由 11 人组成，负责对专利的审议、发明的评价和专利应用方面的法律事务。此外，公司的 206 个产品研究部门则一般设在产品生产厂附近，研究人员大致在几十人到数百人之间，重点放在应用研究方面。

资料来源：http://wenku.baidu.com/view/8df2580852ea551810a687f7.html. 通用电气公司的组织管理.2012.05.03.

思考与讨论

1. 为什么通用电气公司在采用了“分权的事业部制”基础上又实施了“超事业部”的管理体制？它的管理优点体现在哪里？

2. 公司在发展到什么规模时才能实施“超事业部”的管理体制？

第十四章

组织变革与发展

引例

旭日集团创始于1993年的一个供销社，初始投资仅3 000万元，短短几年发展成为一个销售额高达30亿元的饮料巨头。然而，从2001年开始，曾经一日千里的旭日，却出人意料地滑铁卢，于2002年下半年起，停止铺货，从此走向落寞。曾一度风光无限的“旭日升”，最终只沦为了人们心中的“蓝色记忆”。

河北省一个偏僻的县级市冀州供销社，作为旭日集团的前身，凭借公司总裁段恒中对国内外饮料市场的敏锐考察，开发出了当时饮料市场上的一个创造性的产物——冰茶，冰茶一经推广入市，其红火程度甚至远远超出了开发者自身的预期，迄今为止，仍然是一个神话级的产品。

1. 旭日升的腾升之路

1994年，旭日集团投入3 000万元用于冰茶的生产和上市，当年即获得几百万元的市场回报。

1995年，旭日升冰茶销量达到5 000万元。

1996年，旭日升冰茶的销量骤然升至5个亿，开始了“冰茶神话”的旅程。

1998年，旭日升冰茶的销售额达到30亿元，销售额达到了最高峰。

1999年，国家工商局明确“冰茶”两个字为旭日集团知名商品特有名称，其他企业不得使用。

2000年，旭日升总产量达到了103.6万吨，在中国饮料十强中排名第二，曾一度占据茶饮70%以上的市场份额，成为中国茶饮料大王。

旭日升冰茶生产的独特之处，在于它将当时国际流行的碳酸加工工艺与茶饮料加工特点相互糅和，将中国几千年的饮茶习俗与现代饮料加工技术相结合，生产出具有流行时尚和传统风格的冰茶系列饮料，保持了茶叶的天然色香味品质，在茶饮料中充入碳酸气是旭日升“冰茶”在世界饮料史上的独创。当时，充气茶饮料唯有旭日升“冰茶”一家，别无他店。

凭着两个杀手锏——先人一步和广告策略，旭日升迅速成为全国的知名品牌并一度占据茶饮料70%以上的市场份额。创业初期，旭日集团便开始构造遍布中国各地的营销网络，在全国29个省、市、自治区的各大城市，先后建立起了48个旭日营销公司、200多个营销分公司。同时，旭日升市场初期的销售队伍大都是从冀州本部工厂临时选拔上来的，属于子弟兵，在集团军事化管理以及整体营销策略的指引下，公司内部有一定凝聚力，也能踏踏实实地做事。分销渠道的设置主要是以糖酒公司为主的传统“分销渠道”，一个地区一家经销商，基本是传统供销体系的延续，这种模式在企业创业时期起着很大的作用。

2. 旭日升的变革之痛

旭日升的成功，很快就引来了众多跟风者的竞争。面对相继出现的来自康师傅、统一、可口可乐、娃哈哈等的一群“冰红茶”、“冰绿茶”，旭日升冰茶所占市场份额被迅速瓜分。

2001年，旭日升的市场份额迅速从最初的70%跌至30%，市场销售额也从高峰时的30亿元降到不足20亿元。过去市场领导者的地位逐步被颠覆，而旭日升在管理上的问题也越来越多地暴露出来：销售管理无法与市场的扩大、膨胀以及员工数量的增多保持同步，且管理缺乏科学性，多凭借先前的经验管理。比如，前期由于人才储备不足，旭日升铺建的每一个销售渠中的几乎每一个职位，都由冀州派遣本地人马，但却忽略了被派遣员工的意愿，难以保持人员稳定性。同时，相应的制度规范没有建立起来，公司层级过多，造成政策难以被认真执行下去，公司政策多被截流或扭曲。

在考核方面，旭日集团采取了按照回款多少来评定工作考核的管理思想，这使得总部与网点之间只有激励机制而缺乏约束机制，给了员工投机取巧的机会，如许多从冀州出来的业务员为了配合企业的考核，私自和经销商达成协议，只要经销商答应员工的回款要求，员工就可以替其从公司取得相应的政策，答应经销商的返利条件，甚至提供给经销商过期产品，双方互相配合完成工作指标，置企业的利益于不顾。

创业初期为了调动各销售中心的积极性，旭日集团采用销售中心财务独立的做法，除向总部交纳部分利润外，其余的收益由各销售中心自行支配，与承包责任制颇为相似，然而制度不严格，奖励机制不明确，造成了极大的浪费，打击了销售人员的工作积极性。

3. 变革

面对如此严峻的形势，旭日升集团试图寻找出路，他们聘请了世界著名的AC尼尔森调研公司负责市场调研和测试，紧接着开始了大刀阔斧的变革：第一步对企业管理层进行大换血，旨在用标准化、科学化的管理，替代原有的粗放、经验主义的管理。据资料显示，旭日集团当时引进了30多位博士、博士后和高级工程师，专门负责企业的战略管理、市场管理、品牌策划和产品研发。

第二步变革组织结构，进行了集团成立以来最大的一次人事变动。首先，改变对销售人员的管理模式，旭日升集团销售人员数量庞大，遍布全国，传统的平面管理为他们提供了谋取私利的漏洞。其次，加强对分公司的管理，不再延续过去各自为营的局面，集团总部建立了物流、财务、技术三个垂直管理系统，直接对大区公司调控。

第三步变革经营战略。把旭日集团的架构重新划分为五大事业部，包括饮料事业部、冰茶红酒事业部、茶叶事业部、资本经营事业部和纺织及其他事业部，实现多元化经营。然而，大破大立的变革并没有让产品的市场表现好转，相反组织内部却先乱了。公司新老成员之间的矛盾日益激烈，“空降兵”、“洋领导”的出现，也显得格格不入。老员工既不服“空降兵”的管理，认为自己在公司的资历更足，也不愿听从“洋领导”的国外成功模式，更相信自身的经验。人员变动关系到个人利益的重新分配，仓促的调整难以平衡各方利益，更在一定程度上损害了组织的稳定。组织内部各种矛盾不可避免地尖锐起来，企业混乱在所难免。

在经销商的管理方面，集团实行的量化考核让许多业务员片面追求销量，置经销商利益于不顾，对原有经销商的一些遗留问题也不管不问，造成了大量的库存积压，甚至出现低价倾销、冲货等现象。同时，盲目建生产线却忽视了质检，致使产品出现质量问题，产品形象进一步恶化，消费者对其失去信心，转向旭日升的竞争者，经销商的积极性也因此逐渐丧失，这一连串的多米诺骨牌效应终于使市场失去了有力的支撑。

如日中天的旭日升自2001年开始明显地滑落，2002年下半年，停止铺货。曾经的饮料界神话——“旭日升”，就这样走出了人们的视野。

旭日升给大家留下了太多值得深思的问题。

资料来源：http://wenku.baidu.com/view/7cb1f191b0717fd5360cdc85.html. 变革管理：旭日升的变革之痛.2013.11.25.

思考

1. 旭日升前期经营为什么能获得成功？
2. 旭日升失败的主要原因是什么？以你今天的所知，应该如何经营？

第一节　组织变革概述

一、组织变革的含义

随着经济全球化和信息全球化进程的加快，变化成为这个时代的主题，组织面临着更加错综复杂的环境，如何更好地生存和发展下去，成为企业家和学者们共同关注的焦点。“市场唯一不变的法则就是变化”，组织持续发展壮大必须“以变应变，以变制变”，也只有变革，组织才有出路。

组织变革的目标是更好地适应环境变化，实现组织长远发展，因此组织变革的具体概念和内涵随着时代的发展也在不断拓展，同时变革的思想、理念、技术、过程、结构、文化、方法也随管理实践与研究的深入而日益丰富和深化。对于变革的定义，各国管理学家给出了不同的观点：

(1) Burke 和 Schmidt(1971)认为：组织变革是通过应用行为科学的知识和方法，把人的成长和发展的希望与组织的目标相结合，以提高组织效益的活动过程。一般来说，这是一种在一定时期内包括整个系统在内的有计划变化的尝试，这些变化的尝试与组织的任务相联系。

(2) Morgan(1972)认为：组织通过变革，能够更加有效地运作，达到均衡地增长，保持合作性，并使组织适应环境的能力更具弹性。

(3) Dais(1977)认为：组织变革是为了带来计划性变化，集中在整个组织文化，运用群体过程的一种干涉方法。

(4) Webber(1979)认为：组织变革是经由改进组织的政策结构或是改变人们的态度或行为，以增进组织绩效。

(5) Levy 和 Merry(1988)认为：组织变革是组织在以惯例无法处理像以前连续运作的情况下，为了生存而在每一组织结构上做的重大调整，包括组织使命、目标和企业文化的变革。

(6) 默赫特和格列芬(1992)认为：组织变革是通过行为科学、心理学、社会学、文化人类学以及其他相关学科知识的运用，促进组织有计划地变化与改善的过程。

(7) Hill 和 Jones(1998)认为：组织变革是企业通过从目前的状态到未来理想情境的转变来增加其竞争优势的活动，主要包括改造、流程重组和创新三种活动。

通过对学者们关于组织变革内涵的梳理，我们发现，组织变革一般可分为主动式变革和被动式变革，其目的都是为了更好地适应环境变化，增进组织绩效，以实现组织充满活力的长远发展。因此，我们认为组织变革是组织运用行为科学、心理学、社会学等相关知识及技术对原有组织结构形态或员工的行为态度进行改变，以适应内外部的环境变化，改善组织效能，从而更有效地实现组织目标而持续不断进行的一系列活动。

关于该定义，可从以下三点进行理解：

(1) 组织变革的出发点是更好地适应环境变化。组织的宏观环境，如人口环境、经济环境、自然环境、科学技术环境、政治法律环境、社会文化环境等，和微观环境，如组织自身、顾客、竞争者、内部员工等，都无时无刻不在变化。组织若不能适应内外部环境的变化，自身必然会受到不同程度的损伤，甚至会被历史所淘汰。要想实现可持续发展，建成经得住年代考验的组织，就必须适应不断变化的环境，甚至在某种程度上发挥引领某个方向的先导作用。

(2) 组织变革是一个持续不断的过程。组织处在一个复杂多变的环境中，组织需要随时对外部环境的变化做出及时的反应，否则可能会失去市场(如昔日手机龙头企业诺基亚)，甚至是导致企业破产(如柯达胶卷)。组织内部的任何一个微小变化，还可能会引起连锁反应，出现“多米诺骨牌效应”，对于这些变化，组织也必须作出相应的变革，否则会导致组织效率低下，最终走上被淘汰的道路。

(3) 组织变革的重点是改善人的态度、行为和人际关系。组织变革的根本目的是促使组织充满活力地持续发展，而人力资源是组织中最宝贵的资源，人力资源的充分利用和发挥是实现组织绩效的重要条件。在组织变革过程中，也只有员工对变革持积极态度，组织内员工的态度、行为才会出现有效变化，组织内人际关系更加融洽，组织运作更有效率，焕发出组织发展的活力。

二、组织变革的先兆

组织变革是一个稳定性和动态性相结合的过程，组织经过设计后，对环境在一定时期内具有稳定性，其组织架构、职权划分、工作流程、规章制度等不会轻易地变动。然而在内外部环境持续不断变化的情况下，组织也必须与环境相匹配，进行动态化的调整。那么，组织在什么情况下需要进行变革呢？组织管理学家希斯克认为当组织内部出现下列情况之一时，就必须进行变革：

(1) 决策及执行缓慢。组织内部的决策过程过于缓慢，甚至时常出现错误决策，或即使组织做出良好决策，也不能及时执行，导致企业常常坐失良机。

(2) 沟通不畅。组织内沟通渠道阻塞，意见沟通不良，以致部门协调不力，人际关系不和谐。

(3) 功能失常。企业的主要职能没有效率或无法正常发挥。如企业生产计划不能按时完成，生产成本过高，产品质量低劣，销售下降，技术革新和新产品上市失败，员工工作绩效下降等。

(4) 缺少创新。组织内部缺乏创新,在产品开发上没有新观念,在企业职能的执行上没有新方法,致使组织停滞不前。

(5) 结构重叠。组织结构是组织内分工协作的框架基础,过多的结构重叠将导致组织内人员冗杂,权力、职责划分不清,权限冲突,组织效率低下。

此外,美国利特尔咨询公司针对组织是否应该进行变革这一问题,还提出了一个公式:$C=(abd)>X$。其中,C 为变革;a 为对现状的不满程度;b 为变革后可能达到情况的概率;d 为现实的起步措施;X 为变革所花的代价。只有公式成立,也就是需要变革的各种因素的乘积大于变革所花的代价时,组织才进行变革,否则变革就失去了经济价值。

如果发现了组织需要变革的征兆,就可以着手确定变革的时机和对策,及时对组织进行变革了。

三、组织变革的意义

组织变革对于维系组织生存、促进组织发展具有重大意义。当组织出现变革的征兆时,应该适时进行组织变革,这样才能及时解决组织存在的问题,提升组织效能,促使组织持续发展。如果组织错失变革良机,就可能很难继续生存发展下去。因而,组织变革对于组织而言意义重大。

1. 明确组织目标

目标,是个人以及组织在一定时期内期望达到的成果,也是其有价值地存在的前提。任何一个组织都有自己的目标,学校以培育优秀人才为目标;企业以提供产品服务为目标;政府以服务人民为目标。明确的组织目标为组织提供发展方向,照亮组织前进的道路;反之,如果方向道路不正确,只会导致南辕北辙。然而,组织受到外界冲击,亟待变革时,组织目标往往会变得模糊,组织成员也会变得不知所措,无疑会阻碍组织的发展。此时,组织需要通过变革,明确组织目标,并引导组织成员为组织目标的实现而奋斗。

2. 提升组织工作效率

一个组织如果机构不健全,或机构冗余,就可能会出现信息传递不畅通、运行不灵活、决策缓慢等问题,这必然会降低组织的工作效率,削减组织竞争力,而缺乏竞争力的组织往往难以在激烈的市场竞争中取得胜利。

通过组织变革可以重新设计组织结构,畅通组织沟通渠道,准确传递信息,促使决策更加准确,利于实现组织目标,提升组织竞争力。

3. 有效地激励员工

人力资源是组织中最宝贵的生产要素,以人为本的管理思想,要求在组织中应该尊重人、关心人、理解人、发展人。组织中的人力资源是实现组织目标的保障,是实现组织可持续发展的根本,因此现代管理中一项重要的任务就是激励员工,提升员工工作效能。

随着时代的变迁,80 后、90 后新生代员工成为组织中的主力,而这一代员工不再仅仅追求物质上的满足,更加追求精神需求的实现,更加追求自由,思想观念和需求与 60 后、70 后员工具有显著的差异,如果管理者的激励理念和方式不进行调整,就很难调动新生代员工的工作积极性。组织应根据组织成员的年龄结构、文化层次及其特定需求制定相应的激励措施,在激励制度上不断进行变革,从而有效地激励他们为组织积极热情地工作。

4. 鼓励技术革新

当前，面对市场竞争的日趋激烈，产品生命周期的大大缩短，产品生产技术的日新月异，企业必须重视技术革新，不断地开发新产品，才不会被市场无情地淘汰。而技术革新的前提是组织变革，一个不重视组织变革的组织是不可能进行有效的技术革新的。同时，组织其他方面的变革也需要技术革新的配合。例如，有些组织为了使自己的组织结构能更快地对外部环境的变化作出反应，进行了组织结构方面的变革：减少管理层次，增加管理幅度，变"金字塔"式的组织结构为扁平式的组织结构；而这项变革必须有技术革新的配合，必须有发达的信息技术做后盾，否则就会导致组织结构变革的失败。

5. 适应环境

适应环境是组织变革的起点，也是组织变革的终点，任何组织在自身推动社会前进的同时，都要受到社会环境的影响。一个不能跟上时代发展的潮流，固步不前，害怕变革，甚至抗拒变革，缺乏生命力的组织，最终必然会被市场淘汰。"适者生存"，组织只有根据环境的变化及时在各个方面实施变革，才能一直保持勃勃生机。

第二节　组织变革的动力与阻力

当前，组织面对的是一个变化、动态的环境，组织作为一个开放的系统，必然会受到所处环境的影响。组织要实现可持续发展，必须能灵活适应所处的环境，并能对环境的变化做出快速反应，即需不断进行组织变革，而成功的组织变革需要依据科学的组织变革对策。在制定对策之前，需要对组织变革的动因及阻碍进行分析，以便制定科学、合理的组织变革策略，有效利用组织变革的动力，及时消除变革过程中的阻力。

一、组织变革的动力

组织会受到内外部环境的综合作用，因此组织的变革过程也会受到内外部动因的共同作用。下面从外部和内部两个方面对变革的动力进行分析。

（一）外部动力

组织变革的外部动力一般可以概括为以下五个方面：劳动力的性质、技术进步、竞争压力加大、顾客的变化、政府的作用。

1. 劳动力的性质

随着社会的发展，劳动力的受教育程度不断提高、技能水平不断提升、年龄结构发生变化、价值观念更加多元化，新一代劳动力不再仅仅追求生理及安全需求，更加重视自我价值的实现，这些都促使组织进行变革以有效满足新生代员工的需求。组织只有根据新生代劳动力的需求制定相应规章制度才能更好地吸引、保留、激励人才，提升组织内部人员的工作效能，实现组织的长远发展。

2. 技术进步

当代科学技术的发展日新月异，新技术成为组织变革的重要推动力，对组织的生产及结构形态都产生着不可估量的影响。主要体现在：①组织必须采用最新的科学技术，才能在产品生命周期缩短、研发速度变快、技术含量提高、新产品层出不穷、竞争日益激烈的市场上占有一席之地。②信息技术的引进使组织结构形态趋于扁平化、沟通更加快捷方便、由集权化向分权化演进，这些变化都对组织变革提出了新的要求。

3. 竞争压力加大

随着时代的进步，产品市场早已转变为买方市场，并且新的竞争者不断进入，替代品不断涌现，产品更新换代加快，组织面临的竞争日趋激烈。世界正在呈现一体化的状态，这就要求组织不仅要面对本国的竞争者，还要面对全球化的竞争。全球化兼并浪潮此起彼伏，组织如果不能及时变革以壮大自身，很可能被竞争对手吞没。

4. 顾客的变化

社会的发展和科技的进步，提升了人们的生活水平，消费者的需求水平、需求结构、价值观、生活方式和闲暇时间都发生了一系列的变化。组织必须进行变革，快速响应顾客的需求，才能占领市场。例如，在当今时代，消费者的个性化需求越来越明显。顾客在选购羽绒服时，考虑的不仅仅是它的保暖性，更重要的是它的款式是否新颖，穿着是否轻便。这就要求生产企业不断地进行市场调查，了解顾客的最新需求及需求变化趋势，并及时开发出让顾客满意的新产品来。

5. 政府的作用

政府作为市场秩序的维护者，重大方针、政策的出台，宏观调控措施的改变，经济结构的调整，都对整个市场产生着重大的影响，而组织作为市场的服务者，必须满足市场的需求才能发展壮大。另外，政府还是组织的监管者，直接颁布的税收法律法规、公司相关法规、环境法律法规等，都会对组织产生重大影响。如我国新《劳动法》的颁布，要求组织更加重视维护员工的利益。由于政府的作用，组织必须进行相应的变革。

（二）内部动力

内部动力是指组织内部要求变革的动力，主要包括五个方面：组织战略及目标调整、组织结构改变、组织内在动机与需求的变化、组织内部的矛盾与冲突、组织职能的转变。

1. 组织战略及目标调整

战略涉及组织整体性、长远性、根本性问题，是组织前进的航标，对组织的兴衰成败有着至关重要的作用。组织战略的确定要考虑自身规模和发展时期及所处的环境状况，如行业龙头企业组织及新兴行业中的企业组织会选择拓展性战略，而当出现经济危机及市场疲软时，组织一般会选择稳健型或收缩型战略。组织战略制定后还要随着环境的变化进行相应的调整，这样才能实现组织的长远快速发展。此外，组织战略调整以后，组织目标、组织结构、组织成员等方面都要随之发生变革。

组织目标是实现组织战略的载体，当组织既定目标已经实现或即将实现、组织既定目标无法实现、组织目标在实施过程中与组织环境互不适应时，组织要寻求和设定新的目标，或对原目标进行修正，而组织为实现新目标也要进行重新调整与变革。

2. 组织结构改变

组织在战略调整以后，或者是发生了并购活动等都会引起现有部门进一步划分或合并，并对组织结构的责权体系作出新的设计。而这些会要求组织层次和管理幅度的改变，重组新的部门，协调各部门的工作，改变现有组织结构设计中不合理或不适应环境变化的状况，以提高组织的运转效率，提高组织的竞争力。组织结构的调整主要是指对组织结构中的权责体系、部门体系等的调整。

3. 组织成员内在动机与需求的变化

组织成员是实现组织有效运作的基础，而个体的行为动机总是与其需求相结合。组织设计及管理模式满足成员的需求，才会激发成员的工作积极性，提升成员的工作效能。随着时代的发展，成员的需求也发生了相应变化，更加追求个人价值的实现，这就要求组织根据成员的需求进行变革，如完善激励制度、改进工作设计、变更工作内容、改善工作环境、改变工作时间等，以满足组织成员不同层次的需要及自我实现的追求。

4. 组织内部的矛盾与冲突

一般情况下，组织在发展过程中，其规模会愈加壮大。由于部门、人员和业务量的增加，人际关系复杂，组织内部矛盾和冲突加剧，需要调整组织结构，改变沟通的方式，缓解矛盾和冲突，从而使各个部门及各个人员之间能够相互协调，相互配合彼此的工作。否则，组织就像一盘散沙，很难完成组织的目标。

5. 组织职能的转变

现代组织的职能和基本内容随着社会的发展进步也在不断地发生着变化。首先，组织职能开始高度分化，要求组织建立明确的责权利体系、合理的管理层次与幅度及有效的沟通体系等。其次，企业作为社会组织的一员，应承担更多的社会责任，来强化组织的社会服务职能。企业组织不仅要对股东、职工、顾客负责，还应积极承担社会责任，如消除歧视、促进社会公益、保护环境等。这种组织职能的转变迫使组织必须作出相应的调整和变革，以求得生存和发展。

二、组织变革的阻力

由于变革是对组织原有状态的改变，变革往往受到来自组织及其成员的阻力，阻碍组织的适应能力和进步。变革阻力的表现形式是多种多样的，可以是潜在的、公开的、直接的、延后的、缓和的或激烈的。不同形式的阻力对组织的影响程度及结果是不同的，任何一种形式的阻力都可能导致变革的失败。因此，组织的管理者要对变革中可能存在的阻力展开分析，并及时采取应对措施，组织变革才可能获得成功。

下面将从个体方面和组织方面分析组织变革的阻力来源。

（一）个体层面的阻力

1. 习惯

成员长期在组织中生活和工作会形成一定的习惯，而这会导致个体对组织原有状态的依赖。一旦改变了原来的生活方式和工作方式，就不可避免产生不适应，进而产生抵触情绪。例如原来习惯于依靠技术独立操作，现在要改变成自动化流水线操作，使自己原来的技术无用武之地，面对新的规范动作一下子又适应不了，这样势必产生不满和抱怨。工作制度的变革可能对职工的工作习惯冲击更大。例如，原来从事常日班工作的职工，要改变为从事早、中、夜三班或夜班工作，将使他们不得不改变许多惯常的生活秩序和行为，这就很可能遭到他们强烈的抵制。

2. 对未知的恐惧

组织变革具有不确定性和风险性，这会对组织成员的安全需求造成威胁，而对于风险规避型员工而言，可能由于内心更加缺乏安全感、更不愿意承担风险而阻碍变革。例如，组织的结构发生变革时，组织可能会进行裁员，部分员工可能因为面临失业的威胁而缺乏安全感；组织的技术进行变革时，由于引进了新设备或者是新工艺，组织成员必须经过学习培训，掌握了新技术后才能重新上岗，否则就又会受到裁员的威胁。

3. 经济因素

在大多数组织中，经济因素的改善是提高员工工作积极性的重要因素，且凡是组织变革就必然要涉及组织利益的再分配。因此，一些组织成员由于担心变革以后自己的利益会受到损害而反对变革。特别是当新的报酬体系与生产效率相联系时，人们由于害怕自己不能适应新的工作任务或新的工作规范而发生经济恐慌。例如，当企业对其报酬体系进行变革，在生产车间内采用计件工作进行计酬时，尤其是工作不熟练的工人会提出反对。

4. 权力的削弱

涉及组织体制或结构的变革，组织中的权力和地位关系会伴随着组织人事管理的调整而重新配置，造成一部分人的地位和权力的丧失或者削弱，从而产生不满和抵触情绪。例如，机构的精简或合并，等级层次的减少或撤销，都将可能使一些原来占有重要地位、握有权力的人想方设法进行抵抗。他们可能利用掌握着的权力和重要信息去影响别人，包括下级和上级，从而阻碍机构变革的顺利进行。这个问题不妥善解决，变革将无法向前推进。

5. 从众心理

著名的心理学家梅奥在他的人际关系学说中提出：任何人在组织中都是要受到同伴影响的。有些人可能并不反对组织变革，但由于周围的人强烈反对变革，他们会产生从众心理也站在抵制组织变革的行列中。

（二）组织层面的阻力

1. 结构惰性

组织经过组织设计而形成后，会形成一定的管理层次和明确的责权利体系，这将有利于维持组织的稳定性和实现组织的正规化管理。例如，组织结构确定下来以后，不能随意变动，否则会影响组织的正常运转。而变革会破坏组织原有的结构状态，结构惯性此时会对组织变革产生阻碍作用，努力维持原有的稳定状态，要求保持稳定性和一致性。

2. 局部变革的限制

组织是一个相互作用的系统，一个系统要作为一个整体来对待，各个部门或子系统构成了整个组织系统。系统是否能继续生存，取决于组织的协调效率和效果以及是否适应协作环境。因此，只针对一个子系统进行变革而丝毫不影响其他子系统的变革几乎是不存在的。例如，组织在进行组织结构变革时，会同时涉及技术方面的变革和人员方面的变革。进一步来说，当组织的结构从高耸的"金字塔"式变革为扁平式时，管理者不但要对组织进行技术变革，引进计算机信息化管理技术，还要进行人员变革，选择适应新的组织结构、掌握新技术的员工。只有这样，组织才能正常运转。而在有的组织内却只实施了局部的变革，那么变革后的子系统在整个系统中会显得无效，组织的变革也会因无效而受到抵制。

3. 群体惰性

群体惰性又称群体惯性。任何一个组织都有群体规范，有时即使个体有意改变自己的行为，群体规范也会成为约束力。例如，某一个工会成员可能愿意接受组织提出的工作变革，但如果工会规定要抵制变革，他可能会抵制。另外，组织成员也可能会受到非正式组织的影响。也就是说，某个组织成员可能是同意组织进行变革的，但是由于他所处的非正式组织的其他成员达成默契而反对变革，那么他也可能会抵制变革。

4. 经济因素

变革意味着"破旧立新"，而"破旧"可能会给组织造成一定的损失，尤其是短期内的损失，"立新"则需要组织考虑在人力、财力、物力、时间、精力等方面的投入，这些损失与投入，组织均无法准确预期，对于投入可能产生的回报也带有很大的不确定性，这会使组织不愿意变革。

三、降低组织变革阻力的对策

约翰·科特认为变革过程有障碍，组织是难以推动变革的。组织要想成功地实施变革，必须分析其变革的动力和阻力。一方面组织要加强变革的动力，而更重要的一方面是尽量减小组织变革的阻力。常见的方法如下(见表 14-1)。

(一) 选择适当的变革者

改革领导者的选择是否合适是组织变革能否成功的重要因素之一，选择一个适当的变革者是降低组织变革阻力的有效方法。适当的变革者必须符合下列条件：①拥护变革。改变者必须是坚定的变革者，对组织变革的必要性有清醒且毫不动摇的认识——只有通过变革，组织才能继续生存和发展。②具有人格魅力。改革者必须具备高尚的道德情操，办事公平，以身作则，受到组织成员的信赖。③有较强的工作能力。改革者的工作能力应该比较强，能够妥善处理变革过程中出现的各种问题。这要求改革者的灵活性较强，善于与各种人打交道以转变组织成员反对的态度。

(二) 充分沟通

组织中常常有一些人是由于对组织变革不了解而反对变革，因此改革者要在组织中创建一个畅所欲言的氛围，让组织成员把心中的疑惑都说出来。组织通过个别谈心、小组讨论、报告等方式对成员进行教育，使他们了解变革的原因以及变革的益处。通过充分的沟通，会大大降低组织变革的阻力。

当变革的信息不准确或组织日常缺乏沟通时，在变革之前做好思想教育以及变革的宣传工作，就更为重要，必须让组织的员工乃至一些管理者明白，变革的根本出发点是为了他们未来更好地发展，而不是剥夺或削弱他们的利益。然而，教育的收效并非一朝一夕可见，在变革之前尽早开始这项工作，才能保证变革之时得到尽可能多的支持。

（三）参与

组织应当使尽可能多的成员参与到变革中来，特别是反对变革的成员，更要把他们吸收进决策的过程中。一方面，组织可以集思广益，发挥各个组织成员的专业特长及能力，使作出的决策更加科学合理；另一方面，在组织变革的过程中，个体参与制定的决策，自己很难再进行抵制。也就是说，通过组织成员的参与，组织可以获得更多的支持和配合，减少阻力，提高变革决策的质量。但这种方式最大的缺点是比较耗费时间。

（四）创造有利于变革的环境

在平时，组织内部就要建设一种支持创新、变革的组织文化，鼓励组织成员的新思路、新方法、新发明等，并且在一定程度上宽容“不同声音”的存在。在变革的前一段时间，组织更要大张旗鼓地宣称这种有利于组织变革的文化。同时，改革者可以制定大量的支持性措施来进一步降低变革的阻力。例如，组织内设有专门的机构和专职人员对员工进行答疑解惑，并进行心理辅导、新技术培训，以消除他们对变革的误解、恐惧和忧虑。

（五）谈判

当组织变革遇到较大的阻力而进行不下去时，与少数强烈抵制者谈判也是一种降低阻力的办法。组织通过在某方面的让步，获得反对者的支持，但这种方式的潜在成本较高，而且还存在着一定的风险。一方面的风险是反对者看到组织让步以后，可能会提高谈判的条件，得寸进尺；另一方面的风险是改革者也有可能面临更多的反对者和更多的勒索，即原先不反对变革的组织成员由于看到反对者得到了好处，也转变态度，开始反对变革。因此，改革者在采用这种方法降低变革的阻力时，要慎重分析组织的具体情况，尽量避免这些风险的发生。

（六）操纵与收买

操纵是指在暗地里施加影响力。组织通过加工事实、封锁对变革不利的消息、制造谣言等方式使员工接受变革。例如，工厂的管理者推出削减工资的方案，如果工人反对，管理者就威胁说不减薪工厂就会倒闭，而实际上并不会发生这样的情况，工厂的管理者采用的就是操纵。收买是一种既包括了操纵又包括了参与的方式。在抵制变革的群体中，往往会有核心人物或是领导者。改革者通过收买某些抵制变革群体中的领导者来取得他们对变革的支持。例如，改革者可以让抵制变革群体中的领导参与决策，在决策中承担重要角色；也可以在暗中以某些有价值的条件作为交换而获得抵制变革群体中领导者的承诺。这种方式的成本相对较低，也易于获得反对者的支持。但如果操作不当，让反对派意识到自己受欺骗和被利用时，改革者会因此而信誉扫地。

（七）强制

强制是指直接对抵制者实施威胁和压力。组织中常见的强制方式有威胁调职、消极的绩效评估、不予提拔、降职或降级、辞退、不友善的推荐信等。组织在不得已的情况下才可以运用强制的手段，虽然它可以使有些变革的抵制者因恐惧而改变态度，但是并不能从内心使他们接受变革，积极地参与到组织变革当中去。而且，这种方法还有可能引起反对者的不满情绪，导致矛盾激化，给改革者带来更多的麻烦。

表 14-1　降低变革阻力的方法

方　法	何 时 用	优　　点	缺　　点
教育与沟通	沟通不良并且劳资关系以相互信赖为特征	产生帮助改变的意愿	费时
参与与投入	其他人有重要的资源或权力	获得承诺，提高决策质量	费时，可能带来劣等决策
促进与支持	抗拒来自资源或适应问题	直接满足特定的资源或调整需要	费时，花费较大，成功可能性低
协商与协议	有人会因改变而损失	避免重大抗拒	潜在成本高，使人起而效尤
操纵与收买	其他方法无效或太贵	快、成本低、易于获得反对派支持	一旦被识破，变革推动者会信誉扫地
强制	其他都无效或者变革者决心极大时	快、成本低、压制抗拒	会有奋起反抗的可能

第三节　组织变革的类型和实施模式

一、组织变革的分类

组织变革根据不同的方法可以分成不同的类别。

（一）按照管理者控制的程度划分

按照管理者控制的程度可分为主动性变革和被动性变革。主动性变革是组织评估环境的变化可能带来的机遇与挑战，预测未来变化与发展趋势，以长远发展的眼光，主动制定对组织进行变革的计划并分阶段逐步实施；被动式变革是组织面对变化的环境时毫无准备，在环境的逼迫下被动地匆匆做出变革的决定。主动性的变革由于事先准备充足，容易获得成功；而被动性变革成功的概率很小，并且组织已经受到一定的损害。因此，组织应该进行主动性的变革。

（二）按照变革的范围划分

按照变革的范围可分为渐进式变革和剧烈式变革。渐进式变革是建立在已有的组织结构和管理流程之上，对组织进行的一系列持续的改进，这些改进是温和的、小面积的，在维持着组织一般平衡的同时，影响组织的局部。与此相反，剧烈式变革打破了组织的原有框架，创建新的组织和管理流程以适应不断变化的需求，通常会产生一个新的平衡，因此整个组织都进行了变革。例如，市场部的销售团队完成任务属于渐进式变革，对组织进行再造则是一个剧烈式的变革。

（三）按照变革的内容划分

按照变革的内容可以分为以组织结构为中心、以技术为中心、以组织成员为中心、以组织任务为中心和以适应组织环境为中心的变革。

1. 以组织结构为中心的变革

以组织结构为中心的变革是指通过改变组织的目标体系、权责体系，调整、沟通角色关系，协调体系的有效建立来达到组织变革的目的。一般来说，组织结构的变革涉及三个维度：复杂度，包括分工程度、协作方式、工作设计、管理跨度等；集权度，包括决策权的集中、分散程度；规范度，是指通过规则和标准处理方式规范工作行为的程度。

整个组织规划的变革涉及行政与系统组织规划变动，可采用简单式、机械行政式、专业行政式、部门化的变革、矩阵组织结构的变革。而组织结构的变革则涉及报酬制度、工作表现的评价鉴定制度和控制指挥系统的变革等。

从深层次上看，组织结构的变革实质上是组织权力的变革。组织权力是指组织对工作行为与技术的控制能力。组织权力应当在两个层面上发挥组织变革的效力：一个层面是制定适应性策略，即针对外界环境发生变化时组织应有的应对策略；另一个层面就是要运用组织权力制定发展战略，也就是试图将组织内部的关系与各个方面进行协调，适时地转向外部环境。

2. 以技术为中心的变革

以技术为中心的变革是指通过对组织工作与流程的再设计，对完成组织目标所采用的方法和设备的改变以及组织目标体系的建立达到组织变革的目的。组织的技术水平是指其从原料投入到转变为成品的整个过程的能力。在技术飞速发展的今天，技术变革对一个组织来说有着特别重要的意义。组织的技术水平是组织活力的特征之一，它体现了组织将有益知识应用于生产过程的能力。在组织内，涉及技术的变革通常有：引入新设备、新工具、新方法，实现自动化或计算机化，改进工艺流程，改变操作顺序等。具有核心竞争力是组织长期发展的灵魂。因此，在许多企业内，不断地进行技术革新已经成为其打造核心竞争力、提升整体竞争力的重要手段之一。

3. 以组织成员为中心的变革

通过对组织成员的知识、技能、行为规范、态度、动机和行为的变革，来达到组织变革的目的。组织变革是为了实现提高组织的绩效水平这一目标，而组织整体绩效水平的提升离不开成员个人绩效的增加，组织的许多变革都会从组织成员着手。例如，为了更好地提高组织成员工作的积极性，需要根据组织的具体情况，不断地改进组织的激励制度，为了使组织成员转变态度、提高个人的工作能力，组织会对成员进行各种培训等。

4. 以组织任务为中心的变革

组织任务是组织存在的意义以及工作的性质，工作任务的性质能够影响组织内个体和部门之间的关系，而一个组织工作任务的性质、内容等都是由组织的战略决定的。随着环境的变化，组织的战略要及时调整，甚至重新制定，这就决定了组织的任务必定会发生不同程度的改变，因此组织任务必须随着组织的战略调整而进行变革。

5. 以适应组织环境为中心的变革

组织的发展和变革，不应仅满足于能适应外部环境的迅速变化，更重要的是能够主动地调节和控制外部环境，使之在最大的限度内利于组织目标的实现。而各方面的组织变革以及在各自基础上制订的各种变革对策都是相互依赖、相互影响、互相促进的，在制订组织变革对策的过程中，它们往往构成一个完整的变革规划整体。然而，由于不同组织所处的变革环境及组织内部状况不同，在选择变革内容时，其侧重点是不同的。

二、组织变革的实施

（一）组织变革的三步模型

1951 年科特・勒温提出了三步骤的组织变革模型。他认为组织变革是一个打破原有平衡，重新形成新的平衡的过程，这个过程包括三个阶段：解冻、变革、再冻结，如图 14-1 所示。

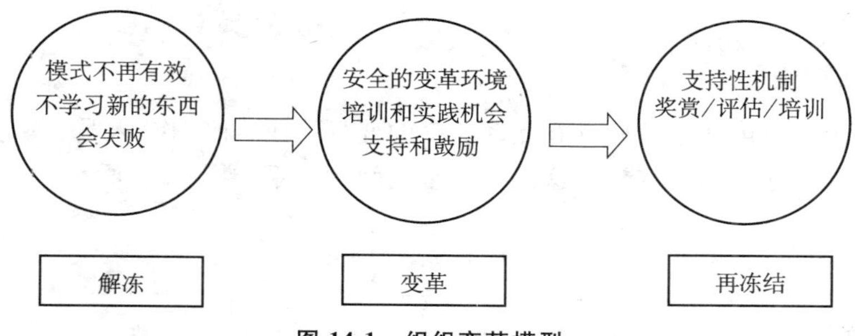

图 14-1　组织变革模型

1. 解冻阶段

任何组织都有保持其相对的稳定性，维持现状的趋势。解冻阶段就是一个力求打破现状，创设变革的动机，鼓励员工改变原有的行为方式和工作态度，形成新的适应组织战略发展的观念与态度的阶段；就是对旧的行为与态度进行否定，并使成员认识到变革的紧迫性，为变革营造气氛的阶段。

2. 变革阶段

变革从根本上来说，就是一个认知过程，借助不断获得的新概念及信息来完成。在这一阶段组织要为成员指明变革方向，提供新信息、新行为模式和新的视角，协助成员形成新的行为和态度。在这个阶段，组织会遇到一系列的问题，组织成员对变革的不适应也会在这个阶段陆续表现出来。同时，这个阶段非常重要，它是组织成员行为发生转换的阶段，是组织从原有状态到新状态的转折点。因此，在这个阶段组织要出台各种措施，支持成员做出利于组织变革的行为，并及时对阻碍变革的行为给予惩罚和纠正。

3. 再冻结阶段

这是变革后的行为强化阶段，要使组织成员新的工作态度、新的行为和新的人际关系稳定下来。这个阶段的成功也标志着整个组织变革的成功，因而是变革的重中之重。为了使组织成员新的状态能"固化"下来，组织仍须在相当长的一段时期内坚持对成员的变革进行支持，执行各项奖罚措施，使新的状态成为组织成员的一种习惯。

（二）李皮特等人的变革模型

李皮特等人将变革模型加以扩大，认为变革过程包括下列五个阶段：

(1) 发展变革需要。此阶段即解冻步骤，是将旧有态度、传统习俗及支持行为加以改变，并通过各种方式来确认变革需要。

(2) 确定变革关系。变革推动者与组织内的成员彼此之间建立起同心协力的工作关系，以便将来实际推行变革时，能将抗拒变革的力量减至最低，从而增加变革成功的机会。

(3) 实施变革措施。此阶段为实际改变的步骤，经由认同作用及内化作用来产生新行为。

(4) 维持稳定变革。该阶段设法将变革活动扩大，并配合组织内部其他措施，使之成为整体管理活动的一环，逐步予以制度化，成为持续性工作并获得内部员工的支持。

(5) 结束协助关系。变革推动者要在适当的时机结束组织的变革行动，为了激励被服务组织能培养自我解决的能力，一旦组织习得变革的专业知识时，变革推动者就可以退出这一变革行动了。

（三）勒维特模型

勒维特认为组织由四个彼此具有互动关系的变量构成，即工作、人员、技术和结构，而且任何组织变革都牵涉这四个变量。这四个变量之间的关系如图 14-2 所示。

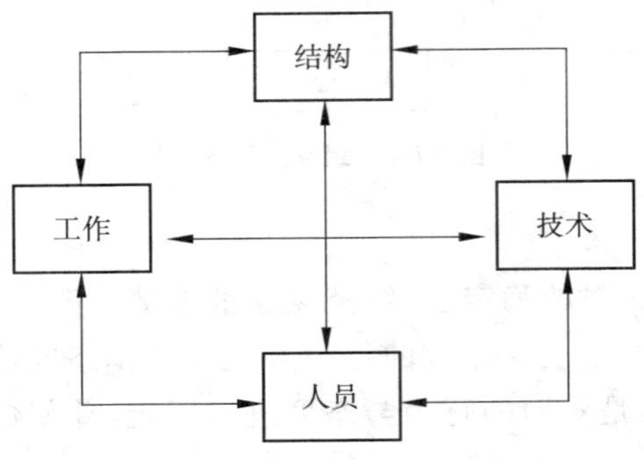

图 14-2　勒维特变革模型

勒维特认为任何组织变革，其特定的目标可能只是改变这四个变量其中的一个，但四个变量之间有高度的互动关系，所以相互之间都能彼此影响、相互牵动，所以任何变革在推行之时就得有缜密的分析与规划，才能将无法预期的不良后果减至最低，顺利达成组织变革的目的与成效。

（四）布洛克和巴腾的有计划变革整合

有计划的变革整合模型（如图 14-3 所示）由布洛克与巴腾提出，他们认为有计划的变革包括四个阶段：探索、行动、计划和整合阶段。

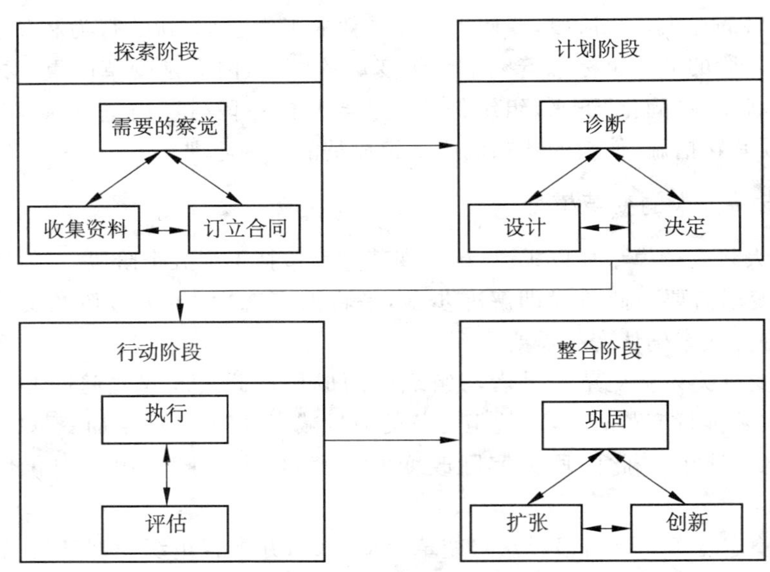

图 14-3　有计划的变革整合模型

(1) 探索阶段：此阶段由需要的察觉、收集资料和订立合同三个循环过程构成。即了解变革的需要，寻找外部顾问的支持来帮助规划和实施这些变革，并且和顾问签订一个合同来规定双方的责任。

(2) 计划阶段：此阶段由诊断、设计及决定三个循环过程构成。具体来说，即为正确地诊断组织而搜集信息，建立变革的目标以及设计适当的步骤来达到这些目标，并且规劝主要的决策制定者来赞同和支持所计划的变革。

(3) 行动阶段：此阶段由执行和评估两个循环过程构成。相应的行动为建立恰当的安排来管理变革过程以及为了采取行动而寻求支持，并且评价实施的行动以及反馈结果，这样就可以做出任何必要的调整和精简。

(4) 整合阶段：此阶段由巩固、扩张及创新三个循环过程构成。巩固和扩张变革的结果，使它成为组织正常的、每天运营中的一部分并且不需要特别的安排和激励来维持变革的结果；在巩固、扩张的基础上有针对性地开展创新活动，并不断持续下去。

以上四个阶段循序渐进，整合了阶段和过程两个方面，构成一个完整的、有计划的变革模型。

(五) 活动研究模型

活动研究是指一种变革过程，这种过程首先系统地收集信息，然后在信息分析的基础上选择变革行为。活动研究的重要性在于它为推行有计划的变革提供了科学的方法论。

活动研究的过程包括五个阶段：诊断、分析、反馈、行动和评价。

(1) 诊断。变革推动者在活动研究中通常是外部顾问，他们从组织成员那里收集变革需要的相关信息。这种诊断与医生了解病人的病情相似。在活动研究中，变革推动者提出问题，与员工面谈，记录面谈内容，并倾听员工所关注的问题。

(2) 分析。第二步要对诊断阶段所收集的信息进行分析。员工认为关键问题有哪些？这些问题是怎样出现的？变革推动者把这些信息整理成以下几个方面：主要关心的问题、问题的范围和可能采取的行动。

(3) 反馈。活动研究还包括了变革对象的广泛参与。变革问题的确定以及解决办法的寻求，需要所涉及员工的积极参与。因此，第三步是让参与前两步的员工共同发现问题。在变革推动者的帮助下，员工可以开发任何有关变革的行动计划。

(4) 行动。经过“反馈”环节后，就是活动研究中的“行动”阶段了，员工和变革推动者采取具体行动来改进所发现的问题。

(5) 评价。最后，变革推动者评估行动计划的效果。他们以收集到的原始资料为参考标准，对此后发生的变革进行比较和评价。

三、组织变革的程序

组织在进行变革时，可以按照下面四个步骤进行。

1. 进行组织诊断

通过组织诊断，发现组织变革的征兆，发现组织存在的问题。同时，对出现的问题作进一步的分析：哪些问题是需要马上解决的？产生问题的原因是什么？问题发展的程度如何？等等。组织根据分析的结果，对组织有针对性地进行变革，更容易取得成功。

2. 分析变革的力量，制订变革的方案

前面讨论过，在组织进行变革时会产生各种动力和阻力。组织要把自己面临的所有动力和阻力都列举出来，并且进行对比。组织应当尽量地增加变革的动力，减少变革的阻力，使变革朝着有利于组织的方面发展。这就需要组织结合具体情况，制订出一个科学合理的变革方案来，它是组织顺利实施变革的保证。在变革方案中，对于各种可能出现的情况，组织要给予充分的考虑。

3. 实施变革

组织的变革方案一旦确定下来，改革者要坚定不移地贯彻执行下去。尽管在实施过程中会遇到各种阻力，改革者一定要坚定信念，制定各项配套措施，按照变革方案有条不紊地进行。在实施过程中，如果发现原先制订的方案有不适合的地方，改革者可以灵活掌握，但绝不能虎头蛇尾，使变革不了了之，这样会给今后的变革带来更大的障碍。

4. 评价与反馈

组织变革的过程中及结束之后，组织要分阶段对变革的效果进行总结和评价，并及时反馈新的信息。如果变革效果好，那么组织要分析其产生原因是什么？哪些因素或措施起到了决定性的作用？如果变革的效果不理想，问题出在哪里？什么原因造成的？怎样去改进？通过这些评价与反馈，组织可以吸取一些经验和教训，为下一次的组织变革奠定良好的基础。

第四节　组织发展

一、组织发展的含义

对于组织发展的定义，学术界一直有所争论。个别学者认为组织发展与组织变革的含义基本相同，但多数学者认为组织发展与组织变革是有所区别的。如罗宾斯认为：组织发展是在人文和民主价值观基础上，所有有计划的干预的总和，它致力于增进组织的效率和员工的主观幸福感。

我们认为：组织发展是指综合组织行为学的理论和方法，对组织进行有计划的、系统的改革，以促使组织的更新、发展和壮大的过程，其根本目的在于提高组织的绩效。组织发展重视人员和组织的成长、合作与参与精神以及质询精神，变革推动者在组织发展中只是起指导作用。因此，一般组织发展活动的基本价值观念可以作如下概括：

(1) 尊重人。认为个体是有责任心的、明智的、关心他人的，应该受到尊重。

(2) 信任和支持。有效和健康的组织具有信任、真诚、开放和支持等特征。

(3) 权力均等。有效的组织不强调等级权威和控制。

(4) 正视问题。对待组织中的问题应做到正视，而不是想方设法遮盖。

(5) 参与。与变革相关的人员越多地参与到变革的决策中，就越愿意促成变革的实施。

二、组织发展与组织变革的关系

组织变革与组织发展既有紧密的联系，又有所不同。组织变革是指对组织的结构进行调整与修正，以使其适应不断变化的外部环境和内部条件的过程；而组织发展的含义更加广泛，它包括各种使组织绩效提高的组织变革。组织发展通过组织变革来实现，变革的目的是使组织得到发展，以适应组织内外条件的要求，有效地行使组织职能，也就是说，变革是手段，发展是目的。

组织发展涉及了组织行为的多方因素，因此单一采用某一种变革方法往往难以奏效，需综合使用多种方法。众多的组织变革的方法和手段，构成了组织发展规划的组成部分。组织发展的一般共同原则如下：

(1) 组织发展是人们探索自我导向性的变革。它通过组织中的成员直接明确认识、解决问题。

(2) 组织发展致力于全面、系统的大变革。为取得更为有效的组织结果，就要了解整个组织。变革只能是对整个组织而言，把其中的某一部分割裂开来进行变革是不可能的。

(3) 典型的组织发展强调解决当前的问题与采取长期的组织发展相平衡。最有效的组织变革规划并不只是解决眼前的问题，还要准备解决未来的问题。

(4) 组织发展比其他的方法更强调收集资料、进行诊断以及解决问题这三个循环渐进相互配合的过程。

(5) 组织发展往往冲破了传统的等级制形式，而导向新的组织安排和相互发展关系。

三、组织发展的具体方法

有哪些方式可以促进组织发展？下面我们介绍几种具体的推进组织发展的方法。

1. 敏感性训练

敏感性训练是指通过无结构小组的相互作用来改变行为的方法。这种训练，由行为科学家稍作引导，将成员放置在一个开放自由的环境中，讨论成员自身以及他们相互交往的过程，并且提供给他们充分表达自己的观点、信仰和态度以及自主学习的机会。通过这一过程，使主体更明确地意识到自己的行为以及别人如何看待自己，从而对他人的行为更敏感，更理解小组的活动过程。它追求的具体目标是：提高对他人的移情能力；提高预见技能；更为真诚坦率；增强对个体差异的承受力；改进冲突处理技巧。

成功的无结构小组训练，会使个体的自我感知增强，更加了解别人如何看待自己，从而有效减少人际间的冲突，提升群体凝聚力。总的来说，敏感性训练的理想结果就是使个人和组织更为一体化。

2. 调查反馈

调查反馈是通过对员工进行问卷调查来收集数据，从组织和部门收集、评估组织成员的态度反馈、识别成员之间的认知差异并有针对性地消除这些差异的过程，主要用于诊断组织并开发适当的工具来促进组织的发展。组织中的每一个人都可以参加调查反馈，但其中最重要的是"组织家庭"(即任何一个部门中的管理者及向他直接汇报工作的下属)的参与。调查问卷通常由组织或部门中的所有成员填写。问卷主要询问员工对决策实践、沟通效果的认识、观点和态度，对部门间的合作以及对组织、工作、同事和直接主管的满意度。调查者通过提问或面谈的方式来确定哪些问题是重要的。

调查反馈主要包括以下5个步骤：①包括最高管理层在内的所有组织成员，共同参与调查的最初设计；②使用调查工具对组织所有部门和人员进行调查；③组织发展咨询人员分析调查数据，将结果列表，提供诊断分析的方法，指导客户开展调查反馈工作；④从组织最高层到部门经理层再到更低层次，依次往下反馈数据；⑤举行反馈会议，共同讨论数据。

3. 过程咨询

过程咨询是旨在帮助部门经理、雇员和团队评估并改进包括沟通、人际关系、决策、任务绩效在内等因素的过程。组织内外的环境分秒必变，任何一个组织都不是完美的，总有要改进的部分，然而，当局者迷，管理者往往知道工作绩效还可以改进，却不知道要从哪些方面着手以及如何改进。过程咨询的目的就是让外部顾问来帮助管理者，以明晰他们对必须处理的事件进行认识、理解和行动。

过程咨询也是假设通过协调人际关系和重视参与可以提高组织的有效性，这一点与敏感性训练极为相似，所不同的是过程咨询更强调任务导向。

过程咨询中的顾问只负责"让管理者了解在他的周围以及他和其他人之间正在发生什么事"，而不具体地解决问题，即作为向导和教练在过程中提出建议，帮助管理者解决自己的问题。

顾问和管理者是合作的关系，共同确定哪些过程需要改进。也就意味着，管理者在对自身部门进行分析的过程中，也培养了这种发现、分析、处理并解决问题的能力，而不是单纯地依赖顾问。

另外，管理者积极参与到诊断和提出问题的全过程，也使得管理者对最后所采用的对策有更深刻的理解，有利于减少方案实行的阻力。

需要指出的是，这里的顾问不必是解决具体问题的专家，他的专业技能在于提供帮助，而不是对整个过程所涉及的方方面面都精通。在管理者和顾问均不具备解决某一问题所需要的技术知识时，顾问会帮助管理者找到一位这方面的专家，并指导管理者如何从专家那里尽可能多地获得资源。

过程咨询适用于管理者知道问题存在但不知道问题具体在哪里；管理者不确定究竟采取何种具体的咨询和帮助手段；管理者可以通过参与对问题的诊断工作而获益；目标是顾问与管理者共同接纳的且顾问有能力建立一种帮助管理者实现目标的关系；管理者清楚地知道哪种手段是可行的；管理者有能力学会如何评价和解决他们的问题。

4. 建设学习型组织

所谓学习型组织就是指通过不断学习来改变组织自身，谋求发展的组织。当前，组织多面临激烈的竞争，想要生存发展，就离不开创新，组织发展、壮大的过程实际上就是一个不断学习创新的过程，组织所取得的每一个进步都是在学习中实现的。

创建学习型组织必须进行五项修炼：自我超越、改善心智模型、建立共同愿景、团队学习、系统思考。关于这五项修炼的具体内容将在第十六章中详细介绍。

5. 群体间关系的开发

组织发展关注的一个重要点是群体间功能失调的冲突，这也是变革努力的重要方向之一。

群体间之所以出现冲突，大多是由于群体目标不够清晰、群体间缺乏信息共享的机制以及成员间的相互了解与认识不足，从而抱有成见，出现分歧，形成冲突，因此，群体间的发展是致力于改变群体间的态度、成见和观念的。在诸多改善群体间关系的方法中，最常使用的是强调问题解决方法。这种方法首先让每一个群体独立列出一系列清单，其中包括对自己的认识、对其他群体的认识以及其他群体是如何看待自己的。随后，将这些信息汇总，并在参与调查的成员间进行共享，分析他们之间的相似之处和不同之处，尤其是不同之处，因为这往往是分析的源头。找到了冲突的成因之后，群体就可进入寻找解决方法改善群体间的关系的整合阶段了。同时，还可以建立亚群体，它由来自每个冲突群体的成员组成，以便进一步深入诊断以找出各种可行性方案来改善群体间关系。

本章思考题

1. 简述组织变革的动因是什么？
2. 组织实行变革需考虑哪些因素？
3. 组织变革的作用有哪些？
4. 组织变革有哪些模型？
5. 比较组织变革各模型，试区分异同点。
6. 简述组织变革与组织发展的区别与联系。
7. 简述组织发展的可行方法。

课后案例

微软公司的组织变革

用外人的眼光来看，微软公司似乎是在以闪电般的速度发展着。然而，从内部来看，对发展太缓慢的指责却与日俱增。微软公司有 3 000 名员工，生产 180 多种不同的产品，至少有 5 个管理层。公司的员工开始抱怨文案主义和决策迟缓的问题。日益明显的官僚化倾向甚至使公司失去了几个重要的人才。此外，微软公司还面临着一些新的挑战，如美国司法部对这个软件巨人的裁决，以及美国在线公司和时代华纳合并所形成的互联网竞争强敌。

在这种情况下，高层管理人员开始重建微软公司。为使公司能对软件行业中的快速变化做出更好的反应，他们建立了 8 个新事业部。其中，商用和企业事业部侧重向企业用户提供诸如 Windows 2000 这样的软件；家用和零售事业部处理游戏软件、家庭应用软件、儿童软件及相关业务；商界生产率事业部以知识型员工为其目标市场，为他们开发诸如文字处理方面的应用软件；销售和客户支持事业部则主要集中于会计律师事务所，互联网服务提供商和小企业这样的顾客群。其他的事业部还包括开发者事业部（研制供企业编程人员使用的工具）；消费者和商务事业部（使商家与企业的 MSN 网络门户相联）；消费者视窗事业部，其目标是使个人电脑更易于消费者使用。最后一个是微软研究事业部，开展各方面的基础研究，包括语音识别和先进的网络技术。

真正使这一新结构对微软公司具有革命性意义的是，这 8 个事业部的领导被授予了充分的自由和职权，只要能够实现销售收入和利润目标，他们就可以按照自己认为适当的方式经营其业务并支配各自的预算。而在以前，盖茨和鲍梅尔都卷入到每个大大小小的决策中，包括 Windows 2000 的主要性能，以及评价用户支持热线得来的反馈记录等。现在，事业部经理被授予了以前所没有的职权和责任。一个事业部经理这样说，他感觉“就像在经营自己的小企业”。

“互联网使一切都发生了改变”，盖茨这样认为。正因为如此，他认识到了微软公司也必须改革。他希望新的结构是这一正确方向上的一个起点。

资料来源：http://wenku.baidu.com/view/180fe334ee06eff9aef807c9.html. 企业组织结构设计与组织管理.2011.09.10.

思考与讨论

1. 微软公司现在面临着什么样的环境？
2. 微软公司进行组织机构变革的具体原因是什么？
3. 微软公司变革成功的主要因素有哪些？

第十五章

组织文化

引例

星巴克(Starbucks)公司创建于1971年,是全球一流的精制咖啡的销售商、烘烤商及一流咖啡品牌的拥有者。1982—1992年,星巴克以令人震惊的年均80%的增长速度使店铺增加到150家。是什么秘诀让星巴克保持如此迅速的发展速度,这不得不归功于它独特的企业文化。

星巴克是一家价值驱动型企业,公司内有一套被广泛接受的原则。这种价值驱动型的管理形式不仅要求企业形成良好的战略愿景,同时要建立一种机制来配合、贯彻核心文化和组织的价值观。这种机制包括:有特色的企业文化制度、顾客至上的服务经营理念和完善的人力资源开发与管理制度等。

星巴克把员工看作公司最宝贵的资产,从多个层面去关注员工的需求,包括工作上的和生活上的。自创建之日起,星巴克就保持了一种关注员工、对员工投资、始终把员工放在首位的管理哲学理念。在这里,每位员工都亲切地称呼彼此为"伙伴"。员工平时工作的每个环节都是以这种大家庭式的文化为前提的。星巴克有一种5"B"文化,这不仅仅是员工对待顾客,也是员工对待彼此的方式。5"B"文化:①Be Welcome,使每个人获得归属感;②Be Genuine,诚心诚意,接触、发现、回应;③Be Knowledgeable,熟悉我们的专业,热爱你所做的工作并与他人分享经验;④Be Considerate,体贴、关心自己及周遭的人和环境;⑤Be Involved,门市、公司及社区全心投入。

星巴克的雇佣环境很好地鼓励了各种授权、交流和合作。星巴克公司通过权力下放机制,赋予员工更多的权力,如各地的分店也可做出重大决策。为了开发一个新店,员工们团结一致,帮助公司选择地点,直到新店正式投入使用。这种方式使新店能最大限度地与当地社会融合,这无疑解决了跨文化管理的难题,也稳定了员工的流动率。

资料来源:http://www.docin.com/p-516725137.html. 星巴克的薪酬计划及人力资源体系.2012.11.05;http://blog.sina.com.cn/s/blog_5405431c0101kjci.html. 星巴克的企业文化.2014.05.19;http://www.doc88.com/p-952219254823.html. 星巴克.2012.10.03.

思考

1. 星巴克的组织文化在其成长发展过程中发挥了什么样的作用?
2. 星巴克的组织文化有哪些值得我们借鉴的地方?

对于组织文化的理论研究是近年来才兴起的。组织作为一种管理工具，曾被机械地用于协调和控制，它们有垂直的层次结构，也有横向的职能部门。但是随着对组织理论研究的不断深入，人们发现组织也是具有个性的，不同风格的组织带来的结果也是不尽相同的。而所谓的“风格”，即组织内部成员共同接纳和认同的信仰、追求与核心价值观等，可以笼统地被称为组织文化。

第一节　组织文化概述

一、组织文化的产生

在西方管理理论的发展过程中，组织文化的问题近年来才得到重视。以泰勒、法约尔、韦伯为代表的古典管理理论学家更多地关注管理本身，而对组织中人的作用、文化的存在及其发挥的影响不够重视。

以梅奥、马斯洛及赫茨伯格为代表的人际关系学派开始重视人的因素。他们提出员工是“社会人”，这就使得对组织管理的研究涉及了人性的问题和心理需求的层面。这无疑开创了新的研究领域和思路，对日后组织文化研究的产生和发展起到了铺垫的作用。人际关系学派之后，美国管理学家道格拉斯·麦格雷戈在《管理理论 X 或 Y 的选择——企业的人性面》一书中，提出了人性假设的 Y 理论。这意味着，只注重管理本身，过度强调硬性管理和标准化的管理理论已经不能帮助组织获得更好的管理效果。与之相反的，更人性化、更重视组织成员需求的管理过程能为组织带来更高的效益。这为组织文化理论的产生奠定了基础。后来又出现了以人为本的管理思想和学习型组织与“学习人”的人性假设。“以人为本”的管理思想不再把人看作生产成本的承担者，而是组织最宝贵的资源和能否达到理想管理效果的关键因素，发挥人性的优点，抑制弱点，尽力实现组织与个人的双赢。学习型组织理论显然又达到了新的高度，它把组织成员看作不断成长的人，这样原来组成成员固定不变的人性观转变成动态的、不断发展的人性观，为组织向前发展提供了条件和动力。这些理论的发展和传递，共同构成了组织文化研究的理论基础。

二、组织文化的概念

鉴于观察视角和研究领域不同，对组织文化的定义呈多元化的态势，诸如认为组织文化是优势的价值、团体规范、组织的哲学、组织气氛、意识形态、共享的信念、共享的意识、心智模式、基本假设、组织策略、组织象征、组织灵魂等。

国外大多数学者都把组织文化看作组织内部长期发展过程中形成的，有自身特色的观念、道德、准则和习惯等。组织正是倚靠这些内部的无形纽带，才能在统一的思想指导下向前发展。霍夫斯泰德将组织文化定义为区别于其他组织的心理程序和价值观体系。丹尼森认为，组织文化的作用是深层次的，根植于组织成员的价值观和信仰之中。斯蒂芬·P. 罗宾斯认为，组织文化是组织成员的共同价值观体系。可见，虽然对于组织文化的定义仍没有统一的标准，但是学者们都基本认同组织文化的纽带作用和相区别的作用。在众多学者中，沙因关于组织文化的定义是比较有代表性的。

沙因在《企业文化与领导》一书中深刻阐述了组织文化的内涵。他认为，组织文化是一种基本假设的模型——由特定群体文化在处理外部适应与内部聚合问题的过程中发明、发现或发展出来的——由于运作效果好而被认可，并传授给组织新成员以作为理解、思考和感受相关问题的正确方式。组织的价值观、共享的信念、团体的规范等都是组织文化的表现形式，并不是组织文化的本质。

三、组织文化的特征

1. 无形性

组织文化所包含的共同理想、价值观念和行为准则是作为一个群体心理定式及氛围存在于组织成员中的。在这种氛围的影响下，组织成员会自觉地遵循其共同行为准则和价值观念行事，并通过共同努力达成共同理想。这种作用是贯穿于组织成员的学习、工作和生活中的，无法度量或计算。因此，组织文化是无形的。

组织文化虽然是无形的，但是它必须通过物质载体发挥作用。可以说物质是基础，文化是灵魂，只有将二者结合并发挥优势，组织才能不断进步。

2. 软约束性

组织文化靠长期形成的、组织成员普遍认同的核心价值观和共同信念对组织成员进行引导和熏陶，使组织成员产生对组织目标、行为准则及价值观念的“认同感”，自觉地按照组织的共同价值观念及行为准则去工作。组织文化对组织成员的软约束作用并非表现在通过僵硬的规章制度规定什么是应该做的，什么是禁止做的，而是让环境起到导向作用。如果成员的行为符合组织文化认同的价值观念或者对组织的进步做出贡献，那么他会得到其他成员的尊重、认可；与之相反，如果某位成员做出违背组织文化准则的行为，则会被规劝、说服，甚至是孤立和排斥。

3. 相对稳定性和连续性

组织文化是伴随着组织的诞生而产生的，可以说，在组织架构和管理理念没有发生剧烈变化的前提下，组织文化是具有相对稳定性和连续性的，不会频繁地做出大的变动，这对组织的稳定发展是十分有必要的。

但是这不代表组织文化就是一成不变的，我们这里说的稳定性和连续性是相对的。外部环境在不断变化，组织内部也在不断发展，如果组织文化不能随着这些变化不断地充实和丰富，组织终会受僵化的组织文化的影响，止步不前。因此，组织文化在保持相对稳定和连续的同时，也要保持活力，及时根据内外部环境的变化做出调整，更新管理理念和战略。

4. 个性

任何事情都是共性和个性的结合体，组织文化也不例外。组织文化的共性在于它是组织的灵魂，它能调动组织成员的积极性，并使其通过“认同”紧密地团结起来，以期达成共同的目标。由于经济文化环境的不同，组织文化又具有个性的一面，主要区别在表现方式上，因此，我们才能清晰分辨出不同国家的组织文化各有什么样的个性和特点。而且，即使在同一国度和同一政治经济环境下有着共性的组织文化，也因不同组织的涉猎行业、管理特点、经营范围、社区环境等方面的区别，表现出自己的个性。

只有共性没有个性的组织文化是枯燥僵化的，不能给组织带来生命力。而个性意味着特点、活力和适应性强，这样的组织文化才能为组织的发展不断寻找新的出路。

四、组织文化的结构

由于对组织文化的定义不同，因此学者对其结构的划分也不尽相同，主要有二元论、三层次论和四层次论三种观点。

1. 二元论

支持二元论的学者认为组织文化可以分为两个层次，即显性层和隐性层（见图 15-1）。

显性层包括可观察到的组织结构、规章制度、管理手段和工具、文化教育设施、技术培训、各种礼仪活动等；而隐性层是指不能被直接观察，但却起到决定性作用的组织的核心价值观、道德规范、管理哲学、经营理念、工作态度、行为取向、生活观念及思维方式等。

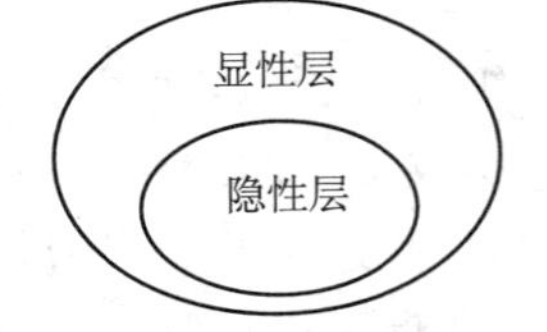

图 15-1　组织文化的二元结构

2. 三层次论

“三层次论”最有代表性的学者是沙因，他指出，组织文化的三个层次分别为：第一层，可见的、可观察的人造物品和创意；第二层，价值观或者是组织内部普遍认同标准；第三层，潜意识里指导组织成员行为的基本信念。图 15-2 表示了沙因的组织文化的冰山模型。

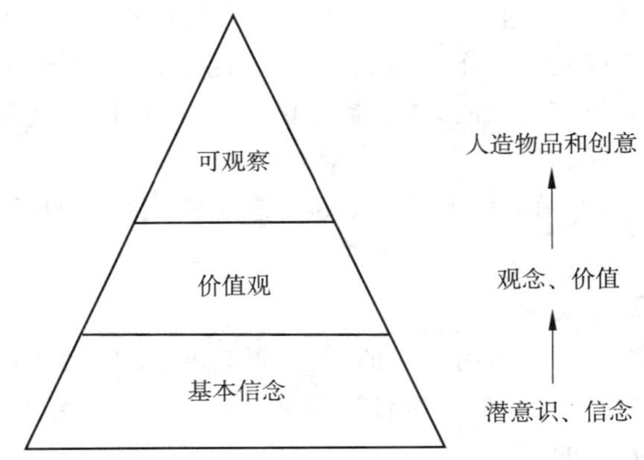

图 15-2　沙因关于三层组织文化的冰山模型

沙因将组织文化分为三个层次，可观察的人造物品、规章制度和创意等只是露出水面的冰山一角，而组织成员的共同价值观和基本信念虽然是不能被直接观察到的，但是它们是组织文化的核心，决定着可被观察部分的特征和呈现内容，起到了基础性和决定性的作用。

3. 四层次论

一些学者认为，价值观是组织文化的核心要素，他们将组织文化分为四个层次（见图 15-3）。

第一层是物质层。通常包括组织故事、标识、统一服装、仪式、语言和符号等。组织文化可以通过故事传达组织内部被普遍认同的价值观和行为规范，可以通过仪式表达对成员的鼓励，可以通过内部流通的特殊语言让成员产生共鸣，也可以通过标识、服装和符号等增强成员的归属感。总之，物质层面用可观、可触、可感的方式让组织成员

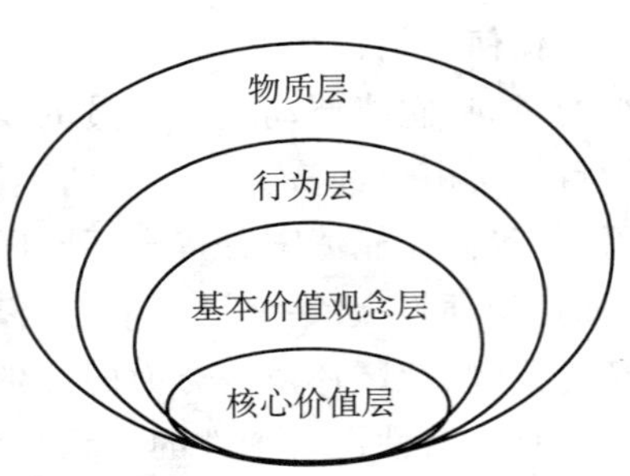

图 15-3　组织文化的四层次结构

感受到组织文化的存在。

美国的玫琳凯化妆品公司每年一度的表彰大会如选美大会一样，除了在大礼堂里连续举行好几天的庆典之外，与会者都会身着漂亮的服饰。杰出的女业务员按业绩的高低分，获得金戒指、钻戒、皮革，甚至是粉红色凯迪拉克。这种仪式强化了玫琳凯的个人坚强意志与乐观精神，通过物质奖励和精神鼓励的形式告诉员工，实现她们的销售指标很重要，通过努力工作和足够的勇气，她们也能获得成功。

资料来源：http://txt. wenku. baidu. com/view/faf445d7b14e852458fb572c. html. 领导艺术——管理技巧系列课程 . 2011. 09 04.

第二层是行为层。它包括所有组织成员的行为规范，也就是行为准则。什么是应该做的，什么是不符合规范的行为，都属于这一范畴。行为规范也包含了两个部分：一方面它规定了组织成员在完成自己本职任务的过程中应遵守的规则和程序，另一方面它也为组织成员之间的沟通与合作做出指导。

第三层是基本价值观念层。基本价值观是决定故事、符号、规范等性质与内容的价值观，它既包括组织对结果的追求，也包括组织对成员的态度。组织文化中价值观念的层面决定着组织到底看重哪些因素，在生产方面，有些组织"追求效率"，有些组织则"质量第一"；在对组织成员重视程度方面，价值观念也决定了组织是把成员看作提高竞争优势的资源，还是看作组织额定成本的负担。

第四层是核心价值层。这一层面反映了组织成员如何感知环境、如何处理和周围环境的关系、如何思考和解决面临的问题，简单地说，即思维定势。

五、组织文化的类型

通过对不同组织文化的差异和结构进行研究，学者们从各自视角提出了对于组织文化类型的不同分类。例如，迪尔和肯尼迪将组织文化分为硬汉、胆识型文化，努力工作、尽情玩乐型文化，孤注一掷型文化和按部就班型文化。而科特和赫斯科特在《企业文化与经营业绩》一书中，从企业文化与企业长期经营业绩的关系角度提出强力型文化、战略整合型文化和灵活适应型文化的分类方法。本书选取比较有代表性的桑南菲尔德的分类方式。

桑南菲尔德提出了一套标签理论，广泛地为学者们所接受，他将组织文化分为四种类型，即学院型、俱乐部型、棒球队型和堡垒型。

1. 学院型

学院型的组织十分关注员工的每一步成长，在这种文化下，组织将为想掌握职业技能的员工提供足够的空间和成长环境。学院型的企业往往更愿意雇用刚刚毕业的大学生，并为其提供全方位的职业培训，然后指导他们在特定的职能领域从事各种专业化的工作。世界知名企业中，宝洁就是非常具有代表性的学院型组织，偏向雇用大学毕业生，以独特的组织文化吸引员工，职业培训的内容也与业务需要紧密联系。

2. 俱乐部型

这种类型的组织非常重视成员的忠诚度和承诺，年龄和经验也至关重要，资历成为最重要的因素。与学院型文化的企业相比，这种类型的企业更看重怎样把管理者培养成通才。

贝尔公司、德尔塔航空公司、联合包裹服务公司及政府、事业单位、军队等都属于俱乐部型的组织。

3. 棒球队型

棒球队型的组织文化重视冒险和创新。这种类型的组织是冒险家和革新家的乐园，有才能的人会被给予巨额奖酬和较大的自由空间，所以成员会更积极地工作。在财会、金融、法律、广告、IT及高科技等领域这种类型的组织比较普遍。

4. 堡垒型

堡垒型的组织文化更注重生存。这种类型的组织以前可能是学院型、俱乐部型、棒球队型中的一种，但是目前衰落了，需要尽力维护组织的现状。因为状况不佳，这类组织的稳定性不足，但是对于喜欢流动性挑战的人来说，这类组织是不错的选择。很多零售行业的公司属于这一类型。

桑南菲尔德将组织文化划分为以上四种类型的同时，指出许多组织不能明确地被归为某一种类型，很多组织常常具有混合型的组织文化，或者正处于转型期中。比如，通用电气不同部门就有着不同的企业文化，苹果公司的学院型企业文化是由最开始的棒球队型转化而来。这四种不同的文化类型可以吸引不同的组织成员，灵活地理解和应用企业文化的类型才能使组织和成员达到匹配。

六、组织文化的功能

近年来，组织文化越来越受到关注和重视，主要是因为其在组织发展壮大过程中产生的重要作用。外部变化和内部整合要求组织需要不断进行调整来迎接挑战，而组织文化的功能反映在组织管理活动的方方面面。

1. 导向功能

组织文化作为组织内部共同的价值观，必然具有导向功能，组织成员在被认同的价值观念熏陶下，接受这种价值观并按照它来行动，即使在没有硬性规章制度约束的时候，成员也能自觉地朝着共同目标努力。当组织文化在整个组织内部形成一种强势文化以后，它对成员的感召力也就愈加明显，组织成员以组织的目标为目标，引导组织不断向某一方向发展。

2. 凝聚功能

组织文化可以增强组织的凝聚力。组织成员在统一的思想和价值观的指导下，对共同的行为准则产生认同感，对共同的目标产生使命感，对身处组织之中产生自豪感和归属感。这样，组织成员便自觉参与到组织事务之中，发挥潜能，并积极与组织其他成员进行合作。

3. 激励功能

组织文化的激励功能强调以人为管理中心，尊重人、相信人、鼓励人，满足组织成员的多种需要。激励功能可最大限度地激发组织成员的积极性和潜能，承认其对组织的贡献，使其自觉产生高昂的情绪和进取精神。积极的心态会增强组织成员的使命感，这是长久的驱动力，使他们以主人翁的姿态关心组织的发展。

美国惠普公司开创了独具特色的“实验器材完全开放”的政策。该政策充分允许该公司的工程技术人员自由地使用实验设备，而且鼓励他们将设备带回家里自行使用。公司的主导思想是：不管工程技术人员在单位还是在家里利用这些设备，不管设计出来的东西是否是公司要求承担的项目，他们总是能够学到些东西，于是就增强了公司对创新活动所承担的义务。

其组织文化包含着对员工最诚挚的信任和尊重，因此在惠普公司，无论你走到哪里，都可以听到人们在议论产品和服务的质量，在为本部门的成就感到骄傲。

资料来源：http://glearning.tju.edu.cn/mod/forum/discuss.php? d = 8880. 美国惠普公司文化的激励效应.2011.12.21.

4. 约束功能

组织文化对组织成员的思想、心理和行为无疑具有约束和规范的作用，这种约束不仅是通过制度层面来制定条条框框，更是通过组织的文化氛围、群体行为和道德准则等形成软约束。制度是相对被动的，因其总是落后于组织的发展，所以难免存在漏洞。而组织文化的软约束功能是通过倡导获得共识的价值观念体系、建立行为规范和形成文化氛围，使组织成员感受到来自群体的压力，产生从众心理和共识，最终达到自控的目的。而且，组织成员受到组织文化的强势影响之后，往往能以组织的目标为目标，自觉约束自己的行为，可以说这种无形的约束力比写在纸上的明文规定更有力、更统一。同时，组织成员的自我管理和自我控制可以抵消一部分硬性规章制度带来的抵触情绪。

5. 辐射功能

卓越的组织文化具有强大的辐射功能。对内可以对组织成员产生良好的影响，熏陶、感染成员不断进步；对外可以维护组织形象，提高声誉，具有价值外溢的效果。而且，这种辐射功能不仅有益于组织本身，而且良好的组织文化可以被其他组织学习和借鉴，起到示范作用，这对社会文化的交流和发展也是有好处的。

尽管组织文化对组织具有很多积极的作用，但是组织文化也存在着潜在的消极作用，如不利于组织变革和创新、不利于组织重组、不利于组织多元化等。组织文化一旦形成便具有相对的稳定性，并且随着组织的发展而不断得到强化，当组织所处的环境发生剧烈变化时，组织战略将做出新的调整，这时根深蒂固的组织文化就会成为一种惯性，束缚组织的手脚和组织成员的思想，使组织不愿意进行创新和变革。而且，在组织面临重组、对资源整合的时候，必须考虑组织文化的兼容性，组织多元化的态势与组织文化的建设及发展可能会产生一定的冲突，兼容性差的组织文化对合并后的组织可能造成非常大的不良影响。

第二节　组织文化理论

组织管理理论经历了经验管理、科学管理和文化管理三个阶段。20 世纪 70 年代末至 80 年代初，相关领域学者将关注点转移到对人的认识上，重视人性在管理过程中的重要作用，并不再拘泥于理性管理，组织文化理论便是其中重要的一部分。

一、阿伦·肯尼迪和特伦斯·迪尔的组织文化因素理论

来自商业领域的肯尼迪和来自教育领域的迪尔于1982年出版了《公司文化》一书，旨在研究怎样激励组织成员更好地完成工作，这本书的出版是组织文化理论诞生的标志。他们认为，无论是支离破碎的组织文化，还是强而有力的组织文化都会对组织产生深刻的影响，引导着组织成员的行为。他们将企业文化分解成企业环境、价值观、英雄人物、习俗和仪式、文化网络五个因素，而这五个因素所起的作用是不同的。

迪尔和肯尼迪所指的"企业环境"并不是企业的内部环境，而是指"企业所处的极为广阔的社会和业务环境"，包括市场、顾客、竞争者、政府、技术等状况。在塑造企业文化的过程中，企业所处的环境是最重要的影响因素，这决定了企业的管理策略必须能够适应环境，也决定了企业怎么做才能够成功。价值观是组织长期实践经验的概括和总结，它让组织成员知道什么行为是被推崇的，什么做法是不可行的，它构成了组织文化的核心，是一个组织的基本信念和信仰。英雄人物可以被看作组织价值观的人格化，他们对内为其他组织成员提供了效仿的具体典范，对外作为组织的象征，提升了组织的社会形象。无论这些英雄人物是与生俱来的，还是在管理活动过程中被"塑造"出来的，他们都具有非常宝贵的潜在价值。习俗和仪式是组织日常生活中一些系统化和程序化的惯例，习俗告诉组织成员什么样的行为表现是被认同的，而仪式则生动地提供了组织支持与赞赏的范例。文化网络是指组织内部以轶事、故事、机密、猜测等形式来传播消息的非正式渠道，是组织内部主要的沟通手段。虽然文化网络是非正式的，但它是组织内部强有力的沟通工具，如果管理者想了解组织成员的真实想法并施加影响，灵活地运用文化网络是十分必要的。

肯尼迪和迪尔把组织文化分成了五个因素，揭示了组织文化创建的过程。第一，根据组织所处的环境选定组织文化建设的模式；第二，通过梳理英雄人物使员工认同组织的价值观；第三，利用仪式等巩固组织的价值观；第四，最终形成组织的价值观。

在组织文化的类型中我们提到过，迪尔和肯尼迪将组织文化分为硬汉、胆识型文化，努力工作、尽情玩乐型文化，孤注一掷型文化和按部就班型文化。

组织文化的这四种类型取决于两个因素：一是企业经营的风险程度；二是企业及其雇员工作绩效的反馈程度。但是在实践中，任何一个组织不可能真正符合这些文化中的任何一种，而是四种文化类型的混合。可能市场营销部门是硬汉、胆识型文化，而销售和制造部门却是努力工作、尽情玩乐型文化。

二、威廉·大内的Z理论

大内于1981年出版了《Z理论——美国企业界怎样迎接日本的挑战》一书，在书中，他把典型的美国企业管理模式称为A(America)型，把典型的日本企业管理模式称为J(Japan)型。大内比较了美日组织管理模式的差异，见表15-1。

表15-1 美日组织管理模式的差异

日本机构(J型)	美国机构(A型)	日本机构(J型)	美国机构(A型)
终身雇佣制	短期雇佣制	集体的决策过程	个人的决策过程
缓慢的评价与升级	迅速的评价与升级	集体负责	个人负责
非专业化经历道路	专业化的经历道路	整体关系	局部关系
含蓄的控制	明确的控制		

大内认为，在日本模式中，组织成员的配合更为紧密，稳定性高，集体意识强。而与之相反的，美国模式更崇尚个人主义，流动性大，也就导致了淡漠的关系和疏散的联系。大内把少数几个与日本模式有共同点的美国企业称为Z型组织（如IBM公司、P&G公司等），他们都“获得了无与伦比的成功”。所以Z型理论主张把日本和美国的成功经验相融合。

塑造Z型文化是建立Z型管理模式的前提，而且Z型文化还告诉我们，人性化的工作条件和工作环境不仅能提高组织的效能，还能让组织成员重视自身，增强自尊心。这种Z型文化具备如下特点：

(1) 保障员工的职业安全。Z型管理模式倾向于长期雇佣制，这种雇佣关系能让员工关注组织的长远利益，而不是短期效益。员工能把自己的命运和公司的前途联系起来，从而培养了员工的忠实度和归属感。

(2) 晋升相对缓慢。长期雇佣制使公司更看重员工的长期绩效，而不是短期表现，产生了相对缓慢的评价和升级过程。晋升缓慢是相对于A型公司慢，但比J型公司要快。

(3) 注重培养员工的多方面技能，以使其适应环境的变化。Z型公司的员工常常从一个岗位调到另一个岗位，这种方法有效地产生了更多的属于该类型公司所特有的技能，从而在设计、生存和分配过程中走向更密切的协调。这样的长期雇佣制以特殊方式与职业发展联系在一起。

(4) 寻求明确和含蓄之间的平衡。Z型公司也拥有同A型公司相同的典型的明确控制法，如充足的、现代化的情报、会计制度、正式计划、目标管理等，但是在Z型公司这些方法是为了获得信息，却很少在重要决策中起决定性作用。在Z型公司，含蓄控制和明确控制之间似乎存在一种平衡状态，它的决策过程虽然权衡整个事实的分析，但仍然慎重考虑这个决定是否适合于本公司。

(5) 有清楚一致的价值观。在Z型公司内部，矛盾的焦点在于“价值观”，而不是市场份额或获利性。这不是说Z型公司不关心利润，而是在Z型公司，利润本身既不被视为目的，也不作为竞争过程中“保持分数”的方法。如果企业能帮助员工成长，并使员工做出负责表现，那么利润就是员工对于企业的报酬。Z型公司与众不同的特点就是，这些价值观不是装饰品，它们是在实践中做出决定的准绳。

(6) 注重集体决策。Z型公司的决策要由集体做出，尽量征求全体的意见。全体意见一致的决策过程既提供了直接获得消息的价值观，又使人有参与其中的感觉。决策可能是集体做出的，但是最重要的是要由一个人对这个决策负责，这种集体决策和个人负责相结合的决策方式，要求公司有相互信任的气氛。

(7) 鼓励员工在工作中的自我控制和平等沟通。Z型公司一般把对于下级和同事的广泛关切看作工作关系的自然组成部分，注重保持一种强烈的气氛。平等主义是Z型组织的一个核心特点，这种特点使Z型组织的员工具有高度的责任感、忠诚和生产率。这种Z型文化深刻揭示了经济、社会、管理与文化的内在联系。

三、帕斯卡和艾索斯的七S管理框架

帕斯卡和艾索斯以日本松下电器为例，并与美国的国际电话电报公司进行比较，于1981年合作出版了《日本管理艺术》一书，在该书中他们把组织文化定义为“是组织制定员工和(或)顾客政策的宗旨”。他们认为，美国企业落后于日本的主要原因是企业文化的不同，美国企业多数只关注策略、制度和机构等，而忽视了人员、风格和最高目标，于是他们提出了组织文化的七S框架。所谓组织的“七S框架”就是学者在研究日本和美国优秀管理经验时所提出的、用作架构企业组织的七种要素。由于这些要素的英文词汇都由S开头，所以简称“7S要素”。它们是：结构（structure）、战略（strategy）、制度（system）、作风（style）、人员（staff）、技能（skills）、最高目标（shared value）。前三项称作“硬性要素”，后四项称为“软性要素”。

《日本管理艺术》一书指出，在所有的七个要素中，只注意一两个通常是不够的，它们彼此相互影响，任何企业的成功，都必须紧紧抓住这七个要素。它们的关系如图15-4所示。

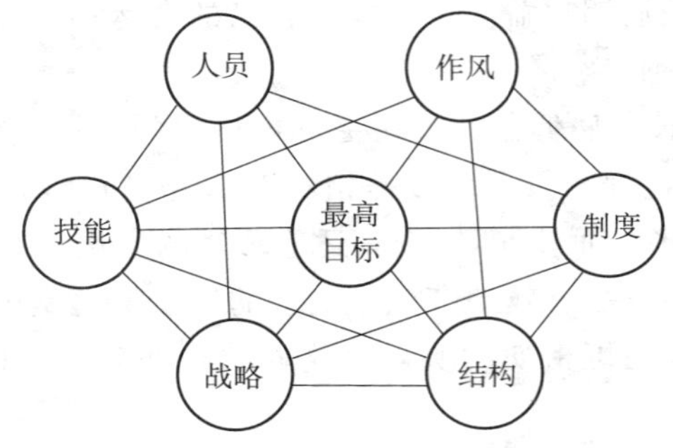

图15-4　组织七S架构

这七个要素之间存在着紧密的联系，其中一两个要素改变之后，必须调整其他要素以达到良好的配合，但是要做到全面的协调还是不容易的。美国的管理理念过分重视硬性要素，原因在于其较多地把管理当作一门科学。而且美国的商业院校过分强调学生对战略、结构和制度“冷三角”的理解，这可能会导致对软因素作用的忽视。比如，美日之间的文化差异会导致管理风格的不同，美国文化在处理以下几方面问题时就显得不那么得心应手：在管理过程中人是客体还是主体；除了金钱和权力的诱因，企业的信念和价值观是否会发挥作用；个人与集体是怎样的关系；如何微妙处理短期内不够完美的状况等。只有处理好这些问题，“七S”间的关系才会得到协调，并发挥作用。

四、彼得斯和沃特曼的革新性文化理论

彼得斯和沃特曼在长期的管理咨询实践当中，观察了解到杰出公司的组织文化特点，于1982年出版了《追求卓越》一书，提出了革新性文化理论。他们认为杰出的公司有其独特的文化品质，这些品质使他们脱颖而出。杰出的公司一般把职能部门缩小到最小范围，并突出强调几项重要的价值观，这样可以避免对生产部门的干扰和咨询的泛滥；另外，人性化的工作环境和积极参与的工作氛围也是必要的。不断创新的大公司是杰出公司的衡量标准，这里所谓的创新，不仅是指具有创造力以及员工开发出可以上市的新产品和新服务，也指一个公司能够不断地应对周围环境的变化。但凡顾客口味、政府法令、国际贸易环境改变，这些公司的方针也马上跟着调整转变。彼得斯和沃特曼在七S管理框架的基础上，提出了杰出公司组织文化的八个特征：

（1）采取行动。这一特征包含两层含义：一是强调“组织的流动性”，二是提倡“企业的创新精神”。杰出的企业很少让过分复杂的事情捆住自己的手脚，他们不让员工去搞那些常

设机构或是那种一拖好几年的工作组。他们不沉溺于长篇大论的报告，也不设置正规的矩阵型组织。也就是说人们一次只能处理一点信息，而且感到自己有了几分自主权，他们就会奋发起来。

(2) 接近顾客。这主要表现在对服务的执着、对质量的执着、开拓合适的市场和倾听用户的意见四个方面。杰出的公司不仅保障优质的服务和产品质量，同时公司要经常和客户保持联系，听取意见，保证客户不流失的同时，进一步进行业务拓展。

(3) 发挥自主性以及创业精神。组织中最宝贵的人才不是提出创造性思维的人，而是敢于把新思维付诸实践的人。“杰出公司之所以出色，正是由于有鼓励实施新思维的历史传统和环境氛围，有允许失败的风范”。

(4) 通过人来提高生产率。杰出公司总是把普通员工看作提高质量和生产率的根本源泉；把员工看作同伴，尊重员工，而不是把员工当作组织的负担。

(5) 建立正确的价值观，并积极实行。以价值准则为轴心，把公司内部的各种力量凝聚于企业目标。组织的成功主要与其基本理念、价值观和驱策动机有关，信念的重要性远超过技术、经济、资源、结构和制度。

(6) 做内行的事。杰出的企业不搞多行业的经营，尤其不依靠购买和兼并其他行业来搞多种经营。因为兼并过来的企业具有不同的价值观，从而很难实现各部门之间的协同配合。作为一般规律，经营绩效最佳的企业主要是通过内部产生的多样化来获得进展。

(7) 组织单纯，人员精干。许多杰出公司的管理体制可以近似地用三根支柱来描述：①符合业务高效率需要的稳定性支柱；②符合经常性革新需要的创业支柱；③符合避免僵化需要的打破旧习支柱。

(8) 宽严并济。杰出公司都是既高度集权也高度分权，他们允许员工不拘一格地参与创新活动，给产品开发部门很大权限，组织结构灵活。与此同时，遵守传统的价值观，强调频繁的沟通和信息反馈，防止发生不协调的、严重偏离主流的情况。

杰出的公司都有优良的企业文化作为动力和控制方向的手段，虽然并不是每个杰出公司都完全拥有这八个特征，但是至少有其中一个或者几个这样的特征。

五、彼得·圣吉的学习型组织理论

对组织学习的研究最早可追溯到20世纪60年代，虽然大多数学者承认组织的持续学习与知识的获得和绩效的提高存在着关系，但是他们并未对组织学习的定义形成统一的认识。管理学者彼得·圣吉在其著作《学习型组织的艺术与实践》中提出了学习型组织这一概念，掀起了组织学习和创建学习型组织的热潮。

学习型组织是指通过培养整个组织的学习气氛、充分发挥员工的创造性思维能力而建立起的一种扁平的、符合人性的、持续适应变革和发展的组织。这样的组织有着很强的学习能力，且综合绩效高于个人绩效总和。要创建学习型组织需要进行五项修炼，即建立愿景、团队学习、改变心智、自我超越和系统思考。

在学习型组织中，只有通过个人的学习，组织才能学习，虽然个人的学习不能保证整个组织也在学习，但是如果单位组织成员本身没有继续学习的意志，自然也不会为组织的成长和发展提供助力。基于此，学习型组织的管理重点是以人为本，创建学习型的组织与团队，培养理性化的学习型员工和领导。在学习型组织中通过五项修炼的学习与磨炼，使员工参与决策，尽可能地发挥潜能；通过管理者与员工心智模式的互换，打破旧观念，迎接新挑战；强调自主学习，加强自我管理的意识。

学习型组织把员工看作不断成长的个人，这种视角的转变是对人性认识的一大进步。但是事实上，真正完全符合学习型组织各项特征的组织是不存在的，这种公开的、不断成长的、通过打破层级和部门分工来实现扁平化的组织文化是十分理想化的，是一种理想模型和奋斗目标。

第三节　企业组织跨文化管理

跨文化是指全球化进程中，当两种或多种文化不可避免地相遇时，相交文化间呈现出的独特文化现象或状态。当一种文化跨越了价值观、信仰、宗教、原则、精神、沟通模式、规章、典范等不同的文化时，就称之为跨文化。

由于对管理和整合不同文化间差异的迫切需求，跨文化管理学应运而生。20 世纪 70 年代后期，美国逐步形成和发展起来一门新兴的边缘科学，旨在跨文化条件下，设计出切实可行的组织机构和管理机制，克服文化冲突，整合企业资源，最大限度地挖掘和利用企业的潜力和价值，提高企业的综合效益。

一、文化差异模式

国外很多学者针对跨文化管理提出了分析模式，主要有：表现了环境因素对管理实务影响的法默—里奇曼模式；将管理哲学、环境因素作为自变量，将管理效果作为中间变量，将企业效果作为因变量，并描述各变量间关系的尼根希—埃斯塔芬模式；认为企业绩效取决于管理因素和非管理因素的孔茨模式；从宏观角度研究不同国家和民族文化的霍夫施泰德的四维文化分析模式。由于在对组织文化进行全球化比较时，国家是受历史、教育、经济环境、政治体制、文化习俗影响的基本单位，所以我们采取霍夫施泰德的四维文化分析模式。

霍夫施泰德是荷兰的跨文化管理研究专家，他通过调查问卷的形式，对组织文化进行综合性调查。问卷涉及员工的基本价值观、信念、收入、工作安全感、挑战性、自由、合作等方面，还有组织管理风格等问题。

霍夫施泰德对问卷进行分析处理，初步归纳出四种文化模式：不确定性回避、阳刚性与阴柔性、个体倾向与集体倾向、权力距离。20 世纪 80 年代后期，加拿大学者邦德参照对中国组织文化调查问卷的分析结果，发现了一个与霍氏提出的四个维度很相似的新维度，即短期倾向与长期倾向，所以合并起来，称为五种文化模式。

1. 不确定性回避

不确定性回避是指人们对一种模糊不清的情况和没有能力预测的、将来可能发生的事件的感受程度。由于历史、文化和思维定式的不同，让不同国家和地区的人们对未知的、不确定的情况做出不一样的反应，其回避程度表现出强和弱的差异。

强不确定性回避表现为：不确定性被视为一种持续的威胁，人们对此非常焦虑不安，害怕事物的发展与变化；稳定和安全是最重要的因素；努力工作，并在工作中避免与他人发生冲突或产生竞争；从众心理严重，绝不偏离大众承认的道德规范和准则；不思考当下的规章制度是否适合即严格遵守。霍氏研究指出，日本、葡萄牙和希腊等国家都属于这一类型。

弱不确定性回避表现为：人们对生活中出现的不确定性习以为常，不会感到焦虑，且积极应对事物的发展变化，敢于冒险；不认为努力工作是一种美德；敢于通过竞争达到个人目的；容忍偏离大众的思想和道德规范；有创新意识；不喜欢规章制度的束缚，且随时准备调整。新加坡、瑞士和丹麦等国家属于弱不确定性回避的类型。

2. 阳刚性与阴柔性

这个文化维度也被称为生活数量和生活质量。阳刚性表明了一个民族在自信、工作、绩效、成就、金钱、物质等方面占优势的价值观，即追求生活数量。自主、自立、进取、竞争、果断、成功、晋升、自由、轻松工作、赚取更多的钱财、控制驾驭他人、掌握权力和理性思维等行为意识与阳刚意识相联系。阴柔性则是在生活质量方面，保持良好的人际关系、服务、施善和团结等。与阴柔意识相联系的行为有抚育、赡养、依附从属、谦恭、职位保障、友好合作、尊敬领导等。霍氏研究发现，日本和奥地利在生活数量维度上得分最高，表现特征是过分自信和物质主义；而挪威、瑞典、丹麦和芬兰则在生活质量维度上得高分，表现在重视人与人之间的关系，并对他人的幸福表现出敏感和关心。

3. 个体倾向与集体倾向

在个体倾向指数高的社会结构中，人们自我意识强烈，大多只关心自己或自己直系亲属的利益，一切以自我为中心；在与集体的关系上，少有情感依附，以算计的方式与组织打交道，不推崇集体的力量。与之相反的，在集体倾向指数高的社会结构中，社会成员之间的关系非常紧密，他们在群体之中寻找归属感和安全感，个人对集体的情感依附十分强烈，具有奉献精神，愿意为组织的发展出力。霍氏研究发现，一个国家的个体倾向与这个国家的富足程度密切相关，像美国、英国和荷兰等富裕国家，个体倾向极为强烈；而像哥伦比亚、巴基斯坦等贫穷的国家，则集体倾向较强。

4. 权力距离

权力距离可以理解为组织内权力的差异，在权力距离大的国家，组织成员对权威表现出极大的尊敬，称号、身份及地位占据着极为重要的位置。在与这样的组织沟通或谈判时，所派出的代表应至少与对方头衔相当才有利，这样的国家有菲律宾、委内瑞拉、印度等。相反，权力距离小的国家，把权力差别视为一种不公正的现象，等级只是为了区别角色，处于不同权力地位的人之间可以相互信任。丹麦、奥地利是这类国家的典型。

而且权力距离与个体倾向也有相关联系：权力距离指数高的国家，其个体倾向指数较低；而权力距离指数低的国家，其个体倾向指数较高。

5. 短期倾向与长期倾向

这个维度衡量的是一个国家对短期利益和长远利益的价值取向。有短期倾向的国家和地区，尊重传统，着重眼前利益，社会责任感明确。美国就是这种文化维度的代表，考核周期短，关注即时效益，不容拖延。而具有长期倾向的国家和地区则主要面向未来，以动态的视角看待事物，做事留有余地，注重节约，重视长远投资收益，日本就是典型的例子。

二、文化冲突的后果

由于文化差异的存在，必然会导致不同程度的文化冲突，如果处理不好，会带来很多不利的后果。沟通不畅会导致跨国员工与当地员工的关系疏远,致使管理者无法了解真实的情况,员工也不会对企业产生认同感和归属感,双方都不能有所作为。更为严重的是,如果跨国员工和当地员工都不能理性对待不同文化之间的差异,可能会导致误会加深,矛盾激化。

除此之外,文化冲突在管理活动中还可能导致决策低效率、企业目标不统一、企业缺乏凝聚力、管理费用大幅度增加等问题。这些都将加大企业跨国经营的难度。美国学者戴维·A. 利克斯说过:"但凡跨国公司的失败,几乎都是仅仅因为忽略了文化差异——基本的或微妙的理解所招致的结果。"由此可见,跨国企业要想取得成功,就必须采取行之有效的策略,尽可能抵消文化差异,实现高效的跨文化管理。

三、跨文化管理的策略

1. 本土化策略

组织在进行跨文化管理时可以本着"思维全球化、行动当地化"的原则。企业跨国或异地投资,考虑雇用当地员工是十分明智的选择。一方面这些雇员更熟悉当地的政策法规、消费习惯和文化习俗,另一方面可以在降低跨国经营成本的同时,尽可能地与当地文化融合,减少本土对外来资本的抵触情绪。

2. 文化相融策略

在跨文化的环境中,文化相融策略可以很好地缓解和抵消文化冲突。根据文化相融的不同程度,可以分为两个层次:一是文化平行相融策略,也称文化互补。它是指企业在跨国经营中,并不以母国的文化作为主体文化,而是使母国的文化与东道国的文化互为补充,充分发挥跨文化的优势。二是和平相融策略。即隐去两者最容易导致冲突的主体文化,模糊文化差异,保存两者文化中比较平淡和微不足道的部分。这样就容易化解冲突,从而较好地达成妥协和协调。

3. 文化规避策略

这种策略适用于当母公司的文化与东道国的文化之间存在着较大差异的情况。这时,既不能放弃母公司的文化,又无法忽视东道国的文化的存在。因此,必须特别注意在双方文化的重大不同之处进行规避,不要在这些敏感地带造成彼此文化的冲突或对立。

4. 文化创新策略

这种策略就是将母公司的企业文化与东道国的本土文化进行有效的整合,相互了解、适应,最终构建成一种新型的企业文化,并以这种新型文化作为当地分公司的管理基础。这不仅是对文化冲突的规避,更是一种创新,让跨国员工与当地员工达成共识,营造友好的工作环境。

5. 文化渗透策略

文化渗透策略需要较长时间的观察和培育才能取得成效,管理人员凭借母国强大的经济实力所形成的文化优势,对当地员工进行逐步的文化渗透,直到母国文化深入人心,慢慢被接受。

本章思考题

1. 什么是组织文化？
2. 组织文化有何特征？
3. 组织文化的结构如何划分？
4. 组织文化有哪些功能？
5. 组织文化可以分为哪些类型？
6. 什么是组织文化因素理论？
7. 什么是七S管理框架？
8. 如何理解文化差异对组织管理的影响？
9. 组织的跨文化管理策略有哪些？

课后案例

Microsoft:别具一格的文化个性

1975年，保罗·艾伦和比尔·盖茨合伙创建微软公司，产品是微软BASIC，雇员为3人，当年收入16 000美元；1977年在日本推广BASIC；1982年，在英国建立欧洲分部；1986年，微软在NASDAQ上市。

1986年上市后，经营利润率持续保持在30%以上，到1995年，年收入已达59亿美元，拥有大约200多种产品，约17 800名雇员。微软控制了PC软件市场中最重要的部分——操作系统的市场占有率达80%～85%。这些软件在操作系统上运行，使用户能在计算机上执行特定的任务。没有哪一个与计算机或信息技术有关的行业和用户不受到微软及其产品的影响。

微软从最早卖程序设计语言，到出售操作系统，再到向零售店出售各种应用软件产品，从国内到国外，不断获得发展。但微软始终保持着公司早期结构松散、反官僚主义微型小组文化等特性的基本部分，从而与顾客更接近，更了解市场的需要。

面对市场和技术方面的挑战，微软总是奉行最基本的战略：向未来进军。它拥有出色的总裁和高级管理队伍，以及才华过人的雇员，拥有高度有效和一致的竞争策略和组织目标，组织机构灵活，产品开发能力强、效率高。微软人有一种敢于否定自我，不断学习提高的精神。当然，在其优点和成绩之后也潜藏着很多弱点。但微软正是在克服弱点和发挥优势的过程中不断向前发展。

微软公司令人吃惊的成长速度，引起世人的广泛关注。透过辉煌业绩，我们不难发现其成功不仅在于科技创新和优异的经营管理，更重要的是创设了知识型企业独特的文化个性。

一、比尔·盖茨缔造了微软文化个性

比尔·盖茨独特的个性和高超技能造就了微软公司的文化品位。这位精明的、精力充沛且富有幻想的公司创始人，极力寻求并任用与自己类似的既懂得技术又善于经营的经理人员。他向来强调以产品为中心来组织管理公司，超越经营职能，大胆实行组织创新，极力在公司内部和应聘者中挖掘同自己一样富有创新和合作精神的人才并委以重任。比尔·盖茨被其员工形容为一个幻想家，是一个不断积蓄力量和疯狂追求成功的人。他的这种个人

品行，深深地影响着公司。他雄厚的技术知识存量和高度敏锐的战略眼光以及在他周围汇集的一大批精明的软件开发和经营人才，使自己及其公司矗立于这个迅速发展的行业的最前沿。盖茨善于洞察机会，紧紧抓住这些机会，并能使自己个人的精神风范在公司内贯彻到底，从而使整个公司的经营管理和产品开发等活动都带有盖茨色彩。

二、管理创造性人才和技术的团队文化

知识型企业的一个重要特征就是拥有一大批具有创造性的人才。微软文化能把那些不喜欢大量规则、组织、计划，强烈反对官僚主义的PC程序员团结在一起，遵循"组建职能交叉专家小组"的策略准则；授权专业部门自己定义他们的工作，招聘并培训新雇员，使工作种类灵活机动，让人们保持独立的思想性；专家小组的成员可在工作中学习，从有经验的人那里学习，没有太多的官僚主义规则和干预，没有过时的正式培训项目，没有"职业化"的管理人员，没有耍"政治手腕"、搞官僚主义的风气。经理人员非常精干且平易近人，从而使大多数雇员认为微软是该行业的最佳工作场所。这种团队文化为员工提供了有趣的、不断变化的工作及大量学习和决策机会。

三、始终如一的创新精神

知识经济时代的核心工作内容就是创新，创新精神应是知识型企业文化的精髓。微软人始终作为开拓者——创造或进入一个潜在的大规模市场，然后不断改进一种成为市场标准的好产品。微软公司不断进行渐进的产品革新，并不时有重大突破，在公司内部形成了一种不断进行新陈代谢的机制，使竞争对手很少有机会能对微软构成威胁。其不断改进新产品，定期淘汰旧产品的机制，始终使公司产品成为或不断成为行业标准。创新是贯穿微软经营全过程的核心精神。

四、创建学习型组织

世界已经进入学习型组织的时代，真正创建学习型组织的企业，才是最有活力的企业。微软人为此制定了自己的战略，通过自我批评、信息反馈和交流而力求进步，向未来进军。微软在充分衡量产品开发过程的各要素之后，极力在进行更有效的管理和避免过度官僚化之间寻求一种新平衡；更彻底地分析与客户的联系，视客户的支持为自己进步的依据；系统地从过去和当前的研究项目与产品中学习，不断地进行自我批评、自我否定；通过电子邮件建立广泛的联系和信任，盖茨及其他经理人员极力主张人们保持密切联系，加强互动式学习，实现资源共享；通过建立共享制影响公司文化的发展战略，促进公司组织发生变化，保持充分的活力。建立学习型组织，使公司整体结合得更加紧密，效率更高地向未来进军。

资料来源：http://www.doc88.com/p-117817688904.html. 企业案例——Microsoft：别具一格的文化个性.2012.03.31.

思考与讨论

1. 微软公司的组织文化有何特点？
2. 其组织文化如何适应时代需要而发生演变？

第十六章

组织学习与学习型组织

引例

20世纪80年代晚期,Rover作为英国最大的汽车制造厂商陷入了困境:不仅每年亏损超过一亿美元,而且内部管理混乱,产品质量江河日下,随之而来的是劳资矛盾恶化,员工士气低落,前景一片黯淡。

为了改变这一困境,Rover走的关键一步是于1990年5月在公司内部成立了专司学习管理的机构——学习事业部(rover learning business,RLB)。当天,公司即向全体员工和世人公开宣布,组织学习将成为Rover生存与复兴的基石。事实上,RLB并没有辜负这份期望,通过RLB的工作,员工、团队、部门乃至全公司都可以从不断增长的知识、经验中获益,从员工之间的交流之中获益,从而使公司不断进步。

Rover的高层领导对组织学习非常重视,将此作为公司振兴的唯一法宝。为了彰显公司构建学习型组织的信心,Rover在公司内部大会上不断推广关于组织学习的观念与信仰,并通过把公司目标与组织学习联系起来、把组织学习与全面质量管理活动结合起来、领导率先垂范及把学习扩展到顾客、分销商和供应商等措施,将Rover摇身一变成为全球最富生命力的汽车制造厂商之一。

时至今日,在北美和亚洲,Rover产品供不应求,全球销量几乎扩大了一倍,保证销量的同时还提高了产品质量,几乎囊括了业界所有的质量奖,不仅一举扭转了巨额亏损,而且人均创收增长了4倍,员工的满意度和生产率也创历史新高,与几年前的境况简直判若两人。

这一切变化都发生在如此短暂的时间内,Rover振兴的秘诀是什么呢?调查显示,从高层领导到一线职工都一致认为,Rover重振雄风最大的"功臣"首推公司致力于组织学习和构建学习型组织的努力。

资料来源:http://www.doc88.com/p-138713997701.html. Rover建设学习型组织的经验 . 2012.02.10.

思考

1. Rover为了建立学习型组织采取了哪些措施?
2. 结合本案例,谈谈你对学习型组织的认识。

第一节 组织学习

一、学习

为什么优秀的人才愿意去通用电气(GE)工作,金钱和挑战是一部分原因,但最吸引人的地方是学习机会。"GE的宗旨是为每位员工提供最好的培训,提供大量增进个人成长与专业技能的机遇"。原GE董事长兼CEO杰克韦尔奇这样说,"GE会尽一切努力,让每一位员工拥有终身就业的能力,而非终身就业的机会"。

学习是人们与环境进行交互作用的结果,是一种相对持久的行为意向改变。当学习者的行为发生改变的时候,学习过程就产生了。可以说学习是人们日常生活中最常见的行为之一,但究竟什么是学习、学习如何完成,实际上是一个非常复杂的问题。

最早的关于学习的观点是行为矫正理论,也称条件反射或强化理论,主张有过共同经历人们的思想观点趋于一致。该观点认为,人们懂得去重复那些能够带来好结果的行为,避免去做那些导致不被期望或无用结果的行为,心理学家依据这一观点,用食物和电棒成功训练了小白鼠在迷宫中按照指定路线前进。因此,行为矫正观点认为学习是经验的一种结果,是人们依据过去行为的结果来调整和提高自己将来的行为。

行为理论的研究仅仅涉及动物和人的外部行为,很少涉及人的内部心理历程,比如行为理论认为,在利用外界刺激引导小白鼠走迷宫的实验中,环境的刺激与老鼠的反应之间没有任何心理上的联系。与此相反的是认知理论,认知学习理论是通过研究人的认知过程来探索学习规律的学习理论,认为在刺激与反应之间存在心理联系。其主要观点包括:人是学习的主体,能够主动学习;人类获取信息的过程是感知、注意、记忆、理解、问题解决的信息交换过程;人们对外界信息的感知、注意、理解是有选择性的等。

二、组织学习的概念

March和Simon最早提出组织学习的概念,他们认为:①组织学习首先是一个通过组织中人与人之间交互作用,从而不断产生和应用新知识改变组织行为的过程;②组织学习是一个组织不断产生新知识,不断传播与应用的螺旋形上升过程;③组织学习强调的是一种社会性的学习,是组织中人人都参与的集体学习和集体实践的社会现象。

阿吉利斯、熊恩两人于1978年著《组织学习:行动理论之观点》一书中对组织学习的定义最具代表性。他们认为:"组织学习是为了促进组织的长期效能和生存发展,而在回应环境变化的实践过程之中,对其根本信念、态度行为、结构安排所做的各种调整活动,且这些调整活动借由正式和非正式的人际互动来实现。"依据这些观点,要确认一个组织在学习,必须具备以下三个条件:①能不断地获取、传递并创造出新的知识;②能不断增强组织自身能力;③最终的结果是能带来集体行为或绩效的改善。

对组织学习这一概念,也有学者针对学习的主体和组织的特性提出异议。有学者认为,"学习"本是用来描述个人行为的词语,因此,用"学习"来描述一个组织的行为是不恰当的。实际上,组织学习是一种类比,即借用描述个人行为的方式来形象地描述一个组织的行为。个人是组织学习的基本个体,组织学习只能通过个人的行动来完成。但个人学习是组织学习的必要而非充分条件，因为个人学习只有上升到组织的层面、在组织中传播并为其他组织成员分享，才能叫做组织学习。因此，组织学习是针对整体的，既不是个人，也不是高层管理者的特权。

还有学者对组织的特性提出质疑，卡尔克·韦克和弗朗西斯·韦斯特利指出，组织意味着结构、秩序、稳定性，而学习意味着变化、多样性，因此“组织”和“学习”这两个概念是相互矛盾的。然而，当今企业组织所处环境的特点可用“多变”一词来概括。有人问英特尔总裁葛鲁夫，英特尔公司面对这么多对手，诸如微软、苹果电脑、戴尔公司、康柏公司、网景公司等，为什么其表现始终这么强劲？葛鲁夫说：“我们英特尔公司面对这么多世界强手所以能始终如此强劲，我认为最重要的一点就是，我们的员工都能意识到当今世界唯一不变的只有一个东西，就是变化。”市场在变、用户需求在变、竞争对手的状况与政治经济体制和政策都不断在变，在不断变化的环境中想保持固定不变的最佳模式是不可能的，不断地动态调整和创新，以对各种变化作出正确而快速的反应，这就是企业的学习能力。由于缺乏这种学习能力，昔日曾盛极一时而后来却落得失败结局的公司不计其数，据美国《财富》杂志报道，美国中小企业平均寿命不到 7 年，大企业平均寿命不足 40 年，而在中国，中小企业的平均寿命仅 2.5 年。1970 年名列《财富》杂志“500 大企业”排行榜的公司，在 2000 年有 1/3 已销声匿迹。这些都说明企业必须能够不断根据变化了的环境和条件进行学习和创新，才能延长寿命，保持长久的生命力。

因此，从宏观上“组织学习”这一词确实能表现出一个整体性的学习行为。组织是可以学习，也必须学习的。组织学习实际是组织的革新过程，指组织不断努力改变或重新设计自身以适应不断变化的环境。组织学习离不开个体学习，但个体学习转化为组织学习依赖于组织的学习环境、文化以及政策目标，若不能成功转化，就会产生学习失误，这在本章讲解单环与双环学习失误时会详细说明。

人们从不同的角度对组织学习的方式进行了论述。这其中有三种代表性的流派：①从组织学习的深度上将其划分为单环学习、双环学习和次级学习；②从组织知识管理的角度，针对不同类型的知识如何创造，并在不同群体水平之间进行转化提出组织知识的四种模式；③从学习发生的过程角度提出组织学习的过程模型。

三、不同深度的组织学习

组织学习分为单环学习、双环学习与次级学习三种不同深度。单环学习是指特定的工具性学习，它可以改变行动策略或其潜在假定，但不改变行动理论的价值观。主要是用来发现并纠正不符合个体或组织现有规范的偏差，通过学习维持个体或组织的现状。需要强调的是，这种学习过程强调的是对现状的认知，不会触动组织本身的基本意愿、信念和价值观，不会撼动组织的政策和目标，不能称为管理变革。例如，发现缺陷产品的质检员把信息传达给负责生产的工程师，工程师依据常规程序改变产品的规格和生产方法以纠正缺陷；营销经理发现销量低于预期时通过调查原因，根据自己的职权制定新的营销策略；以及面对员工离职率升高问题，人事经理通过调查员工不满的原因，调整薪酬水平、福利或职位等过程，都属于单环学习。

单环学习的失误可以分为两类：一类是封闭性学习与限制性学习，另一类是迷信学习与模糊学习。

(1) 封闭性学习指个体虽然学到了知识,但在组织环境中没有采取改进性行为,使组织的共同认知模式未能建立。比如在研究院所中,工程师在设计时虽然发现了可以进一步改善的问题,但由于自身工作负荷过重,没有向组织提出研究申请,没有改善组织的设计水平,这就属于封闭性学习。

(2) 限制性学习指虽然个体想方设法改变组织的某些行为,但却被组织漠视,通常由于组织中的沟通系统不畅,或缺乏合作造成。

(3) 迷信学习指由于缺乏必要的行动概念、模式或理论,个体或组织重复习惯性的行为而不知如何改善,缺乏理性思考。比如虽然人事部门意识到绩效考核流于形式,但却不知如何改善,于是维持原有的考核标准,就属于迷信学习。

(4) 模糊学习指用来解决问题的认知模式是恰当的,但对行动结果缺乏有效评价与反馈。例如组织对某项管理的流程进行了改革,但缺乏对这一流程的监督与考核,使得一段时间后改革流于形式,没有进行真正意义上的学习。

单环学习在短期内会促进企业达到自身认为的理想水平,但对长期发展是不够的,要使企业长期健康地成长,组织还需要进行双环学习。

双环学习是创新型学习和认知性学习,与单环学习相比更适用于动态环境中的企业组织。不同于单环学习强调对现状的认知,双环学习强调的是对造成现状原因的反思,是重新评价组织目标的本质、价值观和基本假设,使组织的政策和常规程序发生改变的学习。这种学习不仅发现哪些行动阻碍绩效,还要对行动背后的规范加以检视并纠正,对组织准则、目标、战略和价值观提出质疑,因此,双环学习也被称为变革型学习。也正是由于双环学习带来变革的可能,在学习过程中也会遇到个体甚至管理者的阻碍。阿吉利斯指出,目前团体学习效果不彰的原因,是因为大部分的管理者害怕,在团体中互相追根究底的质疑求真所带来的威胁,大多数的公司只奖励善于提出主张的人,而不奖励深入质疑复杂问题的人。

因此,要扫除双环学习的障碍,企业必须形成鼓励怀疑、欢迎挑战、勇于放弃的态度,培养开放、变通的学习精神。

双环学习在更新或修正个体认知模式或组织的共同认知模式过程中,有三种类型的失误,分别是表面学习、片断学习与投机性学习。

(1) 表面学习主要发生在个体层面,指个体虽然进行了学习,但没有认识到改变认知模式的必要性,或者即使认识到了并且改变了认知模式,但没有很好地运用它,因此失去了原本能够增长的知识,而且整个组织也没有获得知识的增长。

(2) 片断学习发生在组织层面,是指虽然个体进行了学习并改变了自己的认知模式,但如果没有与组织其他成员达成共识,组织旧的认知模式没有发生变化,在这种情况下,个体学习对组织学习没有任何贡献,那么还是产生了片断学习失误。

(3) 投机性学习也称组织限制性学习,是指尽管组织的某个组成部分的行为或想法抓住了确实存在的机会,但却与组织整体的认知模式相矛盾。典型的例子就是组织中某些团队的行动与想法虽然是改善性的,但确有悖于组织的统一管理,于是只能算作投机性学习。又比如,企业想抓住良好的机遇进军新兴行业,但却与组织多年来形成的认知模式不相匹配,失败也就在所难免。

单环学习与双环学习都是针对具体的企业过程,其对象是企业的各种组织、过程和事务。但是组织还应该对其学习过程本身、学习的方式提出质疑,并加以改进。格雷戈里·贝特森指出，组织应该学习如何学习，并将之命名为再学习或次级学习，这是最深程度的学习。

四、组织的知识管理

个人学习向组织学习转化的关键在于知识管理，只有当个体的知识改变了组织的模式，更新了组织的知识库时，组织学习才能产生效果。知识创造理论之父野中郁次郎指出，对组织而言，一个重要的技巧就是知道如何分享知识，并从组织成员的经验中积累组织的知识库，而这些在彼得·圣吉等人针对组织学习的研究中论述得并不够充分。

野中郁次郎在《知识创造公司》一书中指出，知识可以分为"隐性知识"与"显性知识"。

"隐性知识"就是指未经正式化的知识，包括企业、经营者或员工的经验、技术、文化、习惯等，属于个人经验与直觉的知识，不易用言语来沟通及表达，表现为难以形式化、无法被具体化的技能。此类知识是主观的、自悟的知识，涉及个人的认知与意念。

"显性知识"则是可以用形式化、制度化的语言或文字图像所传递和表现的知识，包括一切以文件、手册、报告、地图、程序、图片、声音、影像等方式所呈现的知识。此类知识是客观的、理性的。

依据这种知识类型的划分，野中郁次郎和竹内弘武将组织学习描述为知识的社会化、外部化、融合化与内在化四种模式，认为组织学习是从个体间共享隐性知识开始的，提出了SECI螺旋模型(1995)，如图16-1所示。

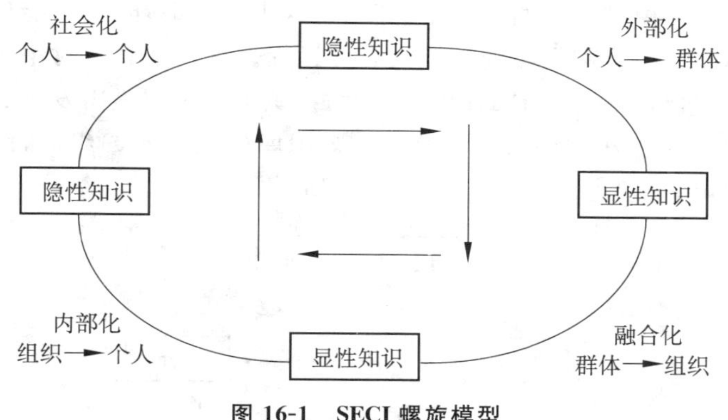

图16-1 SECI螺旋模型

(1) 社会化(socialization)：也称作群化过程。组织成员间隐性知识的转移，主要通过体验、观察、模仿等经验分享的方式，实现个体的隐性知识到群体隐性知识的转化。比如在组织中，新来的工程师通过观察、模仿、体会等方式，学习资深工程师的技术与做事风格，获得隐性知识。

(2) 外部化(externalization)：指用语言等形式将想法与诀窍表达出来，将隐性知识转换为显性知识。这种"内隐知识"在团队中通过对话或讨论等方式转换为"外显知识"，属于知识创新的"外化"阶段。有些公司组织的"研讨会"，就是依据员工的知识领域建立起知识性团体，针对有共同兴趣的课题分享自己特殊的经验、感受和观点，让参与讨论的成员将其个人的"隐性知识"表达出来，经过模式化后就形成"观念性知识"，即显性知识。

(3) 融合化(combination)：知识"从显性到显性"的过程，指团队成员共同将各种零散的显性知识进一步创新、分享、传播，系统地整合为新的知识或概念，为组织的知识增值。例如，摩托罗拉透过内部网络与相互联结的知识库，将公司的信息与知识分享给全球员工使用。使其在此过程中进行观念的碰撞，产生新的创意，形成组织系统化的知识，得到更有价值的资产。

(4) 内部化(internalization)：这是将“显性知识”转化为“隐性知识”的过程，指组织内的各成员通过学习组织的新知识和新概念，将其转化为自身的隐性知识，完成知识在组织内的扩散。以摩托罗拉为例，它将操作性知识制作成文件手册和训练教材，在公司内部公众网络或利用“e-Learning”做分享与沟通，促使“显性知识”转化为个人的“隐性知识”，使新进及资浅员工能够更快更好地吸取他人的经验。

五、组织学习过程模型

组织学习模型用来抽象地描述组织学习的过程，对分析该过程中发生的问题有很好的辅助作用。最早的也是最有代表性的组织学习过程模型是由阿吉利斯和熊恩在 1978 年提出的四阶段模型，即发现、发明、执行和推广。

阿吉利斯认为：组织要作为一个整体进行学习，必须完成四个阶段。“发现”包括发现组织内部潜在的问题或外界环境中的机遇；之后在“发明”阶段，公司着手寻找解决问题的方法；解决方法在“执行”阶段得到实施，即产生了新的或修改了的操作程序、组织机构或报酬系统；然而，即使成功执行了新的程序也不足以保证学习发生在组织水平上，并贯穿于组织各部门或组织边界，这些就是“推广”。

陈国权则认为这一模型存在两点不足：其一是缺少了反馈环节，不能反映组织学习的全过程；其二，模型不能反映组织学习的螺旋上升的过程。在此基础上对组织学习的过程模型进行了补充，提出了组织学习的 6P-1B 模型，认为组织学习过程是由发现、发明、选择、执行、推广、反馈这六个阶段(6P：6 Process)以及一个知识库(1B：1Base)组成，而且组织与其外界环境之间还存在知识的相互交流关系，如图 16-2 所示。

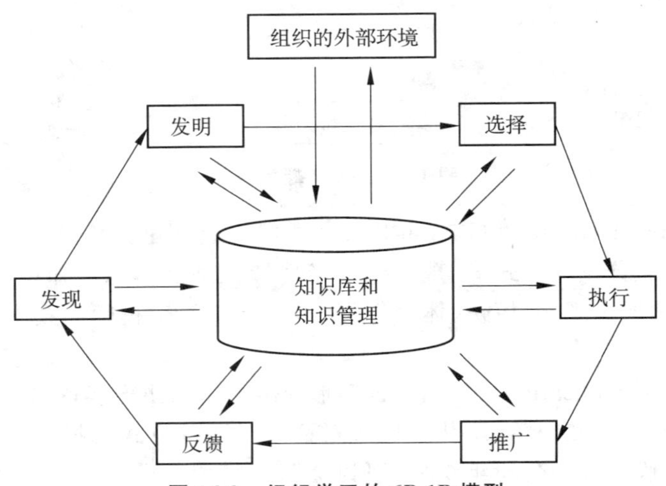

图 16-2　组织学习的 6P-1B 模型

正如本章介绍组织学习概念时所提到的，“学习”本是用来描述个体行为的词语。因此，有学者关注于学习的实施者，认为“组织”和“学习”这两个概念是相互矛盾的，杰弗里·维克斯等一些研究学者指出，如果一开始就假定个体是唯一恰当的学习代理人，那么“组织学习”这个术语就意味着碰巧在组织环境中发挥职能的个体的学习。

对于这一观点，我们认为，一方面尽管组织学习中，“学习”的含义在本质上跟个体学习的情况相同，但学习过程却是根本不同的。组织学习的过程模型将组织这种实体人格化，并演绎了知识、价值与学习能力被这种实体创造与吸收的过程，这种过程不仅包含了个体学习时知识的消化吸收，还包括个体间的知识溢出、扩散与再创造等增值过程。

另一方面，阿基利斯认为，个体也是有可能代表组织来思考和行动的，因为从根本上来说，组织是政治实体，集体要想变成组织，需要具备三种能力：能做出集体决策，能授权给个体代表集体采取行动，能确定哪些个体是集体的成员而哪些个体不是。满足了这些条件，在概念上也能够说个体可以代表组织采取行动，个体可以代表组织承担学习过程，由此产生的学习过程也会反映在组织的行动策略与结果的改变上。

还有些学者关注更大系统中的组织集群，比如市场或生态系统。在这些系统中，学习被认为是整个组织（公司或国家）甚至他们所在的更大集群的属性，首先，通过集群内个体之间的联系，如对竞争对手的直接观察与接触，集群内个体能够接触到更多知识溢出，开展团体学习；其次，通过集群整体放大了的社会交互作用以及品牌辐射效应，集群内个体相比集群外部的个体更加受益于外部知识源的知识；最后，通过社会化与外部化等组织学习过程的循环与知识增值，最终推动集群这一层面实现转型或技术升级。

进一步的，有学者认为集群内的个体与集群这一整体可以通过学习相互促进，一方面个体以优化知识资源配置和推动技术进步两种机制促进集群经济增长，实现集群长远经济进步与技术升级；另一方面，集群技术升级后又能够为个体提供更好的知识载体与学习途径，实现个体与集群的双螺旋互动促进。

第二节　学习型组织

一、学习型组织的概念

《财富》杂志曾经指出：“抛弃那些陈旧的领导观念吧！90 年代最成功的公司，将是那些基于学习型组织的公司。”壳牌石油公司企划主任德格曾说：“唯一持久的竞争优势，或许是具备比你的竞争对手学习得更快的能力。”当世界变得越来越复杂多变时，企业不能再只依赖像福特、史隆或华生那样伟大的领导者一夫当关指挥全局，未来真正出色的企业，将是能够设法使各阶层人员全心投入，并有能力不断学习，适应变局的组织。

企业大学——最有效的学习型组织实现手段

企业大学又称公司大学，是指由企业出资，以企业高级管理人员、一流的商学院教授以及专业培训师担任教师，通过实战模拟、案例研讨、互动教学等实效性教育手段，以培养企业内部中、高级管理人才和技术专家为目的，满足人们终身学习需要的一种新型教育、培训体系。

《2013—2017 年中国企业大学建设运营与典型案例分析报告》数据显示，在美国的上市公司中，拥有企业大学的上市公司平均市盈率比没有企业大学的市盈率明显要高。一系列最佳实践证明，企业大学体现了最完美的人力资源培训体系，是最有效的学习型组织实现手段。尽管企业办大学的观念已经存在了很长时间，但企业大学的发展是在 20 世纪

90 年代才开始盛行的。1996 年,麦当劳建立了自己的第一个"汉堡包大学",该大学教授的课程有人力资源管理、雇用法律、市场营销等,到 2010 年达到 3 700 所,财富杂志列举的 500 强企业中近 80%拥有或正在创建企业大学。

1993 年,摩托罗拉中国区大学成立,这是中国境内企业大学诞生的最早开端。从那开始,越来越多的企业特别是大型名企,认识到企业大学的重要性,开始着手构建自己的企业大学,企业大学的建设呈现出空前高涨的趋势。截至 2011 年年底,中国已建成的企业大学超过 400 所,在学习、发展组织资本方面催动了重大投资。

虽然不管有意或无意,几乎所有的组织都能够学习,但有的组织对学习听之任之,当下需要什么就学习什么;而学习型组织是特指那些能够有意识地激励组织学习,并使自己的学习能力不断增强的组织。20 世纪 90 年代以来,学习型组织已经成为国内外学者及企业界研究的热点,美国《财福》杂志认为学习型组织将是未来最具竞争力的组织。

学习型组织是以"系统动力学"为核心的,始源于控制论。系统动力学的创始人是美国麻省理工学院的佛睿斯特教授。佛睿斯特教授在 1965 年发表的《一种新型的公司设计》一文中首次提出学习型组织这一概念,在他的指导下,他的学生彼得·圣吉博士对企业组织作了大量研究后发现,在许多团体中,每个成员的智商都在 120 以上,而团体的整体智商却只有 60。这说明组织成员的能力并未得到充分发挥,而建立学习型组织的关键就是通过组织学习来有效地开发组织的人力资源。彼得·圣吉以 10 年时间发展出系统思考、学习型组织的理论与实务,在 1990 年出版的《第五项修炼》中,对学习型组织的含义做出了比较全面的概括:学习型组织是一个"不断创新、进步的组织,在其中,大家不断一起学习如何共同学习,得以不断突破自己的能力上限,创造真心向往的结果,培养全新、前瞻而开阔的思考方式,全力实现共同的抱负"。

管理理论分为认识论与方法论两个层次,学习型组织管理理论不是方法论,而是认识论层次的。彼得·圣吉认为,真正的学习对于个人而言,涉及人之所以为人这一认识的核心。在这种学习型组织里,你不可能不学习,因为学习已经成了生活的不可分割的一部分;同时他认为学习型组织是由一群能不断增强自身创造能力的人所组成,能持续扩张以创造未来,使团队中每个成员感到自己的无知,通过学习活出生命的真正意义。

学习型组织自圣吉提出后,十几年来已经成为这个时代的流行词,而随其流行的扩展与对其研究的深入,学习型组织的内涵反而模糊起来,至今仍未有一个定义明确而取得共识的概念。西尔维娅·吉亚尔迪把学习型组织看作"一个学习、处理信息、思考经验以及接受知识、技能和专家"的生物体的隐喻。彼得·杰森将它界定在这样一个地方:在这里,人们能够不但扩展能力以创造出他们真正企求的结果,在这里,集体意志自由发展,人们能够不断地学习如何去共同学习。佩德勒、博伊德尔和伯格因的定义被引用得最为频繁:"一个促进所有成员学习并不断变革的组织。"

因此,学习型组织是一个能够不断自我变革,从经验中学习,从外部不断变化的环境中获利的高度灵活与开放的组织。这种组织重视个体发展,有扁平并开放的沟通和网络结构,在这样的组织中,学习是经过系统安排的核心过程,而不是应急式或可有可无的。

二、组织学习与学习型组织的概念区别

无论在学术界还是在管理界，人们往往容易混淆组织学习与学习型组织这两个概念，从而产生了学者对二者之间差别的讨论。首先从字面上来讲，组织学习更侧重于组织学习的过程，而学习型组织则更侧重于描述一种具有某种类型特征的组织。在这方面有过很多经典的阐述和总结。

Tsang 认为组织学习强调的是“一个组织现在怎样学习”，是一个描述性的问题，其研究者主要来自经院学派的学者，而学习型组织强调的是“一个组织应当怎样学习”，是行动取向的，以诊断为目的，其研究者主要来自咨询者和人力资源管理实践者。Leitch 等学者认为，二者之间存在以下差异：①组织学习主要是观察和理解组织的学习现状，而学习型组织的研究对象是还没有存在的理想组织；②组织学习关注学习结果和成就，而学习型组织关注的是学习过程和学习目的；③组织学习的文献大都发表在专业学术期刊上，目的是提出理论或者通过科学研究来验证理论观点，而学习型组织的研究成果往往是高层管理者的成功案例研究，而且它们利用的是组织学习文献中提出的概念和方法。东京大学的石滋谊博士指出，学习有三个层次：首先是个体学习，接下来是组织学习，最后才是学习型组织。而对一个企业来说，个体学习是构建学习型组织的基础，任何形式的学习最终都由个人来完成。组织学习是个体学习的系统性整合。存在组织学习的组织不一定就是学习型组织。由此可知，学习型组织的研究者主要是探讨如何更好地进行组织学习，所应用的大部分概念和方法是从组织学习领域中借鉴的，在创建学习型组织的实践中也会丰富这些概念。因此，虽然可以把组织学习和学习型组织的具体研究方面进行诸如此类的区分，但可以说，学习型组织是组织学习理论的一个领域，也是组织学习的学习指导理念与奋斗目标。

学习型组织的真谛：活出生命的意义

在过去数百年来的西方文化中，有一个字很少被使用，但却可表达学习型组织的精神，这个字是 metanoia，彼得·圣吉最初是用 metanoic organization 来形容学习型组织的。希腊文中，metanoia 的意思是心灵意念的根本改变，一种“超觉”的体验。在早期基督徒的传统中，metanoia 特指醒悟而直接觉知至高无上的、属于上帝的事物。在天主教的经论中，metanoia 被翻译成“体悟生命的真义”。

学习在目前的用法上指吸收知识或者是获得信息，这和真正的学习还有一段距离，掌握 metanoia 的意义，等于掌握“学习”的更深层的意义，真正的学习，涉及人之所以为人这一意义的核心，透过学习，我们重新创造自我，做到从未能做到的事情，重新认知这个世界及我们跟它的关系，以及扩展创造未来的能量。

三、学习型组织的特征

具备怎样的特征才算是建成了学习型组织呢？学习型组织最本质的特征是组织学习，另外还包括共同的愿景、文化、扁平式组织结构、领导的管理方式、自主管理与学习、家庭与工作的平衡等。组织行为学家罗宾斯概括出了学习型组织的五个特性：有一个人人赞同的共同构想（共同愿景）；在解决问题和从事工作时，摒弃旧的思维方式和常规程序（善于学

习)；作为相互关系系统的一部分，成员们对所有的组织过程、活动、功能和环境的相互作用进行思考(创造性团队)；人们之间坦率地相互沟通，跨越纵向和水平的界限，不必担心受到批评或惩罚(跨越组织边界)；人们摒弃个人利益和部门利益，为实现组织的共同构想一起工作。

沃特金斯和马席克从四个层次上界定了学习型组织的特征：个人层次上，学习是持续性的，与未来需求相结合，不为了满足现状，而是为了不断自我超越与挑战；团队层次上，学习的焦点放在整个团队的发展和获取公共技能上，报酬是针对整个团队和整个部门的；组织层次上，组织以适应学习的灵活的组织结构，从以往的经验教训知识库中学习；社会层次上，持续地调查、预测未来的趋势，建立理想的未来。他们的 7C 模型制定了一个标准化的问卷来测量学习型组织的特征和要素。

持续不断(continuous)地学习，通过持续学习才能不断前进。

亲密合作(collaborative)的关系，以加强成员之间的支持能力。

彼此联系(connected)的网络，增进成员的互动关系。

集体共享(collective)的观念，以结合成组织的力量。

创新发展(creative)的精神，以促进改良与发展。

系统存取(captured or codified)的方法，善用科技能力与方法。

能力提升(capacity building)的目的，希望形成组织与其成员继续学习的能力。

时代光华的学习型组织课程中提出了学习型企业的特征。第一个特征是精简。精简的方法是先乘后减，先事后人。先乘后减，指的是通过轮岗等学习方法，让一人学会多人的工作内容，使得能够胜任某岗位的人数翻倍，再通过考核减员。先事后人则指的是先精简事情，再精简做事情的人。企业的事情分为三类：第一种事情做得越多企业发展越好，第二种事情做的多少与企业发展没关系，第三种做得越多企业发展越困难，去掉后两种事情，人员也就能得到精简。宝钢就是用这样的方法，使员工的整体工资仅占企业成本的 8%。另一方面，还要将事情做得简洁，复杂事情简洁化，让每个人都容易掌握和操作。宝洁公司有"一张纸做法"，指的就是什么样的报告都写在一张纸上说清楚，抓住关键性问题，让领导能从文山会海中脱离出来，关注于更加重要的事情。

"扁平"是学习型企业的第二个特征。管理层过多会造成企业效率低，滋生官僚主义，信息的层层传递会造成指令失真，高层要很久才能知道基层出现的坏消息，延误关键决策。扁平化的企业体制使中间管理层适当减少，使企业决策层与操作层实现有效的互动，从而增强企业的竞争力。

学习型企业的第三个特征是采用柔性管理，有弹性，适应力高。增强企业弹性的 3 个要点是"观念更新、战略储备以及提高员工整体素质"。观念更新指过去靠量多质优来求效益，但现在要依靠快变与创新、贴心与超值服务来取胜。战略储备包括人才储备与技术储备。上海汽车工业总公司要求一年一个新产品，为实现这一目标，在 4 年前就将 4 位技术人员送出国外培训，每个人都要设计新车型，由专家评审通过才算培训合格，这样既储备了人才又储备了新车型；而海信集团新产品的技术储备已经达到 6 000 余种，每 60 小时推出一个新产品。

第四个特征是不断自我创造。彼得·圣吉说过，学习型组织用两个字形容就是创造，四个字就是持续创造，因此创造是学习型组织的核心。

第五是不仅肯学习，更要善于学习。

第六是善于自主管理。企业中的收敛性问题(指答案经过讨论研究会越来越明确的问题)应该靠自主管理来解决，不需要上报。需要定夺舍取的发散性问题(指越讨论答案越多，还会互相矛盾)才向上请示。

自主管理的案例有很多，如上海汇众汽车制造公司提出"三自"活动：自己发现问题，自己学习，自己解决问题；宝钢开展"八个自主"活动，自己提出问题，了解现状，分析现状，研究方案，制定措施，实施，分析效果，向上申报，科技部门审查是否科学，财务部门审查是否经济，最后标准化制度化。

学习型组织与传统组织的其他基本差异可以用表16-1来呈现。

表16-1　学习型组织与传统组织的区别

比较项目	传统组织	学习型组织
接受学习的对象	需要晋升的员工，需要培训的员工	每一位组织成员
知识传授者	组织内部的讲师与外部专家	一线工作人员、内部优秀员工以及组织的利益相关者
学习的责任方	培训部门	每一位组织成员
创新的责任方	研发部门	每一位组织成员
担心的问题	犯错	不学习
学习的时间	上岗之前，急需新技术时	所有时间
学习的场合	课堂上、岗位上	工作中、课堂上、岗位上、会议上等任何场合
学习的目的	满足今天的需要	满足未来的需要
学习者的状态	被动应付	主动要求
对变革的态度	只要事情还能运转就不要改变它	如果不能持续改变，就不能长远发展
对新思想的态度	如果不能付诸实践，就不要投入太多	已经被实践证明的事情，就不能算作新思想
管理者的职责	控制组织成员	推动和支持组织成员的发展
竞争优势	产品和服务	创新与学习能力
组织结构		扁平、精简
企业文化		共享、反思、创新

综上所述，学习型组织强调的是一种理念，甚至是一种信仰，没有固定的模式，因此美国当代管理学家达夫特认为，学习型组织这个概念似乎不太现实，学习型组织理论的创始人彼得·圣吉也承认，你永远不能说我们已经是一个学习型组织。研究学者们坚持针对学习型组织的研究，并不为了统一关于学习型组织的构想，或得出某种标准尺度用来衡量现实中的企业是否可以称为学习型组织，而是为了运用学习型组织的基本理念去开发组织的潜能，去反省当前存在于整个社会的种种学习障碍，使整个社会早日向学习型社会迈进。

四、学习型组织的人力资源开发与管理

学习型组织所实现的职能目标与人力资源管理的职能目标有很大的重合性。人力资源管理是指为了实现既定的目标，对人力资源的取得、开发、保持和利用等方面所进行的计划、组织、指挥、控制、监督、激励等一系列活动的总称，而学习型组织的目标也是为了帮助每个组织成员完成自我超越、充分挖掘潜能、实现自我价值，从这个意义上说，促进和完善学习型

组织的建设,应该是人力资源管理领域的一个重要考虑方面。

孟晓飞等学者用三角图表达了组织学习与人力资源的关系,认为在学习型组织中,人力资源管理不应仅仅是一套政策或一项工作,人力资源部也不仅仅是组织的一个职能部门,而应从传统的员工选择、培训、报酬确定、行为评价等目标任务上升到与组织的战略目标和经营策略结合在一起,成为战略人力资源管理(SHRM),如图 16-3 所示。并且,随着知识经济向广度、深度发展,知识也越来越成为企业的战略性资源,与人力资源开发同处于战略性的地位,由此提出了组织学习、组织知识以及人力资源三者之间的关系的三角模型。

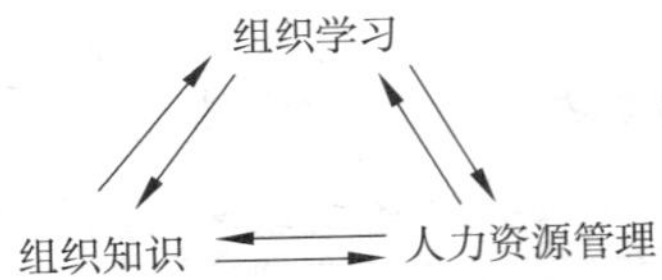

图 16-3　组织学习、组织知识与人力资源的关系

陈国权于 2003 年首次提出的“学习导向人力资源管理”(learning-oriented human resource management,LOHRM),指学习型组织中,能促进组织成员不断获取知识、改善行为、优化组织体系,以使组织在变化的环境中保持可持续生存与健康和谐发展的人力资源管理。

LOHRM 的特征包括 4 个维度:①学习导向的招聘(1earning-oriented recruitment,LOR);②学习导向的培训(learning-oriented training,LOT);③学习导向的绩效管理(1earning oriented performance management,LOPM);④学习导向的员工利益和发展(1earning oriented employee benefit and development,LOEBD)。

(1) 学习导向的招聘。LOR 不同于传统的员工招聘活动,它不仅为组织提供适合当前工作的合格员工,还要考虑为组织提供高素质的学习型人才,并通过招聘来获得实现组织未来战略的重要知识。LOR 注重以下几点:①为满足未来战略发展的知识与技能进行人才招聘规划,即通过招聘实现“知识并购”;②重视求职者的潜在学习能力,因为自主管理与自主学习是学习型组织成员的必要能力;③重视考察应聘者的团队合作能力,学习型组织是团队学习而不是个人学习,这样才能扩充组织知识库,实现组织学习的四个过程;④招聘那些能带来更广泛知识网络的人,更新组织的知识储备,提升组织整体的学习能力。

(2) 学习导向的培训。LOT 比传统意义上的工作培训更宽泛,其本质上是一种全面系统培养人才的理念。在培训内容的设置上,LOT 不仅培训组织当前急需的技能,更加注重对员工进行文化和价值观、未来战略发展所需专业技能和管理能力的全面培训;在培训方式上也不仅仅限于课堂,而是采用各种有效形式,如交流讨论、工作轮岗、自我主导式学习、网上电子培训、行动学习、建立企业知识库、建立资源共享机制和标杆学习等方式;同时还注重把培训与员工的职业发展结合起来。

(3) 学习导向的绩效管理。LOPM 不仅为了得到孰优孰劣的考核结果,更是为了给员工提供工作结果的反馈,为组织学习与进一步成长起到重要的促进作用。LOPM 的特征是:①在考核内容上不仅注重结果,还注重对员工的工作行为与能力进行全面考核;②考核过后注重对员工给予绩效反馈和绩效咨询,帮助员工改善工作行为;③强调基于考核对员工进行全面的辅导,帮助其反思和从过去的经验中学习和提升;④在针对个人的考核时强调团队因素,加入团队考核。

(4) 学习导向的员工利益和发展。LOEBD 强调的是为员工持续学习和创新提供强大动力与合适途径。LOEBD 的要点是:①学习型组织的管理者不是为了控制,而是为了帮助他人更好地发展,企业和员工之间需要建立良好的利益分配关系;②建立基于学习型组织的共同愿景,企业管理者和员工应感觉到个人利益和组织利益是一致的;③企业给员工提供多种发展机会,让员工有学习与发展的空间等。

第三节　学习型组织的创建

彼得·圣吉认为创建学习型组织必须坚持五项修炼,包括自我超越、改善心智模式、建立共同愿景、团体学习和系统思考五个步骤,他所著的《第五项修炼——学习型组织艺术与实务》为各界学者研究学习型组织的创建提供了理论借鉴,国家教委也于 1997 年把"学习型组织与五项修炼"列入成人高校院校长资格培训班教学内容。复旦等大学对学习型组织的创建进行了研究,并承担了上海市药材公司、同济大学、宝钢等企业创建学习型组织的顾问、咨询工作。上海、北京等地也先后开展了创建学习型组织的活动。

然而,正如一些学者在北京"首届学习型组织国际论坛"上所指出的,学习型组织在中国仍然处于概念阶段,创建学习型组织的五项修炼仍停留在口号上。人们对于五项修炼的理解还是模糊不清的,只是从学习型组织理论中懂得了学习的重要性,至于如何创建学习型组织,还没有一个清晰而统一的认识。我们认为,要使创建学习型组织的活动取得成效,必须真正理解五项修炼的实践意义,不能仅停留在理论上。

一、自我超越

"自我超越"是学习型组织的精神基础。自我超越的修炼是学习不断理清并加深个人的真正愿望,集中精力,实现心灵深处的渴望,是突破极限的自我实现,是学习如何扩展个人的能力,创造出自己想要结果的过程。每个人都有一种源于现实、自己能够明确意识到的强烈愿望,自我超越的修炼就是让人们理清现在的愿望,看到未来向往的结果,了解实现愿望的现实差距,并挑战自己的能力上限,主动去缩小它。精熟"自我超越"的人,能够不断实现他们内心深处最想实现的愿望,并像艺术家对艺术作品一般,全心投入、不断创造和超越,是一种真正的终身"学习"。也许有些人的愿望一辈子都无法实现,但是这并不重要,重要的是自我修炼能激发出人们的斗志,投入无限的热忱,使人们心悦诚服地为之付出,享受这种投入的过程所带来的快乐,它是一种自然的、发自内心的强大力量,而不是狭隘地局限于一隅的自怨自艾。正如有人所指出的,生命中真正的喜悦,源自当你为一个自己认为至高无上的目标献上无限心力的时候。

自我超越的意义同样在于创造未来,在理想的基础上改变自己的生活,学习如何在生命中延续创造性,释放生命的张力。综合学习型组织理论的观点,一个真正有创造力的人具有如下特质:把个人的愿望看作一种召唤和驱使人向前的使命,而不仅仅是一种美好而空虚的构想;把真实的现状看作盟友而不是敌人,学会如何认清以及运用现实,而不是抗拒现实;了解自己的无知、无力和极限,但却绝不动摇自信;充分认识过程的重要性,不幻想结果而是在过程中付出精力。

组织的自我超越与个人的自我超越是不可分割的,任何组织的自我超越意识和行为都必须能同时感染其成员的自我超越意识和行为。自我超越要求组织必须主动积极地参与社会竞争，全方位引入竞争机制，不断接收信息、知识，创造激励人们自我超越的内部环境，形成人人争先的气氛，这就需要组织管理者不断地学习和思考，使内部人员成为积极的、从事创造活动的知识工作者，同时使组织随之不断发展壮大。

个人的自我超越

三个建筑工人在工地忙碌，有人经过，问他们在做什么，三个工人给出了不同的回答。第一个工人说，我在砌一堵墙，十年后，这个工人仍然在砌墙；第二个工人说，我在盖一栋摩天大厦，十年后，这个工人成了有名的建筑工程师；第三个工人则说，我在美化一座城市，十年后，这个工人成了城市的领导者。这个故事说明"不想做将军的士兵不是好士兵"，无论做什么事情，态度决定高度，思想有多远，我们就能走多远；相反地，如果思想禁锢于现状，不去自我启发与超越，内心深处也没有更长远的打算与想要实现的愿望，就永远突破不了现状。同样地，撒切尔夫人从小做什么事情都要力争一流，永远做在别人前面，而不落后于人，即使是坐公共汽车，也要永远坐在第一排，就是这种一往无前争创一流的精神，使她能够尽自己最大努力克服一切困难，造就了这位雄踞政坛长达 11 年之久的英国第一位女首相。

组织管理的自我超越

在小学生的课堂上，老师布置的作文是将来的志愿。有的学生说自己的志愿是当科学家、飞行员等，而有的学生则希望能成为动物园饲养员，或马戏团的小丑，有的老师对想去动物园或马戏团的学生给予批评，有的老师则会说，愿你给大自然带来温暖，给世界带来欢笑。这个故事说明，对于个人的真正愿望，组织管理者应该创造宽容与鼓励的环境，帮助员工实现自我超越。

资料来源：王聪颖．创建学习型组织的五项修炼案例分析[J]．人力资源管理．2013(12)：179-180.

二、改善心智模式

"心智模式"是存在于人们头脑中的概念性结构，是对世界的基本看法或假设，这种看法或假设是如何形成的，往往自己也说不清楚，但它却主导了人们对事物的感知过程并引导其行为，影响我们如何了解这个世界以及如何采取行动。心智模式有三个特点：第一是根深蒂固于每个人心中，我们通常不易察觉自己的心智模式和它对自身行为的影响；第二是大多数人都自我感觉良好，它使我们接受与我们的假设相一致的信息、拒绝不一致的信息，接受与我们的看法相同的观点、拒绝不同的观点，最终在这样的"过滤"中失去了对世界的真实看法；第三是每个人的心智模式都有其缺陷之处。因此，要创建学习型组织，就要学会与其他人优势互补，虚心检讨自己的心智模式并不断改善。

改善心智模式方法如下：第一，"吾日三省吾身"——把镜子转向自己，发掘自己的内心世界，严加审视，不去一味地固执己见，也不只是追究责任或责备别人，学会讲"这是我的错"，从自身找原因。当然，心智模式表现在方方面面，而且其形成具有历史性和隐蔽性，检讨和改善起来自然就相当困难，但根据系统的观点，任何问题的发生都是可以从系统内部找到原因的，也只有这样找原因才是我们可以自己控制和解决的，通过反复地强化这种认识，不断调适自己的心态，最终形成一种良好的心态，是心智模式修炼的起步。第二是愿意接受改变。在知识经济时代，各种元素不断变化，任何僵化、机械的心智模式都是有害的，它限制了人们的理性思维，不利于创新，影响了个人的进步和组织的发展，使组织和个人在不断变化的环境面前失去活力和自我超越的机会，所以个人和组织都必须愿意做出改变。第三是有效地表达自己的想法，每个人都有自己的心智模式，对问题都有着各自不同的看法，为了有效调解分歧，要学会如何去表达自己的看法。美国大学对两种人优先录取：首先是运动员，他们有坚强的意志；其次是善于表达自己的人。摩托罗拉的新员工培训，有三天专门培训有效自我表达；第四是以开放的心灵容纳别人的想法，事业与气度成正比，气度大事业才能做大。成功人士心智模式的“三点要素”：首先修炼大的气度，其次学会沟通，最后修炼3Q的心智模式（智商IQ、情商EQ、逆商AQ）。

组织心智模式的改善，往往最先源自组织内部或外部少数人的新思维、新见解或新方法，经过传播、讨论、争论，逐渐地被更多的人理解、接受，最终为组织所接受，成为组织的心智模式。在个人心智模式向组织的心智模式的转化中，组织的领导者主要起引导和推动的作用，组织应创造宽松的环境，允许犯错误，允许做错事。在许多管理决策模式中，决定什么可以做或不可以做，也属于组织的一种根深蒂固的心智模式。

个人不易察觉的心智模式

不易察觉的心智模式在日常生活与工作中形成，并对我们的行为产生影响。在一家企业的并购与整合中，一个附属修理厂的修理业务被停止，为了妥善安置修理厂的工人，企业特别安排了再就业的培训与相关辅导，但工人们或是无心参与，或是认为自己根本学不会新的谋生手段。通过咨询，企业发现问题的症结在于工人们的心智模式尚未改变，在老修理厂中常年的工作使得工人们形成了自己就只能做修理的观念，而不能以开放的心态去学习别人教给的新技能，或认为自己根本不可能学会，从而在消极情绪的影响下无法进步而不自知。

组织如何帮助员工改善心智模式

一位应聘者在面试时表现得一切都好，但真正参加工作后，业绩却不出色，也无法融入组织，人力资源管理者觉得很奇怪，通过一番沟通了解到，这位员工来自小城市，从小家境困难，虽然经过自己的努力，在这个大城市找到工作，但进入单位后看到别人的生活方式，产生了自卑感，不愿意参与其他同事的活动与谈话，使得别人也不愿意接近她。因此人力资源管理者与这名员工进行了深谈，给予她充分的关心与鼓励，使她重新建立了自信心，解除了心理的包袱，脸上开始有了微笑，工作上越来越熟练，能够主动帮助同事，人际关系也开始变得融洽。因此，好的组织能够帮助员工看到镜子中的自己，帮助其改善心智模式，同时也有利于组织自身的发展。

资料来源：王聪颖．创建学习型组织的五项修炼案例分析[J]．人力资源管理．2013(12)：179-180.

三、建立共同愿景

“共同愿景”是指组织中人们共同期盼的景象，它要求组织全体成员拥有共同的目标、价值观和使命感，使人们在极力看远的同时，把焦点聚集在同一个地方，也就是把个人的追求转变为大家共同的追求,从而把个人创造力转化为协同力。个人的力量总是有限的,集体的力量可以成就个人无法实现的抱负,更重要的是,人们借助集体的力量,得以不断突破自己的能力上限,从而获得共同成长的极大快乐,共同愿景就是构筑这种集体力量。拥有共同愿景的组织,能激起大家对共同愿景承诺的奉献精神,提升实现共同愿景时的凝聚力,在这样的组织中,为了实现愿景目标,大家会努力学习、追求卓越,这不是由外部强加的,而是自己主动要求,因为也只有发自内心的共同愿景,才能创造出众人一体的感觉,才能产生出内在的感召力,才能激发出新的思考与行动方式。彼得·圣吉说过,如果人们没有自己的愿景,那他只能认同别人的,其结果就是服从,但永远不会有承诺,一个缺少全体共有目标、价值观与使命的组织,每个人的真心追求都不一致,这种不一致可能导致组织中的人们离心离德,人心涣散,甚至钩心斗角,这样的组织必然是缺乏生命力、难成大器的,即使有幸不灭亡,也一定是步履艰难的。

在组织的初创阶段,愿景存在于少数创业者心中,由于规模小,竞争还不十分激烈,管理者可以直接管理到每个人和每一件事。但随着组织规模的不断扩大,竞争日益激烈,创业者和高层管理者的主要职责加深加重,他们不可能直接对基层的人和事进行具体化管理,只能负责制定战略、拟定制度、把握方向等。在这种情况下,组织的发展就只能依靠全体人员的自觉、奉献、努力,靠全体人员的共同价值观和责任感。而这些就要求全体人员有共同的信念、共同的目标、共同的价值观——共同的愿景。所以,组织越发展,越需要建立共同愿景。

组织的愿景规划,如果躺在办公桌上,是很难实现的,必须让这一规划成为所有员工心中的愿望,就成了愿景。IBM公司以"服务",拍立得公司以"立即摄影",福特汽车公司以"提供大众公共运输",苹果电脑公司以"提供大众强大的计算能力"为组织共同努力的最高目的,都属于共同愿景。几乎所有企业都提出过自己的愿景,但成功的却不多。大多愿景一直依靠"告知"模式来推行,提供了一个方向,没有清晰的内容、明确的价值观或让人振奋的使命感,也没有构建体系来将愿景与价值观转化为战略和实践,造成愿景变成暂时性、策略性的,轻轻滑过事物表面,产生一点点的影响,接着便慢慢散去,最终被人们遗忘,没有深深地在组织里扎下根,当员工被问到如何理解企业的愿景时,员工的回答是"那是说说的"。成功的愿景系统,需要通过评估(绩效管理)和奖惩(薪酬管理、职业生涯管理)等手段,使愿景与个人目标相结合,将愿景的内容落到实处。

个人愿景的力量

中国台湾地区学生张国宁去美国读大学,有一个V字(valedictorian)的故事:在美国大学,毕业典礼上发表告别演讲的毕业生代表只能有一个,用"V"字表示,作为优秀毕业生代表,发表告别演讲,是一种令人向往、深受感召的力量和景象,他被这种个人愿景所激励,做了一个金属的"V"字钉在自己的宿舍门上,激励自己奋发四年,终于在大学毕业时,以优异的成绩成为毕业生代表登上了毕业典礼讲台。

组织的愿景

海尔作为最早"走出去"的家电企业,在20世纪90年代初就开始了国际化道路。十几年来,海尔一直贯彻"真诚到永远"的服务理念,最终赢得了由中国品牌到全球化品牌的快速转变,并在全球化市场竞争中获得了累累硕果。

海尔1984年创立时，是一个年亏空147万元的集体小厂。1985年12月的一天，时任海尔电冰箱总厂厂长的张瑞敏收到一封用户来信，反映工厂生产的电冰箱有质量问题，他带领管理人员检查了仓库，发现仓库的400多台冰箱中有76台不合格。随后，张瑞敏召集全体员工到仓库开现场会，由于当时一台冰箱800多元钱，而职工每月平均工资只有40元，一台冰箱几乎等于一个工人两年的工资，职工们纷纷建议：便宜处理给工人。张瑞敏说："我要是允许把这76台冰箱卖了，就等于告诉大家可以生产这种带缺陷的冰箱，明天就可能是760台、7 600台，放行这些有缺陷的产品，就谈不上质量意识。"于是，张瑞敏决定砸毁这76台冰箱，而且是由责任者自己砸毁，谁干的谁来砸，并抡起大锤亲手砸了第一锤。很多职工在砸毁冰箱时都流下了眼泪，平时浪费了多少产品，没有人去心痛，但亲手砸毁冰箱时，感受到这是一笔很大的损失，痛心疾首。通过这种非常有震撼力的场面，彻底改变了职工对以为只是说说的诚信理念的看法，让"真诚到永远"这一愿景深入人心。

资料来源：王聪颖．创建学习型组织的五项修炼案例分析[J]．人力资源管理．2013(12)：179-180.

四、团体学习

学习型组织中，学习的第一个特点是与工作不可分离：工作学习化，学习工作化；第二个特点就是强调团体学习。在学习型组织中，学习的基本单位是团体而不是个人，为实现团体学习，学习型组织中的个人不仅要学习知识技能，还要学习价值观，学会奉献，把个人知识资本奉献给组织，只有这样才能形成团队的学习、组织的学习，在提高个人智商的基础上，开发全体成员的群体智力。

团体学习的修炼从"深度会谈"开始，指一个团体的所有成员，摊出心中的假设，一起思考。在团体中进行的讨论和深度会谈，可以让每个成员自由交流想法、碰撞思维，产生远比个人深入的见解，从而克服学习的障碍。通过知识溢出与共享，组织的知识大于个体知识的总和，在这样的组织中，个体也能得到更快的成长。做到深度会谈的方法包括学会悬挂假设与学会聆听。悬挂假设有三种方式：理念悬挂、问题悬挂、经验悬挂。理念悬挂指把问题悬挂起来供大家审视，允许别人提出不同想法；问题悬挂指当工作中双方为一个问题争论不下时，把问题搁置，先讨论其他问题，许多时候经过其他问题的磨合，或冷却搁置，再去讨论就更加容易；经验悬挂指学会审视自己的过往经验，把其悬挂起来让大家一起判断是否适合今天的环境，每个人都有成功经验，有的人对自己的经验十分固执，不允许别人改动，而学习型组织认为，昨天的经验可能是今天成功的障碍，"成功有可能是失败之父"，因此不能认为经验永远适用。做到深度会谈还需学会聆听，包括用耳听，用眼听，用心听。用心听包括"两个心"：一个是耐心，一个是虚心；用眼听则指通过视察、现场调查，发现正确的声音。

团体学习有四种障碍，阿基利斯教授对许多团队的研究表示，大部分团队在压力下会出现妥协：①为了保护自己，不提没把握的问题；②为了维护团结，不提分歧性的问题；③为了不使人难堪，不提质疑性的问题；④为了使大家接受，只做折中性的结论。因此，为建立成功的学习团体，需要团队领导创造有利的学习条件，如规范学习行为、建立一种促进学习的体系、鼓励员工提出创新建议、保证知识传播和学习渠道的畅通、企业资源向从事学习的人员和团队倾斜等。

1980年建立的美国人民直快航空公司，曾被哈弗管理学院作为美国商业发展的典范，

1983年达到顶端时，航空公司总裁还想要进一步加快发展，虽然其他总裁认为美国人民直快航空公司是靠优质服务取胜，如果发展太快，服务水平跟不上，就会失去竞争优势，但由于航空公司没有建立良好的团体学习环境，没有人愿意提出不同意见，导致4年后航空公司果然因为服务水平下降而倒闭。海尔集团CEO张瑞敏曾说："我的任务就是创造一个合适的环境，在此环境下，每个人都可以创建自己的才智，提升自己的素质，发挥自己的才干，赢得更高的生命价值。"

中粮集团团队学习

中粮集团是中国最大的粮油食品进出口公司和实力雄厚的食品生产商，过去中粮是一家外贸公司，业务完全垄断。20世纪90年代，中粮与中国大多数国企一样，什么赚钱投资什么，2005年，宁高宁加盟中粮集团后，开始将中粮集团向全产业链粮油食品企业转型，希望将一家机会型的贸易公司转型为战略清晰的产业化经营公司。

要让这样的一艘巨型航母转身，难度巨大，宁高宁的方法就是把培训作为推动整个企业转型的切入点，通过团队学习来推动企业的转型。

在企业的学习与培训实践中，最容易发生的就是为学习而学习，忽视与企业经营方法的结合。为避免这一点，中粮在培训时采用"结构化会议"的方式，即将培训和会议甚至研究工作结合在一起，以训带会，既是一个解决问题的过程，也是一个工作的过程，发挥了组织自身的系统推动力。通过一套特有的团队工作方法：五步组合论、企业管理逻辑系统、结构化会议模式、集体研讨、解决问题六步法、战略制定十步法、流程建设方法、供应链及成本分析方法等，让团队成员通过一起反思，分析问题产生的根源，转变心智模式来达成共识，制定解决方案和行动计划，解决企业转型与发展中遇到的重大问题。

中粮在会议中还引入一些重要的学习工具，如头脑风暴、活动挂图法、团队列名法、鱼骨图、结构树、帕累托分析、系统思考等。参与者的角色也划分为引导研讨过程的催化师、控制会议议程和方向的纠偏员、记录研讨过程和结果的书记员、分配研讨时间的时间控制员、陈述研讨结论的陈述人等。这些角色都不是邀请外部专家，而是从内部产生，首先培养组织内部一把手的培训技巧和催化技巧。中粮集团规定，所有一把手都是所在单位的培训师，宁高宁也不例外，其作用是把企业员工的智慧充分激发、挖掘、归纳和凝练出来，这样充分利用现有的组织架构、人员、关系网络与各类制度，运用团队学习的基本理念和方法技能，逐级推动工作开展，促进组织变革，于无形中发挥了团队学习群策群力和组织系统推动力强的优点，化解了他们之间的矛盾。

从2005年至今，中粮所有转型关头的培训和工作方法，从愿景、战略、流程、领导力、管理语言、核心竞争力到品牌、渠道管理，从最高层到工厂都是如此通过培训学习来贯彻和解决问题，非常彻底，其最大的成果：一是造就了氛围，二是开阔了视野，提升了能力，通过团队学习解决了企业转型过程中遇到的各方面问题，帮助企业顺利实施战略。

资料来源：http://news.hexun.com/2013-03-27/152557029.html. 中粮集团行动学习案例.2013.03.27.

五、系统思考

系统思考是学习型组织五项修炼的核心。企业和人类其他活动都是一种系统，受到细微且息息相关的行动所牵连，彼此影响着，这种影响通常是隐匿不易察觉的，往往要经年累月才完全展现出来。为了了解这种牵连，需要对整体，而不是仅针对某一部分或某一时间段进行思考，但置身其中而想要看清整体变化，却是加倍的困难。在现实中，人们往往只能看到片断，看不到整体，于是便形成了就事论事的思考方式，习惯于用自己既有的评判标准对这一事件作出对与错、好与坏、应该与不应该等的评判，并据此作出处理。这样处理的结果，由于没有抓住问题的根源，自然就只能是治标不治本，同样的问题会一而再、再而三地反复出现。系统思考就是一门"看清整体"的艺术，它被认为是五项修炼的基石，可以使我们敏锐地觉知属于整体的微妙"搭配"，学会看到问题的全貌，纵观全局把握重点，以寻求问题的根本解。要知道，任何问题都不是孤立地存在的，也不是静止的，而是存在于一个动态的问题结构之中，要从根本上解决问题，就必须先找出这种结构，把握问题主要的互动关系及其变化形态，只有用系统的观点对待组织发展，通过收集信息，培养综观全局的能力，掌握事件的全貌与问题的本质，才能避免"只见树木，不见森林"，从根源解决问题。

在组织中，系统思考不是管理者个人的事情，而是全体成员的事情。只有组织内部全体成员都掌握了系统思考的理论和方法，才能在各自的工作岗位上从组织的目标出发，着眼全局、着眼长远，对工作进行系统分析，从而优化管理功能，减少和克服部门主义、个人利益，进而减少组织内部的摩擦，使决策更科学，行为更合理。但是，系统思考的思想、方法、观念都不是轻易能被人们掌握的，必须经过坚持不懈的学习、调查、讨论、总结、教育等。在系统思考的实践中，为了学会追根求源，看清问题的整体，个体需要做到以下几点：①防止分割思考，做到整体思考；②防止静止思考，做到动态思考；③防止表面思考，做到本质思考。系统思考能力的培养，需要首先与成员分享组织过去的成长历史，带着继承与联系的观点思考组织目前的活动；其次要抛弃权威的形态，去除人为的分离和隔阂，在组织机构的设置上充分考虑沟通与信息交流的需求；最后注重组织间活动的连续性，构建与外部的信息交流网络。

医院的系统思考

有名保安在一家医院工作了6年，已经做到了领班，平时待人客气，遇事也热心帮忙。这年由于当地的气候异常，住院病人激增，医院的医生护士都忙得脚不沾地，这名保安因为平时热心帮忙，因此有时也被护士叫去帮忙跑腿、拿药等。有一天，这名保安在配药室帮忙时被患者发现，患者表示："毫无医疗资质的保安凭什么在配药室里帮忙？这显示医院管理混乱，我也不知道保安当时是不是在给自己配药。"针对患者的质疑，保安则说："由于看到半夜了，医生护士都很忙，所以想进去帮忙，只是帮他们撕开药品的外包装袋，把台子收拾一下，并没有参与配药。"

针对这一事件，医院的管理部门并没有简单地开除保安平息事端，而是展开了严厉的"问责"。

首先问责护理部。他们从电脑中调出最近一段时间病历记录，发现出现问题的护理部门最近一段时间病人增加了30%，而护士人手并没有增加。调查部门认为护理部没有适时增加人手，造成护士工作量加大，劳累过度，是人员调配的失误。

其次是护士长，是否知道有护士找保安帮忙，平常是否也允许这种情况发生，为什么不阻止？

然后问责人力资源部门：这名保安是什么学历？在医院的表现如何？人力资源部门

表示:这名保安曾经学医,一直希望从事相关工作,但由于学历较低未能如愿,但在医院当保安的期间尽职尽责。调查人员询问后认为医院的人力资源部门没有对保安进行合理的职业规划,让一个想学医的人当了6年保安,造成人岗不匹配,也属失职!

最后质问宣传部。宣传部有规定,保安不允许进入配药室,但很多保安与护理人员并不知道这一规定,也不知道如果违反了这一规定会受到什么责罚,因此在配药室被患者发现后,才引起了患者的质疑,这属于宣传部的责任,没有将医院的规章制度宣传到位。

保安在等待医院处理结果的期间非常紧张,医院的心理专家走访了他,告诉他不用担心病人的质疑,已经由医院沟通解决,还与保安探讨了职业发展相关的问题,医院愿意为他提供相关的培训以及在职学习的机会,如果能够通过考试取得执照,可以为他提供相关的工作机会。同时医院宣传部门将医院的规章制度进一步宣传,让每个人都明白并遵守。

这以后,这名保安工作更加认真,在岗位调整后更加喜欢自己的工作,医院也因为这一事件增加了凝聚力。

资料来源:王聪颖．创建学习型组织的五项修炼案例分析[J]. 人力资源管理．2013(12):179-180.

融合五项修炼对成就学习型组织是非常重要的,然而这是一件充满挑战的工作,因为要整合出一项新工具,比单纯应用各项工具难多了,必须运用物质和精神手段激励之,运用法律和制度的力量规范和保证之,运用行政手段推动之,运用教育的手段实施之,但同时,这样做所得到的回报也是无可衡量的。

这就是为什么系统思考是以上所提修炼中的第五项,它是整合其他各项修炼成一体的理论与实务,防止组织在真正实践时,将各项修炼列为互不相干的名目或一时流行的风尚。少了系统思考,就无法探究各项修炼之间如何互动。系统思考强化其他每一项修炼,并不断地提醒我们:融合整体能得到大于各部分加总的效力。

创建学习型组织是组织不断发展和迎接未来挑战的需要,是组织领导者不可推卸的责任。一方面,组织内部的全体人员要努力支持,积极参与;另一方面,组织也必须进行制度、体制的改革和完善,使组织的环境有利于学习型组织的创建。

本章思考题

1. 试简述 SECI 螺旋模型。
2. 比较学习型组织与组织学习的区别。
3. 学习型组织有哪些特征?
4. 如何创建学习型组织?

课后案例

江淮汽车学习型组织的创建

安徽江淮汽车股份有限公司(以下简称JAC)1999年9月30日成立,前身为合肥江淮汽车制造厂,始建于1964年。公司占地面积460多万平方米,总资产53亿元,员工总数17 000余人。公司于2001年在上海证券交易所上市,2011年,公司销售各类汽车超过46万辆,实现了连续21年以平均增长速度达40%的超快发展。

JAC的前身是合肥江淮汽车制造厂，自1990年以来，依靠自我滚动积累，从净资产为负、年产销汽车不足千辆、濒临倒闭的小企业不断发展壮大，跻身汽车行业前十强，走出了一条有鲜明特色的民族汽车企业的成长之路。

1. 建立员工认同的共同愿景

自1996年邂逅“五项修炼”，近十余年来，JAC始终把创建学习型组织作为企业文化建设和培育核心竞争力的载体，以及保证企业健康发展的长效机制，将其与中国传统文化、公司本身的发展状况相结合，探索出了创建学习型组织的独特模式，并以认真踏实的实践、反思、总结，丰富了学习型组织的理论内涵和实践方式。

然而，越来越忙碌的员工开始无暇参与学习型组织的创建工作，甚至将其当成一种负担。高层领导者究其原因，发现JAC学习型组织的创建工作不过是搭了一个外围的框架，并没有真正深入。也就在这时，JAC迎来了圣吉，在与这位世界级管理大师进行有效的交流之后，JAC意识到，企业的愿景必须层层分解，让每一位员工都能理解并变成个人的愿景，才会产生企业动力。于是，公司召开了多次会议，让员工根据企业的大方向和总体愿景勾画出自己的愿景，并相互分享。愿景由企业文化研究部进行评估，看其是否适合员工岗位的要求并易于实行，并根据员工提出的愿景对其进行考核，由此避免了愿景分解过程中的形式主义。为了让企业愿景融入每个员工心里，JAC管理层将愿景通过《JAC宪章》中的“JAC之道”固化下来，领导层在不同场合反复强调，使得JAC的愿景越来越深入人心。在热火朝天的生产线上，如果问员工是否知道“JAC之道”，你会得到一个惊讶的表情。因为在他们看来，这是个根本不需要问的问题。

2. 创新学习形式

为了将学习型组织建设与生产经营紧密结合，JAC开创性地探索出团队学习的新模式：学习实验室，如果员工在日常经营管理中遇到了具有挑战性的问题，便可以邀请相关人员，成立一个学习实验室来解决它，问题解决之日便是学习实验室宣告解散之时。这是运用学习型组织的方法工具和工作团队，解决组织经营实践中的重大问题，并逐渐发展成为一种行之有效的解决跨部门问题的模式。

但是，学习实验室因缺乏一套与之相匹配的易于操作的工具方法，使其在企业内的推广存在着重重阻力，管理教练的出现让这一问题迎刃而解。2007年，江淮正式引入管理教练，在管理教练与学习实验室相结合的道路上又迈出了新步伐。教练们并不会帮助学习实验室完成具体的工作，其作用在于引导该学习实验室理清目标，寻找关键价值链，然后帮助其制定一个行动计划，引导大家去寻找答案。企业文化研究部干事李彬曾经辅导过一个将目标定为“提升出口量至2 000台”的学习实验室，这个实验室主要由营销和品管部组成，这两个部门因为销售业绩不理想而互相推脱，销售部认为责任在产品品质问题，而品管部却认为品质改善是一个长期的过程，造成每次开会都是相互指责，一直没有找到一个有效的途径。李彬进入这个实验室以后，通过引导大家回答，除了品质提升之外，还有什么其他的方式来提升销量，使得两个部门的员工明白：现在要考虑的是为了达成目标，我应该做的是什么。后来在销售部和品管部的共同努力下，这个原目标为出口2 000台的实验室在2007年整整卖出了4 000台。

3.“40+4”培训模式

JAC“40+4”的培训模式曾被各大媒体争相报道，即全体员工每周工作40小时，利用业余时间或节假日再集中学习4小时。值得一提的是，即使是生产任务很紧，加班加点的情况下，每周4小时的培训从不压缩。当然，这样做的难度较大，但由于公司领导除了思想上高度重视外，在实践中也身体力行，所以制度能够顺利执行。比如，每天早上的晨操，公司包括老总在内所有人员都要参加。

“40＋4”不仅用来学习知识，还用来解决问题。2008年金融危机的冲击，使JAC保持了17年的高速增长在这一年戛然而止。JAC前桥厂将目标定为节约成本5 000万元，降幅达到10%～20%。前桥厂利用培训的时间将员工组织起来，让员工在表格上填写各自的岗位能为节约成本做出什么贡献。讨论结束时，每位员工都形成了各自的行动计划，再由车间进行收集整合，并成立一个专项小组来实施。

在JAC中，对员工的最高奖励就是提供一次免费的外出学习机会。为了给大家提供这样的机会，江淮公司培训是采取竞培的方式，尤其是研究生这级的培训和境外培训。比如说今年制订明年培训计划的时候，公布培训的项目和学习目的，感兴趣的就可以报名，然后进行考试，同时对绩效进行考核，最后选拔确定人员。这促使人们积极学习、主动学习。

4. 打破沟通的障碍

沟通不畅是组织毒瘤。JAC认为，传统组织的弊端就在于其多层次性，决策层与操作层之间隔着若干层级，很难实现直接对话，其直接后果就是决策缓慢、效率不高。于是JAC借助“蓝色托盘午餐会”，为上下级之间的深度沟通搭建了很多平台，但由于公司人数众多，而拿到蓝色托盘的员工总是少数，大家都觉得意犹未尽。于是JAC又开始了“咖啡时光”活动，要求高层领导每月抽出一个晚上的时间去跟员工交流，以扩大沟通交流面。员工可以打电话到企业文化研究部，或者在内部网上报名，再由企业文化研究部对全部报名人员进行一次筛选，随机选择10名左右的员工参加这项活动。每次都会有一个领导在场，而所有的领导都会轮到。

JAC一个车间主任就通过员工恳谈会的形式解决了一个头疼了很久的问题，那时车间严禁机架工戴手套操作旋转机床。因为手套很容易被卷进机器，引发生产事故，但戴手套操作更加舒服，因此尽管发生过事故，还是屡禁不止，后来在员工恳谈会上，有员工提出，可以用帆布隔热垫包住工件，这样就能一举解决多个问题。一层帆布不够，后来又换成两层，中间夹石棉的。至今这已经成为生产车间里的安全标准。

除了反馈，JAC还善于反思，定期举行反思会，从领导到员工都借反思来寻找解决问题的办法。JAC还发明了“组织记忆看板”，把做好的工程拍摄下来并进行公示，让大家讨论好在哪里；做得不好的也照样拍下来，作为警戒。除此之外，JAC还通过案例分析会、深度会谈、标杆学习和内外部顾客满意度的调查等形式，使员工的思考方式从过去的“归罪于外”变成了“反观自身”，从“着眼于微观和局部”变成了“站在系统上看问题”。

5. 拆除系统的藩篱

理想的学习型组织是无固定边界的，这有利于最大程度地促进组织内外的联系，实现协同作战。而JAC也正在将组织的边界重新定义，JAC认为，只有与供应商、经销商联合起来才能在商战中取得胜利。因此，JAC在经销商中成立了学习型营销协会，除了对其进行学习型组织的培训，甚至想办法做一些撮合的工作，以此来打破经销商之间的隔阂，促进彼此的有效合作和协同。学习型营销协会很快取得了效果，以前大家为了赚钱不停地挖墙脚，相互低价抢单，最后甚至卖“赌气车”，哪怕不赚钱，也要把单子抢过来，而学习型营销协会建立以后，大家开始以一种系统的观点来看问题，除避免了恶性竞争以外，还实现了资源共享。

资料来源：陈芝麻．创建学习型组织[J]．世界经理人，2009(4)：9-12.

思考与讨论

1. JAC 使用了"第五项修炼"中的哪些方法？
2. JAC 能够不断接近学习型组织的关键点是什么？
3. 有什么地方是 JAC 还做得不够好的？
4. 学习型组织对 JAC 的最大贡献在哪里？

参 考 文 献

[1] Amason A C,Thompson K R,Hochwarter W A,et al. Conflict:An important dimension in successful management teams[J]. Organizational Dynamics,1995,24(2):20-35.

[2] Amburgey T L,Kelly D,Barnett W P. Resetting the clock:The dynamics of organizational change and failure [J]. Administrative Science Quarterly,1993,38(1):51-73.

[3] Ancona D G,Caldwell D F. Demography and design:Predictors of new product team performance [J]. Organization Science,1992,3(3):321-341.

[4] Bandura A. Self-efficacy[M]. New York:John Wiley & Sons,Inc. ,1994.

[5] Baron R A. Positive effects of conflict: A cognitive perspective[J]. Employee Responsibilities and Rights Journal,1991,4(1):25-36.

[6] Bass B M. Leadership and performance beyond expectations[M]. New York:The Free Press,1985.

[7] Bass B M,Steidlmeier P. Ethics,character,and authentic transformational leadership behavior [J]. The Leadership Quarterly,1999,10(2):181-217.

[8] Bass B M,Stogdill R M. Handbook of leadership[M]. New York:The Free Press,1990.

[9] Bassi L J,Van Buren M E. Valuing investments in intellectual capital[J]. International Journal of Technology Management,1999,18(5):414-432.

[10] Bateman T S,Crant J M. The proactive component of organizational behavior:A measure and correlates[J]. Journal of Organizational Behavior,1993,14(2):103-118.

[11] Bernotavicz F,Dutram K,Kendall S,et al. Organizational development specialist competency model [J]. Training and Development in Human Services,2011,6(1):20-36.

[12] Blake R R,Mouton J S,Bidwell A C. Managerial grid. [J]. Advanced Management-Office Executive,1962,1(9):12-15.

[13] Blau P M,Scott W R. Formal organization:A comparative approach[M]. Londan:Routledge and Kegan Paul,1963.

[14] Bontis N. Assessing knowledge assets:A review of the models used to measure intellectual capital [J]. InternationalJournal of Management Reviews,2001,3(1):41-60.

[15] Brehmer B. Social judgment theory and the analysis of interpersonal conflict[J]. Psychological Bulletin,1976,83(6):985-1003.

[16] Brown L D. Managing conflict at organizational interfaces [M] . Reading, MA: Addison-Wesley,1983.

[17] Bruner J S,Goodman C C. Value and need as organizing factors in perception[J]. The Journal of Abnormal and Social Psychology,1947,42(1):33-44.

[18] Burns J M. Leadership[M]. New Yorker:Harper & Row,1978.

[19] Burns T,Stalker G M. The management of innovation [C]. London:Tavistock,1961.

[20] Campbell D J. The proactive employee:Managing workplace initiative[J]. The Academy of Management Executive,2000,14(3):52-66.

[21] CarronA V,Widmeyer W N,Brawley L R. Carron Group cohesion and individual adherence to psysical activity[J]. Journal of Sport and Exercise Psychology,1998(10):127-138.

[22] Carron A V,Spink K S. Team building in an exercise setting[J]. The Sports Sychologist,1993(7):8-18.

[23] Child J. Organizational structure,environment and performance:The role of strategic choice [J]. Sociology,1972,6(1):1-22.

[24] Christie R,Geis F L,Berger D. Studies in machiavellianism[M]. New York:Academic Press,1970.

[25] Conger J A,Kanungo R N. Toward a behavioral theory of charismatic leadership in organizational settings[J]. Academy of Management Review,1987,12(4):637-647.

[26] Craik K J W. The nature of explanation[M]. Cambridge UK:Cambridge University Press,1967.

[27] Crant J M,Bateman T S. Charismatic leadership viewed from above:The impact of proactive personality[J]. Journal of Organizational Behavior,2000,21(1):63-75.

[28] Crant J M. The proactive personality scale and objective job performance among real estate agents [J]. Journal of Applied Psychology,1995,80(4):532-537.

[29] D·M·巴斯著,熊哲宏,张勇,晏倩译. 进化心理学——心理的新科学[M]. 上海:华东师范大学出版社,2007.

[30] D·赫尔雷格尔等著,俞文钊等译. 组织行为学[M]. 上海:华东师范大学出版社,2001.

[31] Daugherty P J,Chen H,Ferrin B G. Organizational structure and logistics service innovation [J]. International Journal of Logistics Management,2011,22(1):26-51.

[32] Davenport T H,Prusak L. Working knowledge:How organizations manage what they know [M]. Boston,MA:Harvard Business Press,1998.

[33] Joseph E. Champoux 著,宋巍巍,张微译. 组织行为学基本原则(第二版)[M]. 北京:清华大学出版社,2004.

[34] Eckman A,Lindlof T. Negotiating the Gray Lines:An ethnographic case study of organizational conflict between advertorials and news[J]. Journalism Studies,2003,4(1):65-77.

[35] Edvinsson L,Malone M S. Intellectual capital:Realizing your company's true value by finding its hidden brainpower[M]. Cambridge,MA:Harvard Business school Press. 1997.

[36] Engeström Y,Sannino A. Discursive manifestations of contradictions in organizational change efforts:A methodological framework[J]. Journal of Organizational Change Management, 2011, 24(3): 368-387.

[37] Euwema M C,Van de Vliert E,Bakker A B. Substantive and relational effectiveness of organizational conflict behavior[J]. International Journal of Conflict Management,2003,14(2):119-139.

[38] Farrell D. Exit,voice,loyalty,and neglect as responses to job dissatisfaction:A multidimensional scaling study[J]. Academy of Management Journal,1983,26(4):596-607.

[39] Feldman D C. The development and enforcement of group norms[J]. Academy of Management of Review,1984(9):947-953.

[40] Festinger L. Cognitive dissonance theory[M]. Newbury Park,California:Sage Publications,1957.

[41] Fiedler F E. A theory of leadership effectiveness [M]. New York:McGraw-Hill,1967.

[42] Fredrickson B L. The role of positive emotions in positive psychology:The broaden-and-build theory of positive emotions[J]. American Psychologist,2001,56(3):218-226.

[43] Friedman M,Rosenman R H. Type A behavior and your heart[M]. New York:Alfred A. Knopf,1974.

[44] Rainbird H, Fuller A, Unwin L. Workplace learning in context [M]. Oxford: Psychology Press,2004.

[45] George J M,Jones G R,Sharbrough W C. Understanding and managing organizational behavior [M]. Reading,MA:Addison-Wesley,1996.

[46] Gokpinar B,Hopp W J,Iravani S M R. The impact of misalignment of organizational structure and product architecture on quality in complex product development[J]. Management Science, 2010, 56(3): 468-484.

[47] Graen G B,Uhl-Bien M. Relationship-based approach to leadership:Development of leader-member exchange(LMX)theory of leadership over 25 years:Applying a multi-level multi-domain perspective[J]. The Leadership Quarterly,1995,6(2):219-247.

[48] Greenwood R,Hinings C R. Understanding radical organizational change:Bringing together the old and the new institutionalism[J]. Academy of Management Review,1996,21(4):1022-1054.

[49] Gross M A,Guerrero L K. Managing conflict appropriately and effectively:An application of the competence model to Rahim's organizational conflict styles[J]. InternationalJournal of Conflict Management, 2000,11(3):200-226.

[50] Hannan M T,Freeman J. Structural inertia and organizational change[J]. American Sociological Review,1984:149-164.

[51] Hersey P,Blanchard K H. So you want to know your leadership style? [J]. Training & Development Journal,1974,28(2):1-15.

[52] House R J,Shapiro H J,Wahba M A. Expectancy theory as a predictor of work behavior and attitude:A reevaluation of empirical evidence [J]. Decision Sciences,1974,5(3):481-506.

[53] House R J. A 1976 theory of charismatic leadership. In J. G. Hunt & L. L. Larson (Eds). Leadership:The cutting edge[M]. Carbondale:Southern Illinois University Press,1977.

[54] House R J. A path goal theory of leader effectiveness [J]. Administrative Science Quarterly,1971, 16(3):321-339.

[55] Jehn K A. A qualitative analysis of conflict types and dimensions in organizational groups [J]. Administrative Science Quarterly,1997,42(3):530-557.

[56] Jimmy J,Seddon P B,Reynolds P. Exploring the organizational structure and coordination of multinational IT outsourcing vendors: ECIC 2011: Proceedings of the European Conference on Information Systems,Helsinki,Finland [C]. Helsinki,Finland,2011.

[57] Johns G. A multi-level theory of self-serving behavior in and by organizations[J]. Research in Organizational Behavior,1999,21:1-38.

[58] Jones G R. Organizational theory,design,and change [M]. London:Pearson,2010.

[59] Judge T A,Bono J E,Ilies R. etc. Personality and leadership:A qualitative and quantitative review [J]. Journal of Applied Psychology,2002,87(4):765-780.

[60] Judge T A,Bono J E. A rose by any other name:Are self-esteem,generalized self-efficacy,neuroticism,and locus of control indicators of a common construct? 2001 Personality psychology in the workplace: Decade of behavior, Washington, DC, US [C]. Washington, D. C. , U. S. : American Psychological Association,2001.

[61] Judge T A,Cable D M,Boudreau J W,et al. An empirical investigation of the predictors of executive career success[J]. Personnel Psychology,1995,48(3):485-519.

[62] Kahn R L,Katz D. Leadership practices in relation to productivity and morale[M]. Institute for So-

cial Research, University of Michigan, 1952.

[63] Katsikea E, Theodosiou M, Perdikis N, et al. The effects of organizational structure and job characteristics on export sales managers' job satisfaction and organizational commitment [J]. Journal of World Business, 2011, 46(2): 221-233.

[64] Kelman H C. The small group research[J]. Annual Review of Psychology, 1990, 4(15): 85-634.

[65] Ladyshewsky R K. The manager as coach as a driver of organizational development[J]. Leadership & Organization Development Journal, 2010, 31(4): 292-306.

[66] Leavitt H J. Applied organization change in industry: Technological, and humanisitic approaches [M]. Handbook of Organization, Chicago: Rand McNally, 1956.

[67] Lee H, Lim H, Moore D D, et al. How police organizational structure correlates with frontline officers'attitudes toward corruption: A multilevel model [J]. Police Practice and Research, 2013, 14(5): 386-401.

[68] Lewin K, Lippitt R, White R K. Patterns of aggressive behavior in experimentally created "social climates"[J]. The Journal of Social Psychology, 1939, 10(2): 269-299.

[69] Lord R G, Foti R J, Phillips J S. A theory of leadership categorization. In: Leadership: Beyond establishment views[M]. J. G. Hunt, U. Sekaran, C. A. Schriesheim, Eds. Carbondale: Southern Illinois University Press, 1982.

[70] Lumpkin G T, Dess G G. Simplicity as a strategy-making process: The effects of stage of organizational development and environment on performance[J]. Academy of Management Journal, 1995, 38(5): 1386-1407.

[71] Luthans F, Youssef C M. Human, social and now positive psychological capital management: Investing in people for competitive advantage[J]. Organizational dynamics, 2004, 33(2): 143-160.

[72] Magill F N, Delgado H L. International encyclopedia of sociology[M]. London: Fitzroy Dearborn Publishers, 1995.

[73] Markides C C, Williamson P J. Corporate diversification and organizational structure: A resource-based view[J]. Academy of Management Journal, 1996, 39(2): 340-367.

[74] Mead M. The role of the individual in samoan culture[J]. Journal of the Anthropological Institute of Great Britain and Ireland, 1928, 58: 481-495.

[75] Meijaard J, Uhlaner L, Flören R, et al. The relationship between successor and planning characteristics and the success of business transfer in Dutch SMEs[J]. EIM Business & Policy Research, 2005(5): 1-20.

[76] Mills Peter K, Cerardo R. Ungon. Reassessing the limits of structural empowerment: Organizational constitution and trust as controls[J]. Academy of Management Review, 2003, 28(1): 143-153.

[77] Myrsiades L. Meeting sabotage: Met and conquered[J]. Journal of Management Development, 2000, 19(10): 870-885.

[78] Nelson D L, Quick J C 著,桑强译. 组织行为学:基础,现实与挑战[M]. 北京:中信出版社,2004.

[79] Opp K D. The evolutionary emergence of norms[J]. British Journal of Social Psychology. 1982, 21(2): 139-149.

[80] Pinkley R L. Dimensions of conflict frame: Disputant interpretations of conflict[J]. Journal of Applied Psychology, 1990, 75(2): 117-126.

[81] Pondy L R. Organizational conflict: Concepts and models[J]. Administrative Science Quarterly, 1967, 12(2): 296-320.

[82] Prince G M. Creative meetings through power sharing[J]. Harvard Business Review, 1972, 50(4):

47-52.

[83] Rahim M A. Toward a theory of managing organizational conflict[J]. International Journal of Conflict Management, 2002, 13(3): 206-235.

[84] Reddin W J. Managerial effectiveness[M]. New York: McGraw-Hill, 1970.

[85] Rokeach M, Ball-Rokeach S J. Stability and change in American value priorities, 1968-1981 [J]. American Psychologist, 1989, 44(5): 775-784.

[86] Roos J, Roos G, Dragonetti N C, et al. Intellectual capital: Navigating in the new business landscape [M]. New York: New York University Press, 1997.

[87] Ross L. The intuitive psychologist and his shortcomings: Distortions in the attribution process [J]. Advances in Experimental Social Psychology, 1977(10): 173-220.

[88] Scheier M F, Carver C S. Effects of optimism on psychological and physical well-being: Theoretical overview and empirical update[J]. Cognitive Therapy and Research, 1992, 16(2): 201-228.

[89] Scheier M F, WJ K, Carver C S. Coping with stress: Divergent strategics of optimists and pessimists[J]. Journal of Personality and Social Psychology, 1986, 51(6): 1257-1264.

[90] Schweizer K, Schneider R. Social optimism as generalized expectancy of a positive outcome [J]. Personality and Individual Differences, 1997, 22(3): 317-325.

[91] Seibert S E, Crant J M, Kraimer M L. Proactive personality and career success[J]. Journal of Applied Psychology, 1999, 84(3): 416-427.

[92] Seligman M E P. Authentic happiness: Using the new positive psychology to realize your potential for lasting fulfillment[M]. New York: Simon and Schuster, 2002.

[93] Seligman M E P. Csikszentmihalyi M. Positive psychology: An introduction[M]. Washington. D. C: American Psychological Association, 2000.

[94] Serenko A, Bontis N. Meta-review of knowledge management and intellectual capital literature: Citation impact and research productivity rankings[J]. Knowledge and Process Management, 2004, 11(3): 185-198.

[95] Sharif M M, Scandura T A. Do perceptions of ethical conduct matter during organizational change? Ethical leadership and employee involvement[J]. Journal of Business Ethics, 2013: 1-12.

[96] Sheldon K M, King L. Why positive psychology is necessary[J]. American Psychologist, 2001, 56 (3): 216-217.

[97] Sherif M. The psychology of social norms[M]. New York: Harper&Row Publishers, 1966.

[98] Snyder C R, Feldman D B, Shorey H S, et al. Hopeful choices: A school counselor's guide to hope theory[J]. Journal of Personality and Social Psychology, 2002, 5(5): 1061-1070.

[99] Spink K S. Group cohesion and collective efficacy of volley ballteams[J]. Journal of Sports & Exercisepsychology, 1990, 12(3): 301-311.

[100] Robbins S P, Organizational behavior. 7th Edition[M]. New Jersey: Prentice Hall, 1997.

[101] Stogdill R M, Coons A E. Leader behavior: Its description and measurement[M]. Columbus, OH: Ohio State University Press for Bureau of Business Research, 1957.

[102] Stogdill R M. Handbook of leadership: A survey of the literature [M]. New York: Free Press, 1974.

[103] Subramanian A, Venkateswaran A, Fu R. Project characteristics, organizational structure, and managerial incentives[J]. Organizational Structure, and Managerial Incentives, 2013(6): 1-41.

[104] Sue-Chan C, Ong M. Goal assignment and performance: Assessing the mediating roles of goal commitment and self-efficacy and the moderating role of power distance[J]. Organizational Behavior and Hu-

man Decision Processes,2002,89(2):1140-1161.

[105] Tannenbaum R,Schmidt W H. How to choose a leadership pattern [J]. Harvard Business Review,1958,36(2):95-101.

[106] Thomas R,Sargent L D,Hardy C. Managing organizational change: Negotiating meaning and power-resistance relations[J]. Organization Science,2011,22(1):22-41.

[107] Van der Zee K I,Zaal J N,Piekstra J. Validation of the multicultural personality questionnaire in the context of personnel selection[J]. European Journal of Personality,2003,17(1):S77-S100.

[108] Vroom V H,Yetton P W. Leadership and decision-making[M]. Pittsburgh. PA: University of Pittsburgh Press,1973.

[109] Weick K E,Quinn R E. Organizational change and development[J]. Annual Review of Psychology,1999,50(1):361-386.

[110] Wenglert L,Rosen A S. Measuring optimism—pessimism from beliefs about future events [J]. Personality and Individual Differences,2000,28(4):717-728.

[111] Willam Kingston. Innovation,creativity and law[M]. Dordrecht:Kluner Academic Publishers,1990.

[112] Witt U. Changing cognitive frames-changing organizational forms: An entrepreneurial theory of organizational development[J]. Industrial and Corporate Change,2000,9(4):733-755.

[113] Wright T A. Positive organizational behavior:An idea whose time has truly come[J]. Journal of Organizational Behavior,2003,24(4):437-442.

[114] Yukl G A. Leadership in organizations [M]. UK:Pearson Education Limited,1989.

[115] Zheng W,Yang B,McLean G N. Linking organizational culture,structure,strategy,and organizational effectiveness: Mediating role of knowledge management [J]. Journal of Business Research,2010,63 (7):763-771.

[116] 埃德加·沙因著. 马红宇,王斌译. 组织文化与领导力[M]. 北京:中国人民大学出版社,2011.

[117] 艾莉森·哈丁厄姆著,周光凡译. 团队合作[M]. 上海:上海人民出版社,2006.

[118] 波特·莱·W,比格利·格·A,斯蒂尔斯·理·M 著. 陈学军等,译. 激励与工作行为[M]. 北京:机械工业出版社,2006.

[119] 蔡雄杰. 群众工作中群众情绪的科学分析与理性疏导[J]. 前进,2012(2):53-55.

[120] 曹威麟,陈文江. 心理契约研究述评[J]. 管理学报,2007,4(5):681-687.

[121] 曾晖,赵黎明. 组织行为学发展的新领域——积极组织行为学[J]. 北京工商大学学报(社会科学版),2007,22(3):84-90.

[122] 陈传明,周小虎. 管理学原理[M]. 北京:机械工业出版社,2007.

[123] 陈春花,张超. 组织变革的"力场"结构模型与企业组织变革阻力的克服[J]. 科技管理研究,2006,26(4):203-206.

[124] 陈国海. 组织行为学[M]. 北京:清华大学出版社,2013.

[125] 陈力华,邱羚,组织行为学[M]. 北京:清华大学出版社,2005.

[126] 陈万思,丁珏,余彦儒. 参与式管理对和谐劳资关系氛围的影响:组织公平感的中介作用与代际调节效应[J]. 南开管理评论,2013,16(6):47-58.

[127] 程杰元,谷振红,张海燕. MBA 教程案例——组织行为学案例[M]. 新疆:伊犁人民出版社,2000.

[128] 程杰元,谷振红,张海燕. 组织行为学案例[M]. 新疆:伊犁出版社,1999.

[129] 达恩·海瑞格尔,约翰·W,斯洛柯姆著,邱伟年译. 组织行为学(第 11 版)[M]. 北京:北京大学出版社,2010.

[130] 董浩,苗元江,蒋苏芹. 主动性人格——积极组织行为学新视角[J]. 企业活力,2010(11):

62-66.

[131] 杜继淑,王飞飞,冯维.大学生情绪管理能力与心理健康的关系研究[J].中国特殊教育,2007(9):75-80.

[132] 冯驰,林跃锋.我国私营企业组织制度创新思路[J].商业时代,2010(1):51-52.

[133] 弗雷德·鲁森斯著,王垒等译校.组织行为学(第9版)[M].北京:人民邮电出版社,2003.

[134] 付冷冷.知识员工的压力管理[J].科学管理研究,2003,21(2):96-98.

[135] 傅永刚,陈树文.组织行为学[M].北京:清华大学出版社,2010.

[136] 高凤祯.压力管理理论对内蒙古第三产业的几点启示[J].内蒙古师范大学学报(哲学社会科学版),2006(06):55-58.

[137] 高贵如,王双进.高校教师压力分析及自我调适对策[J].高等农业教育,2008(08):33-36.

[138] 里基·W·格里芬,格利高里·摩海德,唐宁玉著,刘伟译.组织行为学(中国版)[M].北京:中国市场出版社,2010.

[139] 葛建华,苏雪梅.员工社会化,组织认同与组织公民行为——基于中国科技制造企业的实证研究[J].南开管理评论,2010(1):42-49.

[140] 古家军.TBC背景下企业高管团队战略决策过程研究[D].华中科技大学,2009.

[141] 顾琴轩.组织行为学[M].上海:上海人民出版社,2003.

[142] 关培兰.组织行为学(第二版)[M].北京:中国人民大学出版社,2003.

[143] 关培兰.组织行为学(第三版)[M].北京:中国人民大学出版社,2011.

[144] 郭朝阳.冲突管理:寻找冲突的正面效应[M].广州:广东经济出版社,2000.

[145] 郭晓薇.企业员工组织公民行为影响因素的研究[D].华东师范大学,2004.

[146] 郭秀君.相互作用分析理论及其启示[J].辽宁大学学报(哲学社会科学版),1998(1):65-66.

[147] 郝旭光.组织行为学[M].北京:对外经济贸易大学出版社,2011.

[148] 郝云宏.管理学[M].杭州:浙江工商大学出版社,2010.

[149] 何瑛.虚拟团队管理[M].北京:经济管理出版社,2003.

[150] 唐·荷尔瑞格,小约翰·W·斯捞卡姆,理查德·W·渥德曼等著,胡英坤等译.组织行为学[M].大连:东北财经大学出版社,2006.

[151] 亨利·明茨伯格著,魏清江译.卓有成效的组织[M].北京:中国人民大学出版社,2007.

[152] 侯奕斌,凌文辁.积极组织行为学内涵研究[J].商业时代,2006(27):4-5.

[153] 胡宏梁,陈旭东.中层管理者在组织变革中的角色研究[J].管理现代化,2003(1):15-18.

[154] 胡君辰,吴小云.组织行为学[M].北京:中国人民大学出版社,2010.

[155] 胡君辰.管理心理学[M].上海:东方出版中心,1997.

[156] 黄崴.西方古典组织理论及其模式在教育管理中的运用与发展[J].华南师范大学学报(社会科学版),2006(6):73-89.

[157] 蒋巍巍.打造高绩效团队[M].北京:中国电力出版社,2013.

[158] 蒋旭平.新员工与直接上级进行有效沟通的障碍因素分析[J].科技信息,2007(16):419-420.

[159] 蒋兆毅.浅议员工压力管理[J].电子科技大学学报(社会科学版),2006,8(1):41-43.

[160] 焦燕莉.基于感知价值的员工心理契约模型研究[D].天津大学,2008.

[161] 杰拉尔德·格林伯格.组织行为学[M].上海:格致出版社,2011.

[162] 金明星.组织公平对组织公民行为(OCB)及工作绩效影响的实证研究[D].复旦大学,2011.

[163] 郎淳刚,席酉民,毕鹏程.群体决策过程中的冲突研究[J].预测,2005,24(5):1-8.

[164] 爱德华·劳勒三世著,陈剑芬译.组织中的激励[M].北京:中国人民大学出版社,2011.

[165] 李成彦.组织文化——基于组织效能的视角[M].北京:北京大学出版社,2013.

[166] 李剑锋.组织行为管理[M].北京:中国人民大学出版社,2013.

[167] 李宁．企业变革中的压力管理策略研究[J]．中国人力资源开发，2006(10)：50-52.

[168] 李嗣丞．决策决定成败[M]．北京：金城出版社，2008.

[169] 李相银．实践学习型组织的五项修炼[J]．甘肃社会科学，2004(3)：131-136.

[170] 李晔，龙立荣．组织公平感研究对人力资源管理的启示[J]．外国经济与管理，2003，25(2)：12-17.

[171] 李永鑫，赵剑．进化：组织行为学研究的新视角[J]．华东师范大学学报(教育科学版)，2009，27(1)：56-62.

[172] 李原．员工心理契约的结构及相关因素研究[D]．首都师范大学，2002.

[173] 李中海，廖建桥．现代企业中的工作压力管理[J]．工业工程，2001，4(1)：11-15.

[174] 理查德·L. 达夫特，雷蒙德·A. 诺伊著，杨宇，闫鲜宁，于维佳译．组织行为学[M]．北京：机械工业出版社，2004.

[175] 凌文辁，陈龙，王登．CPM领导行为评价量表的建构[J]．心理学报，1987，2(13)：199-207.

[176] 刘凤香．员工工作价值观代际差异研究[D]．南开大学，2011.

[177] 刘凤英．基于学习型组织理论的高校教师培训与开发体系研究[J]．南京理工大学学报，2010.

[178] 刘洪，胡以文．组织变革的方向——建立学习型组织[J]．合肥工业大学学报(自然科学版)，2000，23(1)：57-62.

[179] 刘洪，周玲．组织变革的复杂性增长路径[J]．管理评论，2004，15(12)：52-55.

[180] 刘剑荣．企业中层管理者多维个性偏好及其优化配置研究[D]．西南交通大学，2007.

[181] 刘敬孝，杨晓莹，连铃丽．国外群体凝聚力研究评介[J]．外国经济与管理，2006，28(3)：45-51.

[182] 刘璞，井润田，刘煜．基于组织支持的组织公平与组织承诺关系的实证研究[J]．管理评论，2009，20(11)：31-35.

[183] 刘小平．自我效能感在企业情景中的应用[J]．外国经济与管理，1999，21(9)：12-16.

[184] 刘亚，龙立荣．组织公平感对组织效果变量的影响[J]．管理世界，2003(3)：126-132.

[185] 刘艳巧．组织内的利益性非正式群体研究[J]．企业经济，2005(3)：88-89.

[186] 刘毅．自我意识与选择压力——进化心理学视野中人类自我意识的起源与发展[J]．西北师大学报(社会科学版)，2001(1)：007-011.

[187] 刘永中，金才兵．冲突管理[M]．广州：广东经济出版社，1996.

[188] 刘昱岗，李琳，杨绘宇．我国的管理者如何正确引导功能正常的群体冲突[J]．商场现代化．2005，10(25)：294-295.

[189] 刘彧彧，丁国林，严肃．沟通开放氛围下领导——成员交换和组织公平感的关系研究[J]．管理学报，2010，7(12)：1792-1798.

[190] 刘祯，陈春花．个人与组织契合的内涵及研究展望[J]．管理学报，2011，8(2)：173-178.

[191] 刘祯．个人—组织契合的理论基础：价值论和契合论[J]．管理学家(学术版)，2013(10)：20-34.

[192] 刘祯．个人—组织契合与反生产行为的关系研究[D]．华南理工大学，2013.

[193] 龙静．组织公民行为理论及其应用[J]．外国经济与管理，2000，22(3)：18-21.

[194] 卢家楣．对情绪智力概念的探讨[J]．心理科学，2006，28(5)：1246-1249.

[195] 陆昌勤，方俐洛，凌文辁．组织行为学中自我效能感研究的历史，现状与思考[J]．心理科学，2004，25(3)：345-346.

[196] 陆昌勤，凌文辁，方俐洛．管理自我效能感与一般自我效能感的关系[J]．心理学报，2004，36(5)：586-592.

[197] 吕勤．相互作用分析理论——一种人际交往分析工具[J]．青年研究，2000(10)：39-43.

[198] 马可一．工作情景中的压力管理[J]．外国经济与管理，2001，23(10)：26-28.

[199] 毛禹忠．决策支持系统理论模型与开发应用[M]．杭州：浙江大学出版社，2013.

[200] 约翰·W·纽斯特罗姆，基斯·戴维斯著，陈兴珠，罗继等译．组织行为学(第十版)[M]．北京：经济科学出版社，2000.

[201] 帕森斯著，梁向阳译．现代社会的结构与过程[M]．北京：光明日报出版社，1988.

[202] 彭蔚英．论知识经济时代的企业管理创新对策[J]．科技信息，2008(6)：229-229.

[203] 皮永华．组织公正与组织公民行为，组织报复行为之间关系的研究[D]．浙江大学，2006.

[204] 乔恩·R. 卡曾巴赫著，侯玲译．团队的智慧——创建绩优组织[M]．北京：经济科学出版社，2000.

[205] 乔伊斯·S. 奥斯兰等著，顾琴轩译．组织行为学经典文献(第8版)[M]．北京：中国人民大学出版社，2010.

[206] 曲慧梅．古典组织理论与现代组织理论评述[J]．哈尔滨商业大学学报(社会科学版)，2008(4)，44-46.

[207] 任浩．公共组织行为学[M]．上海：同济大学出版社，2006.

[208] 任俊．积极心理学[M]．上海：上海教育出版社，2006.

[209] 三隅二不二．新しいリーダーシップ：集団指導の行動科学[M]．大阪：ダイヤモンド社，1966.

[210] 桑强．以流程再造为中心的组织变革模式[J]．管理科学，2004，17(2)：7-11.

[211] 申俊喜．论新经济条件下的虚拟组织[D]．南京大学，2002.

[212] 圣吉彼得．第五项修炼——学习型组织的艺术与实务[M]．北京：东方出版社，1994.

[213] 师曙光．情绪管理浅析[J]．太原大学学报，2006，7(3)：84-86.

[214] 施祖留，奚洁人．组织文化案例[M]．北京：人民出版社，2010.

[215] 石燕蓉．工作压力的负面影响及企业对策探析[J]．甘肃科技，2004(12)：181-183.

[216] 史蒂文·L·麦克沙恩，玛丽·安·冯·格里诺著，吴培冠，张璐斐等译．组织行为学(原书第5版)[M]．北京：机械工业出版社，2012.

[217] 陈芝麻．创建学习型组织[J]．世界经理人，2009(4)：9-12.

[218] 斯蒂芬·P. 罗宾斯，蒂莫西·A. 贾奇著，孙健敏等译．组织行为学(第14版)[M]．北京：中国人民大学出版社，2012.

[219] 斯蒂芬·P. 罗宾斯，蒂莫西·A. 贾奇著，郑晓明译．组织行为学精要(第11版)[M]．北京：机械工业出版社，2011.

[220] 斯蒂芬·P. 罗宾斯著，柯江华译．组织行为学精要(原书第7版)[M]．北京：机械工业出版社，2003.

[221] 斯蒂芬·P. 罗宾斯著，孙健敏，李原等译．组织行为学(第7版)[M]．北京：中国人民大学出版社，1997.

[222] 苏方国，赵曙明．组织承诺，组织公民行为与离职倾向关系研究[J]．科学学与科学技术管理，2005，26(8)：111-116.

[223] 苏勇，何智美．现代组织行为学[M]．北京：清华大学出版社，2007.

[224] 苏勇，何智美．组织行为学[M]．上海：格致出版社，2009.

[225] 苏勇，何智美．组织行为学[M]．上海：上海人民出版社，2009.

[226] 孙宏伟，胡青，王胜男．主动性行为：组织行为学研究的新热点[N]．中国社会科学报，2012，B(02).

[227] 孙健敏．组织行为学[M]．上海：复旦大学出版社，2005.

[228] 孙俊才，乔建中．情绪性工作的研究现状[J]．心理科学进展，2005，13(1)：85-90.

[229] 孙丽君．高等学校经济与管理专业系列教材：组织行为学[M]．北京：高等教育出版社，2010.

[230] 孙彤，李悦．现代组织学[M]．北京：中国物资出版社，1989.

[231] 孙元欣,许学国,林英晖．管理学——原理·方法·案例[M]. 北京:科学出版社,2006.

[232] 唐宁玉．组织行为学(中国版)[M]. 北京:中国市场出版社,2010.

[233] 唐源鸿,卢谢峰,李珂．个人—组织匹配的概念,测量策略及应用:基于互动性与灵活性的反思[J]. 心理科学进展,2010(11):1762-1770.

[234] 陶长琪．决策理论与方法[M]. 北京:中国人民大学出版社,2010.

[235] 田喜洲,谢晋宇．积极心理学运动对组织行为学及人力资源管理的影响[J]. 管理评论,2011,23(7):95-100.

[236] 田也壮．有效地处理人际关系的一种方法[J]. 决策借鉴,1989(4):33-35.

[237] 涂晓春．情绪管理:人力资源管理的新内容[J]. 重庆工商大学学报(社会科学版),2005,21(5):62-64.

[238] 万希．论工作压力管理[J]. 上海市经济管理干部学院学报,2006,4(1):39-42.

[239] 汪淼军,张维迎,周黎安．信息技术,组织变革与生产绩效——关于企业信息化阶段性互补机制的实证研究[J]. 经济研究,2006,41(1):65-77.

[240] 汪新艳．知识员工组织公平感对工作绩效的影响机制研究[D]. 华中科技大学,2008.

[241] 王利平,苏雪梅．非正式组织及其管理和控制[J]. 经济理论与经济管理,2007(5):57-60.

[242] 王明辉,彭翠,方俐洛．心理契约研究的新视角——理念型心理契约研究综述[J]. 外国经济与管理,2009,31(3):53-59.

[243] 王社民．理解五项修炼创建学习型组织[J]. 商场现代化,2009(34):139-140.

[244] 王婷,易树平,胡瑞林．集成管理组织结构设计的影响因素分析[J]. 重庆大学学报,2006,29(7):5-14.

[245] 王晓春,甘怡群．国外关于工作倦怠研究的现状述[J]. 心理科学进展,2003,11(5):567-572.

[246] 王晓钧．情绪智力理论结构的实证研究[J]. 心理科学,2000,23(1):24-27.

[247] 王英．美国的企业组织变革理论[J]. 外国经济与管理,1995(6):31-33.

[248] 王渊．国内外关于群体凝聚力研究的综述及发展[J]. 淮北职业技术学院学报,2005,3(4):68-70.

[249] 王忠,张琳．个人—组织匹配,工作满意度与员工离职意向关系的实证研究[J]. 管理学报,2010,7(3):379-385.

[250] 王重鸣,时巨涛．组织行为学[M]. 北京:石油工业出版社,2003.

[251] 魏峰,李燚,张文贤．国内外心理契约研究的新进展[J]. 管理科学学报,2006,8(5):82-89.

[252] 魏钧,张德．中国传统文化影响下的个人与组织契合度研究[J]. 管理科学学报,2007,9(6):87-96.

[253] 温娟娟,郑雪,张灵．国外乐观研究述评[J]. 心理科学进展,2007,15(1):129-133.

[254] 文竹．论组织结构的影响因素[J]. 科技资讯,2008(23):249-250.

[255] 翁清雄,陈国清．组织承诺的理论溯源与最新研究进展[J]. 科学学与科学技术管理,2009(11):27-34.

[256] 翁清雄,席酉民．动态职业环境下职业成长与组织承诺的关系[J]. 管理科学学报,2011,14(3):48-59.

[257] 翁清雄,席酉民．企业员工职业成长研究:量表编制和效度检验[J]. 管理评论,2011,23(10):132-143.

[258] 翁清雄,席酉民．职业成长理论研究简评[J]. 预测,2010,29(6):1-7.

[259] 翁清雄,席酉民．职业成长与离职倾向:职业承诺与感知机会的调节作用[J]. 南开管理评论,2010(2):119-131.

[260] 翁清雄．职业成长对员工承诺与离职的作用机理研究[D]. 华中科技大学,2009.

[261] 吴隆增，刘军，许浚．职场排斥与员工组织公民行为：组织认同与集体主义倾向的作用[J]．南开管理评论，2010(3)：36-44.

[262] 吴晓义．管理心理学(第2版)[M]．广州：中山大学出版社，2009.

[263] 吴遵民，美丽开，吾买尔等．论"学习社会"与"学习型组织"理论与实践之异同[J]．教育发展研究，2012(23)：23-29.

[264] 武小悦．决策分析理论[M]．北京：科学出版社，2010.

[265] 武欣，吴志明，张德等．组织公民行为研究的新视角[J]．心理科学进展，2005，13(2)：211-218.

[266] 奚玉芹，戴昌钧．人—组织匹配研究综述[J]．经济管理，2009，31(8)：180-186.

[267] 肖建乐．试论国民经济中人力资本价值的实现[J]．生态经济(学术版)，2010(01)：67-70，75.

[268] 肖泽民．解析体育教学中的有效沟通障碍[J]．教学与管理，2010(3)：137--138.

[269] 谢姗姗．相互作用分析理论及其对人格发展的启示[J]．湖北第二师范学院学报，2008(7)：83-85.

[270] 谢姗姗．相互作用分析理论在心理咨询与治疗中的应用[J]．江苏教育学院学报(社会科学版)，2009(3)：24-26.

[271] 徐永其，胡志健．团队凝聚力的分析与评价[J]．科技管理研究，2007，27(9)：231-233.

[272] 许多，张小林．中国组织情境下的组织公民行为[J]．心理科学进展，2007，15(3)：505-510.

[273] 许若兰．论情绪管理[J]．理论与改革，2004(6)：83-84.

[274] 许燕，王芳，郭璐等．压力与职业枯竭：概念辨析及预警干预路线的差异理论模型[J]．华南师范大学学报(社会科学版)，2013(6)：42-46.

[275] 严丹，张立军．组织公平对组织承诺及组织公民行为影响[J]．工业工程与管理，2010(3)：76-80.

[276] 严进．组织行为学[M]．北京：北京大学出版社，2009.

[277] 阎海峰，郭毅．组织行为学[M]．北京：高等教育出版社，2010.

[278] 杨雷．群体决策理论与应用群体决策中的个体偏好集结方法研究[M]．北京：经济科学出版社，2004.

[279] 杨纾雨．群体冲突管理策略研究[J]．人力资源管理，2013，1(8)：166-168.

[280] 姚凯．自我效能感研究综述——组织行为学发展的新趋势[J]．管理学报，2008，5(3)：463-468.

[281] 叶龙，史振磊．组织行为学教程[M]．北京：清华大学出版社，2006.

[282] 易发久，白沙．五行管理——卓越团队管理的5把利剑[M]．北京：电子工业出版社，2012.

[283] 于斌．组织理论与设计[M]．北京：清华大学出版社，2012.

[284] 于海波，郑晓明．组织公平感对薪酬满意度的影响[J]．科学学与科学技术管理，2009(8)：186-191.

[285] 余承海，吴正霞．论高校青年教师的工作应激[J]．长春工业大学学报(高教研究版)，2008(01)：41-43.

[286] 余凯成．组织行为学[M]．大连：大连理工大学出版社，2001.

[287] 袁凌，雷辉，刘朝．组织行为学[M]．北京：中国人民大学出版社，2011.

[288] 苑茜，周冰，沈士仓，现代劳动关系辞典[M]．北京：中国劳动社会保障出版社，2000.

[289] 张德，陈国权．组织行为学(第二版)[M]．北京：清华大学出版社，2011.

[290] 张德，吴志明．组织行为学[M]．大连：东北财经大学出版社，2002.

[291] 张光磊，刘善仕．企业能力与组织结构对自主创新的影响[J]．管理学报，2012，9(3)：408-414.

[292] 张国才．组织传播理论与实务[M]．厦门：厦门大学出版社，2002.

[293] 张建枢，李杰．"医患换位思考双体验"活动的思考[J]．中国健康教育，2010(8)：643-645.

[294] 张进辅，徐小燕．大学生情绪智力特征的研究[J]．心理科学，2004，27(2)：293-296.

[295] 张军果,任浩．有效沟通的障碍及对策研究[J]．煤炭经济研究,2005(10):47-49.

[296] 张雷．进化心理学[M]．广州:广东高等教育出版社,2007.

[297] 张丽坤,王海宽,刘开第．企业组织变革阻力评价的模糊综合评判模型[J]．数量经济技术经济研究,2004(2):94-99.

[298] 张林,车文博,黎兵．大学生心理压力应对方式特点的研究[J]．心理科学,2005,28(1):36-41.

[299] 张梦昀．学习型组织理论的应用思考[J]．管理观察,2011(4):182-183.

[300] 张宁．建立战略性人力资源管理之我见[J]．中国商贸,2013(5):50-51.

[301] 张晓飞．从组织再造看组织模式的变迁[J]．管理现代化,2003(1):40-42.

[302] 张兴毅．相互作用分析原理对体育教学中信息沟通的影响[J]．教育与管理,2009(10):96-97.

[303] 张戌凡,周路路,赵曙明．组织公平组合与员工沉默行为关系的实证研究[J]．管理学报,2013,10(5):693-699.

[304] 张燕君．组织情境下人—组织匹配对个体绩效的影响研究[D]．中南大学,2011.

[305] 张一纯,王蕴,陈葵晞．组织行为学[M]．北京:清华大学出版社,2010.

[306] 张翼,樊耘,邵芳等．论人与组织匹配的内涵,类型与改进[J]．管理学报,2009,6(10):1377-1386.

[307] 张永军,廖建桥,赵君．国外组织公民行为与反生产行为关系研究述评[J]．外国经济与管理,2010,32(5):31-39.

[308] 张长立．古典管理组织理论创新的方法论探析[J]．管理观察,2011(6):12-14.

[309] 赵红梅．个人—组织契合度对组织公民行为及关系绩效影响的实证研究[J]．管理学报,2009,6(3):342-347.

[310] 赵慧娟,龙立荣．个人—组织匹配的研究现状与展望[J]．心理科学进展,2004,12(1):111-118.

[311] 赵慧娟．基于员工职业发展与组织发展的个人—组织契合权变管理模型[D]．华中科技大学,2009.

[312] 赵显,刘力等．观点采择:概念、操纵及其对群际关系的影响[J]．心理科学进展．2012,20(12):2079-2088.

[313] 赵应文．组织行为学概论[M]．北京:清华大学出版社,2011.

[314] 郑海航．企业组织论[M]．北京:经济管理出版社,2004.

[315] 仲理峰．心理资本对员工的工作绩效,组织承诺及组织公民行为的影响[J]．心理学报,2007,39(2):328-334.

[316] 朱新秤．进化心理学[M]．上海:上海教育出版社,2006.

[317] 朱瑜,王雁飞,蓝海林．智力资本理论研究新进展[J]．外国经济与管理,2007,29(9):50-56.

[318] 庄明科．乔哈里视窗:帮助人们实现有效沟通[J]．健康报,2012(6):1-2.

[319] 宗文,李晏墅,陈涛．组织支持与组织公民行为的机理研究[J]．中国工业经济,2010(7):104-114.

[320] 佐斌,赵菊．积极情绪对群际关系认知的影响[J]．心理发展与教育．2008(3):119-123.

教学支持说明

尊敬的老师：

您好！为方便教学，我们为采用本书作为教材的老师提供教学辅助资源。鉴于部分资源仅提供给授课教师使用，请您填写如下信息，发电子邮件或传真给我们，我们将会及时提供给您教学资源或使用说明。

（本表电子版下载地址：http://www.tup.com.cn/sub_press/3/）

课程信息

书　　名			
作　　者		书号（ISBN）	
课程名称		学生人数	
学生类型	□本科　□研究生　□MBA/EMBA　□在职培训		
本书作为	□主要教材　□参考教材		

您的信息

学　　校			
学　　院		系/专业	
姓　　名		职称/职务	
电　　话		电子邮件	
通信地址		邮　　编	
对本教材建议			
有何出版计划			

________年____月____日

清华大学出版社

E-mail: tupfuwu@163.com
电话：8610-62770175-4903/4506
地址：北京市海淀区双清路学研大厦 B 座 506 室
网址：http://www.tup.com.cn/
传真：8610-62775511
邮编：100084